国学新读本

尚 书

姜建设　注说

河南大学出版社

国学新读本编辑委员会

总策划　马小泉

主　编　李振宏

编　委　(以姓氏笔画为序)

马小泉　王　健　朱绍侯　刘小敏

李中华　李振宏　苏凤捷　何晓明

张云鹏　张富祥　宋会群　杨天宇

杨寄林　杨朝明　赵国华　郑慧生

姜建设　袁喜生　曹　峰　曹础基

曾振宇　戚良德　龚留柱　熊铁基

目　录

序 ………………………………… 李振宏（1）
《尚书》通说 ……………………………（1）

尧典 ………………………………………（125）
皋陶谟 ……………………………………（139）
禹贡 ………………………………………（147）
甘誓 ………………………………………（162）
汤誓 ………………………………………（164）
盘庚 ………………………………………（166）
高宗肜日 …………………………………（176）
西伯戡黎 …………………………………（178）
微子 ………………………………………（180）
牧誓 ………………………………………（183）
洪范 ………………………………………（186）
金縢 ………………………………………（196）
大诰 ………………………………………（200）
康诰 ………………………………………（207）

酒诰 …………………………………… （216）

梓材 …………………………………… （222）

召诰 …………………………………… （225）

洛诰 …………………………………… （231）

多士 …………………………………… （238）

无逸 …………………………………… （244）

君奭 …………………………………… （249）

多方 …………………………………… （256）

立政 …………………………………… （262）

顾命 …………………………………… （268）

吕刑 …………………………………… （279）

文侯之命 ……………………………… （290）

费誓 …………………………………… （293）

秦誓 …………………………………… （296）

大禹谟 ………………………………… （299）

五子之歌 ……………………………… （307）

胤征 …………………………………… （311）

仲虺之诰 ……………………………… （314）

汤诰 …………………………………… （318）

伊训 …………………………………… （322）

太甲上 ………………………………… （327）

太甲中 ………………………………… （330）

太甲下 ………………………………… （332）

咸有一德 ……………………………… （335）

说命上 ………………………………… （339）

说命中 …………………………………………（342）

说命下 …………………………………………（345）

泰誓上 …………………………………………（348）

泰誓中 …………………………………………（352）

泰誓下 …………………………………………（355）

武成 ……………………………………………（358）

旅獒 ……………………………………………（363）

微子之命 ………………………………………（366）

蔡仲之命 ………………………………………（368）

周官 ……………………………………………（371）

君陈 ……………………………………………（375）

毕命 ……………………………………………（378）

君牙 ……………………………………………（382）

冏命 ……………………………………………（385）

尚书序 …………………………………………（388）

参考文献 ………………………………………（396）

序

最近一些年来,一股"国学热"的思潮强劲涌动,在文化学界以至于整个社会上,引起了强烈反响。为什么在这样一个社会的大变革时代,在从传统社会向现代社会的转型期,最为传统的国学,却能引起国人的极大兴趣,这的确是一个值得思考和研究的问题。

"国学"作为一个学术文化概念,产生于近代。从渊源上讲,"国学"概念的产生,与"国粹"有些关联,并且是从对抗西学侵入的角度提出来的。今天,中华民族早已是一个独立于世界民族之林的自立自强的民族,全球经济一体化所带来的世界文化的汇合与交融,也早已是历史发展的必然趋势,而在这样的历史大势中,却会有"国学热"的产生,乍一看来,确有不可思议之处。但实际上,国学的当代走红,则与我们今天所处的历史时代有着一定的关系。

随着改革开放的迅速推进,随着市场经济的强劲发展,传统道德受到了强烈冲击,传统文化与现代文化观念的碰撞也日益强烈。于是,如何看待传统文化的问题,就严峻地提到了国人的面前。传统文化的出路何在,它从何而来,要走向何方,如何对之进行价值重估,一切关心文化问题,有着强烈历史责任感的人们,无不把关注的目光投向中国的传统学术。当然,也不排除一些对改革开放和市场经济所带来的冲击无法理解和接受,对现代经济发展对传统道德的亵渎强烈抗议的人们,自然而然地发出向传统文化复归而倡导国学的呼声。总之,不论是出于积极的思考,还是抱着一种向后看的心态,对国学的重视则成了最近十多年来一种普遍的文化选择。

于是,对待"国学热"就需要有一个分析的态度。对于任何一个民族的发展来说,传统文化都是其牢固的根基,是其一切历史的出发点,摒弃传统、甚至全盘否定传统文化,都是幼稚可笑的,不可取的。但一遇到问题就求助于传统,甚至一味狂热地提倡向传统复归,也是走不通的,过去那句常说的"倒退是没有出路的"话,虽说不是什么至理名言,却也还是有些道理的。这些年来,一些地方出现的中小学生、甚至幼儿园小朋友的读经热,就是一种值得注意的倾向。国学,毕竟是一种学术,需要有一定的文化基础,有一定的分析批判能力,才能对之进行识读、鉴别而决定其取舍。所以,严格地说,对于国学,尤其是经学,在当代中国,需要的是研究以及在此基础上的批判继承,而不是再像传统社会中那样采取唱诗班的方式,对青少年一代进行无分析地灌输。因此,如何弘扬传统文化,就是一个需要思考的问题。

正是基于以上考虑,为着弘扬优秀传统文化的需要,也为着对社会上盲目崇尚读经的风气有所引导,我们组织了这套"国学新读本"丛书,选择一些在中国传统文化中影响较大的国学典籍,对之进行简明扼要的注释,然后在读本前边,用较大篇幅解读该典籍的基本思想文化内涵,评述其在中国文化史上的地位和影响,并对如何阅读该典籍做出读书方法上的引导。通过这样一个较为翔实的导读内容,以批判分析的态度,给青年人的国学典籍阅读提供一个健康的思想导向。根据这样的宗旨,这套丛书,在大的结构上,每本都分为通说和简注两个部分,通说是导读的性质,简注在于疏通文字,希望这样的安排,能够为青年朋友和一般社会读者提供一个国学入门的向导。果能如此,也就实现了撰著者和出版者的愿望。

国学所以是国学,就在于它是我们祖国优秀民族文化和民族精神的载体。在这些国学典籍中,包含着民族文化的基因,蕴藏着民族精神的范型。衷心期待这套丛书能够成为广大读者学习国学精华,体认民族精神,继承祖国优秀文化遗产的良师益友。

李振宏
2008年2月28日

《尚书》通说

在中国历史上,有这么一部书:传世文献数它最早;传播历程中的大起大落很难找到第二部书可以和它相比拟;中国经学史上"今、古文之争"从它开始"且最纠纷难辨";自汉武帝"罢黜百家、表彰六经"之后,作为封建时代政治教科书它又长期指引着后世社会政治、思想、文化的发展方向——这部书就是《尚书》。唐代著名史学家刘知几在《史通·断限》篇中有一个说法:

> 夫《尚书》者,七经之冠冕,百氏之襟袖。凡学者必先精此书,次览群籍。譬夫行不由径,非所闻焉。

"七经"是指儒家学派的七部经典,在刘知几生活的初唐时期,被尊奉为"经"的儒家著作已从汉魏"五经"扩展到七种,故称为"七经";而"百氏"则是指战国时代的诸子百家及其以后思想家们的著作。事实上,刘知几在这里是用"七经"和"百氏"来总括古代学术的。由于《尚书》是一切学术的渊薮所在,正确的学习次序应该是,先把《尚书》读熟,再读其他著作。平心而论,刘知几的这个说法很有见地,《尚书》以其独特的地位而受到人们的尊崇。

在当今国人的书架上,看不到《尚书》的踪影已算不上什么怪事,然而明日黄花并不能掩盖其昔日的辉煌,回顾传统文化是绕不过《尚书》的。那么《尚书》究竟是一部什么样的书?研读之前应该注意哪些问题？我们如何来研读它？这是这篇"通说"所要解决的问题。

一 风雨历程传播路

(一)《尚书》及其在早期的传播

《尚书》本来叫做"《书》"，"尚"字是后人给加上去的。起初，它只是一部历史著作，在阴差阳错中与儒家学派发生关系后，这部著作被指认为"儒家经典"。出道之初的这些小掌故，是读者首先应该了解的东西。

关于《尚书》的来源，历史典籍中有不同的记录。《汉书·五行志》上篇有这样的记载：

《易》曰："天垂象，见吉凶，圣人象之；河出《图》，雒出《书》，圣人则之。"刘歆以为虙[伏]羲氏继天而王，受《河图》，则而画之，八卦是也；禹治洪水，赐《雒书》，法而陈之，《洪范》是也。

这就是说，西汉时代刘歆把《尚书》，至少其中《洪范》篇的起源，与"雒书"的神话联系到了一起。这种说法直接影响到了后来的班固。在《汉书·艺文志》"《尚书》类"的小序中，班氏也说：

《易》曰："河出《图》，雒出《书》，圣人则之。"故《书》之所起远矣，至孔子纂焉，上断于尧，下讫于秦，凡百篇，而为之序，言其作意。

班固这段话有两层意思：其一是说，《尚书》起源于"雒书"；其二是说，《尚书》是由孔子编纂的，孔子还为百篇《尚书》作了序言。

《尚书》直接来源于"雒书"，这是《尚书》起源问题上的一家之言，这种说法在古代中国很是流行了一阵子，然而用今天的眼光看,这种说法是靠不住的。"河图"、"雒书"的来头太玄乎了:首先它们出现的时间在古代传说中就不一致:有说帝尧在位的时候,有说在周文王或者周公的时候——这时间上的不一致,本身就表明古人在这则传说上的犹豫不决——有青龙和神龟分别从黄河和洛水中浮现出来,献上了神图和天书,这神图就是"河图",这天书就是"雒书"。至于其内容是什么,古书中的说法更是不同。因为谁也没有见过,大家都在胡编乱造罢了。把这种神话或曰鬼话当做《尚书》的来源,自然难以让人口服心服,于是比较平实的说法也开始流行起来。在《汉书·艺文志》《春秋》类小序中,班固写道:

  古之王者世有史官,君举必书,所以慎言行,昭法式也。
  左史记言,右史记事;事为《春秋》,言为《尚书》,帝王靡不同之。

这段话的意思是说,古代史官有明确的分工,言与事是分开记载的,《尚书》是古代史官记言的成果。由于《礼记·玉藻》篇的记载与此正好相反,"动则左史书之,言则右史书之",所以有人对班固的上述说法也提出了异议,认为古代史官如此明确的分工不可能存在,那么《尚书》来源于史官所记的说法也就难以令人信服了。我们认为,"言"与"事"严格分记,这一说法固然令人生疑,但说《尚书》是古代史官记言的结果,这话基本上是能够站得住脚的,至少其中绝大部分篇章是这样来的。

  我们的先民早就注意到历史经验对于社会生活的指导意义,这是艰辛生活压迫的结果。周公说:"我闻曰,古之人,犹胥训告,胥保惠,胥教诲。"(《尚书·无逸》)训告、教诲的内容,不外乎生产、生活经验。按照功能派文化人类学的解释,"讲故事"是原始先民社会生活中的一个重要节目。闲暇时节,同一氏族的男女老幼围坐在一起,认真聆听长者的"神侃"。这是原始时代道德教育、技能教育、生存本领传授的基本形式之一。对于原始先民来讲，这种事情决非闲来无事的高雅消遣，而是具有实际意义的一件大事。通过历史的积淀作用，社会逐渐形成了注重历史经验的传统，于是讲史的人很早便出现在历史舞台上。随着社会分工的日趋细致，一些讲史者又多了一份工作——记录本部落发生的大事，或者酋长们的嘉言善语。后世以自己的眼光看待上古事务，于是把这些讲史兼录史的人称为"史官"。再到后来，他们便真的成为一种职官了。由于记录史事是史官的基本职责，所以许慎把"史"字解释为"记事者也"。商周时代的史官，有一部分人被称为"作册"，这个名称在武丁卜辞中已经出现。"作"字在甲骨、金文中均写做"乍"。"作册"就是书写、编辑和掌握典册的人，名字起得十分贴切。在那个文化事业尚欠发达、书籍出现未久的时代里，作册以及其他史官记录下来的材料显得弥足珍贵，自然受到社会的重视而被珍藏起来。在《多士》篇中，周公就曾告诫殷遗民说：

惟尔知，惟殷先人有册有典，殷革夏命。

殷人"有册有典"，史书有明文记载。从甲骨文的字形上看，"册"字像用竹木简牍编组成册的形状，相参差的竖笔是一支支竹简，连贯各简的横笔是编册用的绳子。这是一个典型的象形字。按照《说文解字》的说法："典，五帝之书也。从册在丌上，尊阁之也。庄都说：'典，大册也。'""五帝之书"云云不一定可信，但许慎也清楚"典"指的是书籍。"典"、"册"二字的出现，是商代已经出现书籍的有力佐证。

随着社会文明整体水平的不断提高和文化事业的进一步发展，统治集团要求扩大历史记录的范围，目的在于惩恶劝善，训示未来。一来二去，"君举必书"成为一种制度。历史记载丰富起来后，一部分材料由于种种原因被人带出宫廷而流入社会，从而成为《尚书》的源头。后人在此基础上进一步加工、修订，这就有了《尚书》各篇的写定成书。在我们看来，《尚书》中的主要篇什——周初诸诰以及《顾命》、《吕刑》、《费誓》、《秦誓》等等,差不多都是这么来的。所以我们认为,《尚书》主要来源于上古时代史官们记录加工的说法大体上是可信的。刘知几写道:

> 盖《书》之所主,本于号令,所以宣王道之正义,发话言于臣下,故其所载,皆典、谟(音 mó)、训、诰、誓、命之文。至如《尧》、《舜》二典直序人事,《禹贡》一篇唯言地理,《洪范》总述灾祥,《顾命》都陈丧礼,兹亦为例不纯者也①。

这是一个史学评论家从体例方面提出的批评,我们姑且不去管它。这里需要注意的是,除了上面列出名目的这几篇之外,其余篇章确实是一些典、谟、训、诰、誓、命之文。按照传统说法,这都是些"记言"的材料,属于记言体史书。它们所录下的,全是些前贤先哲、王公大人的嘉言善语,一些富有启迪教育意义的材料。

《尚书纬》提供了另外一种说法,这就是孔子"删《书》"说,并且指出,足本《尚书》应该是 102 篇:

> 孔子求书,得黄帝玄孙帝魁之书,迄於秦穆公,凡三千二百四十篇。断远取近,定可以为世法者百二十篇,以百二篇为《尚书》,十八篇为《中候》②。

孔子"删《书》"、完整《尚书》有"百二篇",这是经学时代最为流行的一种说法。但黄帝玄孙帝魁是谁,孔子从哪里求到了这些书,谁也说不清楚。随着纬书地位的跌落,这个说法也受到了人们的怀疑。尽管经学家们对此笃信不疑,但以史学的眼光看,这种说法事实上也是靠不住的。

从早期的历史记载来看,《尚书》是一个后起的名字。起初只叫做《书》,前面冠一"尚"字是后来才有的事情。《论语》、《左传》

---

① 《史通·六家》
② 《尚书正义序》孔疏引郑玄《书论》

等早期文献为这种说法提供了佐证。《论语·述而篇》记载说：

> 子所雅言，《诗》、《书》、执礼，皆雅言也。

这句话的意思是说，孔子是用当时中原地区通行的语言来读《诗》、《书》的。这里所谓的《诗》与《书》，就是今天所说的《诗经》和《尚书》。在《论语·为政》篇里，有人问孔子，为什么您不去从政呢？孔子回答说：

> 《书》云："孝乎惟孝，友于兄弟，施于有政。"是亦为政，奚其为为政？

这几句话是《尚书》的逸文，后来被《伪古文尚书》收进了《君陈》篇。这里所标出的，也只是一个"《书》"字。

《左传》反复征引《尚书》的材料，或为"《书》曰"，或直接引出篇名，没有一次用"《尚书》曰"的。例如《襄公十一年》记录晋国大夫魏绛的话说：

> 《书》曰："居安思危。"

《襄公十三年》引用《尚书·吕刑》篇的话说：

> 《书》曰："一人有庆，兆民赖之，其宁惟永。"

《襄公二十三年》引用《康诰》中的话说：

> 故《书》曰："惟命不于常。"

这些都直接标明引自于《书》。《左传》中也有标出具体篇名的，例如《僖公三十三年》记录晋国大夫臼季的话说：

> 《康诰》曰："父不慈，子不祗，兄不友，弟不共，不相及也。"

《昭公二十四年》记载王室大夫苌弘的话：

> 《大（泰）誓》曰："纣有亿兆夷人，亦有离德；余有乱臣十人，同心同德。"

"《书》曰"也罢，标出篇名也罢，就是没有出现《尚书》这个名称。这个名称不但《论语》与《左传》中没有，先秦时期的其他典籍中也没有这个名称。只有《墨子·明鬼下篇》的一段话稍有例外。这是一篇记录墨家学派鬼神观的历史文献。墨子认为历代都有鬼神存在,在征引了《夏书·禹誓》——也就是今天所说的《甘誓》之后,墨子总结道:

> 故尚书《夏书》,其次商、周之书,语数鬼神之有也。

这是先秦典籍中关于"尚书"名称唯一的一次例外,对此清代学者有不同的看法。江声、简朝亮等人据此认为,《尚书》这个名称是墨子最先使用的。但考据大家王念孙则明确指出:"'尚'与'上'同,'书'当为'者'。言上者则《夏书》,其次则商、周之书也。"后来孙诒让在《墨子间诂》中,就是按照王念孙的说法,直接将"尚书"改为"尚者"①。如果王、孙二人的说法不误,《书》前缀一"尚"字在先秦典籍中唯一的一次露面也得一笔勾销。退一万步讲,即便江声、简朝亮等人说法成立,《尚书》这个名称在先秦时代已经出现,但也仅仅闪现了一下而已,并没有被社会广泛接受。先秦时代通行的称呼是《书》,这一点是完全可以肯定的。

"《尚书》"这个名称流行起来是西汉后期的事情。东汉末年郑玄提出另外一种说法:

> 尚者,上也。尊而重之,若天书然,故曰《尚书》。……孔子乃尊而命之曰《尚书》。②

把《尚书》的命名与孔子联系在一起,这是一种新的说法。此后出现的《伪古文尚书》不同意这种说法,它在序言中指出:

> 济南伏生,年过九十,失其本经,口以传授,裁二十余篇。以其上古之书,谓之《尚书》。

---

① 《墨子间诂》是清代校勘、整理、注释《墨子》用力最勤、最为精当的一部著作,中华书局编辑出版的《诸子集成》、《新编诸子集成》,于《墨子》收录的就是这部著作。

② 郑玄的说法见于《尚书正义序》孔疏所引。

《伪古文尚书》的看法是，"《尚书》"这个名字是汉初经学家伏生给起的。郑玄的说法于史无征，刘歆和伪《书序》的说法也找不到直接的旁证，但综合《尚书》传播历程和先秦典籍的有关记载看，后两家的说法与历史实际似乎更为接近一些。近人张西堂先生是赞成"《尚书》一名起于墨子说"的，但他在《尚书引论》中也不得不承认，"书"本是一个类名，后来成为一个专有名词，而类名又没有废止，使用起来自然容易混淆。"汉代为了清晰起见，渐渐采用《尚书》这个私名，这是必然的。伪《孔序》的意见，以为《尚书》之名始于伏生，这个固然是错了；如说《尚书》之名通行于伏生以后，则似不至于大误的"。总之，大约从西汉中期以后，《尚书》这个名称逐渐流行起来了，尽管后世有时仍然说"《书》"，但它已是对"《尚书》"的省称。

至于《尚书》中"尚"字的意义，古人也有不同的说法。东汉人王充在《论衡·正说》篇中提出："《尚书》者，以为上古帝王之书。"同时他又征引别人的说法——"上所为，下所书"，所以叫做《尚书》。东汉后期经学家马融认为："上古有虞氏之书，故曰《尚书》。"三国时期的王肃认为："上所言，史所书，故曰《尚书》。"唐人孔颖达在《尚书序题疏》中又提出一种新的说法："尚者，上也。言此上代以来之书，故曰《尚书》。"众说纷纭，五花八门。"上古有虞氏"或曰"上古帝王"云云，拿《尚书》篇目比较一下就可以知道，这些说法是靠不住的：《费誓》、《秦誓》诸篇既非远古也非帝王之书，而是诸侯们的誓词，甚至晚至春秋中期。所以，今人大都认为孔颖达的说法比较平实可信，所谓"《尚书》"，不过是上古时代流传下来的一部书籍罢了，并没有什么深意蕴涵其中，用不着曲意加以解说。

就现有材料看，《尚书》是我国传世文献中最为古老的一部著作。唐代古文大家韩愈感叹道："周诰殷盘，佶屈聱牙。"他也感到周初诸诰与《盘庚》篇实在难读。难读的原因在于这些文献太古老。近世以来,史学工作者拿《尚书》中的周初诸诰与西周铜器铭文进行对勘,发现两者在遣词造句、语气章法上都十分接近,说明这些诰、誓之词可以视为周初文献,基本属于原装货,后世窜改的成分不是太多。在我国书籍出现未久就有文献典籍流传下来,这实在是文化事业上的一大幸事。从成书久远这一点看,这一文献的艰涩难读也就在情理之中了。

《尚书》本来属于历史著作,这也是可以肯定的一点。周初诸诰系王室史官笔录当时诰、誓、策、命之辞而成,其史料学价值很高;《尧典》、《皋陶谟》、《甘誓》、《汤誓》、《盘庚》、《牧誓》等篇则是后世史官依据自己所见所闻的历史资料加以拟作的,也有一定的史料价值。这部著作通过记言的形式,记载了从传说中的尧舜时代直到春秋中叶3000年间的一些重大历史事件,是后世研究这一时期社会历史的基本材料。因此,说《尚书》是一部历史著作本是不错的。按照陈梦家先生《尚书通论》的"约略推断",《今文尚书》28篇的成书时代一共有5种情况:

①《康诰》、《酒诰》、《洛诰》、《君奭》、《立政》、《梓材》、《无逸》、《多士》、《多方》、《康王之诰》、《召诰》、《大诰》等12篇为西周初期的命书;

②《吕刑》、《文侯之命》、《秦誓》等3篇为西周中期以后的命、誓;

③《金縢》、《顾命》、《费誓》等3篇约为西周春秋时代的记录;

④《甘誓》、《汤誓》、《盘庚》3篇、《牧誓》等6篇系战国时代拟作的誓;

⑤《尧典》、《舜典》、《皋陶谟》、《益稷》、《禹贡》、《高宗肜日》、《西伯戡黎》、《微子》、《洪范》等9篇为战国时代的著作。①

---

① 陈先生是按照《伪古文尚书》33篇的次序来划分的。

这里姑且以陈先生的推断作为立论的基础。首先需要指出的是，不管是战国时代拟作的，还是完全属于战国时代的，这些作品都曾经历过一个漫长的口耳相传的传播过程，都有一定的来头，并非战国诸子的向壁虚构。利簋的出土印证了《牧誓》的可靠就说明了这一点。《尧典》记载的星象不是后世作者所能凭空想像出来的东西，这一点也已被当代天文学大家竺可桢先生给指了出来。口耳相传也是一种重要的传播形式，只是没有著于竹帛那么稳固罢了，但它们并非全部都是些无稽之谈，而是各有自己的来历和根据，这一点是完全可以肯定的。西周时代已经写定的也罢，正在口耳相传中有待写定的也罢，《尚书》各篇在西周时代的传播还有两点可以肯定：

第一，那是一个"学在官府"的愚昧时代，"读书识字"只是在社会成员中占据少数的贵族阶层的特权，社会文明的整体水平还很低下，因此，《尚书》还只是在上层贵族及其史官们手中传阅，社会大众与之无缘，顶多只能耳食一些片断而已，"真经"是念不到的；

第二，由于所记内容全是前贤先哲、王公大人们的嘉言善语和训示，《尚书》各篇自其写定之日起就受到贵族阶层的尊敬和珍视，这从充斥于书中字里行间的"若古有训"、"古人有言曰"、"敷求于殷先哲王用康保民"等词句中就可以看出来。正因为受到贵族阶层，尤其是他们中间那些具有远见卓识分子的青睐，《尚书》才得以绵延不绝地流传下来。简牍散了，绢帛烂了，自然有人重新加以缮写和誊录，《尚书》正是在这个过程中得以保存下来，并在社会生活特别是政治生活中发挥出越来越重要的作用。

周初诸诰的最终写定距今已经三千多年。三千年来，《尚书》的传播历程漫长而又曲折。这中间有一路顺畅的时候，也有磕磕绊绊的艰难时期，《尚书》最终还是挺了过来，一直流传到我们这一代人的手里。这是一个文化奇迹。

平王东迁,揭开了一个新时代的序幕。夷夏抗争,诸侯混战,方生方死,方死方生,变革剧烈。以世俗替代宗教、以文德替代武力、以文明替代野蛮是这场变革的核心内涵。《尚书》的传播由此步入了一个新阶段。人们各取所需,分别从那些"神话"、"鬼话"或"人话"中寻找根据,寻找镜鉴,寻找准则,《尚书》于是成为指导社会生活的一面旗帜,它的传播范围在一步一步的扩大,它引导着社会变革的发展方向,指点着新型文明的凝练与铸造,于是人们十分自然地把这种新文明与《诗》、《书》、礼、乐等历史典籍联系到了一起。请看下面这则故事:

在外流亡长达19年之久的晋国公子重耳,历尽千难万险之后回到晋国,终于登上了国君的宝座,他就是著名的晋文公。文公决心有所作为。他决定扩充军队以壮大晋国的声威,于是"作三军,谋元帅"。大臣赵衰推荐了一位叫做郤縠的人。他的理由是:

(郤縠)说(悦)礼、乐而敦《诗》、《书》。《诗》、《书》,义之府也;礼、乐,德之则也;德、义,利之本也。《夏书》曰:"赋纳以言,明试以功,车服以庸。"君其试之。①

晋文公愉快地接受了赵衰的推荐,立即提拔郤縠担任中军元帅。这条材料中有两个问题值得我们注意:

第一,推荐中军元帅,不谈其人的文治武功(因为那个时代文武尚未分途),却孤零零地举出他"说(悦)礼、乐而敦《诗》、《书》"这么一个特长,这是为什么?英明的晋文公怎么会接受一个只会"纸上谈兵"的人呢?显然不是这样的。原来,在那个时代,《诗》、《书》已经被人们看做道义的渊薮,而礼、乐则被视为德行的准则,掌握了《诗》、《书》、礼、乐,就意味着德才兼备,就会无往而不胜,

---

① 《左传·僖公二十七年》

因为这是"利"的根本所在。有了这"四大法宝",担任中军元帅自然不在话下了。从这段谈话中可以看出来,《尚书》在当时已经被华夏社会广泛接受,它与《诗》、礼、乐一起,几乎成为新文明的标志了。

第二,赵衰引用的三句《夏书》,是《今文尚书·皋陶谟》中的话。赵衰本来属于士阶层,因为跟随公子重耳流亡有功才被提拔为大夫的。在文公旧臣中,他以善属文辞著称。从他随手拈来的征引中可以看出来,《尚书》早已不独掌握在史官或上层贵族的手中,而是走出宫廷后流向了社会,否则一介之士赵衰是没办法读到的。这一点正好为第一条结论提供了一个有力的证据。

于是我们看到,春秋末年,"从大夫之后"孔子对于《尚书》也是烂熟于胸的:

子所雅言,《诗》、《书》、执礼,皆雅言也。

战国时代,在各种社会条件的综合作用下,思想界呈现出百花齐放、百家争鸣的态势。清算神道主义,确立人文精神,既是百家争鸣的主要话题,又是时代精神主旋律之所在。为了在争鸣中取胜,诸子百家口若悬河,滔滔不绝,旁征博引,互不相让。在这样一种文化氛围中,《尚书》自然成为众目睽睽的一个焦点,西周时代已经写就的篇章进一步传播开来,正在口耳相传的各篇也被著录下来而广泛传播——《尚书》一步步来到了民间。

儒家学派自其诞生之日起就与《尚书》发生了联系。孔子"信而好古"、"述而不作",像《尚书》这样重要的历史典籍是逃不出其慧眼的。陈梦家先生在《尚书通论》中有一个推测:在孔子生活的时代里,《尚书》的地位"尚不如《诗》与《礼》、《乐》重要"。如果单从《论语》中看,这个说法似乎可以成立。但孔子回答他人发问时引《书》为证,弟子读《书》遇到疑问便向他请教,他时常用当时中原地区通行的语言来朗读《尚书》,说明孔子对这部著作是熟悉的。

"孟子道性善,言必称尧舜",《孟子》一书引《书》达38次之多。陈梦家先生认为:"孟子时《尚书》或者已编成课本。孔子雅言《诗》、《书》,孟子用《书》授徒,或者是(二人——引者加)最大的分别。观于孟子屡与弟子讨论古史,可为佐证。"把《尚书》作为教材,大大密切了儒家学派与《尚书》的关系,所以到战国晚期,人们便把《尚书》与《诗》、《乐》、《易》、《礼》、《春秋》等著作放在一起,统统指认在了儒家学派的名下。《礼记·经解》篇引用据说是孔子的话说:

> 入其国,其教可知也:其为人也,温柔敦厚,《诗》教也;疏通知远,《书》教也;广博易良,《乐》教也;絜静精微,《易》教也;恭俭庄敬,《礼》教也;属辞比事,《春秋》教也。故《诗》之失,愚;《书》之失,诬;《乐》之失,奢;《易》之失,贼;《礼》之失,烦;《春秋》之失,乱。其为人也,温柔敦厚而不愚,则深于《诗》者也;疏通知远而不诬,则深于《书》者也;广博易良而不奢,则深于《乐》者也;絜静精微而不贼,则深于《易》者也;恭俭庄敬而不烦,则深于《礼》者也;属辞比事而不乱,则深于《春秋》者也。

这段话出现在另一部所谓的儒家著作——《礼记》中。虽然标明"孔子曰"旨在加重这段话的分量,因为在这篇作品写定的那个时代里,孔子早已被奉为"出乎其类、拔乎其萃、自生民以来所未有"的大圣人,加上"孔子曰"自然会受到更多人的信奉,但从中还是反映出那个时代对于《尚书》等书与儒家学派关系的认识来。庄子在谈到"古代道术"时也写道:

> 其明而在数度者,旧法世传之史,尚多有之;其在于《诗》、《书》、礼、乐者,邹鲁之士,搢绅先生,多能明之。①

---

① 《庄子·天下》

孔子生于鲁，孟子生于邹，这"邹鲁之士"和"搢绅先生"，是战国时代人们对儒家学派通行的称呼。从这里可以看出来，《诗》、《书》、礼、乐这些来头不一、内容参差的著作在战国时代已经与儒家学派密不可分了。换句话说，社会已经承认了儒家学派对这些著作的专有，因为《庄子·天下》篇出自与儒家学派对立的道家学派之手。

儒、墨两家时常得风气之先，在《尚书》传播问题上更是如此。孔子"祖述尧舜，宪章文武"，信而好古，雅言《诗》、《书》；"孟子道性善，言必称尧舜"，陈梦家先生断言孟轲把《尚书》引进了儒生的课程体系中；墨子"法夏"，时常把"尧舜禹汤文武"挂在嘴边，《墨子》一书征引《尚书》达47次之多。"世之显学，儒墨而已"，"孔、墨之弟子徒属，充满天下"。在他们的推动下，《尚书》进一步传播开来。两家之中，儒家的作用更大一些。儒家学派自己这么看，其他学派也认同这种看法。除了原有的《诗》、《书》、礼、乐之外，战国后期儒生课程表上又加进了鲁史《春秋》和供占卜用的《周易》。一段时间过后，儒家学派遂把它们据为己有，前引《礼记·经解》篇就是一个例证。虽然没有使用"六经"的称呼，但假托孔子之名对这些著作进行概括，并且以"经解"命篇，其用意是显而易见的。道家学派似乎也承认儒生对它们的所有权。《庄子·天运》篇假托孔子与老子交谈的语气写道：

丘治《诗》、《书》、《礼》、《乐》、《易》、《春秋》六经，自以为久矣，孰（熟）知其故矣。

这是"六经"一词在存世历史文献中的首次出现。道家学派也说"六经"为孔丘所治，承认他"孰（熟）知其故"，这说明社会对儒家学派拥有"六经"的认可。"六经"与儒家学派的关系越来越近，后世遂有孔子"删《书》"之类的"神话"出现。

《尚书》中的许多篇什在战国时期已广为流传，这一点也是可以肯定的。前人统计周秦时代的历史典籍对《尚书》各篇的征引情况,从中得出了这样或那样的结论,这的确是研究《尚书》传播问题的一条有效途径。刘起釪先生的《尚书学史》综合各家之说,统计了《诗经》、《论语》、《国语》、《左传》、《墨子》、《孟子》、《荀子》、《管子》、《庄子》、《韩非子》、《战国策》、《大戴礼记》、《周礼》、《礼记》、《孝经》、《公羊传》、《谷梁传》、《尸子》、《吕氏春秋》和《逸周书》共20种典籍对《尚书》的征引情况,得出的结论之一是,这20种典籍共征引《书》335次,其中属于《今文尚书》28篇内容的被征引了115次,征引次数最多,说明《今文尚书》28篇在先秦时代是华夏社会广为传习的本子。

从周秦时代纷纷征引中似乎还可以看出另外一些问题来。按照今天通行的说法,《尚书》是由《虞书》、《夏书》、《商书》和《周书》四部分组成的,然而周秦时代的人们并不怎么提《虞书》,《尧典》和《皋陶谟》是归并在《夏书》当中的。《尚书》原貌究竟是个什么样子,历史上一直是一笔糊涂账,上世纪20年代疑古大家钱玄同先生甚至断言:《尚书》在先秦时代根本没有成书。在那个疑古思潮乍起、经学余韵尚浓的年代里,钱先生的这种说法不啻为一枚重磅炸弹,引起了许多经学家的极度不安。今天看来,钱先生的说法虽不尽稳妥,但也不能说是毫无根据的一派胡言。因为前人留给我们的材料毕竟太有限了,在成书与否的问题上,确实存在着不少疑问。

不过这并不影响《尚书》在战国时代已广为流传这一事实的存在。《尚书》是中国历史上最为古老的文献典籍之一。正因为如此,当华夏民族的文明史步入大突破的历史阶段时,这部(或曰"这些")著作熠熠生辉,引导着国民精神的锻铸和民族性格的塑造,发挥了其他文化典籍所不能起到的作用,这也是完全可以肯定的。

《诗》、《书》的传播范围日益扩大,《商君书·农战》篇中有"乡一束、家一员"的夸张说法。所谓的"儒家六经"的传播行程,恰好与华夏文明的凝练成型同步进行,于是它们对于新文明的标记作用越来越明显。这种文明在春秋时代"尊王攘夷"活动中逐渐形成,策源地在齐鲁,进而波及中原大地,战国时代其风格日益显露出来,东方六国的崇尚文德就是它的一个突出表象。这种文明与地处西部边陲的秦人的传统格格不入,于是秦国内部一次次掀起抵制这种文明的浪潮,《尚书》也连带着遭了殃,其传播开始出现挫折。

(二)《尚书》交上了厄运

秦国是从异姓族落的夹缝中冲杀出来的,金戈铁马使其不断强大,崇尚武力成为秦国的传统,商鞅带来的法家学说在这里找到了用武之地。经过商鞅变法之后,秦国国力迅速壮大,其文明风格也日益凸现出来。齐人鲁仲连的看法是:

> 彼秦者,弃礼义而上(尚)首功之国也,权使其士,虏使其民。①

魏公子信陵君无忌也谈了自己对秦国的观感:

> 秦与戎翟同俗,有虎狼之心,贪戾,好利,无信,不识礼义德行。苟有利焉,不顾亲戚兄弟,若禽兽耳,此天下之所识也,非有所施厚积德也。②

这种文明与东方文明在风格上迥然有别,所以东方六国把秦国视为"虎狼之国"。商鞅在鼓动秦孝公实施变法时讲过一段很有名的话,表达了他对历史问题的一些看法:

---

① 《战国策·赵策三》
② 《史记·魏世家》

> 前世不同教，何古之法？帝王不相复，何礼之循？伏羲、神农，教而不诛；黄帝、尧、舜，诛而不怒（孥）；及至文、武，各当时而立法，因事而制礼。礼法以时而定，制令各顺其宜，兵甲器备，各便其用。臣故曰：治世不一道，便国不必法古。汤、武之王也，不循古而兴；殷、夏之灭也，不易礼而亡；然则反古者未必可非，循礼者未足多是也。（《商君书·更法》）

商鞅所看到的只是传统束缚社会发展的负面作用，那么，他对《诗》、《书》的态度也就不言而喻了。《商君书·农战》篇指出：

> 《诗》、《书》、礼、乐、善、修、仁、廉、辩、慧，国有十者，上无使守战。国以十者治，敌至必削，不至必贫。国去此十者，敌不敢至，虽至必却；兴兵而伐，必取；按兵不伐，必富。

请注意，这里罗列的十项内容，基本上都是儒家学派竭力倡导的东西，而商鞅则把它们视为富国强兵的绊脚石，商鞅变法所要进行的移风易俗，其旨趣所在也就昭然若揭了。更为糟糕的是，商鞅不但有明确的思想，而且还有实实在在的行动。政治家急功近利的个人情感很快转化为国家意志，因为左庶长手中握有巨大的权力。《韩非子·和氏》篇记载道：

> 商君教秦孝公以连什伍，设告坐之过，燔《诗》、《书》而明法令，塞私门之请而遂公家之劳，禁游宦之民而显耕战之士。孝公行之。

于是一捆捆《诗》、《书》在咸阳市内的熊熊大火中化为灰烬，《尚书》自其出道以来首次遇到了冤家对头，不过这只是它那多舛命运的一个开端。因为此时秦国尚偏居于西北一隅，"天下七分有其一"，还没有一手遮天的本领。秦国本不属于《诗》、《书》、礼、义之邦，《诗》、《书》在秦国传播也很有限，因此商鞅烧书，并没有给《尚书》以致命打击，《尚书》在东方六国还有自己的生存空间，然而这个先例是十分恶劣的。《诗》、《书》对于民智的启迪作用是显

而易见的,商鞅正是看到了这一点才决定焚书,对此他有一个明确的说法:

> 民不贵学问则愚,愚则无外交。无外交,则国勉农而不偷。民不贱农,则国安不殆。①

后来,法家学派的集大成者韩非更加明确、更加坚决地主张:

> 明主之国,无书简之文,以法为教;无先王之语,以吏为师;无私剑之捍,以斩首为勇。是境内之民,其言谈者必轨于法,动作者归之于功,为勇者尽之于军。是故无事则国富,有事则兵强。此之谓王资。②

愚民容易治理,这是法家学派的一个基本认识。因此,在法家学说占据统治地位的地方,《诗》、《书》的日子自然好不了,商鞅"燔《诗》、《书》"还只是一个开头。

从另一个角度看,商鞅变法取得了巨大成功,这是秦国由弱变强的转折点。从此以后,秦国节节取胜,最终吞灭六国,统一了天下。"商君虽死,秦法未败",商鞅所确立的法家路线被后世历代秦王继承下来,这是秦国日益强大的思想基础。因此,秦始皇统一六国后,顺理成章地继承了这种治国思想,并且这种思想与他本人那冷酷无情的个性特征恰相吻合。据《史记·秦始皇本纪》记载:

> (秦始皇)刚毅戾深,事皆决于法,刻削毋仁恩和义,然后合五德之数。

过去不能一手遮天,现在可以了:"六合之内,皇帝之土——西涉流沙,南尽北户,东有东海,北过大夏——人迹所至,无不臣者。"有了这样的本钱,什么事情干不成呢?沉浸在胜利喜悦中的秦始皇不禁飘飘然起来。"一法度、衡石、丈尺,车同轨,书同文字",做

---

① 《商君书·垦令》
② 《韩非子·五蠹》

了这些"硬活"之后,还应该干些什么呢?自然就是"行同伦"了。"行同伦"的基础是思想一律,社会思想必须统一到国家法令上来,以《诗》、《书》为载体的儒家思想必须禁止,于是丞相李斯向皇上奏请:

> 臣请:史官非《秦记》皆烧之。非博士官所职,天下敢有藏《诗》、《书》、百家语者,悉诣守、尉杂烧之。有敢偶语《诗》、《书》者弃市。以古非今者族。吏见知不举者与同罪。令下三十日不烧,黥为城旦。所不去者,医药、卜筮、种树之书。若欲有学法令,以吏为师。①

无论就规模还是程度而言,秦始皇的"禁游学"、"燔《诗》、《书》"都大大超过了当年商鞅的动作:商鞅的禁令只在西北一隅推行,而现在则推广到了天下;商鞅只是"燔《诗》、《书》",而现在除了"医药、卜筮、种树之书"外统统烧掉,禁书的范围扩大了;两人相向谈论《诗》、《书》者"弃市","令下三十日不烧,黥为城旦","以古非今者"灭族,这种处罚更是前无古人,反映了新兴王朝统一思想的坚强决心。《尚书》终于碰上了问世以来的最大克星,一夜之间成了禁书,私藏者不但要被杀头,杀了之后还要被抛到闹市上,"与众弃之",看谁还敢藏它?《尚书》传播遇到了最大挫折。

《诗》、《书》烧了,游学禁了,后来又有了更为彻底的坑儒行动,照理说下一步就要"兴太平"了,然而历史的发展恰恰走向了独裁者意愿的反面。"秦始皇帝死而地分",秦王朝不久便在农民战争的熊熊烈火中化为灰烬,其统治总共维持了不过十五年的时间,够短命的。这正好应验了《尚书》中的一句格言:"惟不敬厥德,乃早坠厥命。""焚书"、"坑儒"不但没有延长秦王朝的寿命,反而加速了它的灭亡。

---

① 《史记·秦始皇本纪》

（三）金光大道上的风风雨雨

法家学说断送了秦王朝的前程，这是西汉初年的社会共识。经过秦末农民战争和楚汉相争，华夏大地上满目疮痍，"自天子不能具钧驷，而将相或乘牛车，齐民无藏盖"；"物踊腾粜，米至石万钱，马一匹则百金"。这是司马迁在《史记·平准书》中录下的特写镜头。于是最高统治者毅然摈弃专任法术的指导思想，采用了"与民休息"的黄老政治，以缓和尖锐的社会矛盾，尽快把人民安顿下来。

黄老学说指导下的西汉前期，实际上是一个没有理论的时代。"公卿皆武力功臣"，"少文多质"，务实的志趣多于务虚，目标本不在理论建树上。各个学派于是跃跃欲试，儒家学派更是一马当先。他们明知道汉高祖刘邦"不好儒"，但还是耐着性子向他宣传儒家学说，《尚书》等文献再次呈在了最高统治者的面前。司马迁为我们录下了一段有趣而著名的故事：

> 陆生时时前说称《诗》、《书》。高帝骂之曰："乃公居马上而得之，安事《诗》、《书》！"陆生曰："居马上得之，宁可以马上治之乎？且汤、武逆取而以顺守之，文武并用，长久之术也。昔者吴王夫差、智伯极武而亡；秦任刑法不变，卒灭赵氏。乡使秦已并天下，行仁义，法先圣，陛下安得而有之？"高帝不怿而有惭色，乃谓陆生曰："试为我著秦所以失天下、吾所以得之者何，及古成败之国。"陆生乃粗述存亡之征，凡著十二篇。每奏一篇，高帝未尝不称善，左右呼万岁，号其书曰《新语》。①

在黄老学说和刑名之言畅行无阻的西汉初年，陆贾"称《诗》、《书》"的确让皇帝和宫廷里的高官们耳目一新。由于新意不少，

---

① 《史记·陆贾列传》

这部《新语》一直流传下来,今天仍然可以参看。刘邦凭借金戈铁马取得了胜利,刚刚品尝到皇帝的尊贵,当然不屑于陆贾这些书生之见。但陆贾的底气也很足:您可以在马上得天下,却不能在马上治天下,治理天下非得有文德不可,单凭武力不能解决问题,文武并用才能长治久安,因此《诗》、《书》断然少不了。一番话说得骄横的皇帝惭愧地低下了头。这不是在向陆贾低头,而是在向《诗》、《书》、礼、乐文明低头。《尚书》再次发挥出其思想威力来。尽管汉初社会还不是《诗》、《书》大显身手的时候,但这次亮相却为日后的崛起奠定了基础。

陆贾是西汉儒学第一人,司马迁称叔孙通为"汉家儒宗",讽刺的意味多于实际的褒扬,不足凭信。陆贾"时时前说称《诗》、《书》",改变了汉王朝最高统治者的看法,拉近了他们与《诗》、《书》的距离,这为后来《尚书》的再度崛起奠定了基础。惠帝、高后时,继续奉行黄老学说,无为而治,与民休息:

> 黎民得离战国之苦,君臣俱欲休息乎无为。故惠帝垂拱,高后女主称制,政不出房户,天下晏然。刑罚罕用,罪人是希。民务稼穑,衣食滋殖。①

在这样一个大的政治背景下,惠帝四年(公元前191年)颁布了一道对于古代文化事业发展具有重要意义的诏令——"除挟书律",公开宣布废除秦始皇的"焚书令",解除了私人藏书的禁律。与其他文化典籍一样,《尚书》从"地下"回到了"人间"。

按照《史记·儒林列传》的记载,率先在社会上传授《尚书》的人叫伏胜,"胜"在古文献中又常常写做"生":

> 伏生者,济南人也,故为秦博士。孝文帝时,欲求能治《尚书》者,天下无有,乃闻伏生能治,欲召之。是时伏生年九十

---

① 《史记·吕太后本纪》

馀,老,不能行,于是乃诏太常使掌故朝[晁]错往受之。秦时焚书,伏生壁藏之。其后兵大起,流亡。汉定,伏生求其书,亡数十篇,独得二十九篇,即以教于齐鲁之间,学者由是颇能言《尚书》,诸山东大师无不涉《尚书》以教矣。

从这段记载中可以看出,经过秦火焚烧之后,《尚书》已经元气大伤,一时间几乎成为绝学。伏生是西汉时代最先在社会上传授《尚书》的人。伏生开始传《书》很可能在惠帝四年"除挟书律"之前,因为汉初无为而治,"法网疏阔漏吞舟之鱼",此时已非暴秦钳制的一统天下。由于伏生的积极传授,学者"颇能言《尚书》"。经过世事沧桑,《尚书》终于重见天日。

重新现世的《尚书》是个残卷。按照《史记·儒林列传》和《汉书》的《儒林传》、《艺文志》的讲法,伏生所传《尚书》为29篇。然而与《汉书》作者班固同一时代的王充,则向我们报道了不同的说法。《论衡·正说》篇写道:

盖《尚书》本百篇,孔子以授也。遭秦用李斯之议,燔烧五经。济南伏生,抱百篇藏于山中,孝景皇帝时,始存《尚书》,伏生已出山中,景帝遣晁错往受《尚书》二十余篇。伏生老死,书残不竟。晁错传于倪宽。至孝宣皇帝之时,河内女子发老屋,得逸《易》、《礼》、《尚书》各一篇,奏之。宣帝下示博士,然后《易》、《礼》、《尚书》各益一篇,而《尚书》二十九篇始定矣。

《论衡·正说》继续写道:

或说《尚书》二十九篇者,法北斗七宿也:四七二十八篇,其一曰斗矣,故二十九。夫《尚书》灭绝于秦,其见在者二十九篇,安得法乎? 宣帝之时,得佚《尚书》及《易》、《礼》各一篇,《礼》、《易》篇数亦始足,焉得有法?

这后一段话,王充以其唯物主义的思想观点批驳了《尚书》篇目问题上的迷信附会，驳得颇为有力。而前一段话中问题不少，例如说《尚书》本百篇，孝景皇帝时始存《尚书》，派遣晁错的是景帝而不是文帝等等，但有一点值得注意，即说伏生所传《尚书》本为28篇，加上河内女子老屋所出逸书1篇方才凑成29篇。后来许多人响应这种说法。例如臣瓒就认为：

当时学者，谓《尚书》唯有二十八篇，不知本有百篇也。

这位臣瓒到底姓什么，今天已经讲不清楚，但他生活在西晋时代则是可以肯定的。上面这段话保存在唐人颜师古所注《汉书·楚元王传》所附《刘歆传》中。28篇反映了西晋时期对于伏生《尚书》篇数的看法。唐代以后，这一说法更为流行，请看《隋书·经籍志》的说法：

《书》之所兴，盖与文字俱起。孔子观《书》周室，得虞、夏、商、周四代之典，删其善者，上自虞，下自周，为百篇，编而序之。遭秦灭学，至汉，唯济南伏生口传二十八篇。又河内女子得《泰誓》一篇，献之。

孔子删书及百篇之说是靠不住的，这在前面已经说过。这里需要注意的是，伏生所传《尚书》在唐代官修史书中赫然记下的是"二十八篇"，司马迁以来的"二十九篇"直接被改了过来。在此后的中国经学史上，伏生所传《尚书》究竟28篇还是29篇，争论一直没有停止过；而在相信28篇的人们中，到底应该去掉哪一篇，也是众说纷纭，莫衷一是。由于能够说明问题的传世材料毕竟太少了，这个问题几乎成了一笔糊涂账，这里只能采用一个比较能为大多数人所接受的说法：伏生所传《尚书》应为28篇。按照最为通行的清代阮元所刻《十三经注疏》的篇次，这28篇的篇目依次是：

1.《尧典》；2.《皋陶谟》；3.《禹贡》；4.《甘誓》；5.《汤誓》；6.《盘庚》；7.《高宗肜日》；8.《西伯戡黎》；9.《微子》；10.《牧誓》；11.《洪范》；12.《金縢》；13.《大诰》；14.《康诰》；15.《酒诰》；

16.《梓材》;17.《召诰》;18.《洛诰》;19.《多士》;20.《无逸》;21.《君奭》;22.《多方》;23.《立政》;24.《顾命》;25.《吕刑》;26.《文侯之命》;27.《费誓》;28.《秦誓》。

文帝时代,社会经济继续复苏,社会风气也逐渐好转起来:

> 及孝文即位,躬修玄默,劝趣农桑,减省租赋。而将相皆旧功臣,少文多质,惩恶亡秦之政,论议务在宽厚,耻言人之过失。化行天下,告讦之俗易。吏安其官,民乐其业,畜积岁增,户口浸息。风流笃厚,禁罔(网)疏阔。选张释之为廷尉,罪疑者予民,是以刑罚大省,至于断狱四百,有刑错之风。①

当时的真实情况即使没有这样美好,但在与民休息思想的指导下,社会经济得到恢复,徭役远较秦朝为轻,"九章律"较之苛刻的秦法宽松得多,则是一个基本事实。

公元前 140 年,具有雄才大略而又好大喜功的汉武帝即位。此时的汉王朝已今非昔比,经过文景之治,社会经济已全面恢复发展起来。《史记·平准书》对此记载说:

> 汉兴七十馀年之间,国家无事,非遇水旱之灾,民则人给家足,都鄙廪庾皆满,而府库馀货财。京师之钱累巨万,贯朽而不可校。太仓之粟陈陈相因,充溢露积于外,至腐败不可食。众庶街巷有马,阡陌之间成群,而乘字牝者傧(摈)而不得聚会。

这为汉武帝施展远大抱负准备了坚实的物质基础。与此同时,由于无为而治,"汉兴六十余载,海内艾安,府库充实,而四夷未宾,制度多阙"②。外有匈奴奴隶主贵族的不断侵扰,内有王侯强势、豪强纵横、法制疲软等社会问题,思想异趣更使社会陷入涣散

---

① 《汉书·刑法志》
② 《汉书·公孙弘传》

状态中,武帝对此大为恼火。他决心制服四夷,拾遗补缺,建立起一个名副其实的封建大一统王朝来。继承秦始皇的未竟事业——彻底实现思想一律——终于提到了汉王朝的议事日程上来。公元前135年,在回答汉武帝的策问中,儒生董仲舒瞅准时机,明确向皇上建议道:

> 《春秋》大一统者,天地之常经,古今之通谊也。今师异道,人异论,百家殊方,指意不同,是以上亡以持一统;法制数变,下不知所守。臣愚以为诸不在六艺之科孔子之术者,皆绝其道,勿使并进。邪辟之说灭息,然后统纪可一而法度可明,民知所从矣。

这就是中国历史上那道著名的"罢黜百家、表彰六经"的奏议。这一奏议迎合了政治一统、思想一律的时代要求,最高统治者自然乐意接受。与秦始皇"焚书令"一样,这个建议的目标也是思想一律,所不同的是,前者要把思想统一到国家法令上来,《诗》、《书》、百家语应该统统烧掉;而后者的归宿则在《诗》、《书》、《礼》、《乐》、《易》、《春秋》,也就是所谓的"六艺之科孔子之术"上,《诗》、《书》等又变成了宝贝。战国以来百家争鸣的局面从此结束,儒家学说被提到了"一尊"的地位上。从此以后,社会在儒家思想的指导下前进,儒家学说成为社会行为的基本准则。

在那道著名的策问中,董仲舒同时指出:"夫不素养士而欲求贤,譬犹不琢玉而求文采也。故养士之大者,莫大乎太学:太学者,贤士之所关也,教化之本原也。"所以他向武帝建议:

> 兴太学,置明师,以养天下之士,数考问以尽其材,则英俊宜可得矣。①

汉武帝采纳了这个建议。在丞相公孙弘等人的推动下,汉王

---

① 《汉书·董仲舒传》

朝建立了国家最高学府——太学，罢黜了那些"不在六艺之科孔子之术"的杂学，专门设置《诗》、《书》、《礼》、《易》、《春秋》五经博士。因为古代无法将乐调写成乐谱而流传下来，《乐》本无经，所以只能设立五经博士。汉王朝为每位博士官安排弟子各十人，让他们一起潜心研读和传播这五部儒家著作。这些弟子在读书期间，免除一切徭役和兵役，"经明行修"后即可出仕，太学成为封建政府的人才库。此后，博士弟子名额不断扩大，成帝末年增至3000人，平帝时代王莽秉政，直接废除了名额限制，由此可以看出社会需求的导向来。所以《汉书·儒林传》记载说：自从设立五经博士并为他们置弟子员以后，"公卿、大夫、士吏彬彬多文学之士矣"。

《诗》、《书》、《礼》、《易》、《春秋》成为名副其实的"经典"，关于这些著作的学问号为"经学"。在经学的旗帜下，《尚书》等五部文献典籍得到迅速普及，其传播的速度、范围等已今非昔比。班固记载说：

　　自武帝立五经博士，开弟子员，设科射策，劝以官禄，讫于元始，百有馀年，传业者浸盛，支叶蕃滋，一经说至百馀万言，大师众至千馀人，盖禄利之路然也。初，《书》唯有欧阳，《礼》后，《易》杨，《春秋》公羊而已。至孝宣世，复立大、小夏侯《尚书》，大、小戴《礼》，施、孟、梁丘《易》，《谷梁春秋》。至元帝世，复立《京氏易》。平帝时，又立《左氏春秋》、《毛诗》、《逸礼》、《古文尚书》。所以罔（网）罗遗失，兼而存之，是在其中矣。①

由于利禄的诱导，经学在汉代及其以后的封建社会里成为最为显赫的学问，其自身在不断地扩大着，汉代"五经"十四博士，后

---

① 《汉书·儒林传》

世又有"九经"、"十一经"、"十三经"以及"四书"的名目出现。这些经典成为封建时代伦理道德、政治经济、思想文化乃至社会生活各个方面的基本教程,其重要性是其他著作所无法比拟的。汉武帝表彰六经,《易》、《书》、《诗》、《礼》、《春秋》等被奉为经典,于是有了《易经》、《书经》(或曰《尚书经》)、《诗经》、《礼经》、《春秋经》等名目的出现。国家在京城长安设立"太学",这五部经典是太学里最基本的教材。汉王朝为每部经典设置"博士"1名,后来增加至若干名,负责该经典的阐释和讲授工作。在后来的历史发展中,各部经典都有不同的传本发现,有些传本被太学采用为教科书,有些则没有被采用,按照当时的说法,前者叫做"立于学官",后者叫做"未立于学官"。

伏生传授的《尚书》被立于学官,成为两汉时代标准的政治教科书。《汉书·儒林传》记载说,伏生把《尚书》传给了济南人张生和千乘人欧阳和伯。这二位是西汉时代伏生《尚书》的重要传人,"尚书学"在他们这里分成了两大支派。

欧阳和伯把《尚书》传给了兒(倪)宽,兒(倪)宽在武帝时代官至御史大夫。后来这位御史大夫把《尚书》回传给和伯的儿子。此后,《尚书》在欧阳氏家族中世代相传,欧阳高位至《尚书》博士,欧阳高的孙子欧阳地余再为博士,参加了西汉时代最为重要的经学会议——石渠阁会议。地余的小儿子欧阳政在王莽时代官至讲学大夫,"由是《尚书》世有欧阳氏之学"。《后汉书·儒林列传》记载说:"自欧阳生传伏生《尚书》,至(欧阳)歙八世,皆为博士。"真可谓家学渊源深远。后来欧阳歙位至大司徒——东汉时代地位最高的官职。

张生把《尚书》传给了夏侯都尉,都尉传族子夏侯始昌,始昌传夏侯胜。夏侯胜向兒(倪)宽门人蕳卿求教,并把自己的学问传给了侄子夏侯建,夏侯建又向欧阳高学习,欧阳氏和张生的学术在这里再次汇合。夏侯胜官至长信少府,夏侯建则成为太子的老师——太子太傅,官做得一个比一个大,"由是《尚书》有大、小夏侯之学"。

这是西汉时代伏生《尚书》传授历程的基本情况。"欧阳氏之学"与"大、小夏侯之学"鼎足而立于太学之中,地位十分显赫。由于"经明行修"成为士人飞黄腾达的正道和坦途,从《尚书》这个龙门跃过的"鲤鱼"不计其数。从《汉书·儒林传》和《后汉书·儒林列传》中看,由《尚书》入仕而位至丞相(大司徒)、御史大夫者不乏其人,九卿、郡守之类的二千石官员自然不在话下,东汉时代更是如此。伏生《尚书》在两汉时代出尽了风头。

伏生《尚书》传播开来后,另外一家《尚书》也不甘示弱,武帝时代迅速崛起,这就是《古文尚书》。班固记载说:

> 《古文尚书》者,出孔子壁中。武帝末,鲁共王坏孔子宅,欲以广其宫,而得《古文尚书》及《礼记》、《论语》、《孝经》凡数十篇,皆古字也。共王往入其宅,闻鼓琴瑟钟磬之音,于是惧,乃止不坏。孔安国者,孔子后也,悉得其书,以考二十九篇,得多十六篇。安国献之。遭巫蛊事,未列于学官。刘向以中古文校欧阳、大小夏侯三家经文,《酒诰》脱简一,《召诰》脱简二。率简二十五字者,脱亦二十五字;简二十二字者,脱亦二十二字,文字异者七百有馀,脱字数十。①

《古文尚书》出自孔子旧宅,一共45篇,后为孔子十二世孙孔安国所得。安国把它献给了朝廷。这部《尚书》与伏生传本相比,文字上存在一些差异。《史记·儒林列传》记载说:

> 孔氏有《古文尚书》,而安国以今文读之,因以起其家。逸《书》得十余篇,盖《尚书》滋多于是矣。

---

① 《汉书·艺文志》

按照王念孙《读书杂志》的说法，这里的"起"是"兴起"的意思，"家"指的是"家法"。孔安国独树一帜，建立了与伏生《尚书》截然不同的"家法"，由此拉开了中国经学史上著名的"经今、古文之争"的序幕。

从表面上看，所谓"今古文"云云，是就文字而言的。自甲骨、金文之后，汉字的形体在不断规范和简化着。战国时期的文字分为两大系统：一是保持传统风格较多的中国西部地区的周秦文字，后人称之为"大篆"；一是与传统风格相比变异较大的东方六国文字。据研究，伏传《尚书》与孔安国家传《尚书》都属于后一种文字系统。六国统一后，为结束"语言异声、文字异形"的局面，秦始皇命令李斯将秦国通用的"史籀大篆"加以省改，作为规范文字推行到全国去，后世把这种文字叫做"小篆"。与大篆相比较，小篆的笔画简化了不少，但人们还是觉得不方便，于是有了将笔画变圆转为方折、并且更加省简的文字出现，这种文字就是"隶书"。事实上，战国末年隶书已经在民间出现，秦代更加流行，西汉中期遂成为社会上通行的文字。因此，汉人司马迁所谓的"今文"，指的是"隶书"，而"古文"则是指战国时期的东方六国文字。清代经学家皮锡瑞指出：

> 汉时所谓"今文"，今谓之"隶书"，世所传熹平石经与孔庙等处汉碑是也。汉时所谓"古文"，今谓之"古籀"，世所传钟鼎石鼓与《说文》所列古文是也。隶书汉时通行，故谓之"今文"，犹今人之于楷书，人人尽识者也；古籀汉时已不通行，故谓之"古文"，犹今人之视篆隶，不能人人尽识者也。①

伏生或者欧阳和伯、张生之流，把本属古文的《尚书》用汉代

---

① 《经学通论·书经·论汉时今古文之分由文字不同亦由译语各异》条

通行的文字隶书写了下来,这是为了传播的需要。后来"《尚书》滋多于是",为了把它们区分开来,人们便把伏生所传《尚书》称为"《今文尚书》",而把孔安国所传《尚书》称为"《古文尚书》",因为后者在传播之前是以古文的面目出现的。然而文字的差异只是一个表面现象。清儒龚自珍指出:

> 伏生壁中书,实古文也,欧阳、夏侯之徒以今文读之,传诸博士,后世因曰伏生今文家之祖,此失其名也。孔壁固古文也,孔安国以今文读之,则与博士何以异?而曰孔安国古文家之祖,此又失其名也。今文、古文同出孔子之手,一为伏生之徒读之,一为孔安国读之。未读之先,皆古文矣;既读之后,皆今文也。唯读者人不同,故其说不同。源一流二,渐至源一流百,此如后世翻译,一语言也而两译之,三译之,或至七译之,译主不同,则有一本至七本之异。未译之先,皆彼方语矣;既译之后,皆此方语矣。其所以不得不译者,不能使此方之人晓殊方语。故经师之不得不读者,不能使汉博士及弟子员悉通周古文故。然而译语者,未曾取所译之本而毁弃之也,殊方语自在也;读《尚书》者,不曰以今文读后而毁弃古文也。故其字仍散见于群书及许氏《说文解字》之中,可求索也。又译字之人,必华夷两通而后能之;读古文之人,必古今字尽识而后能之。此班固所谓晓古今语者,必冠世大师,如伏生、欧阳生、夏侯生、孔安国庶几当之,余子皆不能也。此今文、古文家之大略也。①

龚自珍的解说简洁明快,比喻也恰如其分,所以得到后人的遵从,皮锡瑞在《尚书通论》中就曾以《论汉时今古文之分由文字不同亦由译语各异》为题来引申龚自珍的说法。他说:"唯读者人不

---

① 《太誓答问·第二十四·总论汉代今文古文名实》

同,故其说不同",可以说一语道破了天机。由文字和译读上的差异而兴起不同的家法,在不同家法的背后是不同的利益集团,这才是今、古文之争的根本原因之所在。自孔安国严明家法之后,这家《尚书》与伏传《尚书》的差别越来越大,"今、古文"的称呼遂日益响亮起来。正本溯源,"孔安国以今文读之",流行的孔氏《尚书》又何尝不是"今文"呢?所以呼以"古文",只是为了区别的需要罢了,名与实并不完全相符合。皮锡瑞在《经学通论·书经》开篇中指出:

> 治《尚书》不先考今、古文分别,必至茫无头绪,治丝而棼。故分别今、古文,为治《尚书》一大关键,非徒争门户也。

这是以一个经学史家的口吻在讲话,属于平实之论。据皮锡瑞研究,西汉经学最先区分"今、古文之学"的是《尚书》,并且《尚书》的区分"最纠纷难辨"。有了《尚书》的今、古文之别后,才有《礼》、《诗》、《春秋》诸经今、古文之别的发生,两汉经学史上的"今、古文之争"遂愈演愈烈。因此,孔安国独树一帜,的确在中国经学史上算是一个不大不小的事件。

按照《汉书·艺文志》的讲法,孔壁《古文尚书》比伏生《今文尚书》多出16篇,那么应该为45篇才是。然而在记述发现经过那段文字之前所开列的书目中,班固又明确写道:

> 《尚书古文经》四十六卷。

接着他又作了注释:"为五十七篇。"班固讲得很明白:"《古文尚书》者,出孔子壁中。"孔壁《古文》与《尚书古文经》异名而同实,两者根本就是一码事,那么这就把人搞糊涂了:到底是45篇呢,还是46卷57篇呢?班固给后人留下了一个谜。好在历史上还有别的有心人,其他记载也传了下来。后人把这些记载综合比勘之后,终于揭开了这个谜底。原来,西汉书籍的书写材料主要有两大类:一类是简牍,一类是绢帛。写在简牍上的书籍称为"篇",写在绢帛上的书籍称为"卷"。"篇"与"卷"在分量上往往不等，有数篇合为一卷的情况。研究者指出：孔壁古文中《九共》卷就是九篇文章的一个总目，那么孔壁《尚书》实际上比伏生所传《尚书》多出了24篇。人们又把伏生所传《尚书》中的《盘庚》篇和《泰誓》篇各自一分为三，又从《顾命》篇中分出来一篇《康王之诰》，这样伏生所传《尚书》就成了33篇。33加上24篇，共为57篇。"《武成》逸书，建武之际亡"，班固自然没有见到，所以他说"为五十七篇"。16卷加上29卷，共45卷，再加上1卷《书序》，恰好是46卷。这是综合清儒王鸣盛《尚书后案》等研究成果而得出的说法。关于《书序》的问题，留待后面去说，这里只是把孔壁《尚书》的来龙去脉、篇目、卷数问题，作一个简单交代而已。

两汉时代，还有另外两种《古文尚书》版本行世。一种叫做河间献王本，一种叫做杜林漆书本。《汉书·景十三王传》记载：

> 河间献王德以孝景前二年立，修学好古，实事求是。从民得善书，必为好写与之，留其真，加金帛赐以招之。繇是四方道术之人不远千里，或有先祖旧书，多奉以奏献王者，故得书多，与汉朝等。是时，淮南王安亦好书，所招致率多浮辩。献王所得书皆古文先秦旧书，《周官》、《尚书》、《礼》、《礼记》、《孟子》、《老子》之属，皆经传说记，七十子之徒所论。其学举六艺，立《毛氏诗》、《左氏春秋》博士。修礼乐，被服儒术，造次必于儒者。山东诸儒多从而游。

刘德手中的这部《古文尚书》究竟是个什么样子，后人讲得不大清楚，因为它属于那种"来无影、去无踪"的角色，史书中没有一个明确的交代。王国维根据河间献王与鲁恭王的兄弟关系，并且献王之死仅早于恭王之死两年等情况推测，河间献王的《古文尚书》，或许就是孔壁《尚书》的转写本。这话在情理上讲得通，只是与历史真实是否吻合，今天实在难以决断。张西堂先生在《尚书引论》中也写道：

> 其他传记亦并未言其（指河间献王《古文尚书》——引者）文字之异同，卷数之多寡，似乎与孔壁之古文《尚书》，无若何之差别。

刘德《古文尚书》的消息也就这些，杜林漆书的情况则要复杂一些。《后汉书·杜林列传》记载说：

> 杜林字伯山，扶风茂陵人也。父邺，成、哀间为凉州刺史。林少好学沈深，家既多书，又外氏张竦父子喜文采，林从竦受学，博洽多闻，时称通儒。……河南郑兴、东海卫宏等，皆长于古学。兴尝师事刘歆，林既遇之，欣然言曰："林得兴等固谐矣，使宏得林，且有以益之。"及宏见林，暗然而服。济南徐巡，始师事宏，后皆更受林学。

从杜林的出身和学术渊源、师友关系等方面看，他和"古文学"的关系非同一般，所以他拥有"古书"也就不足为奇了。《后汉书·杜林列传》接着写道：

> 林前于西州得漆书《古文尚书》一卷，常宝爱之，虽遭艰困，握持不离身。出以示（卫）宏等曰："林流离兵乱，常恐斯经将绝。何意东海卫子、济南徐生复能传之，是道竟不坠于地也。古文虽不合时务，然愿诸生无悔所学。"宏、巡益重之，于是古文遂行。

对于杜林这部漆书《古文尚书》，《后汉书·儒林列传》补充报道说：

> 扶风杜林传《古文尚书》，林同郡贾逵为之作训，马融作传，郑玄注解，由是《古文尚书》遂显于世。

杜林传本由于受到名家的青睐，地位不断攀升，大有后来居上的势头。特别是东汉中期以后，今文经学的没落已无可挽回，杜林《古文尚书》从而更加兴盛起来。

对于杜林漆书的来龙去脉，后人也做了跟踪研究。按照《后汉书·孔僖列传》的说法："自安国以下，（孔氏家族）世传《古文尚书》、《毛诗》。"清代学者王鸣盛的《尚书后案》从文字特征、传授系统等方面进行分析之后得出结论说，杜林所传授的《尚书》，是从孔安国《古文尚书》脱胎而来的。他的这个说法得到后世学者的广泛赞同。

孔安国《古文尚书》在孔氏家族手里世代相传，成为一门十分兴盛的学问，现在又有河间献王本，尤其是杜林漆书本的张扬，自然更加兴盛起来。自东汉中期以后，《古文尚书》的气势越来越大，大有压过伏生所传《今文尚书》的趋势，这是汉代经学史上值得注意的一件事情。

伏生今文、孔安国古文和杜林漆书本，都是《尚书》传播过程中涌现出来的重要版本。从某种意义上讲，正是它们决定了后世"尚书学"的发展面貌，所以探究《尚书》，对它们必须有所了解，这也是上文不惮其烦反复述说的原因所在。

两汉时代，立于学官的是伏生的《今文尚书》，欧阳、大小夏侯三分天下，鼎足而立，东汉时代欧阳学更是一马当先，出尽了风头。尽管《古文尚书》虎视眈眈，几次向今文经学发出挑战，却一直未能取得成功。到东汉晚年古文经压倒今文经的时候，汉王朝的气数差不多也就快要完结了。可以这么说，《今文尚书》独霸了两汉时代的官方《尚书》学坛。

《今文尚书》成功的秘诀之一是主动迎合现实的需要，使统治者感到它切合实用。《汉书》为我们录下了一则故事：兒（倪）宽是欧阳学的高才生，他在做太学生的时候，因为家"贫无资用"，"时行赁作，带经而鉏，休息辄读诵，其精如此"（《汉书·兒（倪）宽传》）。由于勤奋好学，他完全掌握了《欧阳尚书》的精义。后来在向汉武帝汇报自己的学业时，他所阐述的《尚书》学要义一下子就

把皇帝给打动了,汉武帝感叹道:

"吾始以《尚书》为朴学,弗好,及闻宽说,可观。"乃从儿宽问一篇。①

这就是"朴学"一词的原始出处。皇上的意思是指朴鲁之学,原本是瞧不上眼的,但听了儿宽的阐述之后,才发现这门学问很值得一问,《尚书》在汉武帝的心灵深处迸起了火花。"朴学"一词从此流传下来,后来遂成为"经学"的代名词。能够改变皇上的印象,使皇上觉得它值得一问,这的确是《今文尚书》在汉代取得成功的一个奥秘。

既然朝廷奖掖经学,"明经"事关"禄利",那么"传业者浸盛,支叶蕃滋"也就是情理中的事情。西汉晚年,"一经说至百余万言,大师众至千余人",东汉时代更加兴盛。由于《尚书》在五经中地位较高,这种状况也更加突出。论者讲到汉代经学的烦琐,往往喜欢举出桓谭《新论》中为我们留下的一条记录:

秦近君能说《尧典》篇目之谊(义),至十余万言;但说"曰若稽古",三万言。

近君在《汉书·儒林传》中写做"延君"。延君师从夏侯建,习小夏侯之学,"增师法至百余万言",这位是够能侃的。至于大师林立,东汉时代更是如此。《后汉书·儒林列传》写道:

中兴,北海牟融习《大夏侯尚书》,东海王良习《小夏侯尚书》,沛国桓荣习《欧阳尚书》。荣世习相传授,东京最盛。

这是一些特级大师。他们树起"尚书学"的大旗,很快就招来大批门徒,《尚书》学从他们手中进一步传播开来。这里且看看次一级大师们的情况:

欧阳学的嫡系传人欧阳歙任汝南太守时,"教授数百人,视事

---

① 《汉书·儒林传》

九岁,征为大司徒"。

济阴人曹曾从欧阳歙"受《尚书》,门徒三千人,位至谏议大夫。子祉,河南尹,传父业教授"。

乐安临济人牟长"少习《欧阳尚书》,不仕王莽世。建武二年,大司空弘特辟,拜博士,稍迁河内太守"。这期间,门徒"常有千余人,著录前后万人。著《尚书章句》,皆本之欧阳氏,俗号为《牟氏章句》"。

牟长的儿子牟纡,"又以隐居教授,门生千人"。

京兆长安人宋登"少传《欧阳尚书》,教授数千人。为汝阴令,政为明能,号称'神父'"。

汝南南顿人蔡玄"学通五经。门徒常千人。其著录者万六千人"。

这些次级大师们门徒动辄也是成千上万,《尚书》真的广泛传播开来了。他们或者给整部《尚书》作训解,作注释,或单单阐释其中的一篇,多者"一经说至百余万言",东汉时代周防所撰《尚书杂记》也有四十余万字。由于这些训解、注释的帮助,一般人才能读懂那些佶屈聱牙的篇章。这些训解在当时叫做"传",或者叫做"章句",或者叫做"说",或者叫做"故",名目不一。据《汉书·艺文志》记载,西汉时期最为著名的训解有:

《尚书大传》四十一篇。

欧阳《章句》三十一卷。

大、小夏侯《章句》各二十九卷。

大、小夏侯《解故》各二十九篇。

欧阳《说义》二篇。

刘向《五行传记》一篇。

许商《五行传记》一篇。

刘、许的《五行传记》是演绎《尚书·洪范》篇的专论。除伏生

《尚书大传》外,这些著作今天都看不到了,但在当年它们都曾风靡一时。正是凭借着这些著作,大师们个个树起了自己的旗帜,建立起独特的家法来。

为了迎合现实需要,汉代今文经学不惜庸俗化,其突出表现就是谶纬化。"谶"是用诡秘的隐语预决吉凶的图书符箓,"纬"则是相对于"经"而言的,是方士化了的儒生假托孔子之名,用诡秘的语言解释经义的东西。纬书正式出现在汉武帝表彰六经之后。《易》、《书》、《诗》、《礼》、《乐》、《春秋》以及《孝经》的纬书,西汉后期纷纷现世,时人总称之为"七经纬"。在王莽、刘秀称帝的过程中,谶纬都曾帮过他们的忙,二人对谶纬特别偏爱。公元56年,也就是刘秀去世的前一年,他特意明确"宣布图谶于天下","言五经者,皆凭谶纬说"。"七经纬"于是成为"内学",原来的经书成为"外学",地位反而在纬书之下。公元79年,汉章帝召开讨论五经异同的白虎观会议,会后班固糅合谶纬与今文经学,将会议讨论的内容整理成《白虎通德论》,经学进一步被谶纬化。《尚书》的纬书数量在各家经典中名列前茅:《璇玑铃》、《考灵曜》、《刑德放》、《帝命验》、《运期授》、《帝验期》、《五行传》、《尚书中候》,一共八部。从这些神秘兮兮的书名中,大概就能猜测到它们在讲些什么内容。宗教迷信使得今文经学——包括《今文尚书》学日益庸俗化,时常陷入自相矛盾中,因而逐渐遭到了社会的唾弃。

两汉时代《今文尚书》被列于学官,"通经"可以"入仕",因此在官家《尚书》学兴旺发达的同时,《尚书》在民间也可以随便见到了。西汉晚年十分流行的一本儿童识字启蒙教材——《急就篇》就曾这样写道:

宜学讽《诗》《孝经》《论》,

《春秋》《尚书》律令文,

治礼掌故砥砺身。

宦学即学宦，也就是学习为官之道。要做官就必须熟读《诗经》、《孝经》、《论语》、《尚书》这些经典以及国家的法令，否则就将失去明确的指导，这样就做不好官。在汉代史籍中，时常可以发现某人"少习《尚书》"的记载，如牟长"少习《欧阳尚书》，不仕王莽世"①；刘恭"少习《尚书》，略通大义"②。儿童阶段就已熟悉《尚书》，说明《尚书》在民间的流行程度颇为广泛。

汉武帝表彰六经后，伏传《尚书》28篇一直占据着两汉《尚书》官学的核心地位，《古文尚书》不断向它发起冲击，但都没有取得成功。有人开始另辟蹊径，想起了"造伪"这个招数，制造了学术史上一组新的景观，于是互争正统、造伪与辨伪的故事随之发生了。早在西汉后期，有一位叫张霸的人率先使用了这一招，并且一造就是102篇，声势浩大。《汉书·儒林传》记载道：

> 世所传"百两篇"者，出东莱张霸，分析合二十九篇以为数十，又采《左氏传》、《书叙》为作首尾，凡百二篇。篇或数简，文意浅陋。成帝时求其古文者，霸以能为"百两"征，以中书校之，非是。霸辞受父，父有弟子尉氏樊并。时太中大夫平当、侍御史周敞劝上存之。后樊并谋反，乃黜其书。

同一件事情，东汉哲学家王充在《论衡》中也有记录：

> 孝成皇帝读百篇《尚书》，博士郎吏莫能晓知，征天下能为《尚书》者；东海张霸通《左氏春秋》，案百篇序，以左氏训故，造作百二篇，具成奏上。成帝出秘《尚书》以校考之，无一字相应者，成帝下霸于吏。吏当器（霸）辜大不谨敬，成帝奇霸之才，赦其辜，亦不灭其经，故百二篇书传在民间。③

---

① 《后汉书·儒林列传上》
② 《后汉书·刘盆子列传》
③ 《论衡·佚文》

《论衡·正说》篇所记与此基本相同。由于张霸伪造的《古文尚书》蛰居民间，王充采自道听途说，夸张成分在所难免，例如说"无一字"与中古文《尚书》相符合即是，然而它毕竟为《汉书·儒林传》的记载添上了一个旁证。"中古文"即皇家收藏的古文《尚书》。张霸伪造《古文尚书》"百二篇"，胆子太大，手法太拙劣，破绽太明显，于是很快被人识破，本人也险些因此送了命，平添了一幕历史笑剧。

就像漆黑的夜空中点燃了一支鞭炮，张霸的伪书响过一声之后便消逝了，成为《尚书》版本系统中的一个匆匆过客。然而相对于"尚书学"的发展以及后世的影响来讲，这部伪书有两件事情还是应当提一下：

第一，张霸伪书虽废，但他所伪造的百篇《书序》却流传下来，在"尚书学"的后世发展过程中发挥了重要作用。

第二，正像清末经学家皮锡瑞在《经学通论》中所指出的那样，张霸伪造"百二篇"，对后世的造伪起到了启迪作用，"后之作伪孔古文者，正袭张霸之故智也"。张霸开了一个恶劣的先例，带了一个坏头。

到了东汉后期，为了压倒对手，有人在经典本体上下功夫，真可谓釜底抽薪，从根本上来解决问题。《后汉书·宦者列传·吕强传》记载说：

> 诸博士试甲乙科，争弟高下，更相告言，至有行赂定兰台漆书经字，以合其私文者。

这是灵帝时期的事情。行贿以求改动皇宫里的经文，从而造就了东汉经学史上的一大"奇观"。正直士大夫对此感到羞耻，于是在蔡邕和宦官李巡等人的倡议下，太学门口竖起了一排排石碑，"共刻《五经》文于石"，这就是著名的"熹平石经"。"熹平石经"毁于兵燹后，唐文宗时又有"开成石经"的重新竖起，后者完好地保存下来,成为今天西安市内一处重要的人文景观①。这真应了俗语中的一句话,"魔高一尺,道高一丈"。不过行贿改经,博士们的这一招是够损的。

今文经学堕落到这一步,遭到社会的唾弃就是自然而然的事情了。东汉中期以后,古文经学逐渐崛起。东汉末年,"郑玄括囊大典,网罗众家,删裁繁诬,刊改漏失,自是学者略知所归"(《后汉书·郑玄列传》)。郑玄以古文经为底本遍注群经后,郑注日益流行起来,古文经学彻底压倒了今文经学。《今文尚书》中的欧阳、大小夏侯之学后来便渐渐失传了。

东晋元帝年间(公元317～322年在位),《尚书》版本系统中的另一个重要角色粉墨登场了,这便是梅赜所上的"孔安国传《古文尚书》"。

孔安国《古文尚书》,本来比伏生今文多出16篇,可是多出的那部分内容在两汉时代"绝无师说",传播范围有限。在西晋末年的频仍战乱中,这16篇《古文尚书》失传了。东晋元帝时代,忽然有豫章内史梅赜献上了一部58篇的《古文尚书》,篇数与孔壁古文完全吻合,并且配有孔安国详细的"传"——传是"注释"的意思,世人遂称这部著作为"孔传《古文尚书》"。

"孔传《古文尚书》"的身价在唐代前期陡然上涨。贞观时期诏令儒臣撰写《五经正义》,《尚书正义》所依据的版本就是它。陆德明据以作《经典释文》,孔颖达据以撰《尚书正义》,并且把所谓的"孔传"作为"正注",在此基础上进一步作"疏"。"疏"也是注释的意思。二孔的"传"、"疏"与58篇经文相配合,作为官方钦定的"正义"颁行全国,这部著作遂堂而皇之地登上了官学之巅。后

---

① "开成"是唐文宗年号。开成二年(公元837年)冬十月,"依后汉蔡伯喈刊碑列于太学,创立《石壁九经》"。

来所竖起的"开成石经",《尚书》就用这58篇与所谓的二孔"传"、"疏"。此后,这部著作被世代崇奉,地位日益巩固,尽管已经有人对孔传《古文尚书》的真伪产生了怀疑,宋人还是把"孔传"和"正义"合刻成《尚书注疏》而传布,清代阮元把它汇刻进《十三经注疏》中,一直流传到今天。所以我们只要拿出《十三经注疏》来,58篇篇目便可尽收眼底。它们分别是:

(1)《虞书》5篇:1.《尧典》;2.《舜典》;3.《大禹谟》;4.《皋陶谟》;5.《益稷》。

(2)《夏书》4篇:1.《禹贡》;2.《甘誓》;3.《五子之歌》;4.《胤征》。

(3)《商书》17篇:1.《汤誓》;2.《仲虺之诰》;3.《汤诰》;4.《伊训》;5.《太甲上》;6.《太甲中》;7.《太甲下》;8.《咸有一德》;9.《盘庚上》;10.《盘庚中》;11.《盘庚下》;12.《说命上》;13.《说命中》;14.《说命下》;15.《高宗肜日》;16.《西伯戡黎》;17.《微子》。

(4)《周书》32篇:1.《泰誓上》;2.《泰誓中》;3.《泰誓下》;4.《牧誓》;5.《武成》;6.《洪范》;7.《旅獒》;8.《金縢》;9.《大诰》;10.《微子之命》;11.《康诰》;12.《酒诰》;13.《梓材》;14.《召诰》;15.《洛诰》;16.《多士》;17.《无逸》;18.《君奭》;19.《蔡仲之命》;20.《多方》;21.《立政》;22.《周官》;23.《君陈》;24.《顾命》;25.《康王之诰》;26.《毕命》;27.《君牙》;28.《冏命》;29.《吕刑》;30.《文侯之命》;31.《费誓》;32.《秦誓》。

《虞书》5篇,《夏书》4篇,《商书》17篇,《周书》32篇,合起来一共58篇,再加上一篇导读性质的《书序》,比起伏生《今文尚书》28篇来要宏大厚重多了,自然也气派多了。58篇中,有33篇系伏生《今文尚书》的内容,只是28篇被拆为33篇罢了。

"孔传《古文尚书》"在唐朝前期突然崛起,一下子占据了官家

"尚书学"的核心地位,但这并没有挡住有心人的思考。在深入思考的过程中,怀疑发生了。早在唐代后期,已经有人朦胧感觉到这部著作有点不对头,南宋人吴棫、朱熹则把怀疑集中在它的来路上,道学大师朱熹甚至说出这样的话:"某尝疑孔安国书是假书。"他们从两个方面提出疑问:

第一,伏生《今文尚书》28篇与晚出的25篇相比较,前者佶屈聱牙,后者文从字顺。四代之书到了伏生与孔安国二人手中,文风为什么一下子发生了这么大的变化?

第二,孔安国的《书序》,此前不见史书记载,来得未免有点突兀,文风也与西汉时代不相符合,"只是魏晋六朝文字"。这两个问题的确提到了点子上,一下子击中了要害,"孔传《古文尚书》"的辨伪工程由此启动了。

这一工程在元、明两代获得了突破性进展,元人吴澄的《书纂言》、明人梅鷟(音 zhuó)的《尚书考异》等是其标志性成果,特别是后一部著作。《尚书考异》在朱彝尊的《经义考》中被著录为一卷,四库馆臣把它分为五卷。别看部头不大,思想内涵却丰富而深刻。这部著作从《尚书》篇数、篇名、文体、文义以及历史事实等方面提出怀疑,许多看法都发了前人之所未发。《四库全书总目提要》说,梅鷟把"孔传《古文尚书》"的编者认做是晋人皇甫谧,这种说法可能有点靠不住,但有些说法则是很好的:

> 至谓孔安国《序》并增多之二十五篇悉杂取传记中语以成文,则指摘皆有依据。又如谓瀍水出谷城县,两《汉志》并同,晋始省谷城入河南,而《孔传》乃云出河南北山;积石山在西南羌中,汉昭帝始元六年始置金城郡,而《孔传》乃云积石山在金城西南:孔安国卒于汉武时,载在史记,则犹在司马迁以前,安得知此地名乎? 其为依托,尤佐证显然。

这些例证的提出,为"孔传"、《书序》乃至整个"孔传《古文尚书》"的最后定性准备了条件。所以历史发展到清代前期,"孔传《古文尚书》"来路问题这宗千古疑案终于真相大白,因为阎若璩的《尚书古文疏证》问世了。

阎若璩,字百诗,别号潜丘居士,山西太原人。生于明崇祯九年,即公元1636年,卒于清康熙四十三年,也就是公元1704年,实足年龄68岁。他本是一个学者,有多种著作传世,但最为重要的著作无疑当推这部八卷本的《尚书古文疏证》。在梅鷟《尚书考异》的基础上,《尚书古文疏证》或引申梅氏的说法,或提出新的见解,终于给一千多年来广为传诵的这部皇皇圣典定了性。《四库全书总目提要》在为《尚书古文疏证》所写的提要中写道:

(《古文尚书》)自吴棫始有异议,朱子亦稍稍疑之。吴澄诸人本朱子之说,相继抉摘,其伪益彰,然亦未能条分缕析,以抉其罅漏。明梅鷟始参考诸书,证其剽剟,而见闻较狭,搜采未周。至若璩乃引经据古,一一陈其矛盾之故,古文之伪乃大明。所列一百二十八条,毛奇龄作《古文尚书冤词》,百计相轧,终不能以强辞夺正理:则有据之言,先立于不可败也。

《尚书古文疏证》的问世,标志着"孔传《古文尚书》"辨伪工程基本上大功告成。这部著作从"言两《汉书》载古文篇数与今异"条开始,至"言安国从祀未可废因及汉诸儒"条为止,一共8卷128条。另有7条补遗和1个附录——"附朱子古文《书》疑"。这部著作起先只有抄本传世,阎若璩去世40年后才由他的孙子阎学林刊刻行世,所以第2卷的第28~30条,第3卷的第33~48条,第7卷的第102、108~110条,第8卷的第122~127条共29条在刊印时已经亡佚,现在实存99条。从存世的条目上看,前5卷基本上是搜罗文献方面的证据,第6卷是历史事实方面的证据,第7卷侧重于揭发所谓"孔传《古文尚书》"内容方面的自相矛盾,第8卷把自宋以来对这部著作辨伪方面的成果汇集起来,表明自己写作《尚书古文疏证》的本心：

> 不过从朱子引而伸之，触类而长之耳，初何敢显背紫阳以蹈大不韪之罪。

引申的结果超出了初衷。阎若璩对照《周易》、《左传》、《国语》、《论语》、《墨子》、《老子》、《庄子》、《孟子》、《周礼》、《荀子》、《礼记》、《韩非子》等先秦典籍以及《史记》、《汉书》、《后汉书》等两汉文献，把"孔传《古文尚书》"比伏生《今文尚书》多出的25篇内容，一一检出出处，并指出其误引、漏引各条，从而得出结论说：这25篇是一个"不古不今、非伏非孔"的杂拌儿。书中把所谓的"孔传"及《书序》的造伪也给揭发出来。梁启超先生在《中国近三百年学术史》中指出：

> 大抵百诗学风，如老吏断狱：眼光极尖锐，手段极严辣，然而判断必凭证据，往往在别人不注意处得来。

《尚书古文疏证》问世后，很快得到学术界的普遍认同。正如《四库全书总目提要》所指出的那样，尽管有毛奇龄等人为"《古文尚书》"鸣冤叫屈，"终不能以强辞夺正理"，东晋梅赜所上的这部"孔传《古文尚书》"，终于得到了一个恰如其分的名字——"《伪古文尚书》"；而所谓的"孔安国传"，也便被称为"伪孔传"。披裹在这部皇皇圣典身上的伪装，终于被撕了下来。阎若璩之后，辨伪工程方兴未艾，后来又有惠栋《古文尚书考》、王鸣盛《尚书后案》等一大批著作问世，"《伪古文尚书》"一案最终被彻底定案。"《伪古文尚书》"和"伪孔传"等称呼遂日益流行起来。一提起这两个名字，人们便会想起东晋初年豫章内史梅赜所上的那部"孔传《古文尚书》"。尽管今天仍有人在为它鸣冤叫屈，坚持认为"孔传《古文尚书》不伪"，信从者毕竟寥寥。如果没有坚挺的新证据现世，在现有材料基础上要翻《伪古文尚书》一案，看来是不大容易的。

张霸垂范在先，梅赜效尤于后，《尚书》学坛上已被他们搞得乌烟瘴气了,但这仍然不够,继续造伪的空间还是存在的。据说梅赜所上"孔传《古文尚书》"的《舜典》篇有残缺,这么重要的典籍是不能残缺的,一定要把丢失的部分找回来。齐明帝建武四年,丢失的部分终于"找到"了:

  吴姚方兴于大桁市得其书,奏上。比马、郑所注多二十八字,于是始列国学。①

姚方兴的造伪手法不怎么高明,所以到了唐初就被识破了。陆德明在《经典释文》中揭发道:

  齐明帝建武中,吴兴姚方兴采马(融)、王(肃)之注,造孔传《舜典》一篇,云于大航头买得,上之。梁武(指梁武帝萧衍——引者)时为博士,议曰:"《孔序》称伏生误合五篇,皆文相承接,所以致误。《舜典》首有'曰若稽古',伏生虽昏耄,何容合之?"遂不行用。

唐代史学家刘知几对此也作了如下记载:

  齐建武中,吴兴人姚方兴采马、王之义以造孔传《舜典》,云于大航购得,诣阙以献。举朝集议,咸以为非。及江陵板荡,其文入北,中原学者得而异之,隋学士刘炫遂取此一篇列诸本第。故今人所习《尚书·舜典》,元出于姚氏者焉。②

另据孔颖达《尚书正义》,刘炫上书在隋文帝开皇中叶。这篇《舜典》比起伏生的今文《尧典》的后半部分来,多出了篇首的28个字:

  曰若稽古。帝舜曰重华,协于帝。浚哲文明,温恭允塞,玄德升闻,乃命以位。

据后人考证,这28字中,前12个字是姚方兴献书时加上去

---

① 《隋书·经籍志》
② 《史通·古今正史》

的，后16个字则是刘炫上书时给添上的。至此，东晋时代现世的这部《伪古文尚书》才最终确定下来。加上这"伪中又伪"的《舜典》篇，这《伪古文尚书》名副其实地成为一部"伪中有伪"的伪书了。

先有张霸、梅赜，现在又加上姚方兴和刘炫，《尚书》学界真够热闹的了。不过比较而言，前两位胆子大，气魄也大，要干就大干；后两位则"谨慎"一些，小打小闹而已。这是因为四个人生活的时代毕竟是不一样的。

从《书》到《尚书》，到今、古文《尚书》，再到《伪古文尚书》，名称上的这一系列变化，表征着《尚书》传播历程中的时世沧桑，透露出传统文化兴衰演变的许多信息来。

郑玄注释的《尚书》在魏晋时代十分流行，南北分裂后，它仍然受到北朝的尊崇，但南朝则是另外一种景象。东晋初年《伪古文尚书》及其"伪孔传"以其出身的高贵而异军突起，很快占据了南朝"尚书学"的主导地位，经学遂有"南学"、"北学"的区分。

南人约简，得其英华；北学深芜，穷其枝叶。

这是唐人所修《北史·儒林列传》的看法。唐人在经学上重南轻北，所以会有这样的评价。孔颖达修《五经正义》，以《伪古文尚书》为底本，在"伪孔传"的基础上作"疏"。随着《五经正义》的颁行天下，《伪古文尚书》及其"伪孔传"的一尊地位进一步巩固下来。唐代六科取士，"明经"是其中的一条重要途径。《周易》、《古文尚书》、《诗经》、《仪礼》、《周礼》、《礼记》、《春秋公羊传》、《春秋谷梁传》和《春秋左氏传》，被称为"九经"，明经考试的题目就从这九部经典中间出。唐人按篇幅的大小把九经分为大经、中经和小经三等，《尚书》列于小经之中。综合唐代的材料看，《尚书》、《诗经》、《周易》和《礼记》研习者最多，地位也最显赫。

《伪古文尚书》在宋代仍然声名显赫。王安石变法的思想武器是"三经新义",这三经是指《尚书》、《诗经》和《周礼》。《尚书》指的就是《伪古文尚书》。宋儒对伪《大禹谟》中的"人心惟危,道心惟微;惟精惟一,允执厥中"特别感兴趣,反复阐释这"先圣亲传"的"十六字心法",力图说明"道心"的微妙,因而宋代儒学又被称为"道学"。宋代"尚书学"人才辈出,不断推出一批新作。从《四库全书总目》中看,"书经类"正式提要一共两卷,其中前一卷除了一部《尚书正义》外,其余全是两宋时代的著作;后一卷则是元、明、清三代学者的作品——由此可见《伪古文尚书》在宋代研习之盛。

然而物盛而衰乃自然之理,更何况原本是一部伪书呢?南宋时代,朱熹、吴棫等人已开始怀疑其文风的互相矛盾,经过明人梅鷟、清代阎若璩的考辨,这种怀疑变成了定论,《古文尚书》系伪作的西洋镜终于被揭穿了。于是在经学末世的清代,这部书是不大受人正面重视的。所出现的研究著作,尽管也有毛西河《古文尚书冤词》之类为其鸣冤叫屈,但绝大多数都属于揭发批判性质的东西。

经学时代结束后,尤其是"打倒孔家店"之后,学术界的心态平静下来。回头一看,《今文尚书》28篇中绝大多数属于上古时代的真文献,虽然不再是"圣人垂范设教"的皇皇圣典,然而对于研究历史却非常有用,尤其是研究周秦时代的历史,这部著作更是不可或缺的,于是人们把它当做一部史书来读,从中汲取历史经验和其他教益,《尚书》终于恢复了本来面目,回到了自己应该处在的位置上来。

二 思想内涵及其影响

按照《礼记·表记》的说法:"殷人尊神,率民以事神,先鬼而后礼。"殷墟出土的十多万片甲骨证实了这种说法。从甲骨文中可以看出,殷人事无巨细都要占卜,都要求助于祖先在天之灵以及自然崇拜物的帮助,他们把自己的命运完全押给了神祇。这种状况的彻底改变尚需时日,西周时代仍然笼罩在神道主义的铁幕里。思想史家告诉我们,公元前8世纪至公元前3世纪是中国思想史上一个从"神"到"人"的转型时期。神道主义逐渐后退,人文思想日益逼近社会历史舞台的前台,宗教神道主义世界观慢慢让位于世俗的观念。这是就大趋势而言的。这一转型萌芽于西周,成长于春秋,战国时代基本完成。

从上文的叙述中可以看出来,《今文尚书》28篇的成书时代有早有晚:最早早到西周初年,最晚晚至战国中后期,时间大约在公元前11世纪至公元前3世纪之间。这个时段正好与中国思想史上从"神"到"人"的转型时期部分重叠,这样,书中一些鬼鬼神神的故事也就在所难免:

《汤誓》:夏氏有罪,予畏上帝,不敢不正(征)。

《盘庚》:予迓续乃命于天……

《牧誓》:今予发,惟恭行天之罚。

《大诰》:文王惟卜用,克绥受兹命。

在后世的历史进程中我们还会看到,尽管走出了宗教神道主义的铁幕,这些装神弄鬼的把戏对后世封建统治者还很有用,其指导意义仍然没有消失。

从根本上说,历史活动的主体是人。因此,尽管《尚书》中"鬼话"不少,但"人话"毕竟占据了主导地位。从传说中的尧舜时代直到春秋中期,王公大人们的嘉言善语是其撷取的基本对象。荀子在《劝学》篇中指出:

《书》者,政事之纪也。

司马迁在《史记·太史公自序》中也说:

《书》记先王之事,故长于政。

这些嘉言善语述说了尧、舜、禹、汤、文、武、周公、召公等圣王贤相们的圣道王功、睿智良策,《左传·僖公二十七年》指出:

> 《诗》、《书》,义之府也。

不管是真实的,还是虚假的,抑或是真假参半的,这些记录毕竟是对历史行程的记录,它们录下了前人的思维轨迹和行为法则。对于后世社会生活、特别是政治生活来讲,这些思想资料和行为法则自然具有借鉴意义与指导作用,前人早就看出了这一点,《庄子·天下》篇明确指出:

> 《书》以导事。

《礼记·经解》篇也说:

> 疏通知远,《书》教也;……疏通知远而不诬,则深于《书》者也。

扬雄《法言·寡见篇》设问道:

> 或问五经有辩乎?曰:惟五经为辩:……说事者莫辩乎《书》……舍斯,辩亦小矣。

这些归纳总结都是准确的,《尚书》中的"人话"对后世社会生活发挥出重要的指导意义。它们所蕴涵的行为准则,规范着后世的社会生活,引导着后世社会政治的发展方向。所以刘知几制定的学习计划是:

> 夫《尚书》者,七经之冠冕,百氏之襟袖。凡学者必先精此书,次览群籍。譬夫行不由径,非所闻焉。

"先王之事"是《尚书》记述的基本内容,其中蕴涵的政治智慧和经验教训,足以增加见闻,开阔视野,指导行动,使人疏通知远而不诬妄。这部著作是古代学术的渊薮所在,居于"七经"之巅的位置上,必须首先学习它,决不能等闲视之。从荀子到刘知几的这种种说法,虽然没有说尽《尚书》的功用,但它们毕竟道出了一部分历史真实。这部著作对于后世的社会政治、传统法制、传统思想乃至历史学的发展都有深刻的影响,只要稍加留心就可以看出来,因为这些影响基本上都很直接。

上个世纪初,经学时代结束后,已经到了"打倒孔家店"的前夜,今文经学家皮锡瑞仍在饱含深情地念叨着:

> 孔子有帝王之德而无帝王之位,晚年知道不行,退而删定"六经",以教万世。其微言大义实可为万世之准则。后之为人君者,必遵孔子之教,乃足以治一国;所谓"循之则治,违之则乱"。后之为士大夫者,亦必遵孔子之教,乃足以治一身;所谓"君子修之吉,小人悖之凶"。此万世之公言,非一人之私论也。孔子之教何在?即在所作"六经"之内。故孔子为万世师表,"六经"即万世教科书。①［P6］

显而易见,"万世"说过头了,千百年来的"教科书"则是真的。作为传世文献中最为古老的一部书,《尚书》对于中华民族性格的塑造、国人行为方式尤其是政治行为方式的抉择,具有特别重要的指导意义。从一而再、再而三的造伪行动中,我们似乎也可以感受到一点古代社会的需求来。在相当长的一段历史时期里,这部著作一直被看做是古代圣王圣道王功的真实记录,从而成为后世帝王将相和各级官吏们施政的模板,实实在在地指导着后世的社会生活。这里先举几个具体的事例作为佐证。

西汉时代,《春秋》成为董仲舒决狱的依据,《诗经》"三百五篇"是王式的谏书,这是史家津津乐道的两个典型事例,《尚书》的功用丝毫不比它们逊色。

汉武帝文治武功初见成效后,便与公卿诸生议论起封禅大典的实施问题。"封禅用希旷绝,莫知其仪礼,而群儒采封禅《尚

---

① 《经学历史》,中华书局,北京,2004,7

书》、《周官》、《王制》之望祀射牛事"①。这些经典直接引导着封建礼仪的建立。

两汉时代"大夏侯"之学横空出世,势不可挡。夏侯胜为一级经学大师,理论有建树,在学以致用上也毫不逊色。在他担任光禄大夫时,

> 会昭帝崩,昌邑王嗣立,数出。胜当乘舆前谏曰:"天久阴而不雨,臣下有谋上者,陛下出欲何之?"王怒,谓胜为袄言,缚以属吏。吏白大将军霍光,光不举法。是时,光与车骑将军张安世谋欲废昌邑王。光让安世以为泄语,安世实不言。乃召问胜,胜对言:"在《洪范传》曰:'皇之不极,厥罚常阴,时则下人有伐上者',恶察察言,故云臣下有谋。"光、安世大惊,以此益重经术士。后十馀日,光卒与安世白太后,废昌邑王,尊立宣帝。②

用《洪范传》觉察出一场废立皇帝的阴谋,这夏侯胜真够活学活用了。如同《汉书·循吏传》评价《尚书》学者兒(倪)宽等人那样,"通于世务,明习文法,以经术润饰吏事",夏侯胜的手法也不过"以经术润饰吏事"而已,其收效则是显而易见的:当道大佬"以此益重经术士"。

西汉末年,平当因为熟读《禹贡》而被委以治理黄河的重任。原因何在呢?唐人颜师古推测道,"《尚书·禹贡》载禹治水次第,山川高下,(平)当明此经,故使行河也",真可谓人尽其才而物尽其用了③。

两汉皇帝下诏书,一口一个"《书》不云乎",其手法仍然是"以

---

① 《史记·武帝本纪》
② 《汉书·夏侯胜传》
③ 《汉书·平当传》颜师古注

经术润饰吏事",目的在于增加诏书的分量和说服力。

这些事例是《尚书》对社会生活的具体指导,"《书》以导事"则主要体现在经国体野、大政方针的指导与规范上。《尚书》提出的那些施政方针,长期指导着后世社会的政治生活;其中表达的思想准则,更规定了后世社会政治的发展方向——作为封建社会的政治教科书,《尚书》名副其实,这才是真正意义上的"《书》以导事"。

1."汝克黜乃心,施实德于民"——《尚书》中的德治主张

从对先王嘉言善语、处事方式的记录中,《尚书》表达出自己的治国理念来。"德治"是其中的一个大端,德治理念散见于《尚书》各篇中。顾名思义,"德治"就是以德治国的意思。"德"的本义是"升高",后来引申出"品行"、"恩惠"等意义。古人往往把"德"字解释为:"德,德行也";"德,惠也"。包括君主在内的各级统治者,用自己的美德来治理属下,施惠于民,这是德治的基本要求。德治是古代国家发展到一定阶段后出现的治国理念,其内涵随着社会现实的演进而不断变化。

夏王朝的建立,标志着一个新时代的开始。怎样把家天下统治更好地维持下去,困扰着历代统治阶级中的有识之士。他们在不断地探索着。夏启与有扈氏开战之先,反复向"六卿"宣讲战斗的意义;汤伐夏桀,武王伐纣,首先揭露敌人的荒淫败德,以示自己行动的正当合理;盘庚迁殷前后,耐心训导百官和庶民,讲解迁徙意义,《尚书》中记下的这些事例,都是这种探索的具体表现。通过这些探索,德治思潮及其实践在神道主义的母体中出现了胎动。

西周初年,"我民用大乱丧德","民情大可见,小人难保",这种复杂局面引起了最高统治集团的深思。召公在成王面前就曾直截了当地提出过这样一个问题:夏商两代都曾得到过上天的垂爱,今天却都灭亡了,原因在哪里呢?召公简洁明快地作出了回答:

惟不敬厥德,乃早坠厥命。(《召诰》)

是缺德才丧失了他们的天命。事实如此清楚,教训这样惨痛,不敬德能行吗?看来,一味依赖上天是靠不住的,我们还必须敬修自己的德行,用周公的话说,叫做"'天不可信。'我道惟宁(文)王德延"(《尚书·君奭》)。在这种思想的引导下,"王其疾敬德"、"肆王惟德用,和怿先王迷民"、"王其德之用,祈天永命",诸如此类的呼吁充斥在《尚书》的字里行间。

在敬天的同时还要对人民实行德政教化,而不能一味依靠天意蒙骗和暴力强制,这是周初德治的基本要求,《尚书》中"敬德"、"保民"、"明德慎罚"等便是对它的集中表述。德治成为《尚书》中最基本的政治主张,贯申全书之始终。早到周初诸诰,晚至《尧典》、《皋陶谟》诸篇,没有不强调德治的:

盘庚要求在位贵戚们,"汝克黜乃心,施实德于民"(《盘庚》)。

周公告诫卫康叔:"呜呼!肆汝小子封,……明乃服命,高乃听,用康乂民。"(《康诰》)

在《梓材》篇中,周公再次告诫卫康叔:"肆王惟德用,和怿先后迷民,用怿先王受命。已!若兹监。惟曰:欲至于万年,惟王子子孙孙永保民。"

在《君奭》篇里,周公反复告诫召公:"其汝克敬德,明我俊民,在让后人,于丕时。""惟乃知民德亦罔不能厥初,惟其终。祗若兹,往敬用治。"敬德之心溢于言表。

夏商两代的政治实践,孕育了德治思潮的胚胎,而商周之际的大变局和随之而来的社会矛盾和阶级斗争,则成为其催生剂,德治思想由此诞生。德治起初本是作为治理国家的一个方法问题而被提出来的。怎样行政才算"施实德于民",刑罚状况如何是其中的一个重要标尺,历史演进的真实轨迹也正是从这里开始的,周初统治者对此赋予了许多关注。

西周初年,"今惟民不静,未戾厥心,迪屡未同"(《康诰》),面对这种局面，重新审视现行刑罚制度的要求自然而然地被提了出来，一种新的刑罚思想于是脱颖而出。周公要求卫康叔：

> 敬明乃罚。……若保赤子，惟民其康乂……呜呼！肆汝小子封，惟命不于常，汝念哉！无我殄享，明乃服命，高乃听，用康乂民。(《康诰》)

保护人民就像保护婴儿一样，对其实施惩罚必须慎而又慎，认真从事，必须以安民为前提，此前人们可能也曾这样想过，但都没有周人想得这样深刻，这一点是没有任何疑问的事情。《尚书》对此有许多记载。在《多方》、《康诰》等篇中，周公反复号召王公大人们"明德慎罚"，坚决反对鲁莽行事：为了消弭民怨，实现长治久安，我们必须待民以宽大。这既是周公的结论，也是周初最高统治集团的一个共识。反思中提出了教化先行、先教后诛的思想，"教化"于是被视为一种德政，它与"刑罚"渐渐成为一对对应的政治学范畴。这种思想被继承下来，西周晚年出现的《吕刑》篇也在重弹这一调子：

> 王曰："虽畏勿畏，虽休勿休，惟敬五刑，以成三德。一人有庆，兆民赖之，其宁惟永。"王曰："吁！来，有邦有土，告尔祥刑。在今尔安百姓，何择，非人？何敬，非刑？"……王曰："呜呼！敬之哉！官伯、族姓，朕言多惧。朕敬于刑，有德惟刑。……永畏惟罚，非天不中，惟人在命。天罚不极，庶民罔有令政在于天下。……哲人惟刑，无疆之辞，属于五极，咸中有庆。受王嘉师，监于兹祥刑。"

明德而慎罚，德教是第一位的，刑罚是它的辅助，"敬五刑"的目的在于"成三德"，这是《尚书》对"德"、"刑"关系的明确定位。在这种定位的基础上，《尚书》所提出的刑罚原则——刑罚适中、狱官良善、区分惯犯与偶犯、区分故意犯罪与过失犯罪等等，都是周初德治思想的重要组成部分。后来孔子强调"不教而杀谓之虐",主张对人民先富后教;《郭店楚简》中所谓"为政者教道(导)之取先",说的都是这层意思。孟子指出:"仁言不如仁声之入人深也,善政不如善教之得民也:善政民畏之,善教民爱之;善政得民财,善教得民心。"①在他看来,"饱食、暖衣、逸居而无教,则近于禽兽","不教民而用之谓之殃民",所以他反复强调"谨庠序之教"。经过这些论证之后,教化先行的主张得到社会更广泛的认同,后来遂有"德主刑辅"布局的出现。

周初政治家特别强调最高统治者的道德表率作用,用召公的话说,叫做"位在德元",所以他一再告诫成王:"王敬作,所不可不敬德";"肆惟王其疾敬德。"后世理论家们把这一思想总结升华为"君师同道"论,主张"作之君则作之师",强调君主和各级官员的表率作用:"其身正,不令而行;其身不正,虽令不从。"②这是孔子的看法。孟子认为:"君仁,莫不仁;君义,莫不义;君正,莫不正。一正君而国定矣。"③荀子也指出:"君者,民之原也:原清则流清,原浊则流浊。"④所以儒家学派主张内圣外王,特别强调君主和各级官员加强自身修养的必要性:"君子戒慎乎其所不睹,恐惧乎其所不闻。莫见乎隐,莫显乎微,故君子慎其独也。"⑤自周公开始,要求统治者以身作则的呼声一浪高过一浪,历代儒学大师们为此制订了许许多多的实施细则。

在国家形态下,统治者与被统治者之间的矛盾是回避不开的一种客观存在。周初德治的主体是以在位君主和各级王公大人为代表的统治阶级,而客体则是奴隶、农奴、工商业者、平民等广大人

---

① 《孟子·尽心上》
② 《论语·子路》
③ 《孟子·离娄上》
④ 《荀子·君道》
⑤ 《礼记·中庸》

民群众,主客体之间的这对矛盾支配着德治主张的发展方向。为了维护现存统治的长治久安,商周时代的王公大人没有回避这对矛盾,他们所开展的理论探索,差不多都是围绕着矛盾的这两方面来展开的,探索的结果构成了德治理念的基本框架。

盘庚主张"施实德于民",周公告诫卫康叔"用康乂民"、"子子孙孙永保民",后世社会发展了这些主张。儒家学派指出:"大学之道,在明明德,在亲(新)民,在止于至善。"①"明德"和"亲(新)民"是一个有机的整体,由此引申出"民贵君轻"、"以民为本"的思想来,《伪古文尚书·五子之歌》中的一句格言对此做了高度的提升和概括:"民惟邦本,本固邦宁"——人民被抬到了立国之本的高度上。在这种思想的指引下,"使民以时"、"惜乎民力",反对横征暴敛的呼声代不绝耳,荀子甚至提出了"以政裕民"的主张。

施行德政不是做做样子给人看的,而是要给人民办实事,这才是真正的德政。写定于战国时代的几篇文献对于德政的内容做了进一步的阐释:

帝曰:"契(音 xiè),百姓不亲,五品不逊,汝作司徒,敬敷五教,在宽。"

这是《尧典》篇中虞舜告诫契的话。德治的核心内容是教化,教化的方法要宽厚。通过宽厚的教化,人民在不自觉中改变了习性,从而达到移风易俗的目的,这就叫做德治。在《皋陶谟》中,大禹向皋陶讲述了自己和后稷的一些德政:

洪水滔天,浩浩怀山襄陵,下民昏垫。予乘四载,随山刊木,暨益奏庶鲜食。予决九川,距四海,浚畎浍距川。暨稷播,奏庶艰食鲜食。懋迁有无,化居。烝民乃粒,万邦作乂。

在滔天洪水面前,我四处奔波加以治理,最终排除了水患。后

---

① 《礼记·大学》

稷教导人民进行种植，解决了人民的吃饭问题。我们引导人民进行贸易，互通有无，于是把人民安定下来。"安民则惠，黎民怀之"，这是对"施实德于民"的最好注脚。

《尚书》不但提出了德治的主张，而且赋予这一主张许多实实在在的内容，德治从而成为《尚书》时代政治行为的一项根本准则。后来的《伪古文尚书》接过了这一准则，对它做了这样或那样的阐释，甚至赋予德治以命定论的色彩，以增加德治的权威。这一类言论在25篇文献中比比皆是：

禹曰："於！帝念哉！德惟善政，政在养民。水、火、金、木、土、谷，惟修；正德、利用、厚生，惟和；九功惟叙，九叙惟歌。……朕德罔克，民不依。皋陶迈种德，德乃降，黎民怀之。帝念哉！"

这是《大禹谟》中的一段话，从中可以看出对周初德治主张的继承和发展。《蔡仲之命》甚至给德治打上了命定论的烙印：

皇天无亲，惟德是辅；民心无常，惟惠之怀。为善不同，同归于治；为恶不同，同归于乱。尔其戒哉！

皇天辅助有德之人，民心怀恋恩惠之政。推行德政的手段有不同，但达到治理的结果是一样的。德治被镀上一层神意的光环后，在封建时代的确要灵光一些，《伪古文尚书》的作者用心良苦。本来就是明确肯定的政治主张，经过这一番进一步肯定后，德治思想更加坚定不移了。

在德治主义理论不断提升的过程中，其内涵也在不断地拓展着。从"敬德保民"到"民惟邦本"，对于民情的关注程度逐渐增加，"人"、"民"的地位从中也有了不断提高，尽管其中宣传的意义往往多于实在的内容，理论号召也多于实际行动，然而它毕竟表征着古代社会政治文明的不断进步。

传统德治主义脱胎于神道主义的母体，它是针对夏商两代政治暴虐的现实而提出来的一种治国理念。相对于神道主义和暴政来讲,采用"德治"是一个巨大的历史进步。以德治国要求以人为本,以民为本,这和夏商两代神道主义的迷信统治相比,其进步意义自不待言。德治主义强调道德自律精神,强调统治者加强自身修养,严于律己,以身作则。这些要求尽管在历代政治实践中要打一些折扣,但它们大大推进了古代政治的刷新,对此不应该有任何疑问。只要不是用历史虚无主义的眼光来看问题,我们就会承认古代国家政治文明水平呈不断上升的态势,传统德治主义在其中的推动作用是不容否认的。

德治主义的产生和发展,根本动力来自广大人民群众,这是问题的一个方面。但统治阶级中有识之士对此主体性自觉的积极意义,也不能因此而一笔抹杀。尽管这种自觉的原动力仍然来自于下层人民群众,但相对于那些浑浑噩噩的统治者来讲,这种自觉还是应该给予充分的肯定。在德治主义旗帜下,历代都有一些明君贤吏在勤劳国事,不懈于治。诸葛亮"鞠躬尽瘁,死而后已",范仲淹"先天下之忧而忧,后天下之乐而乐",林则徐"苟利国家生死以,岂因祸福避趋之",这些行为和思想境界与德治主义的熏陶是分不开的。传统德治主义的演进水平实际上成为古代国家政治文明水平提高的标尺之一。

然而从上文对其理论内涵的剖析中也可以看出来,德治主义都是从主体方面来提要求的,"为政以德"、"重教慎罚"、"尊贤使能"、"内圣外王"、"以身作则"、"使民以时"、"以政裕民"等全是。至于德治的客体——广大人民群众在其中处于什么位置,应该具备怎样的素质和条件,这几乎是一个盲区,德治主义的理论家们很少顾及。换句话说,广大人民群众在"德治"实践中的主体地位和主动性是不存在的。所谓"重民"或曰"民本"也者,充其量不过我正视你们的存在罢了,仅此而已,这与今天的民主有着本质上的差

别,决不能把两者混为一谈。孔老夫子一句经典性格言对此做了最好的诠释:"民可使由之,不可使知之。"(《论语·泰伯》)

为什么只能让他们照着去做而不能让他们知道呢?这是因为"彼众人者,愚而无说,陋而无度者也"①。他们愚鲁无知,"势不在人上,而羞为人下",经常犯上作乱。因此,在严加管束的前提下,适度地施以恩惠,他们才能老老实实地为我所用,对此《荀子·王制篇》有一个权威的说法,这就是马与舆、舟与水的比喻:"马骇舆,则君子不安舆;庶人骇政,则君子不安位。马骇舆,则莫若静之;庶人骇政,则莫若惠之。选贤良,举笃敬,兴孝悌,收孤寡,补贫穷,如是则庶人安政矣。庶人安政,然后君子安位。《传》曰:'君者,舟也;庶人者,水也。水则载舟,水则覆舟。'此之谓也。"人民群众就像低头拉车的马,统治者则是驾车人。为了车上"君子们"的安全,必须使狂奔的惊马平静下来;同理,为了统治阶级的长远利益,也应该适度减轻人民负担,这样才不至于使地主阶级的政权之舟被人民群众所掀翻。荀子主张德治的根据就在这里。所以他接着写道:"君人者,欲安,则莫若平政爱民矣;欲荣,则莫若隆礼敬士矣;欲立功名,则莫若尚贤使能矣:是君人者之大节也。"所谓的"平政爱民"、"隆礼敬士"、"尚贤使能"云云,说到底是为了君主们的安荣和建立功名,仅此而已!荀子对广大人民群众在德治行程中的这种定位,准确无误地表达出了统治阶级的心声,从而被以后历代统治者所接受、所认同、所推行。这也明白地表达出传统德治主义的阶级本质来。

把德治视为万能的政治手段,一味地依赖德治,制约措施不配套,由此产生了种种流弊也是一个不争的事实。以道德代替法制,以空头说教代替制约机制建设,以人格力量的感化代替有效的监

---

① 《荀子·非相》

督,这是中国封建政治的根本误区之所在。孔夫子的口头禅"克己"、"爱人"等,后来越念越变味,谁也不信,不念又不行。拿这些空洞无物、苍白无力的德教教条硬性灌输,不但没有实际的正面效果,反而导致社会性虚伪,追根溯源,《尚书》对此应当承担一部分历史责任。后来的历史发展表明,德教根本约束不住地主阶级的荒淫、贪婪和道德败坏,封建社会后期官场腐败成风,官吏如狼似虎地残害广大人民群众,此类事例不胜枚举。正如五四运动时期所批判的那样,"满嘴仁义道德,满肚子男盗女娼"。鲁迅先生在《狂人日记》中以犀利的笔触写道:

> 凡事总须研究,才会明白。古来时常吃人,我也还记得,可是不甚清楚。我翻开历史一查,这历史没有年代,歪歪斜斜的每叶上都写着"仁义道德"几个字。我横竖睡不着,仔细看了半夜,才从字缝里看出字来,满本都写着两个字是"吃人"!①〔P447〕

"吃人"是德教熏陶的真实历史和终极指向之一。以"爱人"开始,以"吃人"结束,这恐怕是周公、召公等德治倡导者们所始料不及的吧!

2."上帝引逸"——《尚书》中的勤政思想

作为一部"政事之纪",《尚书》所记差不多全是上古时代的政治生活状况。从天子、诸侯到各级官吏,到底应该以什么样的姿态来对待自己的职位,这是《尚书》各篇关注的又一个重点。《尚书》要求王公大人们兢兢业业,勤政爱民,不要贪于酒色。荒淫误国,蠹民害己,有百害而无一益。这些要求对后世中国社会政治的发展也产生了广泛而深刻的影响。

在《今文尚书》28篇中,绝大多数篇章是西周及其稍后时代写

---

① 《鲁迅全集》(第一卷),人民文学出版社,北京,2005,11

定的。"小邦周"灭掉"大邑商"的大变局,对局中人产生了强烈的震撼。以史为鉴,认真总结商、周两朝成败得失的经验教训,是当时社会的一大任务。尽管宗教神道主义仍然在意识形态领域里占据着统治地位,但"人"的作用还是被清楚地发现了:

> 有夏诞厥逸,不肯慼言于民,乃大淫昏,不克终日劝于帝之迪……天惟时求民主,乃大降显休命于成汤,刑殄有夏。(《多方》)

> 桀德,惟乃弗作往任,是惟暴德,罔后。(《立政》)

> 其在受(纣)德暋,惟羞刑暴德之人,同于厥邦。乃惟庶习逸德之人,同于厥政。帝钦罚之,乃伻我有夏式商受命,奄甸万姓。(《立政》)

原来,桀、纣等人的荒淫败德,是夏、商灭亡的直接原因。从另一个角度看,殷商的灭亡诚然是咎由自取,而我们取胜的原因又在哪里呢?这是同一个问题的两个方面。周初统治者对此也作了深刻的反思:

> 惟乃丕显考文王,克明德慎罚,不敢侮鳏寡,庸庸,祗祗,威威,显民,用肇造我区夏越我一二邦,以修我西土。

这是《康诰》中周公训诫卫康叔的话。在《立政》篇中,周公告诫成王说:

> 文王惟克厥宅心,乃克立兹常事司牧人,以克俊有德。……亦越武王,率惟敉功,不敢替厥义德,率惟谋从容德,以并受此丕丕基。

这种说法一直念叨到东周初年。在《文侯之命》中,周平王还在对晋文侯讲:

> 丕显文、武,克慎明德,昭升于上,敷闻在下,惟时上帝集厥命于文王。

正是由于文王、武王的"克慎明德",才有我们后来的胜利,我们怎能不敬德呢？这是从正面得到的结论。

人能成事，也能败事，荒淫误国，勤政兴国，这是西周早期总结出来的历史经验之一。面对"小人难保"的严峻形势，除了"明乃服命，高乃听，用康乂民"之外别无选择，否则我们的统治就不能延续下去。明明是从惨痛历史和严峻现实中引申出来的政治准则，却偏偏要给它打上命定论的色彩，把禁止淫逸说成是上帝的旨意，其目的在于给这一说法增加几分庄严肃穆的神圣灵光，这是那个时代最为流行的说教手法。周公告诫殷商王朝的遗老遗少们说：

我闻曰：上帝引逸。有夏不适逸，则惟帝降格，向于时夏。弗克庸帝，大淫泆有辞。惟时天罔念闻，厥惟废元命，降致罚；乃命尔先祖成汤革夏。（《多士》）

《尚书·无逸》篇集中表达了禁止荒淫的思想。文章开篇就说："君子所，其无逸。先知稼穑之艰难，乃逸，则知小人之依。"这是全篇的总纲和中心思想。下面就用正反两方面的事例加以论证：殷王中宗、高宗和祖甲，在位期间勤勤恳恳，敬畏天命，小心翼翼地治理天下，一点也不敢懈怠荒淫，所以能够长久地享有君位，三人在位的时间分别为75年、59年和33年。祖甲以后的殷商君主，"生则逸，不知稼穑之艰难，不闻小人之劳，惟耽乐之从"，因而都不能长久地在位，"或十年，或七八年，或五六年，或四三年"。我们的先王太王、王季、文王等都能自我克制，严于律己，一点也不敢马虎。尤其是文王，"徽柔懿恭，怀保小民，惠鲜鳏寡。自朝至于日中昃，不遑暇食，用咸和万民。文王不敢盘于游田，以庶邦惟正之供"，最终享国50年。从这一正一反的事例中，荒淫放纵的危害性不是昭然若揭了吗？今后在位者一定不能荒淫，要正确对待批评意见，尤其是小人们的怨言。敬修自己的德行是解决小人怨恨唯一有效的办法。篇末周公总括一句："呜呼！嗣王其监（鉴）于兹。"

这是一篇完整而又典型的历史鉴戒论文。文章有观点,有论据,章法严谨;论据有正面的榜样,也有反面教材,富有说服力,读后使人心灵受到震颤。前人因为其文字流畅,文风与《大诰》等篇的佶屈聱牙不同,多有怀疑《无逸》篇为晚出者。依我们看来,这篇文章的行文风格与《大诰》等篇相比的确有些差别,但决不会晚至春秋末年才最后写定,估计最后写定的时间在东周初年,因为它与《秦誓》等篇的文字风格还是有些不同。不管是什么时代写定的,由于标目为周公告诫成王的话,它对后世封建社会的警示作用是显而易见的。

除了《康诰》、《无逸》等篇外,《尚书》中宣扬勤政思想的地方比比皆是。《尧典》记载虞舜摄政时,勤劳于民事,一年到头风尘仆仆于巡视途中。事实上尧舜都在身体力行着勤政爱民的主张。后来大禹、商汤王、周文王、周武王以及周公等人也都是这样做的。正因为具有这样的"圣道",他们才建立起如此伟大的"王功"来。皋陶在与大禹讨论时提出要求,"无教逸欲,有邦兢兢业业,一日二日万几"(《皋陶谟》),说的也是这层意思。

酗酒误事的问题也被《尚书》提了出来。相传夏代杜康发明了酿酒技术,这种说法到底有几分可信,今天已经不得而知了,但商代有酒则是没有任何疑问的,考古发掘出来的实物材料对此可以作证。殷商晚期,朝野上下酗酒成风,严重败坏了社会风气。周人从比较落后的西部地区走来,粮食较少,还没有饮酒的习气。他们坚决反对这一风尚,颁布了严厉的戒酒令,《尚书·酒诰》篇就是这次戒酒行动的动员令。在《酒诰》篇中,周公告诫分封于殷人故地的卫康叔:酒决不是什么好东西,"天降威,我民用大乱丧德,亦罔非酒惟行。越小大邦用丧,亦罔非酒惟辜"。它不但败坏人民的品德,而且是大小邦家丧乱的根源,所以圣明的文王曾经明确告诫各级官吏:不要经常喝酒。即使祭祀时可以饮酒,也要有节制,不能喝得醉醺醺的：

> 我西土棐徂，邦君、御事、小子尚克用文王教，不腆于酒，故我至于今，克受殷之命。

不贪杯才能勤政，勤政才有今天的胜利，可见戒酒是多么重要。周公接着说，过去殷先哲王在位的时候，也能兢兢业业，从成汤直到帝乙，君臣上下同心同德，"不敢自暇自逸，矧曰其敢崇饮？"没有一个敢沉湎于酒的，"不惟不敢，亦不暇。惟助成王德显，越尹人祇辟"。但这之后的继位之君就不行了，肆意酗酒：

> 惟荒腆于酒，不惟自息乃逸……弗惟德馨香祀登闻于天，诞惟民怨。庶群自酒，腥闻在上，故天降丧于殷，罔爱于殷，惟逸。天非虐，惟民自速辜。

殷人的灭亡完全是咎由自取。我们必须以此为鉴，"刚制于酒"。对于聚众群饮的周人，你要把他们抓起来后集中送到宗周来，由我把他们统统杀掉；对于殷遗民则要有所区别，不用杀死，但要教育他们坚决戒酒。戒酒令的根据在于酗酒是荒淫败德的开始，酗酒与勤政原则是背道而驰的。周公强调的重心仍然在那个勤政原则。

贪色误国的问题在《尚书》中也提到了，虽然只是轻轻一笔，但这一笔已经足以"不朽"了。周武王讨伐殷纣王，在商郊牧野的誓词中历数了纣王的种种罪恶，首先揭发的便是这贪恋女色罪。武王慷慨陈词：

> 古人有言曰："牝鸡无晨。牝鸡之晨，惟家之索。"今商王受，惟妇言是用。（《牧誓》）

这还了得？所以我必须"恭行天之罚"。从此以后，"牝鸡无晨"遂成为传统政治中的一项基本教条，追根溯源，其出发点原在于勤政上。不近女色，杜绝私欲，才能一心一意扑在国事上，这就是古人的逻辑。

在较早写就的《尚书》各篇中，对于勤政问题，大多集中在号召和威吓上：摆出圣王勤政的事例作为榜样，列出昏君败亡的教训作为鉴戒；号召君臣上下兢兢业业，勉力从事。同时又抬出上帝和神明来进行威吓，旨在加重训示的分量。随着社会政治的进一步演进，单靠号召和威吓渐渐显得苍白无力，淫昏之君、乱臣贼子代不乏人，人们开始意识到应该有种必要的制约机制，于是制约监督机制逐渐被创造出来。

在较晚写定的《虞书》几篇中，这个设想正式提了出来。据说虞舜摄政的时候，五年出巡一次，各位地方诸侯分别在四岳朝见天子，向天子全面报告自己的治理情况；天子根据诸侯们政绩的大小予以奖赏。在虞舜正式即天子位后，委派了22位方面之臣协助治理国家，并对他们实行3年一考核的制度，三次考核后的成绩是决定每个人赏罚升降的依据，一个奖勤罚懒的工作机制终于"建立"起来。当然，这种"建立"是把战国时代的政治实践加在虞舜时代，这也是不言而喻的基本事实。

总之，《尚书》不但提出了勤政爱民的主张，而且为这一主张的贯彻实施制定了方略，这些主张和方略对于后世社会政治的演进历程都曾产生过重大影响。《尚书》中提出的勤政原则，准确地把握住了政治生活的核心和实质，从而深深打动了华夏社会的心。为了自身统治的延续，不管实际上做到哪一步，历朝历代的最高统治者差不多都要提倡勤俭节约、勤政爱民，崇尚节俭、艰苦奋斗由此成为中华民族公认的传统美德。"《书》以导事"，在引导政治清明的同时，它又实实在在地引导着传统社会风尚的改造。在《尚书》的影响下，出于统治的实际需要，勤政爱民的风尚绵延不绝，不断向前发展，历朝历代都要为它增添一些新的内容，久而久之，它也就成为华夏文明不断进步的一个原动力。

在这一风尚的熏陶下，勤政俭朴的明君贤臣代不乏人。他们兢兢业业,严于自律,励精图治,不懈于位。毫无疑问,他们这样做的目的是为了维护自身的统治,尤其是封建君主,是为了维护自己的家天下,但这样做的结果则有利于社会经济的发展,有利于社会文明水平的提高,从而客观上对广大的人民群众也是有利的。

在《尚书》勤政思想的指引下,经过一代代政治实践,封建国家的政权建设一步步发展起来,逐渐形成一个激励勤政、惩罚荒淫的监控机制。上计制度在战国时代已经出现,秦汉时期逐渐完善,这是一种奖勤罚懒的考核制度。历史渊源更为悠久的封建监察制度,在秦汉时期日臻成熟。汉武帝设立十三部刺史,对于各级官吏,尤其是地方大员起到了震慑作用,在一定范围内和一定程度上净化了社会风气,遏制了官场腐败。通过上计制度与监察制度相结合,官吏施政的监控机制基本上建立起来,后世对于这一机制又进行了不断的完善。监控机制是政治清明的一个保障。在《尚书》勤政思想的引导下,在各种机制的监督下,历代都有一些兢兢业业的勤政官吏出现。

通观中国古代史可以发现,历史上每个封建王朝走向没落差不多都是从政治腐败开始的,而一个新王朝开始之后,基本上都有一个政治相对清明的时期,官员们大都能够尽职尽责地工作。因此,勤政传统虽历经中衰而绵延不绝,从而成为中国传统政治文化的一个重要组成部分。从根本上讲,勤政的要求来自于外部世界的压力。从天子以下的各级官吏承担着管理公共事务的重要责任,他们就如同棋手一样,"一着不慎,满盘皆输",勤政的要求于是自然而然地提了出来。《尚书》中的勤政主张出于社会矛盾的巨大压力,后世相沿成习又何尝不是出于同样的原因呢?

在勤政传统的熏陶和感召下,历代都有一批勤勤恳恳的官吏在努力工作着。他们在为本阶级尽心尽力的同时,也为社会文明的整体进步作出了贡献,由此受到世人的敬重。比如召信臣、杜预、包拯等人便是。然而毋庸讳言,封建时代存在着大批的淫昏之君和贪官污吏,这种状况在每个朝代的中期以后尤其严重。究其原因就在于政治运作的监控机制失去了效力,因为那是一个依靠人治而不是法治的时代。他们口中念叨着"上帝引逸"的教条,实际上却极尽骄奢淫逸、贪污腐化之能事,社会被他们搞得乌烟瘴气。古代圣贤的谆谆教诲显得苍白无力,根本约束不了地主阶级的腐化堕落。尽管他们一边念叨着"牝鸡之晨,惟家之索"、"酒色误国"的格言,一边却是"粉黛三千"、"佳丽如云"。

自从"牝鸡之晨,惟家之索"的教条传开之后,人们便给三代亡国之君找到了灭亡的原因——宠爱女人。夏王桀眷恋妹喜,殷纣王眷恋妲己,二人因此荒废了国事,最终导致天下的灭亡。而"褒姒一笑失天下",原因更是一目了然。西汉末年,凭借王政君的关系,王莽篡汉;东汉时期的外戚、宦官交替专政,是东汉衰亡的一大原因;唐代的武则天实实在在地司了一阵子晨,几乎导致李氏统绪的中绝,于是不知从什么时候开始,国人口中开始念叨着一个十分严肃的贬词——"女祸"。这个词是牝鸡不能司晨理论的高度浓缩和进一步发展。然而这一说法是否正确呢?还是听听鲁迅先生在《且介亭杂文·阿金》中的分析吧:

> 我一向不相信昭君出塞会安汉,木兰从军就可以保隋;也不相信妲己亡殷,西施沼吴,杨妃乱唐的那些古老话。我以为在男权社会里,女人是决不会有这种大力量的,兴亡的责任,都应该男的负。但向来的男性的作者,大抵将败亡的大罪,推在女性身上,这真是一钱不值的没有出息的男人。①〔P208〕

鲁迅先生的这些分析中肯而精辟。在"上帝引逸"的旗帜下,《尚书》中的勤政原则对于政治清明发挥了重要作用,但它又时常

---

① 《鲁迅全集》(第六卷),人民文学出版社,北京,2005,11

被那些昏君乱相、贪官污吏们用做遮羞布,为他们的荒淫败德开脱罪责。既有正面的引导,又有反面的掩饰,"《书》以导事"在中国历史上就是这样辩证地演进着。

3."明明扬侧陋"——《尚书》中的贤人政治观

尽管笼罩在神道主义的铁幕中,"人"的作用还是逐渐被发现、被认识,贤人政治的要求由此提了出来。所谓"贤人政治",就是清明的政治。由贤人来操作的政治自然是贤人政治,贤人是这一政治状态存续的根本,因此,《尚书》反复号召寻求贤人。贤人政治与"德治"、"勤政"并行不悖,只是强调的侧重点有所不同罢了。

"贤人"这个称呼是从后世的说法中假借过来的,《今文尚书》28篇中没有这种提法。《君奭》篇出现过一个"贤"字,但那是一个巫汉的名字,与"贤人"不搭界。《大诰》篇中有这样的话,"民献有十夫予翼,以于敉文、武图功","伪孔传"对"民献"的解释是:"四国人贤者。"顾颉刚先生根据郭沫若《两周金文辞大系图录考释》中的说法,认为本篇的"民献"和《洛诰》中的"献民"一样,"都是献于宗庙的俘虏",与"四国贤者"不相干,所以他在《(尚书·大诰)今译》中,把"民献"直接解释为"投降过来的人民"。如果去掉了这两处"民献"和"献民",《尚书》中能和贤人的"贤"字扯上关系的就只剩下《皋陶谟》中的一个"黎献"了:"俞哉,帝!光天之下,至于海隅苍生,万邦黎献,共惟帝臣,惟帝时举。"这是大禹劝告帝舜的话。"伪孔传"解释说:"献,贤也。万国众贤。"到了《皋陶谟》写就的时代了,墨家学派的"尚贤"主张已经"充满天下",它讲到"贤人"并不突兀。总之,《今文尚书》28篇很少讲到"贤人",这一点是确定无疑的。

那么为什么我们要用"贤人"来标目呢?这自有我们的理由。"贤"字从"贝"得义,本是富有财物的意思。"财"是一个后起字,其古体原来写做"才"。"才"在上古时代既可以当做"财物"讲，也可以当做"才能"讲，因此"贤"字从"富有财物"引申出"多才多艺"的意思。后来这个字又被赋予了鲜明的道德意义，于是又有了"德才兼备"的意思。《尚书》较早写就的那些篇章，没有赶上"贤"字外延上的这些引申，所以《今文尚书》28篇中没有"贤人"的提法。然而这并不意味着《尚书》不注重贤人。后世所理解的"贤者"——德才兼备的人，《尚书》中随处可见，只是称呼不同罢了。在《今文尚书》28篇中，多次讲到"正人"、"俊民"、"俊乂"、"老成人"、"耇成人"、"寿耇"、"先哲王"、"哲"、"彦圣"、"吉士"等等。这些词汇意义虽有差别，但其中一部分内容与后世所谓的"贤人"在内涵、外延上是重叠的。这些人是政治清明的希望所在，这一点为《尚书》所反复强调，因此我们决定用"贤人政治"作为这一部分的题目。

强调贤人在社会生活中的重要作用，这种结论是从历史经验教训中直接引申出来的。夏、商两代的灭亡首先是由于其君主荒淫败德造成的，荒淫的表现之一就是用人失当。譬如殷纣王，"昏弃厥遗王父母弟不迪，乃惟四方之多罪逋逃，是崇是长，是信是使，是以为大夫卿士。俾暴虐于百姓，以奸宄于商邑"（《牧誓》），从而激化了社会矛盾，加速了商王朝的灭亡，可见淫昏之君、乱臣贼子所起的负面作用有多大。从正面看，"爽邦由哲"，正是在文王、武王以及一群贤臣的共同辅佐下，我"小邦周"才一步步壮大起来，最终取得了推翻"大邑商"的伟大胜利。在《康诰》中，周公明确告诉卫康叔：

惟乃丕显考文王，克明德慎罚，不敢侮鳏寡，庸庸，祗祗，威威，显民，用肇造我区夏越我一二邦，以修我西土。

正是由于任用了可用的人，敬重了可敬的人，才能"肇造我区夏"、"修我西土"。可见任用贤人多么重要。周初诸诰中强调重用贤人的思想被后来写就的篇章继承并发扬光大,《尧典》、《皋陶谟》等篇突出表达了这种思想。尧传位给舜,舜传位于禹,被后世视为"传贤"的楷模。《尧典》中推举的22位贤人互相谦让,也为后世举贤作出了榜样。不管这些记载符合历史真实的成分有多少,《尧典》篇"尚贤"的意图是十分明显的。在《皋陶谟》中,大禹告诫帝舜"慎乃在位",表达了作者的贤君主张。作者理想的政治形态是:

元首明哉！股肱良哉！庶事康哉！

这里的"股肱",帝舜有一个明确的说法,"臣作朕股肱耳目",后世遂有"股肱大臣"的说法出现。元首英明,群臣贤良,众事康宁,这就是理想中的贤人政治。作者假借皋陶之口说:

九德咸事。俊乂在官,百僚师师,百工惟时。抚于五辰,庶绩其凝。

只有"俊乂在官,百僚师师",才能够"抚于五辰,庶绩其凝",强调的也是贤人政治这一主题。《尚书》中反复强调要尊重贤人,遇事多听贤人的意见。《盘庚篇》记录了盘庚告诫大臣的话,"汝无侮老成人,无弱孤有幼",说的就是这层意思。在《康诰》中,周公告诫卫康叔:"汝丕远惟商耇成人宅心知训,别求闻由古先哲王用康保民。弘于天,若德裕乃身,不废在王命",说的还是这层意思。在《洪范》篇中,箕子假借天意告诫周武王:"无虐茕独而畏高明。人之有能有为,使羞其行,而邦其昌。凡厥正人,既富方谷,汝弗能使有好于而家,时人斯其辜。"弹的还是那个尊重贤人的老调。

如何持久地保有贤明的品德,这是贤人政治必须解决的一个重要问题,《尚书》对此也给予充分的关注。除了坚持中庸之道外——"无偏无党"、"无党无偏"、"无有作好"、"无有作恶"之外,还要虚心接受批评意见,勇于修正自己的错误。周公告诫卫康叔,"明乃服命,高乃听,用康乂民"(《康诰》),说的就是这层意思。在

《无逸》篇中，周公告诫成王说，殷王中宗、高宗、祖甲以及我们的文王，"兹四人迪哲"。当别人告诉他们说"小人怨汝、詈汝"时，他们立即敬修自己的德行；当别人指出了他们的过失时，他们不但不生气，反而诚恳地说，"我的过错的确是这样"。正因为如此，他们才成就了自己的圣德。在较晚写就的《秦誓》篇里，秦穆公也从正反两方面讲了这个意思：

> 人之有技，若己有之。人之彦圣，其心好之，不啻若自其口出：是能容之，以保我子孙黎民，亦职有利哉！人之有技，冒疾以恶之。人之彦圣，而违之，俾不达：是不能容，以不能保我子孙黎民，亦曰殆哉！邦之杌陧，曰由一人。邦之荣怀，亦尚一人之庆。

可见，贤人是多么重要，千万不要嫉贤妒能哟！这是秦穆公从崤之战的惨败中总结出来的经验教训。

《立政》篇是周公还政之后告诫成王如何选拔、任用臣下的谈话记录，自然更多地谈到了贤人政治问题。周公指出：夏桀和殷纣王"惟羞刑暴德之人，同于厥邦。乃惟庶习逸德之人，同于厥政"，最终陷于败亡的境地。而成汤、文王、武王，任用俊杰，"以敬事上帝，立民长伯"，这才有了克夏与灭商的胜利。所以周公要求成王，"自一话一言，我则末惟成德之彦，以乂我受民"。因为"立政用憸人，不训于德，是罔显在厥世"，所以"继自今立政，其勿以憸人，其惟吉士，用劢相我国家"。殷切的希望溢于言表。

由于承担着管理公共事务的重要责任，各级官吏必须由贤人来充任，用《吕刑》篇中的话叫做："一人有庆，兆民赖之，其宁惟永。"事情非同小可，决不能等闲视之，这是贤人政治的基本前提。《尚书》反复强调要实行贤人政治："在今尔安百姓，何择，非人？"（《吕刑》）尧、舜、禹、汤、文、武是贤人政治的表率，他们的所作所为及其功效等，都在为后世立法，《尚书》虽然没有明确地这样讲，这样的意趣则是明显存在的,后世封建社会也正是从这些方面来理解的。

《尚书》中关于贤人政治的种种说法,对于后世的政治生活产生了重要的指导意义。贤人政治在后世的历史演进中得到进一步的发展,这主要表现在两个方面:一是后世的政治实践都要为贤人政治增添一些新内容,从而推动贤人政治的发展;二是历代思想家都在不断地丰富着这一学说,从而加深了社会对它的认识,指引着社会政治的改造和更新。两者相辅相成,互相推进,构成传统政治不断进步的基本内容之一。

《尚书》提出的贤人政治学说在春秋战国时代获得了大发展,诸子百家差不多都在关注着这个问题,从而大大推动了这一学说的理论建设。尽管诸子百家所理解的"贤人"内涵有所不同,除了道家学派外,强调贤人在位则几乎是众口一词的。

在诸子百家当中,儒、墨两家对于贤人政治最为倾心,理论建树也最多,尤其是墨家学派。墨家学派的十大主张是其改造社会的指导思想。在这十大主张中,我们认为可以分为三个层次:"天志"、"明鬼"是改造社会的辅助性手段,这是一个层次;"节葬"、"节用"、"非攻"、"非乐"、"非命"是从消极方面对社会进行的批评与矫正,这是第二个层次;从积极建设方面考虑的,则有"尚贤"、"尚同"、"兼爱"三个主张,这是第三个层次。"尚贤"、"尚同"、"兼爱"这三大主张是墨家思想中最具根本性的东西,特别是"尚贤",《墨子》书中把它排在十大主张的最前面,强调的意味十分明显。墨子指出:现在那些治理国家的王公大人们,行政举措往往适得其反,根本原因就在于他们"不能以尚贤事能为政也":

> 是故国有贤良之士众,则国家之治厚;贤良之士寡,则国家之治薄。故大人之务,将在于众贤而已。

那么怎样才能招徕更多的贤人呢?墨子也做了明确的回答:

要像奖赏、鼓励那些善于射御的武士那样,"必且富之贵之,敬之誉之,然后国之良士,亦将可得而众也"。"富之贵之"后,还必须信任他们,尊敬他们,这样他们才能够心情舒畅地工作,从而发挥出更大的作用。真正的贤人政治应该做到一切以道义、才能为指归,这样做对于整个社会的引导作用立即就可以显现出来。他说,古代圣王为政的时候就是这样的:

> 不义不富,不义不贵,不义不亲,不义不近。是以国之富贵人闻之,皆退而谋曰:始我所恃者,富贵也。今上举义不辟(避)贫贱,然则我不可不为义。

由此引起连锁反应,亲者、近者、远者乃至于"远鄙郊外之臣、门庭庶子、国中之众、四鄙之萌人闻之,皆竞为义"。为什么会达到这么好的效果呢?因为富贵的标准统一了,抓住了为政的根本。因此,真正的贤人政治应该是:

> 列德而尚贤:虽在农与工肆之人,有能则举之,高予之爵,重予之禄,任之以事,断予之令。

让这些贤人建立起威信,有职有权,这样做不为别的,"非为贤赐也,欲其事之成"。尚贤的最高境界是:

> 以德就列,以官服事,以劳殿赏,量功而分禄,故官无常贵,而民无终贱:有能则举之,无能则下之。举公义,辟(避)私怨。

这是古代中国关于尚贤问题的一篇十分完整、全面的历史文献。它主张:选择官吏不能依照血统,只要德才兼备,不论出身怎样下贱也照用不误;对于那些无德无能的庸碌之辈,则要毫不犹豫地把他们拿下来,做到"官无常贵,而民无终贱",以保证社会职司永远是贤者在位。社会政治向"远鄙郊外之臣、门庭庶子、国中之众、四鄙之萌人"以及"农与工肆之人"开放,这明确表达了墨家学派的阶级立场。无论就整体规模还是思想深度而言,墨家学派的贤人政治学说都是前无古人的，甚至在以后很长一个历史时期内，几乎也是后无来者。这是古代社会所能提出来的最为彻底的贤人政治学说，是对《尚书》贤人政治理论的进一步丰富和发展。

理论的演进以实践的发展为基础，历代政治实践都要为贤人政治增添一些实际内容，从而推动了贤人政治学说的发展。春秋战国时期，世卿世禄制度逐渐被打破后，官僚制度慢慢确立下来。这种制度与过去按照血统原则世袭相传的办法有很大的不同，或出于臣下向国君的举荐，或通过上书和游说，或根据功劳的大小等等，不一而足，但都明确体现着一种尚贤精神，从而为封建官僚队伍的更新和改造准备了条件。秦汉时期实行征辟察举制度，"贤良方正"是征辟的一个科目，政治中更为明确地体现出贤人特色。汉武帝罢黜百家后，"经明行修"成为征辟的一个重要对象，"五经"与政治的联系日益密切，《尚书》对社会政治的指导作用也更为直接。后世时常感叹两汉时期的"吏治清明"，这固然有点以偏概全，但也不能说这种说法毫无根据。"清明"的重要原因之一在于一些贤良之才得以重用，从而为刷新政治准备了必要的条件。隋唐时期创立的科举制度，是中国封建社会中后期最为重要的一项选官制度。这一制度一直推行到清朝末年"废科举、兴洋学"为止，前后持续了差不多一千三百年的时间。实行这一制度是为了选拔人才，为贤人政治的实施准备条件，这一点是没有异议的。这一制度实施之初，曾为封建王朝选出不少贤才，为社会进步作出了一定贡献。据说唐太宗"尝私幸端门，见新进士缀行而出，喜曰：'天下英雄入吾彀中矣。'"真可谓一语道破了天机。贤人政治学说的不断发展和贤人政治的一步步实施，发扬光大了《尚书》中的贤人政治思想，这构成了中国传统政治文化中一项十分重要的内容。

《尚书》中提出的贤人政治学说，抓住了管理者素质这个政治生活中的核心问题,对后世政治思想的发展和社会政治的演进产生了重要的引导作用。《尚书》希望俊乂在位,希望社会职司永远廉洁高效,这些思想启发了后世对君道、臣道问题的讨论,促进了后世贤人政治学说的进一步发展。《尚书》要求在位者胸怀宽广,视野开阔,虚心接受批评意见,对于后世封建官吏加强自身修养具有重要的指导意义。"《书》以导事",在这里它再次扮演了封建时代政治教科书的作用,推动着封建政治的不断进步。

4. "天聪明,自我民聪明"——《尚书》中的重民思想

在对德治主张的探讨中,已经涉及到了对"民"的看法。这里变换一个角度,看一看《尚书》中的王公大人们对"民"的定位。

按照传统说法,《尚书》记录了虞、夏、商、周四代历史中的一些重大事件。虞夏之际,是中国历史上从原始社会向奴隶社会的转型时期;而夏、商、周三代则是古代中国的奴隶制度从发生、发展而走向衰落的重要历史时期。上古时代的社会结构正是在奴隶制度的衰落中发生了裂变的。

随着阶级矛盾和阶级斗争的演进,各种社会力量的对比逐渐发生了一些变化,人民大众逐渐从社会的底层显露出来。夏朝末年,民众发出了"时日曷丧,予及女(汝)皆亡"的怒吼,夏王朝正是在这万众唾骂声中灭亡的。商朝灭亡的前夜,又出现了类似的情况,对此有识之士不禁忧心忡忡:

> 小民方兴,相为敌雠。今殷其沦丧,若涉大水,其无津涯。殷遂丧,越至于今。(《微子》)

可惜殷纣王无视这一严峻的现实,依然我行我素,殷商王朝不久真的也就灭亡了。据说周人的军队来到商都郊外的时候,殷人的阵前发生了奴隶倒戈事件,这对周人的胜利帮了不小的忙。周王朝建立后,尽管最高统治集团反复宣扬什么"天乃大命文王,殪戎殷,诞受厥命越厥邦厥民",但他们在严峻的现实面前还是十分

清醒的:

> 天畏棐忱,民情大可见,小人难保。(《康诰》)
>
> 今惟民不静,未戾厥心,迪屡未同……(同上)

在这种情况下,如果继续无视广大人民群众的存在,全然不顾下层人民的合理要求,显然是行不通的。于是西周王朝适时地调整了统治方针,在重弹"敬天"老调的同时,又反复强调要"敬德"、"保民",试图以此来缓和尖锐的社会矛盾,求得王朝统治的平稳与安宁。后来的历史发展表明,西周初年对统治方针的调整具有深远的意义:它不但使姬姓统治延续下来,同时也使民众的地位有了一定的提高。《尚书》清晰地录下了这个转变的思想轨迹。在《康诰》中,通过总结历史经验,周公不断强调保民的重要性,反复告诫和要求卫康叔:

> 往敷求于殷先哲王用保乂民,汝丕远惟商耉成人宅心知训,别求闻由古先哲王用康保民……
>
> 往尽乃心,无康好逸豫,乃其乂民。我闻曰:"怨不在大,亦不在小,惠不惠,懋不懋。"已!汝惟小子乃服惟弘王应保殷民,亦惟助王宅天命,作新民。
>
> 若有疾,惟民其毕弃咎;若保赤子,惟民其康乂……
>
> 惟命不于常,汝念哉!无我殄享,明乃服命,高乃听,用康乂民。

诸如此类的训词在《康诰》中还有一些,这里不再一一引出。保护人民要像保护"赤子"一样,时常要把人民的疾苦放在心上,这些要求在当时虽然不能真正做到,但它们的提出还是具有进步意义的。统治者"保民"并不是出于他们的怜悯和恩赐,而是人民力量展示的结果,这也是不言而喻的事实。《尚书》从本质上讲是一部史书,因此特别爱从历史经验教训中引出结论,重民与保民的思想也是有例可循的。据周公讲:

> 文王卑服，即康功田功。徽柔懿恭，怀保小民，惠鲜鳏寡。自朝至于日中昃，不遑暇食，用咸和万民。文王不敢盘于游田，以庶邦惟正之供。文王受命惟中身，厥享国五十年。

这是《无逸》篇中周公的话，讲述的是一个正面典型。通过文王这个榜样，给我们提供了保民而王的正面经验。而《多方》篇中的末代夏王显然是一个反面教员：

> 有夏诞厥逸，不肯戚言于民，乃大淫昏，不克终日劝于帝之迪……天惟时求民主，乃大降显休命于成汤，刑殄有夏。

夏王违背了天意，不听从上天的训导，对于人民疾苦漠不关心，于是上天为人民寻求称职的主子，最终找到了成汤，把美好的天命降到他的头上，让他代夏而统治天下。重民思想经过这样包装之后，显得更加"神圣"起来。周公上面的这段话，和他在《梓材》篇中训诫卫康叔的下面这段话，用意是一样的：

> 皇天既付中国民越厥疆土于先王，肆王惟德用，和怿先后迷民，用怿先王受命。

而召公的话则讲得更为明了。他在《召诰》篇中指出：

> 天亦哀于四方民，其眷命用懋。王其疾敬德。

"敬德"、"保民"是上天的要求，你敢违拂吗？不敢，那就照此办理吧！这就是周公、召公等人的潜台词。盘庚号召在位大夫们"施实德于民"，说的也是这层意思。

东周以后，随着社会结构的进一步裂变，广大下层人民开始行动起来，反抗旧有的社会秩序。在《左传》等历史文献中，"民溃"、"民叛"事件的记载随处可见。在意识形态领域中，斗争日益尖锐和激烈起来。广大劳动人民把那些不劳而获的剥削者比做大老鼠，义正词严地斥责了他们的剥削行为，并且公开宣称：

> 逝将去女，适彼乐土。乐土乐土，爰得我所。（《诗经·魏风·硕鼠》）

这股思潮与《尚书》"保民"思想汇合起来后,直接推动着重民思想的发展。因此,在写成较晚的《尚书》各篇中,重民思想更为明确。按照《尧典》篇的讲法,帝尧生前勤于民事,从而赢得了广大人民的衷心爱戴,以至于他死的时候,"百姓如丧考妣,三载,四海遏密八音"。而继位的帝舜与尧比起来也毫不逊色。他一年到头在外巡视,十分关心国计民生。他吩咐道:

弃!黎民阻饥,汝后稷,播时百谷。

契!百姓不亲,五品不逊。汝作司徒,敬敷五教,在宽。

这些事迹所表达的基本精神就是重民,只是这一精神由这些圣人和他们的事迹来具体体现罢了。而《皋陶谟》篇的讲法则明快得多:

天聪明,自我民聪明。天明畏,自我民明威。达于上下,敬哉有土!

据说这是帝舜朝廷里的大法官皋陶所发表的高见。上天听取意见和观察问题是以人民的视听为凭借的,上天的奖惩也以人民的好恶为依据。上古时代的重民思想至此更加明白无误了。而《左传》两次征引《古泰誓》中的那句格言——"民之所欲,天必从之",说的也是同一个意思。保留天意的躯壳,填上民意的内容,这种手法在思想史上屡见不鲜,偷梁换柱的目的是为了强调后来填充进去的那部分内容。《尚书》重民思想顺理成章的逻辑发展,被伪《五子之歌》中的一句名言给概括出来了:

民惟邦本,本固邦宁。

这是对古代重民思想的经典性表述。人民是国家的根本,人民稳固了,国家也就安宁了。后人把这种思想称为"民本思想"。"民惟邦本"的说法最终出现在东晋时代,然而它的出现并不突兀,这是《尚书》重民思想的有机延伸。为了尊重历史,本段标题使用的是"重民思想"而不是"民本思想",因为《今文尚书》28篇对民众的重视尚未达到以民为本的地步。"重民"与"民本"只是量的差异,并且这个差异也不难消除。民本思想成为传统社会思想中一项十分重要的内容,对于古代中国的社会生活产生了重要影响。

随着各种社会力量对比的不断变化,华夏社会开始了对统治者与被统治者关系明确定位的进一步思考。公元前559年,卫国大夫孙林父赶走了暴虐的卫献公,另立新君。消息传到当时最为强大的诸侯国——晋国那里后,兔死狐悲,晋国国君悼公不无义愤地批评孙林父做得太过分了。著名乐师师旷不同意他的看法。师旷说,过分的恐怕是卫献公,现在这么个下场完全是他咎由自取的:

> 良君将赏善而刑淫,养民如子,盖之如天,容之如地;民奉其君,爱之如父母,仰之如日月,敬之如神明,畏之如雷霆,其可出乎?夫君,神之主而民之望也。若困民之主,匮神乏祀,百姓绝望,社稷无主,将安用之?弗去何为?天生民而立之君,使司牧之,勿使失性。有君而为之贰,使师保之,勿使过度……天之爱民甚矣,岂其使一人肆于民上,以从(纵)其淫,而弃天地之性?必不然矣。

这是《左传·襄公十四年》的一条记载。师旷说,君民关系是自然形成的,它符合天意,顺乎民心,君主的存在完全必要,臣民应该敬重君主,这是一些老生常谈的"旧话"。师旷的意思却不止于此。他进一步指出,君民之间更应该是一种互相妥协和谅解、互相尊敬和爱护的关系。君主一人高高在上,肆行暴虐,天理不容,决不允许这样的君主存在,因为上天是爱民的。这些说法不过是古人常用的"我注天意"的手法而已。为了防止君主的专横跋扈,社会必须有制约机制存在,这就是陪贰制存在的根据。在他看来,一个完整的政权设施,应当能够及时倾听人民的呼声,畅通社会情绪的宣泄渠道,从而修正自己在政治上的过失,保证社会秩序的正常运转。这就是师旷对君民关系——统治者与被统治者关系的明确定位,其中对人民的重视,已经超越了西周初年周公等人的认识水平。

战国是一个思想空前解放的时代。人道主义思潮的闸门一旦打开,立即呈现出奔腾之势宣泄出来,清算神道主义、确立人文精神成为这一时代思想奏鸣曲的主旋律,重民思想由此演进到了一个新阶段。这一时代的思想家大都热切地关注着这个问题。在这股重民思潮中,儒家学派的重民思想始终居于领先地位,时常引导着时代思想的新潮流。其哲学基础就是孔子所倡导的"泛爱众"。孔子劝告统治者"使民以时"、"养民也惠","博施于民而能济众","因民之所利而利之",要求统治者把重民思想落到实处。而孟子迈出的步子则更大。他强调与民同乐的重要性,直斥"今世之能臣",实际上不过是一帮"民贼"而已。他指出,施政的关键在于得民心,得民心者得天下:

> 桀、纣之失天下也,失其民也;失其民者,失其心也。得天下有道——得其民,斯得天下也;得其民有道——得其心,斯得民矣;得其心有道——所欲与之聚之,所恶勿施,尔也。①

要想得天下,必须得民心;而得民心的唯一途径就是行仁政,想人民之所想,与人民同好恶,否则就会陷于败亡的境地,事情就是这么简单。孟子把土地、人民、政事看做国家的"三宝",强调"天时不如地利,地利不如人和","得道者多助","失道者寡助"。在这些认识的基础上,孟子给君民关系作出了明确定位,讲出了一段千古名言:

> 民为贵,社稷次之,君为轻。是故得乎丘民而为天子,得乎天子为诸侯,得乎诸侯为大夫。②

---

① 《孟子·离娄上》
② 《孟子·尽心下》

人民是国家的根本，君主是依附于人民而存在的，因此，如果在位者不能为人民做事情，危及了国家的根本，那就应当把他们废去。后世把它称之为"民贵君轻"的思想。"民贵君轻"的提出，把商周以来的重民思想大大推进了一步，具有重大的进步意义。"民贵君轻"是孟轲对于君民关系的明确定位，这种提法不但前无古人，而且在后来很长一段历史时期也没有"来者"，伪《五子之歌》所说的"民惟邦本，本固邦宁"，不过是孟轲上面这段话的集中表述而已，并没有太大的理论跨越。

汉武帝以后，随着儒家学说一尊地位的进一步确立，《尚书》以及孔孟等人的重民思想也被后世继承下来。这种继承表现在两个方面：

第一，封建国家出于稳定自己统治的考虑，也不断强调"爱民"与"重民"，这在每个朝代的开始阶段表现得更为突出一些，史书中对此留下了大量的记录；

第二，后世封建社会里的正直士大夫对古代重民思想的继承和发展，更是一个显而易见的事实，史书中这方面的记载比比皆是。他们或者直接为民请命，或者鞭挞统治阶级对广大人民的剥削与压迫，或者对下层人民的困苦生活赋予深切同情，不一而足。他们以自己的作品为投枪，射向黑暗，冲向光明。杜甫的《悲陈陶》、《北征》、"三吏"、"三别"，白居易的《杜陵叟》、《卖炭翁》、《红线毯》等可以作为这方面的代表作。后来宋太祖赵匡胤颁行于天下的《戒石铭》中所说的"尔俸尔禄，民脂民膏；小民易虐，上天难欺"，则是最高统治者对各级官吏提出的要求。哲学家张载明确宣称：

天地之塞，吾其体；天地之帅，吾其性；民吾同胞，物吾与也。

人民是我的"同胞"，这是人的类意识进一步觉醒之后才会产生的说法。这些说法连同杜甫、白居易等人的诗篇，在中国思想史上都占有一席之地。正是在他们的推动下——当然，最根本的动力还在于广大劳动人民自身反抗与斗争，传统"重民思想"或曰"民本思想"才得以绵延不绝地发展下来，成为中国传统政治思想的一个重要组成部分。

自从阶级社会开始以来，社会上就出现了压迫与被压迫两大阶级之间的对立，这种对立关系后来被简化为君民关系。由于这是阶级社会最为重要的社会关系，自然要引起世人的格外关注。特别是战国以后，随着专制主义中央集权政治体制的一步步确立，君民关系自然而然地也就更加显眼了。一般说来，历史发展的大趋势是，君主从"帝"、"神"、"龙"、"真命天子"等走向"伟人"乃至于平常之人；而民众则从可屠杀、可买卖、会说话的牲畜的奴隶地位一步步攀升，后来成了国家公民乃至于国家主人。这一升一降的历史运动，实实在在地表征着历史的进步。人民地位的高低，是一个时代、一个国家文明程度的重要标尺之一。因此，《尚书》重民思想的提出，本身就是历史进步的产物，同时它又引导着后世社会的更大进步，其积极意义自不待言。这是《尚书》中最富生命活力的政治思想之一。

在《尚书》重民思想的指引下，历代统治者在对君民关系进行定位时，都不得不或多或少地考虑到广大下层人民的利益，而且越到后世，考虑得越多，社会从而也一步步走向了文明。中国封建社会中后期，国家对广大人民群众的超经济强制一步步减弱，广大下层人民赢得了更多的人身自由，就是这一趋势的一个重要表象。《尚书》重民思想对后世社会生活的这种指导作用自然应该充分肯定。

然而在"爱民"、"重民"、"民惟邦本"的旗帜下，封建社会里仍然存在着两种与这一精神根本背离的思想与现实，这也是毋庸讳言的历史真实。

其一是,随着专制主义中央集权不断加强而日益强化的隆君思想。在中国封建社会的中后期,君主的地位越来越尊贵,他们高高地盘踞在神坛的顶端,俯瞰着下界臣民对他们的顶礼膜拜,帝王神话层出不穷。他们不是"人",而是尊贵的神祇,他们的名字是叫不得的,于是就有了种种的避讳。随着君主地位的越来越高,臣民的地位自然只能越来越低下了。这就是《尚书》重民思想熏陶下的历史真实之一。

其二是,在"邦本"的名义下,广大人民事实上连末梢的地位也占不了。政权、神权和族权,广大妇女再加上夫权,重重压力下的广大人民群众不堪重负,自主、自由丧失殆尽。这恐怕也是周公、召公等人所始料不及的严酷现实吧!

5. "皇天既付中国民越厥疆土于先王"——《尚书》中的君权神授学说

《今文尚书》28 篇中,"天"、"帝"、"神"、"命"比比皆是,一个强烈而明白的信息贯串于其中,这就是君权神授思想。《尚书》中的许多王公大人都爱提起这个话题,君权神授从而成为《今文尚书》28 篇中议论最多的内容之一。从这些讨论中可以看出来,君权神授是上古时代政治学说的一个支点,地位独特而重要,自然要引起人们的关注。

自从家天下统治替代了原始民主制度后,在位的既得利益者就一直在喜忧参半中过日子。喜的是统治地位给自己带来了巨大利益,忧的是这一地位随时都有丧失的可能。家天下统治建立之初,威胁主要来自于习惯势力。据说东方的伯益曾借助于传统与夏启抗衡,"益干启位,启杀之";西方的有扈氏也蠢蠢欲动,夏启与他们大战于甘,《尚书》录下了辗转流传下来的启在甘地所发布的誓词。旧有的传统没有挡住家天下统治的滚滚洪流,后者铺天盖地地向社会压过来。然而对于在位者来讲，威胁并没有真正解除，并且随着私有制的不断发展而呈现出日益严重的态势。用战国末年思想家韩非的话讲，君臣之间只是"缚于势而不得不事"，这种关系是靠不住的。有些大臣羽翼丰满之后，就要对君位产生觊觎之心，虎视眈眈地盯住君主的位置，"臣之所不弑其君者，党与不具也"①，家天下统治丧失的可能性在不断增大。为了巩固自己的统治，从夏启以后的历代统治者都千方百计地在为自己统治的合法性寻找根据，制造舆论，这就是君权神授说自其诞生以后便盛传不衰的原因。《尚书》录下了其中一些典型的说法。

夏启讨伐有扈氏，商汤讨伐夏桀，周武王讨伐殷纣王，不管别人怎么看，当事人都是理直气壮的。因为他们都在按照"天意"行事，用后世的话讲，这叫做"替天行道"。请看他们自己的说法：

　　有扈氏威侮五行，怠弃三正，天用剿绝其命。今予惟恭行天之罚。（《甘誓》）

　　王曰："格尔众庶，悉听朕言。非台小子，敢行称乱。有夏多罪，天命殛之。……予畏上帝，不敢不正（征）。"（《汤誓》）

　　今予发，惟恭行天之罚。（《牧誓》）

这些说法多么理直气壮啊！讨罚有罪之人是上天的旨意，我按照天意建立起自己的统治来，你们有什么可说的？于是别人也就无话可说，只好默认和顺从了，后人进一步美化为："汤武革命，顺乎天而应乎人②。"

然而也有人吃了这有恃无恐的亏。过于依赖天命，不注意敬修自己的德行，把社会政治搞得一团糟，这时距离丧失天命也就不远了。据说殷纣王就是这样的。当西伯戡黎、朝野上下一片惊恐

---

① 《韩非子·扬权》
② 《周易·革卦·彖辞》

时,殷纣王还在悠然自得地说:

> 我生不有命在天?(《西伯戡黎》)

结果白白丧失了"天命"。按照周公在《大诰》篇中的讲法:

> 天惟丧殷,若穑夫,予曷敢不终朕亩!

于是周人"革命",把原本属于殷人的"天命"夺过来据为己有;上天则顺水推舟地加以承认,把统治下民的大权交给了周人。用召公的话讲,这就叫:

> 皇天上帝改厥元子,兹大国殷之命。惟王受命……(《召诰》)

用周公的话说,叫做:

> 天乃大命文王,殪戎殷,诞受厥命越厥邦厥民……(《康诰》)

上古时代就是这样来理解改朝换代的。对于那些新贵们来讲,刚刚到手的统治大权是上天赐给的,《梓材》篇对此有一个简洁明快的说法:

> 皇天既付中国民越厥疆土于先王。

我的统治地位是皇天上帝给的,你眼红有什么用处?人世间一切事情都是上天安排的,"古我先后,既劳乃祖乃父,汝共作我畜民",你们还有什么可说的?"予迓续乃命于天,予岂汝威?用奉畜汝众"(《盘庚》)。连你们的生命都是我从上天那里讨回来的,你们还是老老实实接受我的统治吧!这就是《尚书》"君权神授说"的思维逻辑。

然而从"小邦周"灭掉"大邑商"的大变局中,西周王朝最高统治者还是初步感受到了"惟命不于常"的恐惧。就像周公警告召公时所说的那样,"弗吊天降丧于殷,殷既坠厥命,我有周既受。我不敢知曰,厥基永孚于休"(《君奭》)。在"民情大可见,小人难保"的情况下,为了"和怿先后迷民",统治者必须注意自己的"一话一

言"、一举一动:

> 王敬作,所不可不敬德。……肆惟王其疾敬德。王其德之用,祈天永命。(《召诰》)

只有敬修自己的德行,"子子孙孙永保民","祈天永命",我们的"大命"才能够长久地保住,否则,"惟不敬厥德,乃早坠厥命"(《召诰》)。夏、商两代相继灭亡的严酷现实就在眼前,那可不是闹着玩的。由此周人得出一个结论:

> "天不可信。"我道惟宁(文)王德延,天不庸释于文王受命。(《君奭》)

盲目信从上天的办法是不大可靠的,我们还必须把文王的美德发扬光大,这样上天才不会剥夺我们的天命。由此引申出一个重要的政治原则:在"敬天"的同时,我们还必须"敬德"和"保民"。这是从宗教神道主义统治的铁幕中透露出来的一缕人文主义气息,尽管这缕气息在西周时代还很微弱,与宗教神道主义的熏天气势相比较,它要弱小得多,远远够不上所谓的"二元发展",但毫无疑问,这是一缕富有生命力的气息,因为它昭示着未来社会政治生活的发展方向;这是上古时代君权神授学说的一项重要内容,与"敬天"一起构筑起君权神授学说的大厦来。敬德保民的根本目的就在于,让那些"真命天子"们"万亿年敬天之休"。

在后来的历史进程中,《尚书》君权神授说中的"敬天"与"敬德"两项基本原则,都得到了不断发展。按照通行的说法,自从战国时代以后,中国古代思想史上那场从神到人的历史性巨变已经基本完成,中国传统文化由此打上了"非宗教、世俗化"的印记,君权神授说似乎应该寿终正寝了。然而,历史的真实显然不是这个样子:敬天的故事不断发生,装神弄鬼的闹剧接连上演,"真命天子"们乱哄哄地抢攘着,你方唱罢我登场。看来,君权神授说在后世的意义决不仅仅是一根救命的稻草,它的分量要重得多。

从《尚书》里的"惟命不于常"、"天不可信"开始,到东周初年的"昊天不吊"、"昊天不惠"、"先祖匪人",再到春秋中期的"吉凶由人"、"妖由人兴"、"民为神之主"等说法的出现,上天、先祖的神圣地位一步步动摇,人的地位不断上升,后来便推出了春秋末年郑国贤大夫子产那句千古名言:

天道远,人道迩,非所及也。(《左传·昭公十八年》)

这种说法在中国思想史上树起了一座里程碑,它第一次将"人道"与"天道"作为一对对应的哲学范畴提了出来,"人道"与"天道"终于分离开来,人的地位大大提高。从此以后,天有天道,人有人道,人类不必事事匍匐在神天的脚下,考求上天的旨意,而是可以按照自身的法则来行事。于是,关于人道、人性、人类生活方式等问题的讨论便热闹起来,百家争鸣的序幕由此拉开。在社会整体文明现实演进的基础上,经过两个半世纪的大讨论、大争鸣,一个以世俗化、非宗教、崇尚文德与和平为基本风格的华夏文明正式确立下来。从此以后,不管宗教迷信势力多么顽固与强大,都不能改变华夏文明的这种基本风格。《尚书》"敬德"、"保民"、"天不可信"的种子终于结出了丰硕的思想成果来。

然而这只是问题的一个方面。既然"皇天既付中国民越厥疆土"于我,我"诞受厥命越厥邦厥民"、"迓续乃命于天",那么你们就应该老老实实地做我的"畜民",这是多么顺理成章的事情。对于在位君主来讲,君权神授说真好啊!它不但论证了自己统治的合法性,也证明了别人被统治的合理性。不服,你弄一个"天命"试试?这就把那些非分想法一下子给封死了,因为谁都知道获取"天命"不是一件轻而易举的事情,神祇手中掌握的君权可不是随便乱给的。这样,君权神授说既是在位君主手中的防身武器,又是掷向政敌的投枪,一举可以两得,怎能不受到在位君主的眷恋和偏爱呢?

于是我们看到,即便进入了"非宗教、世俗化"的文明时代后,封建君主仍在利用君权神授说为自己的统治服务。秦始皇"易服色，改正朔"，宣布"水德之始"等等，就是这一学说指导下的一场闹剧。汉高祖刘邦、汉文帝刘恒、汉宣帝刘询、东汉开国君主刘秀等等，从相貌到行为举止，都与常人不一样，生就一位真龙天子。唐代大诗人杜甫在《哀王孙》中这样来"赞扬"汉朝皇帝：

> 高帝子孙尽龙种，龙种自与常人殊。

君权神授说在董仲舒那里被进一步加工整理，从而显得更加理论化和体系化，《春秋繁露》记下了董仲舒的一些典型说法：

> 唯天子受命于天，天下受命于天子。(《为人者天》)

> 受命之君，天意之所予也。(《深察名号》)

> 天子受命于天，诸侯受命于天子，子受命于父，臣妾受命于君，妻受命于夫。诸所受命者，其皆尊天也，虽谓受命于天亦可。(《顺命》)

经过这番粉饰之后，君权神授说更为迷人，更为有用，自然也就更为流行了。在董仲舒以后的时代里，这一学说盛传而不衰，演义出了许许多多、形形色色的帝王神话来。这些神话与刘邦的故事一样离奇而"神圣"，使你在超验的前提下不由得不相信。这种故事史书中俯拾皆是，只要看一下汉宣帝刘询、唐太宗李世民、五代后梁太祖朱温、辽太祖耶律阿保机、明太祖朱元璋、清顺治皇帝福临、康熙皇帝玄烨等人的"本纪"，就可以发现许多情节近似、内容雷同的离奇故事。据说顺治皇帝的母亲在怀着他的时候：

> 红光绕身，盘旋如龙形。诞之前夕，梦神人抱子纳后怀，曰："此统一天下之主也。"寤，以语太宗。太宗喜甚，曰："奇祥也，生子必建大业。"翼日上生，红光烛宫中，香气经日不散。①

---

① 《清史稿·世祖本纪》

后来,他的儿子——赫赫有名的康熙皇帝出生之前也出现了类似的情形:

(其母亲)衣裙有光若龙绕,太后问之,知有妊,谓近侍曰:"朕妊皇帝实有斯祥,今妃亦有是,生子必膺大福。"①

要知道,最后这两则故事产生在二三百年以前,而记载这两则故事的《清史稿》则是上世纪初的人们匆匆修定的。从古代直到近世,帝王神话盛传不衰,由此可见《尚书》君权神授说的生命力有多么强大。

在后来的历史演进过程中,《尚书》中的君权神授说得到了继承和进一步发展,变成了封建时代国家学说的核心内容之一。它揭示了封建君主权力的来源和基础,论证了封建统治的合理性,并为这一统治镀上了一层神圣的灵光。"真命天子"的神话史不绝书,究其原因就在于,封建统治需要一层神圣的灵光来妆饰。说白了,也不过是为了糊弄老百姓罢了。毋庸置疑,这是一种专门为统治阶级,特别是其中的最高统治者服务的政治学说,这种服务是不加掩饰的、赤裸裸的。君主的权力来自于上天或神祇,这种谎言建立在欺骗和社会性愚昧的基础上,由此反映出家天下统治的基础是多么脆弱。

从上文征引的那些内容雷同、情节近似的故事或曰鬼话中,我们似乎可以感受到这一点:骗子行骗的手法并不怎么高明。因此一旦这种欺骗失去了效力,神授君权的权力基础也就快要坍塌了。从夏桀笃信"我生不有命在天"而不久便连同身家姓名一同搭上的悲剧开始,古代中国的末代君主便一次次地上演着同一种剧目。君权神授学说在欺骗被统治者的同时,也麻痹着统治者自己,使他们在虚幻的自信和浑噩的无知中丧失了"天命"。

---

① 《清史稿·后妃列传·孝康章皇后》

因此,在承认其存在有其合理性一面的同时——这种合理性建立在社会性愚昧的基础上,对于《尚书》中的君权神授说我们持完全否定的态度。这种学说是《尚书》中的渣滓和糟粕,应当予以历史的批判。至于它在后世的沉渣泛起,更是应该彻底否定的。这就是我们对这种学说的基本观点和认识。

6."天子作民父母,以为天下王"——《尚书》中的家天下观念

按照传统讲法,夏王朝的建立,标志着原始社会"天下为公"时代的结束和阶级社会"天下为家"时代的开始。经过夏、商两代的历史发展,家天下统治秩序在西周春秋时代日益巩固下来。写就于这一时期的《尚书》各篇,自然要对这种统治秩序给予一定的关注。从《今文尚书》28篇中可以看出,它们赞成这种政治秩序,并为其进一步巩固献计献策,提出了一系列应该遵循的原则。《尚书》中的这些准则,在后世家天下统治继续运行的时代里自然是十分有用的,实实在在地发挥出"疏通知远"的指导作用,从而深深影响了传统政治的演进历程。

所谓"家天下",是指君主把国家作为自己一家的私有财产,世代相传。作为一种政治秩序,家天下是原始社会末期私有制力量发展壮大起来后的必然要求,也是原始血缘关系在阶级社会里严重遗存的表现形式。中国的家天下统治是从大禹时代开始的。大禹把部落酋长的位置一反推举传统传给了自己的儿子启,启正式建立起夏王朝的统治,家天下的政治秩序于是被确立下来。历史发展到西周时代后,这种统治秩序已经被视为理所当然的事情了,以至于人们时常把统治天下的王室直接称为"王家":

惟我事不贰适(敌),惟尔王家我适(敌)。(《多士》)

我不把你们这些士人当做敌人,只把你们的"王家"当做敌人,这是周公分化瓦解殷遗贵族们的说法,这里的"王家"就是指殷商王室而言。还是在这篇《多士》中,周公指责殷纣王昧于天

意,"矧曰其有听念于先王勤家?"先王勤劳从事的明明是国家大事,却偏要说成是"勤家",这是家国一体观念支配下的说法。在《君奭》篇中,周公告诫召公奭说,殷先哲王在位的时候,都有贤人辅佐,从而把国家治理得井井有条:

> 在太戊,时则有若伊陟、臣扈,格于上帝,巫咸乂王家。

巫咸所安顿的是殷商王朝,而周公则把它说成"王家"。在《顾命》篇中,刚刚即位的康王钊在告诫"庶邦侯甸男卫"们的时候,也沿用了周公的这种说法。他说,过去文王和武王在位的时候,"亦有熊罴之士,不二心之臣,保乂王家。用端命于上帝,皇天用训厥道,付畀四方。乃命建侯树屏"。"熊罴之士"和"不二心之臣"所保卫安定的"王家",事实上也就是西周政权。"国家"与"王家"一而二,二而一,这是家天下统治秩序被视为理所当然的事情之后才会产生的观念。这种观念与君权神授思想结合起来后,给家天下统治镀上了一层神圣的灵光,使之更加庄严肃穆起来。对于家天下统治秩序,《洪范》这篇政治哲学文献有一个提纲挈领式的表述:

> 凡厥庶民,极之敷言,是训(顺)是行,以近天子之光。曰天子作民父母,以为天下王。

这是对家天下统治秩序整体建构的一个纲领性说法。天子是天下的中心——"天下王";天子的教导,庶民必须"是训(顺)是行,以近天子之光",这是对后世出现的专制主义政治体制的一个重要提示。"天子作民父母,以为天下王",后世广为传诵的这句"千古名言",大体上包含了两层意思:

第一,天子是父母,是尊者,庶民是子女,是奴隶,这样的定位为家天下统治秩序的存在找到了理论根据,由此衍生出专制主义统治的理论来。因为在父权制占据统治地位的社会里,父亲对子女有生杀予夺的权力。

第二,既然是父母和子女之间的关系,那么君民之间就应该互相亲近才是,这给家天下统治披上了一层温情脉脉的面纱,由此又派生出一系列的孝道伦理和任人唯亲的组织路线来。

在《尚书》的其他篇章中,这些内容差不多都得到了进一步的论证,由此构成了完整的家天下统治理论。马克思在《摩尔根〈古代社会〉一书摘要》中指出,父权制家庭自其诞生之日起,便"以缩影的形式包含了一切后来在社会及其国家中广泛发展起来的对立"。在这众多的对立中,父家长与其家庭成员之间的矛盾是十分重要的一种。随着国家的建立,君民之间的对立便成了这种矛盾的突出表现形式。一方要尽力扩大手中的权力,另一方则拼命抵制,于是我们看到,直到西周时代,王朝统治的水平还没有超出威慑粗统的范畴,绝对君权尚未出现。当然,君主的尊严是有的,这是《尚书》较早写就的篇章中存在鼓吹专权论调的根据所在。经过春秋时代尊王攘夷的锻炼之后,古代君权踏上了更生与再造的行程,战国时代专制主义中央集权的政治体制便在七雄当中逐步确立下来。古代政治体制的这一演进历程,《尚书》中有明确的反映。战国时代写就的篇章大力鼓吹专制主义,就是对现实生活的真实写照。家天下统治于是以一个崭新的姿态出现在世人面前,显得更为威严和庄重了。在《康诰》篇中,周公告诫卫康叔:

非汝封刑人杀人,无或刑人杀人。非汝封又曰劓刵人,无或劓刵人。

周公的本意在"慎刑"、"若保赤子,惟民其康乂",是告诫执掌生杀大权的人应该明德慎罚,千万不要滥杀无辜。然而其中也透露出了一股司法专横的气息来。在这之前,盘庚张口闭口"予制乃短长之命"、"听予一人之作猷",已经初步透露出这层意思和气息。这股气息进一步播扬开来后,就有了《洪范》篇中更为明确的说法:

惟辟作福，惟辟作威，惟辟玉食。臣无有作福作威玉食。臣之有作福作威玉食，其害于而家，凶于而国。人用侧颇僻，民用僭忒。

前面的三个"辟"字都是君主的意思。作威作福、用玉器做餐具，这些都是君主的特权，臣下决不允许这样做。话说到这份上，有谁还会怀疑这不是专制主义的论调呢？

《皋陶谟》讲述了原始民主制度时期的政事，由于写就的时间比较晚，也不免掺进一些大一统和专制主义的东西。它一会儿说："臣哉邻哉，邻哉臣哉！"一会儿又说："臣作朕股肱耳目。"显而易见，邻居的地位比受大脑支配的"股肱耳目"要高一些。"股肱耳目"是《尚书》给臣下与君主关系的明确定位，这种说法在后世家天下统治的时代里一直是一种标准提法。

上古时代小国林立，大一统要求在战国时代才日益强烈起来，但这并不意味着上古时代这样的要求一点没有。在《立政》篇中，周公勉励成王说，"其克诘尔戎兵，以陟禹之迹，方行天下，至于海表，罔有不服，以觐文王之耿光，以扬武王之大烈"，话语当中已经初步提出了这种要求。这一要求在战国时代最终写定的《禹贡》篇中变成了"现实"，成为大禹圣道王功的重要组成部分：

九州攸同：……东渐于海，西被于流沙，朔南暨声教，讫于四海。禹锡玄圭，告厥成功。

你看，在当时所知道的"天下"里，不是已经实现了"九州攸同"了吗？这个"家"在不断地扩大着，进而和专制主义思想搅到了一起：

光天之下，至于海隅苍生，万邦黎献，共惟帝臣，惟帝时举。……谁敢不让？敢不敬应？

这是《皋陶谟》中的一段话，据说出自大禹之口，其分量自然是很重的。"光天之下"直到天涯海角，"万邦黎献，共惟帝臣"，大一统加上专制主义思想，一下子把家天下统治抬到了至高无上的地位上。

家天下统治下的组织路线也是《尚书》中讨论较多的一个问题，上文说到的"明明扬侧陋"是一个总纲。《尚书》在许多地方提到了"旧人"、"老（耇）成人"：

> 古我先王，亦惟图任旧人共政。……汝无侮老成人，无弱孤有幼。各长于厥居，勉出乃力，听予一人之作猷。（《盘庚》）

> 汝丕远惟商耇成人宅心知训，别求闻由古先哲王用康保民……（《康诰》）

寻求"旧人"、"老成人"、"耇成人"共政，这是《尚书》各篇中的一个重要思想。《盘庚》篇借用古代贤人迟任留下的一句格言，集中表达了这种思想：

> 人惟求旧，器非求旧，惟新。

周武王在《牧誓》中指责殷纣王不用亲人用远人，说的也是这个意思，"人惟求旧"的组织路线是《尚书》所设计的家天下政治的一个重要准则。

孝道是家天下统治中最为重要的伦理道德，自然受到了《尚书》的提倡。据说帝尧"克明俊德，以亲九族。九族既睦，平章百姓"；帝舜"父顽，母嚚（音 yín），象（舜之弟——引者）傲，克谐。以孝烝烝，乂不格奸"。（《尧典》）他们都是孝道的楷模。周公告诫卫康叔，要教育人民遵守孝道：

> 纯其艺黍稷，奔走事厥考厥长。肇牵车牛，远服贾，用孝养厥父母……（《酒诰》）

这是在正面引导。如果这种做法不能奏效，"子弗祗服厥父事，大伤厥考心；于父不能字厥子，乃疾厥子；于弟弗念天显，乃弗克恭厥兄；兄亦不念鞠子哀，大不友于弟"，对于这种"不孝不友"、

人人痛恨的恶行,那就无须客气了:

> 乃其速由文王作罚,刑兹无赦。(《康诰》)

家天下统治秩序中的政治路线、组织路线和伦理道德,《尚书》都明确地提了出来,难怪后世赞扬它"长于政",能够起到"疏通知远"的指导作用。事实上,这些内容对后世封建社会的政治建设也确实发挥出了重要的指导作用。

家天下统治在后世获得了进一步发展。占有君位的人自然很赞成这种政治秩序,于是心安理得地把天下传给了后世子孙;一般臣民也把这一秩序视为理所当然,不敢对此有任何微词;当然,历朝历代都存在着一些异端思想和"反叛行为",与家天下统治秩序显得不太协调,但这些思想和行为在封建时代始终没能占据主导地位。于是,家天下统治在众人的"拥戴"声中一代代延续下来。

秦王嬴政统一天下后,胜利的喜悦使他飘飘然起来,他不断推出新举措以"称其成功"。举措之一就是重申家天下政治秩序:

> 朕为始皇帝,后世以计数,二世、三世至千万世,传之无穷。①

秦始皇用静止的观点看问题,后来的历史发展表明,他的这段话不过为社会增加了一则笑料而已。然而,在表征着封建皇帝狂妄自私的同时,这段话也明白无误地表达出秦始皇对家天下统治的心安理得。在后世的历史发展中,大一统局面越来越巩固,虽然有魏晋南北朝和五代十国几个大的分裂时期存在,但统一毕竟占据了中国历史的主导地位。专制主义统治也在这大一统的格局中一步步地加强着。从秦汉时期的三公九卿到隋唐时期的三省六部,再到明代的内阁制和清代的军机处,一次次改制都为专制统治提供了更加有力的制度保障。完全可以这样讲,《尚书》所提出的

---

① 《史记·秦始皇本纪》

家天下统治的政治路线,在后世得到了全面贯彻和真正的落实。

"人惟求旧"的组织路线在后世仍然是有效的。人事变动的无序性是封建时代的常事,用社会上流行的话讲,叫做"一朝天子一朝臣,这朝不用那朝人",由此衍生出拉帮结派、任人唯亲的弊端来。科举时代的"同年关系","年兄"、"年伯"、"年侄"亲如一家人,说穿了也不过是为了"一荣俱荣"而已。叙乡党,攀亲谊,为的是壮大自己的势力。这种强大的封建关系网,究其原因,无疑是从"人惟求旧"的组织路线中派生出来的。

孝道伦理在后世更是大放异彩。孟子说:

> 人有恒言,皆曰天下、国家。天下之本在国,国之本在家,家之本在身。
>
> 道在迩而求诸远,事在易而求诸难:人人亲其亲,长其长,而天下平。①

这些都是在讲述家国一体的道理。这些道理被后世的最高统治者心领神会,所以历代的封建帝王都成了"孝子贤孙"。不管实际情况怎么样,他们的谥号中总忘不了加上一个"孝"字,以此来给万民做表率。不信的话,请看下面的统计数字:

两汉一共24位皇帝,除了开国君主刘邦和中兴之主光武帝刘秀外,其余22位皇帝的谥号前一律加有"孝"字,因为汉代皇帝反复标榜"以孝治天下"。

唐代共有22位皇帝,只有2位皇帝的谥号中没有"孝"字,其中一位是末代皇帝哀帝。他把国家给弄丢了,这本身就是最大的不孝;况且亡国之后,也没有人再去迎合他而给他加一个美谥了,他只配一个"哀"字。

两宋时期共有18位皇帝。除了南宋末年的3位亡国之君和

---

① 《孟子·离娄上》

太宗赵光义的谥号中没有孝字外,其余14位皇帝无一例外都是孝子。特别是赵昚(音 shèn),简直是一个双料货色——"孝宗绍统同道冠德昭功哲文神武明圣成孝皇帝",谥号与庙号加在一起共有两个"孝"字。

明代17朝16位皇帝,除了开国君主太祖朱元璋和末代皇帝庄烈帝朱由检外,谥号和庙号中不带孝字的只有两位:一位是建文帝朱允炆,一位是景泰帝朱祁钰,二人都不得善终,所以不配谥以"孝"字。

辽、金、元、清是以异族入主中原的封建王朝,但它们的君主也都没有忘记以孝治天下。不信的话,看一看中国最后一个封建王朝清朝皇帝的谥号就明白了。清朝共有12位皇帝,除了末代宣统皇帝外,其余11位的谥号中都有一个"孝"字。这表明他们对孝道也是十分重视的。

完全可以这么说,孝道伴随着整个封建时代,由此可以看出《尚书》提倡的孝道具有多么强大的生命力。

大一统格局下的专制主义统治,"人惟求旧"的组织路线以及孝道伦理等,《尚书》中提倡的这些家天下统治的政治准则,在后世封建社会里都得到了反复的演绎与实施,从而为封建政治打上了深深的"家天下"的烙印。

7. "兹式有慎,以列用中罚"——《尚书》中的慎罚原则

作为先王圣道王功的一部分,刑罚是国家机器少不了的。除《吕刑》篇专门论述外,《尚书》中的许多篇章都讲到了刑罚。"明德慎罚"、"兹式有慎,以列用中罚"、"惟敬五刑,以成三德"是其强调的基调。德教是第一位的,刑罚是第二位的,后者必须慎之又慎。

除了《尧典》和《皋陶谟》之外,《今文尚书》其余26篇所记述的,全是夏、商、周三代历史中的一些重大事件和嘉言善语。夏、

商、周三代是中国历史上的奴隶制时代，奴隶主阶级在这一时期建立了自己的统治，并且使这一统治的实现形式——国家机器不断强化，刑罚于是日益发展起来，"夏有乱政，而作《禹刑》；商有乱政，而作《汤刑》；周有乱政，而作《九刑》"①，就是对这一现实的明确反映。"刑"是那个时代的流行称呼，其字从刀，井声，本义是杀，进一步引申出惩罚犯罪的意思。限于社会文明的整体水平，所谓的《禹刑》、《汤刑》、《九刑》等刑典，全都由统治集团中的少数人秘密掌握，没有向社会大众公开。因为按照那个时代通行的"法理"，"刑不可知，则威不可测"，怎么能向社会大众公开呢？由此反映出奴隶社会刑罚制度的残酷性和专横性。《尚书》对此有明确的记录：

  乃有不吉不迪，颠越不恭，暂遇奸宄，我乃劓殄灭之，无遗育，无俾易种于兹新邑！（《盘庚》）

  元恶大憝，矧惟不孝不友。……乃其速由文王作罚，刑兹无赦。（《康诰》）

  非汝封刑人杀人，无或刑人杀人。非汝封又曰劓刵人，无或劓刵人。（同上）

字里行间流露出一股阴森森的杀气。《尚书》反复宣扬什么"恭行天之罚"、"予畏上帝，不敢不正（征）"，以此来论证奴隶社会刑罚制度存在的合理性。既然"予迓续乃命于天"，那么我"制乃短长之命"也就是理所当然的事情了。于是他们放手实施残酷毒辣的五刑，最终招致了王朝的覆灭。

西周王朝建立之初，"今惟民不静，未戾厥心，屡迪未同"；"我民用大乱丧德"；"民情大可见，小人难保"。在这种情况下，最高统治集团不得不重新审视自己的刑罚制度，一种新的刑罚思想应

---

① 《左传·昭公六年》

时而生,周初诸诰中摄入了这股清新的时代气息:

> 王曰:"呜呼!封,敬明乃罚。"(《康诰》)

> 予罔厉杀人。(《梓材》)

> 继自今文子文孙,其勿误于庶狱庶慎,惟正是乂之。(《立政》)

> 周公若曰:"太史!司寇苏公式,敬尔由狱,以长我王国。兹式有慎,以列用中罚。"(同上)

惩罚是必要的,但必须恭敬而谨慎,认真从事。这有先王成功的经验可以借鉴。在《多方》篇中,周公告诫多方诸侯们说:自从成汤"代夏作民主"之后,商代各王都能谨慎从事,"以至于帝乙,罔不明德慎罚,亦克用劝";他们或囚禁杀戮,或开释无罪,都足以使人得到劝勉,从而保证了统治的平稳延续。"乃惟尔商后王逸厥逸,图厥政,不蠲烝,天惟降时丧。"纣王的淫逸滥罚招致了王朝最终的丧亡。这一正一反的经验教训是多么深刻啊!商代的贤王是这样,圣明的文王更是这样。在《康诰》篇中,周公告诫卫康叔说:

> 惟乃丕显考文王,克明德慎罚,不敢侮鳏寡,庸庸,祗祗,威威,显民,用肇造我区夏越我一二邦,以修我西土。

从商代正反两方面的经验教训中,尤其是从文王伟大的实践中,我们还有什么可说的呢?除了"明德慎罚"之外,我们别无选择。这就是周初最高统治集团从历史经验教训中得出的一个基本结论。"慎罚"的目的在于长治久安,对此周公有一个明确的说法:

> 我闻曰:"怨不在大,亦不在小,惠不惠,懋不懋。"(《康诰》)

清儒王鸣盛对这句话的解释是:"时殷乱方定,尚多反侧,故戒以民怨无恒,宜服以宽大也。"这个解释是准确的。民怨无常,不在大小,积小可以成大,积少可以成多;人民怨恨太多,我们的统治也就危险了。因此，周公用这句成语来告诫卫康叔。为了消弭民怨，实现长治久安，我们必须待民以宽大，"明德慎罚"，这就是周公的结论。

随着刑罚实践的不断发展，奴隶主阶级的刑罚思想日益丰富起来，西周晚年出现了专门讨论刑罚问题的《吕刑》篇。《吕刑》篇不但阐明了周王朝实施刑罚的指导思想，更提出了许多实施细则。这些内容无论在当时还是对后世都富有启迪意义。"明德慎罚"在《吕刑》篇中得到了进一步的肯定与阐释，篇中反复强调这种思想：

尔尚敬逆天命，以奉我一人。虽畏勿畏，虽休勿休，惟敬五刑，以成三德。一人有庆，兆民赖之，其宁惟永。

王曰："呜呼！敬之哉！官伯、族姓，朕言多惧。朕敬于刑，有德惟刑。……"

"明德慎罚"思想贯串于《吕刑》篇之始终。怎样施刑才算"慎罚"呢？《吕刑》也有明确的说法，这就是"适中"原则。《吕刑》篇多次运用"中"字。曾运乾先生在《尚书正读·吕刑》中指出：

中字为全篇主旨。首云"士制百姓于刑之中"，又云"故乃明于刑之中"，云"观于五刑之中"，云"罔非在中"，云"成庶中正"，云"罔不中听狱之两辞"，云"于民之中尚明听之哉"，云"成中有庆"，凡八用中字。得此"中道"，守而弗失，庶几其祥刑矣。

事实上曾先生还少数一个"非天不中"的"中"字，但曾先生的解说无疑是正确的。"惟敬五刑，以成三德"，敬慎五刑，刑罚适中，以助成德教，这是《吕刑》篇的中心思想。刑罚必不可少，但毕竟是第二位的东西，因此必须适中、适度，必须慎之又慎，这既是《吕刑》篇也是《尚书》其他篇章的刑罚观，这种刑罚观贯串于全书之始终。在较晚写就的《尧典》篇中，我们也能看到这种观点：

> 象以典刑。流宥五刑，鞭作官刑，扑作教刑，金作赎刑。
> 眚灾肆赦，怙终贼刑。钦哉，钦哉，惟刑之恤哉！

这是在重弹周初诸诰以及《吕刑》篇"慎罚"的老调。《尚书》不但提出了慎罚的原则，而且还对这一原则提出了许多具体要求，使之成为具有可操作性的施政原则。这些要求包括：狱官良善、区分惯犯与偶犯、认真斟酌案情、反对只听一面之词、刑罚灵活等。

> 非佞折狱，惟良折狱，罔非在中。

这是《吕刑》篇提出的要求。狱官良善是刑罚适中的前提之一，自然要受到《尚书》的重视。所以《吕刑》篇又说：狱官受贿不是一件好事，这是犯罪行为，最终会受到上天惩罚的。《康诰》篇提出了区分惯犯与偶犯、认真斟酌案情的问题：

> 人有小罪，非眚，乃惟终，自作不典，式尔，有厥罪小，乃不可不杀。乃有大罪，非终，乃惟眚灾，适尔，既道极厥辜，时乃不可杀。

一个人犯了小罪，不加悔过，还继续做出一些违背刑典的事情；如果是这样，其罪虽小，也不可不杀。而一个人犯了大罪，但不坚持错误，知道悔过改错；如果是这样，在开导让其服罪的同时，这个人却不要杀掉。这是在区分惯犯与偶犯、过失犯罪与故意犯罪。

> 要囚，服念五六日至于旬时，丕蔽要囚。

案情要认真斟酌，切不可匆忙判定，这也是慎罚思想的具体体现。《吕刑》篇还提出了疑狱赦免的问题：要取信于众人，治狱必须有旁听者——"惟貌有稽"，没有实际罪行者不予治罪：

> 墨辟疑赦，其罚百锾，阅实其罪。劓辟疑赦，其罚惟倍，阅实其罪。剕辟疑赦，其罚倍差，阅实其罪。宫辟疑赦，其罚六百锾，阅实其罪。大辟疑赦，其罚千锾，阅实其罪。

怀疑罪行不实而可以赦免的，要先拟出罚金数额，然后核实情况。如果情况属实，则要施以刑罚；情况仍然可疑，则处以罚金后加以赦免——这也是慎罚的意思。这种精神在《吕刑》篇中进一步升华为一种指导性原则。吕侯告诫四方诸侯们说：

> 上刑适轻，下服。下刑适重，上服。轻重诸罚有权。刑罚世轻世重，惟齐非齐，有伦有要。

这段话大体讲了两层意思。"伪孔传"对第一句话的解释是："重刑有可以亏减，则之轻，服下罪。一人有二罪，则之重而轻并数，轻重诸刑罚各有权宜。"孔颖达进一步阐释道："上刑适轻者，谓一人虽犯一罪，状当轻重两条，据重条之上有可以亏减者，则之轻条，服下罪也。下刑适重者，谓一人之身轻重二罪俱发，则以重罪而从上服，令之服上罪。或轻或重，诸所罪罚，皆有权宜，当临时斟酌其状，不得雷同加罪。"二孔的解释是正确的。这第一层意思是说，对于具体的罪行和罪犯，要根据实际情况灵活掌握，可轻判则轻判，需重判则重判，不必过分拘泥于刑典的规定。

"伪孔传"对第二句话的解释是："言刑罚随世轻重也：刑新国用轻典，刑乱国用重典，刑平国用中典。"国分"新"、"乱"、"平"，刑有轻、重、中，根据不同情况，对于不同群体，刑罚要有所区别。这是针对不同地区、不同历史阶段、不同社会状况而言的，而不像第一层意思那样只对具体的犯罪主体——个人。

"轻重诸罚有权"、"刑罚世轻世重"，从不同的侧面指明了刑罚适用的范围及其灵活性。在"慎罚"这个总方针的规范下，《尚书》刑罚灵活原则的归宿在于"刑罚适中"或曰"中罚"。这是在总结现实斗争经验基础上提出的一条明智的刑罚原则。

《酒诰》是一篇戒酒令。周人来自于西方，崇尚俭朴，反对奢靡，对于殷人酗酒成风很不以为然，所以周公明令周人"刚制于酒"。如果告发有人群饮，不要放过，"尽执拘以归于周，予其杀"。但对于殷之臣工，"乃湎于酒，勿庸杀之，姑惟教之"。同一种过失，处理时明显有轻重之分。这是"世轻"的具体体现。正是在这些司法实践的基础上，才有后世"刑罚世轻"以及"刑新国用轻典"说法的出现。

　　社会安定下来后，历史发展进入了平稳期，刑罚适中原则有了实践的机会，自然应该运用"中典"了。但乱世接踵而来，那就只能使用"重典"了。《尚书》中虽然没有如此完整的实践过程，但重典还是有其表现机会的：

　　　　乃有不吉不迪，颠越不恭，暂遇奸宄，我乃劓殄灭之，无遗育，无俾易种于兹新邑！（《盘庚》）

　　　　王曰："封，元恶大憝，矧惟不孝不友……乃其速由文王作罚，刑兹无赦。"（《康诰》）

　　像这样杀气腾腾的话，《尚书》中还有不少，遇上迁都之类的大变故，尤其面对着大规模的武装叛乱，为了统治的延续，严刑峻罚似乎是盘庚、周公们的唯一选择。当时的史官和后世社会认同甚至赞扬他们的做法，于是那些充满杀气的谈话也就变成了"嘉言善语"而被记录下来，这就有了《盘庚》篇和《大诰》篇的传世。这之后，类似的场面继续出现，处置的手法大同小异，《盘庚》、《大诰》等典籍的价值于是显得弥足珍贵，它们事实上为后世社会提供了实施重罚的样板。经过进一步的演绎之后，遂有"刑罚世重"、"刑乱国用重典"的理论现世，《大诰》等文献由此也身价倍增。

　　西周时期，在血缘关系浓重遗存的历史条件下，分封制度依照宗法的原则来进行，王朝统治依礼而行，"名以制义，义以出礼，礼以体政，政以正民"①，礼乐制度从而成为西周王朝的生命线。各级贵族的行为方式依靠礼义来约束，而制裁庶民违规行为的则是刑罚，二者的区别一目了然——"礼不下庶人"，"刑不上大夫"。在那个时代，依礼而行是各级贵族应该遵循的公德，"德"、"礼"内

---

① 《左传·桓公二年》

涵部分重叠,因此,所谓"明德",许多时候就是"明礼"的意思。礼明而尊卑有序;"慎罚"则可以缓和紧张的社会矛盾,"明德慎罚"被周初最高统治集团反复强调,道理就在这里。"德刑"原则推而广之,就有了后来的"德以柔中国,刑以威四夷"的说法出现。再到后来,"德以施惠,刑以正邪"①,遂成为华夏社会的共识。

历经春秋战国时代的"礼崩乐坏",到秦王朝的重刑主义,再到汉初黄老学说指导下的"无为而治",汉武帝最终选择了"罢黜百家,表彰六经",儒家学说被抬到了"一尊"的地位上。在儒术指导下的汉代政治是什么样子,宣帝后来有一个经典性表述:

> 汉家自有制度,本以霸王道杂之,奈何纯任德教,用周政乎!②

"霸道"指的是法家学说,"王道"指的是儒家学说,"内法外儒"、"霸王道杂用"是汉家的"制度",这个制度在武帝时代确立下来,准确一点说是从武帝表彰六经以后开始全面推行的。以德教、儒术来装点地主阶级法治的门面,这就是汉武帝独尊儒术的真实含义。

德教凸现在外,刑罚隐藏于内,这一表一里,事实上就是一主一辅的关系。刑罚只是德教的辅助手段,德教才是根本目的,这是那个时代对于德刑关系的确切定位。这种定位为周秦以来统治术的选择画上了一个圆满的句号。汉武帝时代的御用哲学家董仲舒在其著名的《天人三策》和《春秋繁露·基义》篇中,对此曾作出一个神秘的解释,使之更为"庄严神圣"起来:

> 王者欲有所为,宜求其端于天。天道之大者在阴阳。阳为德,阴为刑;刑主杀而德主生。是故阳常居大夏,而以生育

---

① 《左传·成公十六年》
② 《汉书·元帝纪》

养长为事；阴常居大冬，而积于空虚不用之处：以此见天之任德不任刑也。……王者承天意以从事，故任德教而不任刑。

　　王道之三纲，可求于天。天出阳，为暖以生之；地出阴，为清以成之。不暖不生，不清不成。然而计其多少之分，则暖暑居百而清寒居一。德教之与刑罚，犹此也。故圣人多其爱而少其严，厚其德而简其刑，以此配天。

既然上天"任德不任刑"，那么我们也就只能德居百而刑居一，德主而刑辅了。从此以后，汉儒对于德刑关系的这种定位就一直指导着古代政治的发展方向，并逐渐成为传统政治的基本格局。就连《唐律疏义》这样专门的刑法典，也必须把德教放在首位，承认刑罚乃圣王不得已而用之的东西。《唐律疏义》具有总则性质的《名例》篇，开宗明义就讲述了德刑之间的关系：

　　《易》："天垂象，圣人则之。"观雷电而制威刑，睹秋霜而有肃杀，惩其未犯而防其未然，平其徽缠而存乎博爱，盖圣王不获已而用之……德礼为政教之本，刑罚为政教之用，犹昏晓阳秋相须而成者也。

经过皇上钦定，最终由国家正式颁布的刑法典尚且如此定位，何论其他？就立法而言，《唐律疏义》是中国封建社会中后期水平最高的一部刑法典，具有很强的代表性。"德礼为政教之本，刑罚为政教之用"，这一体一用的关系，是对"德主刑辅"说的进一步抽象化和哲理化的说法，是中国封建社会中后期官方的标准提法。

"明德慎罚"说的提出，是一个历史性进步，而"德主刑辅"则是历史选择的结果，其中也蕴涵着历史前进的一些消息。"明德"要求各级贵族敬修自己的德行，以身作则，"施实德于民"；"慎罚"则要求各级贵族在施行刑罚的时候谨慎从事。这些原则进一步演变为"德主刑辅"后，德教的要求更为强烈，刑罚的实施更应慎重。这两个原则的提出，是人民显示力量的结果——"今惟民不静"，迫使统治者不得不调整其统治方针,文明施政,文明行刑,因此它们的提出既是社会文明化的产物,更是政治进步的一个标尺。在此后的历史发展中,每个封建王朝的前期大体能够遵循明德慎罚、德主刑辅的原则,使得其政治较为清平,社会发展从而也较快。从这个意义上讲,这两个原则的提出具有一定的进步意义,应该予以肯定。

作为一种政治体制,过分依赖德教,依赖教化之后的自觉行动,必然会忽视监督保障机制的建设。"德主刑辅"定位下的现实是,法律从属于德教,从属于封建政治,成为后者的附庸,失去了自己的独立性。而法律一旦失去独立性,也就没有什么严肃性和公正性可言了。朕即社稷,朕即法律,法律如同儿戏,这就是德主刑辅的必然导向之一。请看杜周是怎么说的吧。

杜周在汉武帝时代担任司法长官——廷尉,审判案件不是依照法律,而是依照皇上的旨意。有人责问他:"君为天下决平,不循三尺法,专以人主意旨为狱,狱者固如是乎?"杜周的回答十分滑稽却不可笑——话题太沉重,让人笑不起来:

> 三尺安出哉?前主所是著为律,后主所是疏为令;当时为是,何古之法乎!①

这就是德主刑辅布局下封建法律的真实遭遇。所谓"法不阿贵,绳不挠曲。法之所加,智者弗能辞,勇者弗敢争。刑过不避大臣,赏善不遗匹夫",只能成为社会憧憬的一种境界而已,可望而不可及。古代中国法文化不发达,法的独立精神培育不起来,这与德主刑辅的布局有着直接的关系。海外明史研究专家黄仁宇先生在其史学名著《万历十五年·自序》中指出:

> 中国二千年来,以道德代替法制,至明代而极,这就是一

---

① 《汉书·杜周传》

切问题的症结。

黄先生是研究明史的,所以他说"至明代而极",其实清代何尝不是这样?乾隆皇帝八次亲自到曲阜祭孔,还不是为了提倡礼教?然而黄先生说"以道德代替法制"是一切问题的症结,这话说得十分中肯。汉武帝以后,德主刑辅成为封建政治的根本方针,政治生活中的许多弊端都从这个方针中产生,《尚书》的首倡难逃其咎。

8. "我不可不监(鉴)于有夏,亦不可不监(鉴)于有殷"——《尚书》的历史学意义与价值

"《书》记先王之事",史书是其本色。这是中国传世史书的鼻祖。成书时间之早和后来享有的经典地位,决定了《尚书》在中国史学史上的地位。直到近世疑古思潮兴起之前,《尚书》一直被当做上古时代的权威信史来研读,影响之大是同类性质的著作不能与之比拟的。《尚书》不但录下了上古时代历史进程中的一些重大事件,大致勾勒出上古社会演进轨迹的基本轮廓,不折不扣地为我们提供了一部"上古史纲要";它所表达的史学思想,也成为中国传统史学的灵魂。

《今文尚书》28篇中处处流露出浓郁的忧患意识。面对着"怀山襄陵"的滔天洪水,面对着举国迁徙的纷纷扰扰,面对着殷遗顽民的不时反抗,面对着惨败之后的痛苦怨恨,当事人不由得不忧心忡忡。以史为鉴,认真总结前人成败得失的经验教训,强烈的历史鉴戒意识从中产生。这是《今文尚书》28篇的另一条思想主线。从某种意义上讲,《尚书》是一部古代圣王贤相的忧思录,书中录下了他们的忧愁和烦恼。

皋陶反复告诫他人,"慎厥身,修思永";"无教逸欲,有邦兢兢业业,一日二日万几。无旷庶官,天工,人其代之"(《皋陶谟》),体

现出来的是一种战战兢兢的忧患意识。

商族在不断迁徙中壮大起来,历史留下了它"前八后五"的迁徙记录。当商王盘庚感到压力太大而决定再次迁徙的时候,他遇到了强大的阻力。于是盘庚指责反对派目光短浅,不能深谋远虑。他一则劝告在位的众戚们:

先王有服,恪谨天命,兹犹不常宁,不常厥邑,于今五邦。今不承于古,罔知天之断命,矧曰其克从先王之烈?

再则告诫众多庶民:

汝不谋长,以思乃灾,汝诞劝忧。今其有今罔后,汝何生在上?……今予告汝不易。永敬大恤,无胥绝远。

殷殷忧思,溢于言表。其后到了周代,面对着武王新丧和三监叛乱的严峻局面,周公实实在在地感受到了巨大的压力:"予惟小子若涉渊水,予惟往求朕攸济。"(《大诰》)这个难关渡过以后,百废待兴,将一个新兴王朝支撑下来决非一件轻松的事情,周公依然忧心如焚。他告诫卫康叔说:"呜呼!肆汝小子封,惟命不于常,汝念哉!"(《康诰》)他告诫召公奭说:"今在予小子旦,若游大川,予往,暨汝奭其济。"(《君奭》)反复申明的仍是这个忧患意识。

在内外压力交织的情况下,最高统治集团被一种忧患氛围所笼罩,因此忧心忡忡的不仅仅是周公一个人。周初统治集团的另一个重要角色召公也曾发出深深的感叹:"呜呼!皇天上帝改厥元子,兹大国殷之命。惟王受命,无疆惟休,亦无疆惟恤。"(《召诰》)他宣称:"我亦不敢宁于上帝命。弗永远念天威越我民,罔尤违,惟人。"(《君奭》)

这种忧患意识逐渐积淀到华夏社会的潜意识中而挥之不去,究其原因就在于,主客体之间对立统一的矛盾是永远存在的。秦穆公在崤之战失败后痛惜不已,"我心之忧,日月逾迈,若弗云来"(《秦誓》),大有"识尽愁滋味"之后"欲说还休,欲说还休"的味道。

忧愁是人类对于巨大外力压迫的一种反应，是人类情感的自然流露，然而一味忧愁又解决不了实际问题。面对巨大压力，有人唉声叹气，有人摩拳擦掌。积极的生活态度是正视现实，迎接挑战，战胜困难，化险为夷。要达到这一目的，主体方面必须调动一切积极因素，充分发挥主观能动性，尽量避免失误，汲取历史经验教训的要求由此产生。《尚书》中的圣王贤相们个个达观向上，一阵忧愁过后便投入到积极的行动当中，总结前人成败得失的经验教训遂成为这些行动的前奏。

我们从"殷盘周诰"中看到了许多强调尊重老成人、注重历史鉴戒作用的言论。这些言论都是在痛定思痛、深思熟虑之后讲出来的，而不是姑妄说之。周初政治中的一些基本准则——"明德"、"保民"、"慎罚"、"勤政"、"敬天"等等，差不多都是从历史经验教训中引申出来的。完全可以这样讲，历史鉴戒意识的主体性自觉在商周之际已经开始，并在社会生活中发挥出巨大的指导作用。

这种觉醒表现在两个方面：其一是明确提出要把历史鉴戒作为行动的指南；其二是在实际行动中认真贯彻这一指导思想，十分注意汲取历史经验教训。两个方面互为依托，互相补充，共同构成殷周之际思想行动的基本特征。

《酒诰》是周公代替成王发布的一篇戒酒令。周人反对酗酒，认为酗酒败坏社会风气，导致了殷商的灭亡。所以周公公开宣称：

古人有言曰："人无于水监（鉴），当于民监（鉴）。"今惟殷坠厥命，我其可不大监（鉴）抚于时（是）？

"以殷为鉴"遂成为周王朝施政的基本前提之一，其实质就是以史为鉴，汲取历史经验教训。在《召诰》中，召公也从总结历史经验教训中得出结论说，我们必须敬修自己的德行，决不能重蹈夏、商灭亡的覆辙。他指出：

> 相古先民有夏，天迪从子保，面稽天若，今时既坠厥命。今相有殷，天迪格保，面稽天若，今时既坠厥命。今冲子嗣，则无遗寿耇，曰其稽我古人之德，矧曰其有能稽谋自天？

在这种严峻的形势下，不小心翼翼能行吗？显然是不行的。因此，他说：

> 我不可不监（鉴）于有夏，亦不可不监（鉴）于有殷。我不敢知曰，有夏服天命，惟有历年，我不敢知曰，不其延；惟不敬厥德，乃早坠厥命。我不敢知曰，有殷受天命，惟有历年，我不敢知曰，不其延；惟不敬厥德，乃早坠厥命。

由此自然而然地得出一个结论："王其德之用，祈天永命。"

"今惟殷坠厥命，我其可不大监抚于时"；"我不可不监于有夏，亦不可不监于有殷"。这是周初最为响亮的两个口号。从这两个口号中可以看出来，以夏、商灭亡的惨痛教训为鉴戒已成为周初统治集团的一大共识。这又表现在两个方面：

其一是谆谆告诫，不厌其烦。例如在《康诰》中，周公就曾反复告诫卫康叔说：到达封地后，"汝丕远惟商耇（音 gǒu）成人宅心知训，别求闻由古先哲王用康保民"，千万不敢鲁莽行事。

其二是以古人注我。这是《尚书》中主人公们的惯用手法。明明是自己希望的，偏要说成是古已有之的东西。这种手法在商王盘庚那里就已经能够运用自如了。任用旧人和敬天保民是他的基本政治主张，然而他却要倒过来说："迟任有言曰：'人惟求旧，器非求旧，惟新'"；"古我先王，亦惟图任旧人共政"；"古我前后，罔不惟民之承保"。张口"先王"，闭口"前后"，以此来增加讲话的说服力和感染力，这种手法在周初诸诰中更为普遍。为了指摘商王纣"惟妇言是用"，首先征引"古人有言曰：'牝鸡无晨。牝鸡之晨，惟家之索。'"（《牧誓》）为了论证自己禁酒的正当性，周公宣称:"我闻惟曰,在昔殷先哲王,迪畏天显小民,经德秉哲,自成汤咸至于帝乙,成王畏相惟御事,厥棐有恭,不敢自暇自逸,矧曰其敢崇饮?""文王诰教小子有正有事:无彝酒。"(《酒诰》)自己主张明德慎罚,则说"惟乃丕显考文王,克明德慎罚"(《康诰》);自己主张勤政,也要引经据典一番,"我闻曰:'上帝引逸。'有夏不适逸,则惟帝降格,向于时夏。弗克庸帝,大淫泆有辞。惟时天……乃命尔先祖成汤革夏"(《多士》)。凡此种种,不一而足。用古人注我是为了给"我"的所作所为增加一些合理性,历史经验教训正好从中得到了运用。

前面已经提到,《无逸》是一篇典型的历史鉴戒政论文。"君子所,其无逸",这是本篇的中心思想。为了阐明这个中心思想,周公举出了正反两方面的例子作为证据。全文有论点,有论据,正反两方面的道理都讲到了,读后使人心灵震撼,不能不信服其所劝告的内容正确无误。

以史为鉴的思想来源于社会生活,这是人类"本质力量的确证和表现"之一,源远流长,古已有之。然而这种思想在商周之际有了质的飞跃,上升到主体性自觉的形态上,这也是毋庸置疑的基本事实。飞跃来自于严峻现实的推动,来自于浓郁的忧患氛围。从此以后,"以殷为鉴"、"殷鉴不远"之类的话头便日益流行起来,这为历史学的存续和发展提供了依据,指明了方向。

为了更加深刻地认识现状,认识自身,从而更好地把握未来,历史认识便逐渐提上了人类社会的议事日程。原始先民很早就产生了朴素的历史意识。通过历史的积淀作用,这一意识不断深化,商周之际遂产生了一个质的飞跃,人们明确强调事事处处以史为鉴,从而形成了历史意识的主体性自觉。这一飞跃表明,生活在这个时代的人们已经摸到了历史本质的边缘,这为史学功能的准确定位奠定了基础,"以史为鉴"遂成为后世史学发展的基本方向,传统史学实实在在地沿着这个方向前进，因此我们对《尚书》以史为鉴思想的提出给予高度评价。

历史经验教训具有鉴戒作用，历史学于是摆在了一个崇高的位置上。正是从这个意义上看，我们说《尚书》对于历史和历史学的定位推动了中国传统史学的发展。平心而论，《尚书》还算不上十分成熟的历史学著作，它不过是一部上古时代的历史资料汇编而已，然而由于出现在中国史学史上一个非常关键的时期——口述史学仍在流行，但文字史学已在萌动之中，后者显而易见是富有生命活力的东西——这就决定了这部史书的锦绣前程，奠定了它在中国史学史上的鼻祖地位。这部书对中国历史学发展的影响是多层面的，后世史学从《尚书》中获得了许多启迪和教益，这也是一个不争的事实。

从帝尧勤政爱民的故事开始，到秦穆公痛陈悔恨的誓词结束，《今文尚书》28篇述说了上古时代两千年间发生在东方大地上的一些重大历史事件。在漫长的两千年间，这块土地上到底发生了多少件事情，人世间悲欢离合的故事究竟有多少，恐怕谁也说不清楚。然而《尚书》只撷取了尧舜禅让、大禹治水、启伐有虞、商汤灭夏、盘庚迁殷、武王伐纣、西周立国、周公东征、成王传位、穆公悔过等社会生活片段，透过这些片段，使后人可以窥见上古时代社会发展的大体走势，因此我们说《尚书》是一部"上古史纲要"。

然而这又不是一般的"上古史纲要"，独特的历史地位决定了它与古代中国史学发展之间的关系。按照传统说法，《今文尚书》28篇中属于"虞夏书"部分有4篇，《商书》部分5篇，《周书》部分19篇，约略透露出详近略远的编纂思想来。尽管这样编排出于无奈——由于文化事业不发达，上古时代的文献资料有限——但这项原则对后世史学产生了重大影响，这也是没有任何疑问的事情。"详近略远"遂成为后世史书编纂的基本法则之一。通览"二十五史"可以发现,除了第一部著作《史记》之外,哪一部不是作者那个时代的近代史乃至于当代史?这是"详近略远"原则的具体体现。直到今天,我们不是还在强调"厚今薄古"吗?

尧、舜、禹、汤、文、武的圣王地位,在《今文尚书》28篇中是确定不移的,《今文尚书》28篇对他们极尽歌颂之能事。战国时代刮起了托古之风后,逐渐涌现出"三皇"、"五帝"的名目,于是司马迁作《史记》就从《五帝本纪》写起。"三皇五帝"的说法由此正式确定下来,上古历史得到了系统的排比和整理,显得条理清晰可辨,从而也更加容易被社会大众所接受。《伪古文尚书》以后,"三皇五帝至于今"的说法遂牢不可破,由此可见《尚书》的影响有多大。当然,在今天看来,三皇五帝只能算做传疑时代的人物,事迹中有许多内容是靠不住的,但"三皇五帝"说的影响无论如何也是抹不去的。《尚书》成为一部标准意义上的"上古史纲要"。

周初诸诰强调历史鉴戒作用,号召全社会注重历史经验教训,由此营造出一个尊古崇古的社会氛围。这既是严峻现实压迫的结果,更是由于生产方式的不发达。正如马克思所说的那样,在这种"自然形成的不发达的状态中……传统必然起着非常重要的作用"。一股托古之风于是从这种文化氛围中平地卷起,这是春秋中期以后的事情。到战国时代,这股风遂越刮越猛,《淮南子·修务》篇这样描述道:

> 世俗之人,多尊古而贱今,故为道者必托之于神农、黄帝而后能入说。乱世暗主,高远其所从来,因而贵之;为学者蔽于论而尊其所闻,相与危坐而称之,正领而诵之。

先王们在这种众口传诵声中日益神圣起来,大谈先王一时间成为一种社会时尚,这就是所谓的"托古之风"。战国诸子在立论时往往喜欢打着先王的旗号——"孔子祖述尧舜,宪章文武";"孟子道性善,言必称尧舜";墨家学派时常把"尧舜禹汤文武"挂在嘴边;庄子则奢谈黄帝、神农等,就是托古之风使然。在"托古之风"的吹拂下,倒退史观随之出现,并风靡于春秋战国时代。这种历史观认为,社会发展呈现出下滑的态势,上古时代是人类社会的黄金时代,此后便开始下滑,春秋战国时代滑至了谷底。这是当时社会变革中产生的迷茫、痛苦和愤怒等情感交织起来后而出现的一种思想认识。这种思想认识自有其根据,因为地主阶级的改革不可能阳光普照,许多人免不了要承受社会变革的巨大阵痛。《尚书》中的"虞夏书"部分,特别是其中的《尧典》、《皋陶谟》和《禹贡》篇,深受倒退史观的影响,处处流露出倒退史观的思想气息。换句话说,尽管我们也承认它们保存了一些十分珍贵的历史传说资料,但这些篇章是在倒退史观的指导下写定的。

从《尧典》、《皋陶谟》和《禹贡》篇中可以看出来,虽然天下并不太平——洪水泛滥、四凶捣乱,搞得尧、舜、禹等人手忙脚乱,但总起来看,它毕竟还是一个美好时代。君主圣明,大臣良善。帝尧知人善任,选官得当,贤才各得其所;他勤劳民事,殚精竭虑,政事井井有条。帝舜也是一位品德高尚、天资超人的圣君。他即帝位后,认真选拔官员,人尽其才,物尽其用。而大禹则"随山刊木,奠高山大川"(《禹贡》),为治理洪水耗尽了心血。这是圣君们的所作所为。贤臣们的行为也不差。尧舜在位的时候,禹任司空,弃任后稷,契任司徒,皋陶作士,垂任共工,伯益任虞官,伯夷作秩宗,夔典乐,龙任纳言,这些人都是英俊之才。他们辅佐尧、舜,努力从事自己的本职工作,从而使得政治十分清明。圣君贤佐治理下的社会秩序十分和谐。由于帝尧勤劳民事,他死之后,"百姓如丧考妣,三载,四海遏密八音",君民之间已经达到了亲密无间的程度。因此,每当出现一个职位空缺时,被推荐者都要谦让一番,这与后世千方百计投机钻营的做法截然不同。在谦让的过程中形成了和谐,这种和谐甚至能把天人有机地融为一体:"八音克谐,无相夺伦,神人以和。"(《尧典》)据说舜的乐官夔"击石拊石,百兽率舞"(《尧典》),"鸟兽跄跄。《箫韶》九成,凤凰来仪"(《皋陶谟》),这是一个多么美妙的境界啊!

《尚书》中的这些文字,赋予倒退史观以形象和直观,尽管许多内容与历史事实不相符合,因为上古时代并非如此美好,它也存在着种种艰辛与不和谐,但是这些文字一旦写定并在社会上传播开来,立即又为倒退史观提供了强有力的佐证和论据,从而推动了倒退史观的传播。

总而言之,不管正面还是侧面,无论直接还是间接,《尚书》从不同的角度向后世史学传递着自己的信息,显现出自己的存在。后世史学从不同层面上向《尚书》学习,认可了它的鼻祖地位,《尚书》从而成为传统史学不折不扣的样本和楷模。

《尚书》是封建社会的政治教科书。经过大起大落之后,它早已回到了自己的本分上,但这部文化典籍对传统政治、传统思想和传统文化的深刻影响无论如何也是抹不去的。其袅袅余音,今天仍然依稀可辨。这中间有该听的,也有不该听的,历史学的责任之一就是帮助社会大众区分这该与不该。上面所做的这些阐释,目的就在这里。

三 怎样读《尚书》

"《书》以导事"。它所录下的思维方式及其行事准则,"德治"、"勤政"、"重民"、"慎罚"、"敬天"、"家天下"等等,都深深影响着中华民族的性格塑造,并且这种影响以一种"获得性遗传"的方式传到了今天;《尚书》记载的嘉言善语,许多被后世奉为格言或成语而广为传诵,直到今天仍不时能够听到一些,例如"革命"、"民主"、"巡守"、"元首"、"复辟"、"如丧考妣"、"兢兢业业"、"有凤来仪"、"有条不紊"、"作威作福"、"杀人越货"、"多才多艺"、"不遑暇食"、"有备无患"、"奇技淫巧"、"暴殄天物"、"满招损,谦受益"、"民惟邦本,本固邦宁"、"玉石俱焚"、"同心同德"、"玩物丧志"等等,它们差不多都是从《尚书》中产生出来的。《尚书》距离现代社会生活既远又不远,反思中国传统文化无论如何也绕不过它。当年在评价阎若璩的《尚书古文疏证》时,梁启超先生在《中国近三百年学术史》中写道:

  (《尚书》)这二十几篇书和别的书不同。二千余年来公认为神圣不可侵犯之宝典,上自皇帝经筵进讲,下至蒙馆课读,没有一天不背诵他。……中国人向来对于几部经书,完全在盲目信仰的状态之下。

  前人对《尚书》做了大量研究,仅《四库全书》收录的《尚书》研究著作就有61种641卷,《续修四库全书》收录的《尚书》研究著作,仅清人的就有75种656卷,够丰富的。在这众多的研究著作中,我们应该怎样来研读呢?

  《尚书》传播历程中的风风雨雨、今古文之争、造伪与辨伪的故事等,在读《尚书》前应该有所了解。这方面的著作有很多,其中晚清时代皮锡瑞的《经学历史》和《经学通论》、民国时期蒋伯潜《十三经概论》,今人陈梦家的《尚书通论》、张西堂的《尚书引论》、刘起釪的《尚书学史》、蒋善国的《尚书综述》、马庸的《尚书史话》、古国顺的《清代尚书学》等,均可参看。皮、蒋、陈三位的书,既属通论性质,又是专门之学;张、刘二位注重学术史的追溯,都便于初学。若需进一步深究,则可参看阎若璩的《古文尚书疏证》、王鸣盛的《尚书后案》、毛奇龄的《古文尚书冤词》、惠栋的《古文尚书考》以及丁晏的《尚书余论》等。

  《尚书》一书来源久远,语言晦涩、文意古奥,历来以难读著称。唐代古文大家韩愈就曾经发出这样的感叹:"周诰殷盘,佶屈聱牙。"国学大师梁启超在《国学入门书要目及其读法》中也曾发出了同样的感叹："内中惟二十八篇是真，书宜精读，但其文佶屈聱牙，不能成诵亦无妨。余篇属晋人伪撰，一游览便足。此书非看注释不能解。"以上大学问家尚且如此说，对于今人而言，阅读《尚书》更是不易。因此，阅读《尚书》最重要的就是选择一个好的注本。一般读者选择今人带有白话译文的注本就可满足通读的需要，下面我们推荐几种较好的版本：

《尚书易解》，周秉钧著，湖南岳麓书社1984年出版。此书只注今文28篇，引书达140余种，是周先生多年苦心研究《尚书》的成果。此书在《尚书》每篇原文之前，都写有一个简短说明，来解释题旨和有关历史事实。此书对《尚书》逐篇注解，明白易懂，不作烦琐考证，头绪清楚，文义明畅。著名历史学家杨树达先生在1950年为该书初稿所作序言中赞誉说："先儒所称诘屈聱牙号为不易读者，得君爬梳整比之，庶几乎人人可读矣！"作者还著有《白话尚书》一书，岳麓书社1990年出版。《白话尚书》对《尚书易解》作了某些订正，又增加了"伪古文尚书部分"，并给出了简单明了的译文，注解较前书更加简约，两书可配合阅读。这两本书非常适合初学者和一般读者阅读。

《尚书译注》，王世舜著，四川人民出版社1982年出版。此书译注今文28篇，在每篇之前都有一"说明"，详细介绍本篇文献的基本情况，涵盖真假辨正、著作年代、主要内容和史料价值等。在"说明"之后将经文分成多个小节，每节经文下先给译文再做注释。注释基本采用前人之说，译文通顺流畅，颇便阅读。

《今古〈尚书〉全译》，江灏、钱宗武著，贵州人民出版社1990年出版。钱宗武对《尚书》语言研究造诣颇深，所以此书对《尚书》的相关文字进行了较为细致的考证，篇次和文字以《尚书正义》为底本，既有今文、伪古文又有书序，对原文逐篇校勘、注释、今译，也是一个较好的读本。

《尚书译注》,李民、王健著,上海古籍出版社2000年出版。此书以《尚书正义》为底本,按原书顺序分为58篇,每篇分为原文、题注、注释、译文四部分。全书注译全面,详略得当,同样是一个较好的当代注本。

除上述几种注本,今人译注《尚书》之作还有很多,如:杨任之著《〈尚书〉今译今注》(1983年)、屈万里著《〈尚书〉释义》(台北中国文化大学出版社,1984年)、吴屿著《新译〈尚书〉读本》(台北三民书局,1985年)、李国祥著《〈尚书〉选译》(1994年)、顾宝田著《尚书译注》(1995年)、张道勤著《书经直解》(1997年)、李铭起等著《四书五经》(2000年)、孔令河等著《五经注译》(2001年)、陈襄民著《五经四书全译》(2002年)。今人这类著作颇多,这里举出若干种以供参考,余者不再一一罗列。

上述诸书语言简明易懂,如对《尚书》仅作泛泛阅读,均可选用。但这些注本只能视为《尚书》的普及本,如果想更加深入地理解《尚书》,读者还需广泛阅读其他一些注本:

《尚书注疏》是我国历史上流传最广的古代注本。唐代官方组织编写了为五经作注的《五经正义》,孔颖达的《尚书正义》是其中之一。南宋时,为了方便阅读,人们将《尚书正义》和《尚书》经文以及"伪孔传"合在一起编为《尚书注疏》,明清时《尚书注疏》又被编入了《十三经注疏》中而流传至今。虽然"伪孔传"是后人伪托孔安国之名而作,但它仍然具有很高的参考价值。《四库全书总目提要》称赞"伪孔传""根据古义,非尽无稽……名物训故究赖之以有考,亦何可轻也!"清代学者焦循肯定"伪孔传"的价值:"《孔传》之善有七,若置其伪托之孔安国,而以魏晋人之传视之,则当与何晏、杜预、郭璞、范宁之书并存。"孔颖达的《尚书正义》以《伪古文尚书》为底本,在"伪孔传"的基础上作疏。孔颖达等人在作

"疏"时博采前人旧注,其"疏"称得上是从魏晋到唐代学者解说《尚书》的总汇。《尚书注疏》虽然存在许多问题而被后人所诟病,仍不失为研读《尚书》的基础性著作。

南宋蔡沈著《书集传》,又称《书经集传》,简称《蔡传》,这是宋人注释《尚书》的一部代表性著作。此书采用《伪古文尚书》为底本,标明今文、古文。蔡沈在作注解时广泛吸收了宋代学者的研究成果,对"伪孔传"和孔颖达"疏"去粗取精,并改正了其中不少错误。该书行文简明流畅,比较适合今人阅读。

清代是我国学术史上的一个重要时期,考据学名家辈出,成果斐然。清代学者对《尚书》用力很多,整理、注释《尚书》的著作极其丰富。在清代《尚书》的各种注本中,公推孙星衍的《尚书今古文注疏》为上乘之作。此书在篇目选择上取今文《尚书》并上古书所引《太誓》残文,共计29篇。孙氏取两汉今古文之说为注,自己又为注作疏。该书旁征博引汉人旧注,具有很高的资料价值。皮锡瑞在《经学通论》中称赞它搜罗完备、分析亦明,是研究《尚书》者应当先看的书。梁启超在《国学入门书要目及其读法》中也推荐此书为《尚书》注本的首选。除孙星衍《尚书今古文注疏》之外,皮锡瑞《今文尚书考证》、王先谦《尚书孔传参证》也是清代较好的《尚书》注本。

新近出版的顾颉刚、刘起釪合著《尚书校释译论》(中华书局2005年出版)是《尚书》注译方面的一部新作。顾颉刚先生学力深厚,治学严谨,是公认的《尚书》研究大家,这部书是近年来《尚书》注本中的佳作,读者不可不读。

对于多数读者而言,阅读《尚书》的最大困难在于书中层出不穷的生僻字词。虽然《尚书》注本很多,但每个注者都会提出见仁见智的看法,判别这些不同的见解对于初学者实属不易,查阅工具书可以帮助读者理解《尚书》原文。钱宗武的《尚书词典》是针对

《尚书》的专用词典。这部词典综合前人对《尚书》的注释，按照字头的笔画排列，收入了今古文《尚书》中的生僻字和容易误解的字词。该词典使用方便，字词的音、义、出处一目了然，适合初入门者学习之用。该词典见钱宗武著《尚书入门》一书附录一，由贵州人民出版社于1991年出版。此外王力的《古代汉语字典》（商务印书馆）、徐仲舒先生主编的《汉语大字典》（湖北辞书、四川辞书出版社）也非常适合缺乏古文功底的读者使用。

具有一定古文功底的读者还可以参看其他一些著作。首先要提的是《说文解字》，这是传世字典中最早的一部，东汉中期许慎著。该书收录单字9353个，它们基本上全是儒家五经中出现的字词，对于阅读《尚书》自然很有帮助。《说文解字》以六书理论分析字形，解释字义，集中反映了汉代学者对文字形、音、义的研究成果，研究《尚书》肯定离不开它。其次要提到的是《尔雅》，它是汉代的一部解释词义的专著，对周秦时代的古今异言、方言俗语以及各种名物作了全面研究和系统总结，对于读者理解《尚书》中的生僻字词和古代名物非常有帮助。清代王引之的《经传释词》也是一本很有用的工具书。这本书辑录了周秦、两汉古书中时常出现的160个文言虚词，对其用法作了详细说明。《经传释词》大量引用《尚书》例句，对于理解《尚书》虚词有重要参考价值。

对于以研究为目的读者，钱宗武的《今文尚书语言研究》（商务印书馆2004出版）、管燮初的《西周金文语法研究》（商务印书馆1981年出版）、张亚初、刘雨的《西周金文官制研究》（中华书局1986年出版）是不能不提到的三本工具书。《今文尚书语言研究》对今文《尚书》的语法特点和语法规律进行了深入研究和分析，该书主要包括今文《尚书》的语法特点，名词、动词、形容词复音化的主要构词，对数量词、代词、介词、连词、语助词、叹词的统计和分析，对判断句、被动句、省略句、双宾语句的研究等，是一部有较高学术价值的古汉语研究著作。《西周金文语法研究》虽然以金文为主要研究对象，但该书采用了与《周书》比较研究的方法，书中对《尚书·周书》19篇的语法结构也进行了详细分析。以上二书具有一定的学术价值，是深入研究《尚书》的具有参考价值的工具书。《西周金文官制研究》"对西周职官方面的铭文作了比较彻底的清理，收集了有关职官铭文的铜器近五百件，整理出了不同的职官材料近九百条，归纳出西周职官二一三种"，"比较清楚地揭示出了西周职官组织和职官地位、名称升降变化的一般情况"。在此基础上，作者"进行了西周官制系统的构拟，初步揭示出西周官制的基本面貌"。对于研究《尚书》来讲，《西周金文官制研究》无疑具有重要的参考价值。

《尚书》在我国古代被尊奉为至高无上的经书，是神圣不可侵犯的皇皇圣典。而在今人眼中，《尚书》不过是一部重要的历史著作。作为一部史书，《尚书》记载了三代时期的重要史实。时间、地点、人物是构成事件的三要素，了解历史事件首先要明确这三个要素，只有具备了这三个要素，历史才能在读者面前鲜活起来。如果说时间是一条纵向的坐标，地点就是与时间垂直的另一条坐标，这两条坐标共同为历史提供了详细的刻度，让后人可以用心灵去触摸那遥远的神秘。在阅读《尚书》的过程中，随时对照帝王世系年表进行查找，这是树立时间坐标最为有效的办法和途径。这类历史年表目前已经出版了很多，如《四库备要》收录的《历代帝王年表》、文物出版社1973年出版的《中国历史年代简表》、翦伯赞主编的《中外历史年表》（中华书局1979年修订版）、杜建民的《中国历代帝王世系年表》（齐鲁书社2003出版）等，都可作为随时查阅的工具。特别是近年夏商周断代工程推出的新年表，对盘庚以后的商王和西周早期诸王都给出了确切的在位时间，把我国有确切记年的历史上推了459年，对阅读《尚书》很有帮助。古今地名变动频繁,缺乏历史知识的读者无疑会为《尚书》中出现的许多古地名感到困惑,远古历史变得更加模糊、混乱。读者在阅读中遇到古地名时,切不可望文生义直接与现代地名对号入座,最好能查阅一些专用工具书。《中国古今地名大辞典》(商务印书馆1931年出版)、《中国历史地名大辞典》(中国社会科学院2005年出版)、谭其骧先生主编的《中国历史地图集》等,都可供读者查阅。

《尚书》记载的内容上起尧舜,下至春秋秦穆公,如果想真正理解《尚书》的内容,读者还需要补充大量相关的历史知识。缺乏历史知识的读者可以先看今人所作通史中关于夏商周的部分,在脑海中形成一个基本的轮廓。这类著作比较多,如尚钺先生主编的《中国通史纲要》,周谷城先生的《中国通史》,吕振羽先生的《简明中国通史》,郭沫若先生主编的《中国史稿》,翦伯赞先生主编的《中国史纲要》,范文澜先生主编的《中国通史简编》,白寿彝先生主编的《中国通史》等。看过这些通史之后,读者可以再选看一些较为详细的断代史,如吕思勉先生的《先秦史》,孙淼先生的《夏商史稿》,杨宽先生的《西周史》,许倬云先生的《西周史》等。此外读者还可以读一些其他相关著作,例如吕振羽先生的《殷商时代的中国社会》、侯外庐先生的《中国古代社会史》、丁山先生的《夏商史料考证》、李亚农先生的《西周与东周》、杨宽先生的《古史新探》、岑仲勉先生的《西周社会制度问题》等。

当然,具备了一定古代汉语知识和历史知识的读者可以直接阅读其他一些相关的古代史书,这是深刻理解《尚书》内容最有效的方法。《尚书》所记载的史事大部分都可以在《史记》中找到,《史记》的《夏本纪》、《殷本纪》、《周本纪》以及"世家"部分采纳《尚书》尤多。相对于《尚书》而言,《史记》文字更加流畅易懂,读过《史记》再来看《尚书》会觉得历史事件的发展脉络更加清楚。

《逸周书》是《尚书》以外的另一部周代历史文献汇编,古人认为它是《尚书·周书》的逸篇,故名《逸周书》。《逸周书》虽然真伪杂糅,但其中《世俘》、《克殷》、《度邑》、《祭公》、《芮良夫》、《作雒》等篇基本是西周文献,也有重要的史料价值。《逸周书》所记内容多为《尚书》所无,两书对照参看可以弥补《尚书》的不足。《逸周书》注本有陈逢衡的《逸周书补注》,朱右曾的《逸周书集训校释》,颇便阅读。

《竹书纪年》是战国时代魏国的史书,有夏、殷、周纪,读此书也可补充三代历史知识。《竹书纪年》有今本和古本之分,经学者考证,今本为伪书,读者可以参看方诗铭、王修龄所作《古本竹书纪年辑证》,或陈逢衡的《竹书纪年集证》、雷学淇的《竹书纪年义证》等注本。

"读书破万卷,下笔如有神",写作如此,研究更是如此。书读多了,逐渐融会贯通起来,那时再来研读《尚书》,佶屈聱牙不复存在,其精义自然也就了然于胸中了。

四 校注说明

(一)本书中的《尚书》原文,以《十三经注疏》中的《尚书正义》本为底本,其中《大诰》篇依照顾颉刚先生的《〈尚书·大诰〉今译》。顾文发表在《历史研究》1962年第4期上。

(二)本书中的《尚书》句读,今文28篇参照周秉钧先生的《尚书易解》,伪古文25篇参照《十三经注疏》本。微异之处,则出于己意。

(三)本书中的《尚书》注释,以《伪孔传》为基础。对于《伪孔传》,注释正确者译为白话后直接加以引用,疏略者参照孔颖达《尚书正义》和孙星衍《尚书今古文注疏》等加以引申,错误者则根据后世研究成果直接改正。对于当代研究成果,本书重点参考了周秉钧先生的《尚书易解》、杨筠如先生的《尚书覈诂》、曾运乾先生的《尚书正读》和李民先生的《尚书译注》。

（四）本书"通释"力求简单明了，通俗易懂，不作烦琐考证。通释内容包括两部分：①弁言。放在正文前面，简单交代本篇文献的写作背景或历史背景，串讲思想主旨并做出简单评价。②正文注释。注释以疏通文字为主，必要时通释全句，重点放在难解字词、名物制度、天文地理、文化常识上。生僻字加注汉语拼音。对于不同说法，用"一说"加以注明。

（五）为避免重复，本书中前文已有的注释，后文标明"注释"已见于某篇而一般不再注出。

（六）在经学时代，《书序》被视为阅读《尚书》的一把钥匙，对于今人理解《尚书》的传播也有一定的帮助作用，故于伪古文25篇之后一并加以注释。

尧　典

按照《书序》的讲法，"昔在帝尧，聪明文思，光宅天下，将逊于位，让于虞舜，作《尧典》"。今人认为，《尧典》是战国中期的人们根据古代传说整理、加工而成的一篇文献，述说了原始社会末期的一些社会状况。文章首叙帝尧圣明文思之德，帝尧如何制定历法，怎样选拔贤人和举舜自代，再讲帝舜能成帝尧之功，广揽英才、勤劳民事、巡行南方而身死等事迹。这为后世最高统治者树立了为君的榜样。从"慎徽五典"以下到篇终，《伪古文尚书》分割出去单独成篇，命名为《舜典》。现恢复伏生今文原貌，前言引文凡出自《舜典》者，均注为《尧典》。

曰若稽古①。帝尧曰放勋②，钦明文思安安③，允恭克让④，光被四表⑤，格于上下⑥。克明俊德，以亲九族⑦。九族既睦，平章百姓⑧。百姓昭明，协和万邦⑨。黎民于变时雍⑩。

[**注释**]①曰若稽古：考察古代的事实。曰或作粤。曰若，发语词，没有实际意义。稽，考察。古，古代。　②放勋：帝尧名。　③钦明文思安安：帝尧的五种美德。马融曰："威仪表备谓之钦，照临四方谓之明，经纬天地谓之文，

道德纯备谓之思。"思一作"塞",安一作"晏",郑玄曰:"道德纯备谓之塞,宽容覆载谓之晏。" ④允恭克让:允,信。克,能。郑玄曰:"不懈于位曰恭,推贤尚善曰让。" ⑤光被四表:光明照耀四海。光,光耀。被,遮盖。四表:四海之外。 ⑥格于上下:格,量度。上下,天地。 ⑦九族:汉代经学家有不同的说法。夏侯、欧阳今文说指父族四、母族三、妻族二,共九族。郑玄说:从高祖至玄孙共九辈,为九族。 ⑧平章百姓:(依据德才)准确地任命了百官。平,又作"便"、"辩"、"辨",作"别"讲;章,明。百姓,百官。 ⑨百姓昭明,协和万邦:百官得人,天下和谐。昭,明。协,合。 ⑩黎民于变时雍:黎民变得和顺起来。黎,众。时,是。雍,和。

乃命羲、和①,钦若昊天②,历象日月星辰③,敬授人时④。

[注释]①羲、和:羲氏、和氏,重黎氏后人,相传世代掌管天地四时,所以帝尧任命他们继续担任这一职务。 ②钦若昊天:敬顺上天。钦,敬。若,顺。昊,广大。 ③历象日月星辰:推算出日月星辰运行的规律。历,过往,传递,这里是推算的意思。象,取法。星,四方中星。辰,日月所会。 ④敬授人时:庄重地向民众颁布了历法。人,当作"民",唐避太宗讳而改。时,时间,这里指历法。

分命羲仲①,宅嵎夷②,曰旸谷③。寅宾出日④,平秩东作⑤。日中⑥,星鸟⑦,以殷仲春⑧。厥民析⑨,鸟兽孳尾⑩。

[注释]①羲仲:羲氏之子。 ②宅嵎夷:宅,居住。嵎夷,东方海边的夷人。孔颖达《疏》云:使居治东方嵎夷之地。嵎,音 yú。 ③旸谷:东夷地名。旸,音 yáng。 ④寅宾出日:春分迎接太阳神。郑玄曰:"寅宾出日,谓春分朝日。"寅,敬。宾,导。 ⑤平秩东作:平,辨。秩,序。《伪孔传》曰:"岁起于东而始就耕,谓之东作。东方之官敬导出日,平均次序东作之事,以务农

也。" ⑥日中:春分之日昼夜平分。 ⑦星鸟:星,星宿。鸟,星宿名,指南方朱雀七星。 ⑧以殷仲春:以昼夜平分与朱雀七星见于南方,调正仲春节令。殷,正。仲春,农历二月。 ⑨厥民析:嵎夷、旸谷之民开始分散耕种。厥,他的,这里指代嵎夷、旸谷之民。析,分散,这里是分散前往大田耕种的意思。 ⑩孳尾:交尾繁殖。孳,繁殖。尾,交尾。

申命羲叔①,宅南交②。平秩南讹③,敬致④。日永⑤,星火⑥,以正仲夏⑦。厥民因⑧,鸟兽希革⑨。

[注释]①申命羲叔:申,重,再。羲叔,羲氏之子。 ②宅南交:居住于交趾。南交,古交趾。 ③南讹:夏至时太阳从北回归线向南移动。讹,移动。 ④敬致:庆祝太阳回归。致,回归。 ⑤日永:夏天白天时间长。永,长。 ⑥火:大火星,也叫鹑火。 ⑦以正仲夏:以昼长夜短和大火星出现来调正仲夏节令。正,校正。仲夏,农历五月。 ⑧因:就,就高。 ⑨鸟兽希革:鸟兽毛稀。希,稀疏。革,皮。

分命和仲①,宅西②,曰昧谷③。寅饯纳日④,平秩西成⑤。宵中⑥,星虚⑦,以殷仲秋⑧。厥民夷⑨,鸟兽毛毨⑩。

[注释]①和仲:和氏之子。 ②西:西土,西方。 ③昧谷:西方地名,具体地点不可考。 ④寅饯纳日:秋分送太阳神。郑玄曰:"寅饯纳日,谓秋分夕月。"饯,没。纳,入。 ⑤西成:成,终。西成,日落西山的时候。 ⑥宵中:昼夜相等。宵,夜。 ⑦虚:虚星,北方玄武七星之一。 ⑧仲秋:农历八月。 ⑨夷:平静,安静。 ⑩毨:鸟兽更生新毛。毨,音 xiǎn。

申命和叔①,宅朔方②,曰幽都③。平在朔易④。日短⑤,星昴⑥,以正仲冬⑦。厥民隩⑧,鸟兽氄毛⑨。

[**注释**]①和叔:和氏之子。 ②朔方:北方。 ③幽都:幽州。 ④平在朔易:考察太阳从南回归线向北转移。平,辨别。在,察。朔,北方。易,改变。 ⑤日短:冬天白天时间短。 ⑥星昴:冬至黄昏昴星出现。昴,音 mǎo,白虎中星。 ⑦仲冬:农历十一月。 ⑧厥民隩:言其民藏室取暖。隩,暖和,音 yù。 ⑨鸟兽氄毛:鸟兽生出柔软细毛以御寒。氄,音 rǒng,鸟兽柔软细毛。

帝曰:"咨①!汝羲暨和②。期③三百有六旬有六日,以闰月定四时,成岁。允厘百工④,庶绩咸熙⑤。"

[**注释**]①咨:感叹词。 ②汝羲暨和:汝,你。暨,与。 ③期:四季为一期,即一年,音 jī。 ④允厘百工:百官果然得到治理。允,信,果然。厘,治理。百工,百官。 ⑤庶绩咸熙:各种事业都得以光大。庶,众多。绩,功业。咸,都,全。熙,光大。

帝曰:"畴咨若时①?登庸②。"放齐③曰:"胤子朱④,启明⑤。"帝曰:"吁!嚚讼⑥,可乎?"帝曰:"畴咨若予采⑦?"驩兜⑧曰:"都⑨!共工方鸠僝功⑩。"帝曰:"吁!静言庸违⑪,象恭滔天⑫。"帝曰:"咨!四岳⑬,汤汤洪水方割⑭,荡荡怀山襄陵⑮,浩浩滔天。下民其咨⑯,有能俾乂⑰?"佥⑱曰:"于⑲,鲧⑳哉!"帝曰:"吁,咈㉑哉!方命圮族㉒。"岳曰:"异㉓哉!试可乃已。"帝曰:"往,钦哉!"九载㉔,绩用弗成㉕。

[**注释**]①畴咨若时:哪位胜任这些事情?畴,谁。咨,此。若,顺。时,事。 ②登庸:任用。登,升。庸,用。 ③放齐:帝尧大臣。 ④胤子朱:胤,胤嗣,音 yìn。朱,也叫丹朱,帝尧的儿子。 ⑤启明:开明,圣明。 ⑥嚚讼:奸诈而喜欢争讼。嚚,奸诈,音 yín。讼,争讼。 ⑦予采:予,我。采,事

务。 ⑧驩兜:帝尧大臣,四凶之一。驩,音 huān。 ⑨都:感叹之词。 ⑩共工方鸠僝功:共工正在成就大功业。共工,帝尧水官,四凶之一。鸠,集聚。僝,音 zhuàn,具备。功,事功。 ⑪静言庸违:花言巧语违背常情。静,善。庸,常。违,邪僻。 ⑫象恭滔天:貌似恭敬而实际傲慢。象,相貌。恭,恭敬。滔,漫。 ⑬四岳:岳,四方的大山。四岳,这里指主持四方祭祀的官员。 ⑭汤汤洪水方割:洪水盛大正在造成危害。汤汤,水势盛大的样子。割,同"害",危害。 ⑮荡荡怀山襄陵:水势盛大漫过山陵。荡荡,水势盛大。怀,包。襄,上。 ⑯咨:叹息。 ⑰俾乂:使其平静。俾,使,音 bǐ。乂,治理,音 yì。 ⑱佥:皆,都,音 qiān。 ⑲于:感叹词。 ⑳鲧:夏部落首领,大禹的父亲,音 gǔn。 ㉑咈:乖戾,背离,音 fú。 ㉒圮族:圮,毁坏,音 pǐ。族,宗族。 ㉓异,通"已"。已,停止。 ㉔载:年。 ㉕绩用弗成:没有任何成绩。用,因此。

    帝曰:"咨!四岳,朕①在位七十载,汝能庸命,巽朕位②。"岳曰:"否德③,忝帝位④。"曰:"明明扬侧陋⑤。"师锡帝⑥曰:"有鳏在下⑦,曰虞舜。"帝曰:"俞⑧,予闻,如何?"岳曰:"瞽子⑨。父顽⑩,母嚚,象傲⑪,克谐⑫。以孝烝烝⑬,乂不格奸⑭。"帝曰:"我其试哉!女于时,观厥刑于二女⑮。"厘降二女于妫汭⑯,嫔于虞⑰。帝曰:"钦哉!"

    [**注释**]①朕:我。 ②汝能庸命,巽朕位:你能遵从命令,请代我登上帝位。巽,践,登上,音 xùn。位,指帝位。 ③否德:四岳自谦之辞。否,恶,坏,音 pǐ。否德,恶德。 ④忝:音 tiǎn,辱,不堪。 ⑤明明扬侧陋:明明,使贤明的人处在显要位置上。前一"明"字,使动用法;后一"明"字,名词,贤明。扬侧陋,举荐那些没有处在显要位置的贤明之人。扬,举荐。侧陋,偏僻浅陋之处。 ⑥师锡帝:师,众人,众大臣。锡,赐,古代下对上也可以称"赐"。帝,帝尧。 ⑦有鳏在下:鳏:无妻曰鳏,音 guān。下,这里指民间。 ⑧俞:表示肯定的语气词。 ⑨瞽:盲人,音 gǔ。 ⑩顽:不遵德义。 ⑪象傲:象,舜的同父异母弟。傲,傲慢。 ⑫克谐:能够和睦。克,能。谐,和谐。

⑬烝烝:醇厚,音 zhēng。 ⑭乂不格奸:治家使其父、母、弟不至于作恶。乂,治理。格,至。奸,恶。 ⑮女于时,观厥刑于二女:把女儿嫁给他,以观察他的所作所为。女,动词,嫁女。时,通"是",指代舜。刑,法则。二女,帝尧的两个女儿娥皇、女英。相传尧嫁二女于舜,以观舜之内德。 ⑯厘降二女于妫汭:厘,饬,命令。降,下嫁。妫,水名,源于历山,在今山西永济南西流入黄河,音 guī。汭,两条河流交汇处,音 ruì。马融说:"汭,入也。" ⑰嫔于虞:嫔,下嫁。虞为氏,舜为名,史称舜为有虞氏。

慎徽五典①,五典克从②。纳于百揆③,百揆时叙④。宾于四门⑤,四门穆穆⑥。纳于大麓⑦,烈风雷雨弗迷⑧。帝曰:"格⑨!汝舜。询事考言⑩,乃言底可绩⑪,三载,汝陟帝位⑫。"舜让于德,弗嗣⑬。

[注释]①慎徽五典:谨慎地完善五种常法。慎,谨慎。徽,美,完善。五典,五种常法,父义、母慈、兄友、弟恭、子孝。从"慎徽五典"以下至篇终,《伪古文尚书》分割出去单独成篇,命名为《舜典》。现恢复伏生今文原貌。 ②克从:克,能。从,顺。 ③纳于百揆:纳,任命。揆,忖度,音 kuí。百揆,度百事,总百官。后世"百揆"成为宰相的代名词,起源于此。 ④时叙:时,是,指示代词,复指百事。叙,通"序",井井有条。 ⑤四门:四方之门。 ⑥穆穆:美好。 ⑦大麓:官名,职责为看守山林。 ⑧迷:误,迷茫。 ⑨格:来,招呼之词。 ⑩询事考言:询,谋。考,考察。 ⑪乃言底可绩:你的话语可以实现。乃,你。底,音 zhǐ,致,定。绩,成。 ⑫陟:升,登,音 zhì。 ⑬舜让于德,弗嗣:舜让于有德行的人,没有继承帝位。嗣,继承。

正月上日①,受终于文祖②。在璇玑玉衡③,以齐七政④。肆类⑤于上帝,禋于六宗⑥。望⑦于山川,遍⑧于群神。辑五瑞⑨,既月乃日⑩,觐四岳群牧⑪,班瑞于群后⑫。

[注释]①上日:上旬的好日子。 ②受终于文祖:在太祖庙里举行禅让

仪式。受,接受。终,尧终帝位之事。文祖,太祖庙。 ③璇玑玉衡:指北斗七星。璇玑,音 xuán jī。 ④齐七政:齐,整齐。七政,周秉钧说指下文七项政事——祭祀、班瑞、东巡、南巡、西巡、北巡、归格艺祖。 ⑤肆类:肆,遂。类,祭祀名,不定时祭天曰类。 ⑥禋于六宗:洁祭于六宗。禋,洁祭,音 yīn。六宗,贾逵说:"天宗三,日、月、星也;地宗三,河、海、岱也。"郑玄以六宗指"星、辰、司中、司命、风师、雨师"。王肃认为指四时、寒暑、日、月、星、水旱。未知孰是。 ⑦望:祭山川,遥望而致祭,故曰"望"。 ⑧遍,遍祭。 ⑨辑五瑞:辑,敛,聚集。五瑞:公、侯、伯、子、男所献之物作为瑞信。 ⑩既月乃日:既选择月份,又选择日子。月、日作动词用,择月、择日的意思。 ⑪觐四岳群牧:觐,见,接见。牧,长官。 ⑫班瑞于群后:班,颁布。瑞,祥瑞。后,君主。群后,各位诸侯。

岁二月,东巡守①,至于岱宗②,柴③。望秩于山川④,肆觐东后⑤。协时月正日⑥,同律度量衡⑦。修五礼、五玉、三帛⑧、二生一死贽⑨,如五器⑩,卒乃复⑪。五月南巡守,至于南岳⑫,如岱礼⑬。八月西巡守,至于西岳⑭,如初⑮。十有一月朔巡守,至于北岳⑯,如西礼⑰。归,格于艺祖⑱,用特⑲。五载一巡守,群后四朝⑳。敷奏以言㉑,明试以功㉒,车服以庸㉓。

[注释]①巡守:诸侯为天子守土,称守。巡,巡视。班瑞之后的下一个月,顺应春令而东巡。 ②岱宗:岱,泰山,为四岳所宗,所以叫岱宗。 ③柴:焚柴祭天。堆柴,柴上加牲畜而烧,叫柴祭。 ④望秩于山川:按次序望祭山川河流。望,望祭,遥望而致祭。秩,次序。 ⑤肆觐东后:于是接见东方诸侯。肆,遂。觐,见,接见。东后,东方诸侯国君主。 ⑥协时月正日:合四季节气、大月小月、日的次序,使之整齐划一,即修订历法的意思。协,合。正,定。 ⑦同律度量衡:统一度量衡。同,统一。律,整齐。度,丈尺,量长度的器具。量,斗斛,量体积的器具。衡,称,称轻重的器具。《史记·秦

始皇本纪》:秦始皇二十六年统一天下后,"一法度衡石丈尺"。 ⑧五礼、五玉、三帛:郑玄说:五礼,公、侯、伯、子、男朝聘之礼。玉,即瑞节,执之曰瑞,陈列曰玉。三帛,三种颜色的绢帛,献玉时的包裹,"受瑞玉者以帛荐之"。 ⑨二生一死贽:两种活物一种死物作为祭献的物品。两种活物是羊羔和大雁,由卿大夫献上;死物是野鸡,由士献上。 ⑩如五器:如,而,转折连词。五器,即上文的五瑞。 ⑪卒乃复:完成之后归还给献者。《尚书大传》说:"诸侯执所受圭与璧以朝于天子,无过行者得复其圭以归其国。" ⑫南岳:指衡山,在今湖南衡山境内。 ⑬如岱礼:所行祭礼如同祭泰山一样。 ⑭西岳:指华山,在今陕西华阴县南。 ⑮如初:祭礼如初,即与祭泰山一样。 ⑯北岳:指恒山,横跨山西、河北两省,主峰在今山西浑源县城南,后避汉文帝讳改为常山。 ⑰如西礼:如同祭祀西岳华山一样的礼节。 ⑱格于艺祖:格,至,告至。艺祖,文祖,这里指文祖之庙。 ⑲特:大公牛。 ⑳群后四朝:群后,四方诸侯。四朝,马融、王肃说:"四面朝于方岳之下。" ㉑敷奏以言:四方诸侯述职。敷,遍。奏,进,陈。以,用。言,言语。 ㉒明试以功:明确用功效进行试用。试,试验。功,功效。 ㉓车服以庸:用车马服饰进行酬劳有功之人。车服,车马服饰。庸,酬劳。《左传·僖公二十七年》引《夏书》曰:"赋纳以言,明试以功,车服以庸。"

肇十有二州①,封十有二山②,浚川③。象以典刑④。流宥五刑⑤,鞭作官刑⑥,扑作教刑⑦,金作赎刑⑧。眚灾肆赦⑨,怙终贼刑⑩。钦哉,钦哉,惟刑之恤哉⑪!流共工于幽洲⑫,放驩兜于崇山⑬,窜三苗于三危⑭,殛鲧于羽山⑮,四罪而天下咸服⑯。

[**注释**]①肇十有二州:开始设置十二州。肇,始,这里是开始设置的意思。十有二州,指冀州、兖州、青州、徐州、荆州、扬州、豫州、梁州、雍州、并州、幽州、营州。 ②封十有二山:封,培土。在每州名山上堆土以增大它,作为本州的镇州之山。十有二山,每州一山,十二州共十二山。 ③浚川:疏通河流。 ④象以典刑:刻刑杀之像于器物,让民众有所警戒,叫作"象刑"。象,

取法,效法。典,常。刑,法则。 ⑤流宥五刑:五刑可宽容者改为流放。流,流放。宥,宽容。五刑,墨、劓、剕、宫、大辟。 ⑥鞭作官刑:官中之刑用鞭。鞭,鞭打。作,作为。 ⑦扑作教刑:掌管教化的用扑刑。扑,用木条抽打。 ⑧金作赎刑:赎罪用铜。金,金属,古代用铜赎罪。 ⑨眚灾肆赦:因过失造成灾害遂赦免。眚,过失,音 shěng。灾,灾害。肆,遂。赦,赦免。 ⑩怙终贼刑:有所恃而终不改者则加以处罚。怙,恃,依靠,音 hù。贼,通"则"。 ⑪钦哉,钦哉,惟刑之恤哉:恭敬呀恭敬,对于刑罚要谨慎呀。钦,恭敬。恤,谨慎。 ⑫流共工于幽洲:流,流放。幽洲,洲一作州,或作都,其地当今河北北部至北京一带。共工流放地已不可确考,这里是大北方的意思。 ⑬放驩兜于崇山:放,放逐。崇山,高山,驩兜流放地也不可确考,大约在南方。 ⑭窜三苗于三危:窜,放逐。三苗,姜姓,炎帝族苗裔。三危,山名,地在今甘肃中南部。 ⑮殛鲧于羽山:殛,流放,音 jí。羽山,在东方,后人有把江苏东海县和山东临沭县交界处的羽山指为鲧的流放地。 ⑯四罪而天下咸服:处罚了以上四个罪人而天下顺服。罪,用作动词,处罚罪人。

　　二十有八载,帝乃殂落①。百姓如丧考妣②,三载,四海遏密八音③。

　　[注释]①帝乃殂落:帝,帝尧。殂落,死。殂,音 cú。 ②如丧考妣:父曰考,母曰妣,妣音 bǐ。 ③四海遏密八音:全国停止了音乐演奏。四海,指全国,《释地》:"九夷八狄七戎六蛮谓之四海。"遏,绝。密,静。八音,金、石、丝、竹、匏、土、革、木八类材质不同乐器所发出的声音,这里指代音乐。

　　月正元日①,舜格于文祖②,询于四岳③,辟四门④,明四目⑤,达四聪⑥。咨十有二牧⑦,曰:"食哉,惟时⑧!柔远能迩⑨,惇德允元⑩,而难任人⑪,蛮夷率服⑫。"

　　[注释]①月正元日:月正,正月。元日,上日,善日,第一天。 ②舜格于文祖:舜来到了祖庙。格,至。文祖,祖庙。《伪孔传》曰:舜服尧丧三年毕,将

即政,故复至文祖庙告。　③询:谋。　④辟四门:辟,打开。四门,四方之门。　⑤明四目:孔颖达《疏》说:"明四方之目,使为己远视四方也。"　⑥达四聪:孔颖达《疏》:"达四方之聪,使为己远听闻四方也。"　⑦十有二牧:十二州长官。　⑧食哉,惟时:农业生产要抓住时令。食,民食,食用。时,时令。国家所重在民食,惟当敬授民时。　⑨柔远能迩:安远才能安近。柔,安抚。迩,近。　⑩惇德允元:厚行德信,使足长善。惇,醇厚,音 dūn。允,果然。元,善之长。　⑪难任人:拒绝奸邪。难,拒。任人,佞人。　⑫率服:率,相率。服,服从。

舜曰:"咨!四岳,有能奋庸熙帝之载①,使宅②百揆,亮采惠畴③?"佥曰:"伯禹作司空④。"帝曰:"俞,咨!禹,汝平水土,惟时懋哉⑤!"禹拜稽首⑥,让于稷、契暨皋陶。帝曰:"俞⑦,汝往哉!"

[注释]①奋庸熙帝之载:完成光大帝尧的事业。奋庸,进用。熙,广大。载,事。　②宅:居。　③亮采惠畴:居官做事顺其法则。亮,辅助,帮助。采,事务。惠,顺。畴,类。　④伯禹作司空:禹,鲧的儿子,夏部落首领。称"伯",说明禹已经继承了父亲的爵位。司空,官名,主管工程建设事务。⑤惟时懋哉:时,善。懋,赞美,音 mào。　⑥稽首:叩头至地,表示对人极为尊重的一种礼节。　⑦俞:语气词,表示肯定。

帝曰:"弃①,黎民阻饥②,汝后稷③,播时百谷④。"

[注释]①弃:周族始祖。相传弃的母亲叫姜嫄。姜嫄在野外见到巨人脚印,踏上去后受孕生子。人们认为不祥,就把他抛弃到隘巷里,牛马从身边过去避而不踩;放到树林里,恰好山林中有很多人;再把他抛弃在渠中冰上,飞鸟用羽翼把他覆盖起来。姜嫄认为他是神人,就把他收养起来。起初本想弃而不养,于是给他起名叫"弃"。弃在少年时代,喜欢做种植农作物的游戏,长大之后喜欢农耕,民众都以他为榜样。帝尧听说后,举他为农师,帝舜把他分

封到邰,号称后稷,别姓姬氏。　②黎民阻饥:黎民,众民,人民。阻,难。阻饥,受饥饿困扰。　③后稷:官名,主管农事。后,君主。稷为五谷之首,帝尧立弃为主持农事的官,遂称之为"后稷"。后世奉弃为农神,亦称"后稷"。④播时百谷:播,布,播种。时,这些。百谷,各种农作物。

帝曰:"契①,百姓不亲,五品不逊②,汝作司徒③,敬敷五教④,在宽⑤。"

[注释]①契:音 xiè,商族始祖。相传契的母亲叫简狄。简狄与另外两人在一起洗澡,见到一只燕子下了一颗蛋,简狄拿过来把它吞了下去,遂受孕生契。帝舜任命他为司徒,分封于商,赐姓子氏。　②五品不逊:五品,郑玄曰:"父、母、兄、弟、子。"逊,顺。　③司徒:又作"司土",官名,主管民众事务。④敬敷五教:敷,布,传播。五教:父义、母慈、兄友、弟恭、子孝。　⑤在宽:孙星衍说:"在"前承上文应有"五教"二字,唐石经尚可辨析,近世脱去。宽,宽容。

帝曰:"皋陶①,蛮夷猾夏②,寇贼奸宄③,汝作士④。五刑有服⑤,五服三就⑥。五流有宅⑦,五宅三居⑧。惟明克允⑨。"

[注释]①皋陶:帝舜时代的"士",掌管教化。大禹称王后举荐他,还没有来得及授政,他就去世了,于是禹封皋陶后人于英、六和许。英、六、许三国灭于春秋时期。皋陶,音 gāo yáo。　②蛮夷猾夏:异姓族落扰乱华夏。蛮夷,有别于华夏的异姓族落。猾,乱。夏,华夏。　③寇贼奸宄:群行攻劫曰寇,杀人曰贼。奸宄,作乱。乱在外为奸,在内为宄。宄,音 guǐ。　④士:官名,掌管狱讼事务。《周礼》叫司寇,《月令》叫大理、理官。　⑤服:执行,服罪。　⑥五服三就:五服,按照五刑执行就是"五服"。三就,行刑当就三处,大罪在原野,大夫在朝堂,士在市场。　⑦五流有宅:流,流放。按照五等刑罚从宽处理而流放者,流放距离远近分为五等,为"五流"。宅,处所。　⑧五

宅三居:五宅,五流各有处所。三居,指大罪流放到东西南北四方极远的地方,其次流放到九州之外,第三等流放到千里之外。 ⑨惟明克允:惟,应该。明,明白。克,能。允,信,诚信。

帝曰:"畴若予工①?"佥曰:"垂②哉!"帝曰:"俞,咨!垂,汝共工③。"垂拜稽首,让于殳斨暨伯与④。帝曰:"俞,往哉! 汝谐⑤。"

[注释]①工:即百工。 ②垂:帝舜时代的大臣,其事迹不详。 ③共工:官名,主管手工业事务。 ④殳斨暨伯与:殳斨、伯与,都是帝舜时代的大臣,其事迹不详。殳斨,音 shū qiāng。 ⑤谐:偕,一起。

帝曰:"畴若予上下草木鸟兽?"佥曰:"益①哉!"帝曰:"俞,咨! 益,汝作朕虞②。"益拜稽首,让于朱虎、熊罴③。帝曰:"俞,往哉! 汝谐。"

[注释]①益:皋陶之子,帝舜时代的大臣。后来夏启改变禅让传统继承乃父大禹的职位后,相传益曾借助于习惯势力与启抗衡,"益干启位,启杀之"。 ②虞:官名,掌管山泽及其收入事宜。 ③朱虎、熊罴:都是帝舜时代的大臣,其事迹不详。罴,音 pí。

帝曰:"咨! 四岳,有能典朕三礼①?"佥曰:"伯夷②。"帝曰:"俞,咨! 伯,汝作秩宗③。夙夜惟寅④,直哉惟清⑤。"伯拜稽首,让于夔、龙⑥。帝曰:"俞,往,钦哉!"

[注释]①三礼:天、地、人之礼。 ②伯夷:帝尧大臣,相传为炎帝苗裔,姜姓,是周人姜子牙的先祖。 ③秩宗:官名,主管郊祭天地和祭祀宗庙鬼神事务。 ④夙夜惟寅:夙,早。夙夜,从早晨到夜晚。惟,宜。寅,敬。 ⑤直哉惟清:直,正直,不枉曲。清,清明。 ⑥夔、龙:帝舜朝二位大臣的名字。

夔,音 kuí。

帝曰:"夔,命汝典乐,教胄子①。直而温②,宽而栗③,刚而无虐④,简而无傲⑤。诗言志⑥,歌永言⑦,声依永⑧,律和声⑨。八音克谐⑩,无相夺伦⑪,神人以和⑫。"夔曰:"于!予击石拊石⑬,百兽率舞。"

[注释]①胄子:胄,音zhòu,一作"稚",王引之说,"凡未冠者通谓之稚子"。 ②直而温:正直而温和。 ③宽而栗:宽宏大量且小心谨慎。栗,战栗。 ④刚而无虐:坚毅而不苛刻。刚,刚毅。虐,苛刻。 ⑤简而无傲:简易而不傲慢。简,简易。傲,傲慢。 ⑥诗言志:诗是用来抒发志向的。言,述说,抒发。志,志向。《诗序》说:"诗者,志之所之也。在心为志,发言为诗。" ⑦歌永言:歌一作"哥",永一作"咏",《汉书·艺文志》说:"哀乐之心感,而哥咏之声发。诵其言,谓之诗;咏其声,谓之哥。"咏,咏叹。言,语言。 ⑧声依永:声,指五声,即宫、商、角、徵、羽。依,依照。永,悠长。 ⑨律和声:律分十二,六阳为律,六阴为吕。六律、六吕以配十二个月,当依声律以和乐。 ⑩八音克谐:金、石、丝、竹、匏、土、革、木八类乐器发出不同的声音,叫作"八音"。克,能。谐,和谐。 ⑪无相夺伦:无,不。夺伦,乱了次序。 ⑫以和:以,因此。和,和谐。 ⑬予击石拊石:予,我。石,磬。磬声最清晰。拊,音fǔ,打击。

帝曰:"龙,朕堲谗说殄行①,震惊朕师②。命汝作纳言③,夙夜出纳朕命④,惟允⑤。"

[注释]①堲谗说殄行:厌恶花言巧语与邪僻行为。堲,通"疾",憎恶,厌恶,音jí。谗说,花言巧语。殄行,邪僻行为。殄,音tiǎn。 ②震惊朕师:惊动我的民众。震,动。师,众,民众。 ③纳言:官名,掌上传下达,《伪孔传》说:"听下言纳于上,受上言宣于下。" ④夙夜出纳朕命:从早到晚传递我的命令。 ⑤惟允:必须真实可信。惟,只有。允,真实。

帝曰:"咨!汝二十有二人①,钦哉!惟时亮天功②。"

[**注释**]①二十有二人:指禹、垂、益、伯夷、夔、龙六人,加上四岳、十二牧,共二十二人。 ②惟时亮天功:就这样辅助上天成就功业。时,是,这样。亮,辅助。功,功业。

三载考绩①,三考黜陟幽明②,庶绩咸熙③。

[**注释**]①考绩:考核。 ②黜陟幽明:以政绩决定赏罚。黜,罢黜。陟,提升,提拔,音 zhì。幽,黑暗。明,光明。幽明指政绩的好坏。 ③庶绩咸熙:庶,众。绩,事情。咸,都,全部。熙,光大。

分北三苗①。

[**注释**]①分北三苗:北,别。分北,分别,这里是分别安置的意思。窜三苗于三危后,帝舜对其余众分别安置。

舜生三十征,庸三十①,在位五十载,陟方乃死②。

[**注释**]①三十征:三十,三十岁。征,征用。 ②庸三十:庸,试用。三十,三十年。 ③陟方:巡狩。《史记·五帝本纪》:"舜年二十以孝闻,年三十尧举之,年五十摄行天子事,年五十八尧崩,年六十一代尧践帝位。践帝位三十九年,南巡狩,崩于苍梧之野。葬于江南九疑,是为零陵。"

皋　陶　谟

　　《书序》说:"皋陶(音 gāo yáo)矢厥谟,禹成厥功,帝舜申之,作《大禹(谟)》、《皋陶谟》。"这是帝舜在位时与大臣讨论政务的一次会议记录。对于这种说法,今天只能当做传说来对待。皋陶为尧舜时代主管刑罚的大臣。篇首记录皋陶与伯禹的讨论,篇名由此而来,"谟"是谋划的意思。接着记录了舜、禹之间的讨论,帝舜朝堂上的乐舞盛况,最后记下了舜与大臣之间歌诗唱和之乐。篇中强调修身、知人、安民、勤政、任贤等思想,对后世影响很大。它所描绘的升平景象,为后世社会的"文治"提供了一个样板。从"帝曰:'来,禹,汝亦昌言'"以下至篇终,《伪古文尚书》将其分割成为《益稷篇》。现恢复伏生今文原貌,前言引文凡出自《益稷》者均注为《皋陶谟》。

　　曰若稽古。皋陶曰:"允迪厥德①,谟明弼谐②。"禹曰:"俞,如何?"皋陶曰:"都③!慎厥身④,修思永⑤。惇叙九族⑥,庶明励翼⑦,迩可远⑧,在兹。"禹拜昌言⑨曰:"俞。"

　　[注释]①允迪厥德:允,信,果然能。迪,蹈。厥,其。德,美德。　②谟

明弼谐：谟，谋，谋划，音 mó。明，聪明。弼，辅佐大臣。谐，和谐。 ③都：感叹之词。 ④慎厥身：慎，谨慎。身，自身。 ⑤修思永：修，自我修养，修炼。思，考虑。永，久远。 ⑥惇叙：惇，厚，音 dūn。叙，通"序"，秩序，整理秩序。 ⑦庶明励翼：庶，众，民众。明，明确其身份。励，勉力。翼，辅助。 ⑧迩：近。 ⑨昌言：美言。

皋陶曰："都！在知人，在安民。"禹曰："吁①！咸若时②，惟帝其难之。知人则哲③，能官人；安民则惠④，黎民怀之。能哲而惠，何忧乎驩兜？何迁乎有苗？何畏乎巧言令色孔壬⑤？"

[注释]①吁：感叹之词。 ②咸若时：咸，都。若，象。时，是，这样。 ③哲：大智慧。 ④惠：仁爱。 ⑤巧言令色孔壬：巧言，花言巧语。令色，谄媚。孔，甚。壬，奸佞。

皋陶曰："都！亦行有九德①。亦言，其人有德，乃言曰，载采采②。"禹曰："何？"皋陶曰："宽而栗，柔而立，愿而恭，乱而敬，扰而毅，直而温，简而廉，刚而塞，强而义③。彰厥有常④，吉哉！日宣三德，夙夜浚明有家⑤。日严祗敬六德，亮采有邦⑥。翕受敷施，九德咸事⑦。俊乂在官⑧，百僚师师⑨，百工惟时⑩。抚于五辰⑪，庶绩其凝⑫。无教逸欲，有邦兢兢业业，一日二日万几⑬。无旷庶官，天工，人其代之。天叙有典，敕我五典五惇哉⑭！天秩有礼，自我五礼有庸哉⑮！同寅协恭，和衷哉⑯！天命有德，五服五章哉⑰！天讨有罪，五刑五用哉⑱！政事懋哉⑲！懋哉！天聪明，自我民聪明。天明畏，自我民明威⑳。达于上下，敬哉有土！"皋陶曰："朕言惠可厎行㉑？"禹曰："俞，乃言厎可绩㉒。"皋陶曰:"予未有知思,曰赞赞襄哉㉓!"

[注释]①九德:指下文"宽而栗"等九种好的行为方式。 ②载采采:载,句首助词。采,事。采采,动宾结构,事其所事,做应该做的事。 ③宽而栗等:宽,宽厚。栗,谨慎。柔,柔和。立,成就。愿,忠厚。恭,恭敬。乱,理乱,治理。敬,谨敬。扰,顺。毅,果断。直,正直。温,温和。简,简约。廉,节制。刚,刚毅。塞,充实。强,坚强。义,合乎道义。 ④彰厥有常:彰,显明。有常,恒常。 ⑤日宣三德,夙夜浚明有家:日,每天。宣,广布。三德,上文九德中的三项内容。夙夜,从早到晚。浚,敬。明,勉。有家,指卿大夫。 ⑥日严祗敬六德,亮采有邦:严,严格。祗,音zhī,恭敬。六德,九德中除上文"三德"外的其他六项内容。亮,辅助。采,事,做事情。有邦,指诸侯。 ⑦翕受敷施,九德咸事:翕,合,集合,音xī。受,接受。敷,普遍。施,任用。咸,都,全部。事,任职。 ⑧俊乂在官:把贤人放在官位上。俊乂,前人多解为:"才德过千人为俊,百人为乂。"在官,居于官位。 ⑨百僚师师:百官以贤人为师。百僚,百官。师师,动宾结构,相互师法,以俊乂为师。 ⑩百工惟时:百官施政没有过失。百工,百官。时,是,正确。 ⑪抚于五辰:顺应天道。抚,徇,遵循。五辰,五星运行。 ⑫庶绩其凝:庶绩,众事。凝,成,定。 ⑬无教逸欲,有邦兢兢业业,一日二日万几:不要放纵,诸侯兢兢业业,日理万机。无,不要。逸,放纵。有邦,指诸侯。兢兢,谨慎。业业,危惧。一日二日,天天。几,要害,关键。 ⑭天叙有典,敕我五典五惇哉:天,上天。叙,次序。敕,警戒。五典,五常。惇,厚,使动用法,使五典淳厚。 ⑮天秩有礼,自我五礼有庸哉:秩,秩序。五礼,自天子达于庶人五等之礼。自,用。庸,常。 ⑯同寅协恭,和衷哉:同,共同。寅,恭敬。协,合。恭,敬。和衷,即中和。衷,善。 ⑰天命有德,五服五章哉:上天用五等服饰来褒扬有德之人。五服,天子、诸侯、卿、大夫、士五等服饰。章,彰显。 ⑱五刑五用:五刑,墨、劓、剕、宫、大辟。五用,用五刑恰如其分。 ⑲懋:美。 ⑳天明畏,自我民明威:畏,即威。明威,赏罚。自,由,用。 ㉑惠可厎行:惠,语气助词。厎,致,用。 ㉒乃言厎可绩:乃,你。绩,成。 ㉓赞赞襄:郑玄云:"赞,明也。襄之言畅,言我未有所知,所思徒赞明帝德,畅我忠言而已。谦也。"

帝曰①:"来,禹,汝亦昌言。"禹拜曰:"都! 帝,予何言? 予思日孜孜②。"皋陶曰:"吁! 如何?"禹曰:"洪水滔天,浩浩怀山襄陵,下民昏垫③。予乘四载④,随山刊木⑤,暨益奏庶鲜食⑥。予决九川⑦,距四海,浚畎浍距川⑧。暨稷播,奏庶艰食鲜食⑨。懋迁有无⑩,化居⑪。烝民乃粒,万邦作乂⑫。"皋陶曰:"俞! 师汝昌言⑬。"

[注释]①帝曰:从"帝曰"以下至篇终,《伪古文尚书》将其分出命为《益稷篇》,现恢复伏生今文原貌。 ②孜孜:勤勉。 ③昏垫:昏,昏乱。垫,下限,沉溺,音 diàn。郑玄说:"昏,没也。垫,陷也。禹言洪水之时,人有没陷之害。" ④乘四载:水行乘舟,陆行乘车,山行乘轿,泽行乘橇。 ⑤随山刊木:随,跟着。刊,通砍。砍木作为标识。 ⑥暨益奏庶鲜食:暨,与。益,皋陶之子,帝舜时代的大臣。奏,进。庶,众民。鲜,鸟兽新杀曰鲜。 ⑦决九川:决,打通河流。九川,九州的河流。 ⑧距四海,浚畎浍距川:距,至。浚,疏通。畎浍,田间的水沟,音 quǎn kuài。 ⑨艰食:艰或作"根",马融说:"根生之食,谓百谷。" ⑩懋迁有无:互通有无。懋通"贸"。懋迁,贸易,交换。 ⑪化居:化,转移。居,居积的货物。 ⑫作乂:得到治理。乂,治理。 ⑬师汝昌言:效法您的美言。师,师法。

禹曰:"都! 帝,慎乃①在位。"帝曰:"俞。"禹曰:"安汝止,惟几惟康②,其弼直③,惟动丕应④,徯志以昭受上帝⑤,天其申命用休⑥。"帝曰:"吁! 臣哉邻哉! 邻哉臣哉!"禹曰:"俞。"帝曰:"臣作朕股肱耳目⑦。予欲左右有民,汝翼⑧。予欲宣力四方⑨,汝为。予欲观古人之象,日、月、星辰、山、龙、华虫,作会⑩;宗彝、藻、火、粉、米、黼、黻、絺、绣⑪,以五采彰施于五色,作服⑫,汝明。予欲闻六律、五声、八音⑬,在治忽⑭,以出纳五言⑮,汝听。予违,汝弼。汝无面从,退有后言。钦四邻。庶顽谗说,若不在时⑯,侯以明之,挞以记之,书用识哉⑰,欲并生哉!工以纳言⑱,时而飏之⑲,格则承之庸之⑳,否则威之㉑。"

[注释]①乃:你。 ②惟几惟康:惟,考虑。几,微妙。康,安康。 ③弼直:弼,辅佐。直,正直。 ④惟动丕应:动,行动。丕,大。应,响应。 ⑤徯志以昭受上帝:徯,等待,音xī。志,意志。昭,明白。 ⑥休:美好。 ⑦股肱耳目:得力助手。股,大腿。肱,胳膊,音gōng。 ⑧予欲左右有民,汝翼:我想统治民众,你来辅助。左右,统治。汝,您。翼,辅助。 ⑨宣力四方:向四方显示力量。宣,显明。 ⑩日、月、星辰、山、龙、华虫,作会:日、月、星为三辰。华象草花虫雉。画三辰、山、龙、华虫在衣服旌旗上。会,五采,以五采完成衣服旌旗上的图画。 ⑪宗彝、藻、火、粉、米、黼、黻、絺、绣:宗彝,老虎。藻,水草。粉米,白米。黼,两斧相背的形状,音fǔ。黻,两弓相背的形状,音fú。絺,精织葛布,音chī。绣,五色俱备。 ⑫以五采彰施于五色,作服:五采,五种色彩。五色,五种颜色。服,衣服。郑玄说:"自日月至黼黻凡十二章,天子以饰祭服。凡画者为绘,刺者为绣。此绣与绘各有六,衣用绘,裳用绣。至周而变之,以三辰为旂旗,谓龙为衮,宗彝为毳,或损益上下,更其等差。" ⑬六律、五声、八音:六律,律为定音器。乐律有十二,阴阳各六,阴为吕,阳为律。六律,即黄钟、太蔟(音còu)、姑洗(音xiǎn)、蕤(音ruí)宾、夷则、无射(音yì)。五声,宫、商、角、徵(音zhǐ)、羽。八音,金、石、丝、竹、匏、土、革、木八类材质不同的乐器合奏发出的声音。 ⑭在治忽:考察天下治理或荒怠。忽,荒怠。 ⑮五言:五方之言。 ⑯时:通"是",指示代词,指代"翼"、"为"、"明"、"听"、"弼"诸事。 ⑰侯以明之,挞以记之,书用识哉:侯,射侯之礼。挞,笞打。识,记。 ⑱工以纳言:乐官献谏言。工,乐官,掌诵诗以纳谏。 ⑲时而飏之:时,善。飏,发扬光大,音yáng。 ⑳格则承之庸之:格,至,正确。承,接受。庸,用,采纳。 ㉑威:刑威,处罚。

禹曰:"俞哉,帝!光天之下,至于海隅苍生①,万邦黎献②,共惟帝臣③,惟帝时举④。敷纳以言,明庶以功,车服以庸。谁敢不让？敢不敬应？帝不时敷⑤，同日奏，罔功⑥。无若丹朱傲，惟慢游是好⑦。傲虐是作。罔昼夜頟頟⑧，罔水行舟，朋淫于家，用殄厥世⑨，予创若时⑩。娶于涂山⑪，辛、壬、癸、甲⑫。启呱呱而泣，予弗子⑬，惟荒度土功⑭。弼成五服，至于五千⑮，州十有二师⑯。外薄⑰四海，咸建五长⑱，各迪⑲有功。苗顽弗即工⑳，帝其念哉！"
帝曰："迪㉑朕德，时乃功惟叙㉒。"

[注释]①海隅苍生：海隅，海角。苍生，民众。 ②黎献：黎民。 ③共惟帝臣：共同作帝的臣民。惟，为，是。 ④时举：时，善。举，褒扬。 ⑤时敷：时，是，指示代词，复指"海隅苍生，万邦黎献"。敷，分别，区别。 ⑥同日奏，罔功：同日，同时。奏，进用。罔，无，没有。功，功效。 ⑦无若丹朱傲，惟慢游是好：不要象丹朱那样傲慢，只喜欢无节制地游玩。丹朱，帝尧之子。慢，通漫，无节制。游，游玩。 ⑧罔昼夜頟頟：不分昼夜地胡闹。頟頟，不休息。頟，音é。 ⑨罔水行舟，朋淫于家，用殄厥世：旱地里乘船，在家聚众荒淫，因此导致其家族的灭亡。用，以，因此。殄，灭绝。世，父子相继。 ⑩予创若时：予，我。创，感伤。若，像。时，是，这种状况。 ⑪涂山：国名，其地今已不详。 ⑫辛、壬、癸、甲：日名。古人以十天干和十二地支相配以记日。禹以丹朱为戒，辛日娶妻，至于甲日，复往治水，仅休息了四天。 ⑬启呱呱而泣，予弗子：启哭声不断，我无暇抚养。启，禹的长子，后建立了夏王朝。呱呱，婴儿哭声，音 gū gū。子，以其为子，这里是抚养的意思。 ⑭荒度土功：荒，忙。度，谋划。土功，指治水的事情。 ⑮弼成五服，至于五千：弼，辅助。成，安定。五服，甸服、侯服、绥服、要服、荒服。相传周王朝曾经根据距离王畿的远近，把自己能够控制的地区划分为"五服"或"九服"。服是服侍、服务的意思。距离王畿越远，与王朝的关系就越疏远，承担的义务自然也就轻些。《皋陶谟》作者把周制前移至尧舜时代。五千，五千里。 ⑯师：二千五百人为师。每州十二师，共三万人。 ⑰薄：迫近。 ⑱五长：诸侯五国立一贤者为方伯，叫作"五长"，以相统治。 ⑲迪：导，作。 ⑳苗顽弗即工：苗，三苗。顽，凶顽。即，就，接受。工，工役。 ㉑迪：导，达到。 ㉒时乃功惟叙：时，

是。叙,顺成,成就。

皋陶方祗厥叙①,方施象刑②,惟明③。

[注释]①方祗厥叙:方,正在。祗,敬。叙,次序。 ②象刑:刻刑杀之像于器物,让民众有所警戒。 ③明:明了,明白。

夔曰:"戛击鸣球、搏拊、琴、瑟,以咏①。祖考来格②。虞宾③在位,群后德让④。下管鼗鼓⑤,合止柷敔⑥,笙镛以间⑦,鸟兽跄跄⑧。箫《韶》九成⑨,凤皇来仪⑩。"夔曰:"于!予击石拊石,百兽率舞,庶尹允谐⑪。"

[注释]①戛击鸣球、搏拊、琴、瑟,以咏:夔命令乐工奏乐之辞。戛,戛击,打击,音 jiá。鸣球,玉磬,孔颖达疏:"《释器》云:'球,玉也。'鸣球,谓击球使鸣。乐器惟磬用玉,故球为玉磬。"搏拊,乐器名,皮革里盛糠,以调整音乐节奏。咏,歌唱,唱诗。 ②祖考来格:祖考,这里指先祖和已故父亲的神灵。格,至,来到。 ③虞宾:前代帝王的后人。 ④群后德让:群后,助祭诸侯。德让,升堂揖让。 ⑤下管鼗鼓:下,堂下。管,乐器名,竹管,这里是吹奏竹管的意思。下文"鼗、鼓",用法相同,即"摇鼗"、"击鼓"。鼗,音 táo,一种可以摇动的鼓,后世演变为拨浪鼓。 ⑥合止柷敔:合奏柷,敔以完成乐章。柷,古代一种竹制的打击乐器,用来调整音节,音 zhù。敔,古代乐器,在雅乐将终时击以止乐,音 yǔ。 ⑦笙镛以间:笙,竹制管乐器。镛,古乐器,奏乐时表示节拍的大钟,音 yōng。间,错落。 ⑧鸟兽跄跄:鸟兽,这里指扮演鸟兽的舞蹈者。跄跄,音 qiāng,行走合乎礼节。 ⑨箫《韶》九成:箫,一种竹制小乐器。这里是奏箫的意思。《韶》,帝舜的乐曲名字。成,终。 ⑩凤皇来仪:凤皇,扮演凤凰的舞蹈者。仪,见,出现。 ⑪庶尹允谐:庶,众。尹,长官。允,果然。谐,和谐。

帝庸①作歌。曰:"敕天之命,惟时惟几②。"乃歌曰:

"股肱喜哉！元首③起哉！百工熙④哉！"皋陶拜手稽首，飏言⑤曰："念哉！率作兴事，慎乃宪⑥，钦哉！屡省乃成⑦，钦哉！乃赓载⑧歌曰："元首明哉！股肱良哉！庶事康哉！"又歌曰："元首丛脞⑨哉！股肱惰⑩哉！万事堕⑪哉！帝拜曰："俞，往钦哉！"

[注释]①庸：因此。　②惟时惟几：时，时机。几，关键，要害。　③元首，君主。　④百工熙：百工，百官。熙，光大。　⑤飏言：大声而快速地说。⑥慎乃宪：慎，谨慎。乃，你。宪，法度。　⑦屡省乃成：屡，屡次，反复。省，反省，反思。乃，才。成，成功。　⑧赓载：赓，继续，音 gēng。载，开始。⑨丛脞：琐碎无大略，不得要领。脞，音 cuǒ。　⑩惰：懒惰。　⑪堕：堕废。

禹　贡

《书序》说，"禹别九州，随山浚川，任土作贡"，写成《禹贡》。这种说法只能当做传说来对待。实际上《禹贡》是我国最早的一篇地理学文献，一般认为写成于战国时代。内容大体分为三部分：第一部分，记叙大禹划定九州的功绩，实际上分别记述了冀、兖、青、徐、扬、荆、豫、梁、雍九州的山川、河流、物产、土壤、贡赋等情况。第二部分，记叙大禹治理山水的功绩，实际上述说了中国东部地区"三条"或"四列"山脉、11条主要河流的基本情况。第三部分，记叙大禹统一中国的功绩，主要讲述了古代社会贡纳制度中的五服制。这是一篇严谨的地理学著作，对后世中国地理学的发展产生了重大影响。

禹敷土①，随山刊木，奠高山大川②。

[注释]①敷土：划分九州。敷，别，划分。土，这里指九州。九州，《鹖冠子》云："中国为赤县，内有九州。"　②奠高山大川：以高山大川定其疆界。奠，定，确定。

冀州①：既载壶口②，治梁及岐③。既修太原④，至于岳阳⑤。覃怀厎绩⑥,至于衡漳⑦。厥土惟白壤⑧,厥赋惟上上⑨,错⑩。厥田惟中中⑪。恒、卫既从⑫,大陆既作⑬。岛夷皮服⑭,夹右碣石,入于河⑮。

[注释]①冀州:今山西至河北中西部一带。 ②既载壶口:壶口治理完毕。既,已经。载,事,治理。壶口,山名,在今山西乡宁县内。黄河北来,至此倾泻于西崖,悬注如壶,故名壶口。王鸣盛《尚书后案》说:"壶口山上连孟门,下控龙门,当路束流,为河之扼要处,故禹首辟之。" ③治梁及岐:治,治理。梁,梁山,在今陕西韩城境内,接合阳县界。岐,通歧。梁山之歧,即梁山的支脉。 ④既修太原:广平曰原,太原即大原,后来成为专有名词。修,修治。 ⑤岳阳:岳,太岳山,在今山西霍县东。山南曰阳。 ⑥覃怀厎绩:治理覃怀已见效。覃怀,地名,在今河南武陟、沁阳一带。覃,音 tán。厎,致。绩,功效。 ⑦衡漳:漳,漳河,音 zhāng。漳河为卫河支流,发源于山西省东南部太行山腹地,有清漳、浊漳二源,流经今河南安阳境内,在今河北涉县合漳村汇合后称漳河。衡,通"横",漳河横流,故曰衡漳。 ⑧厥土惟白壤:该州土色为白壤。白壤,无块之土曰壤。过水后的土地色白而散,故曰白壤。 ⑨赋惟上上:本州贡赋全国第一。赋,贡赋。惟,为。上上,第一等。 ⑩错:杂,杂出第二等的贡赋。 ⑪厥田惟中中:本州土地肥瘠程度为全国的第五等。田,土地。中中,第五等,这是就肥瘠程度而言的。 ⑫恒、卫既从:恒、卫,两条河名,在今河北境内。从,顺从河道流淌。 ⑬大陆既作:大陆泽边可以耕作了。大陆,泽名,在今河北巨鹿县北。作,耕作。 ⑭岛夷皮服:岛夷贡以皮服。岛夷,居住在岛上的夷人。皮服,皮制的衣服。 ⑮夹右碣石,入于河:沿着碣石山右边进入黄河河道,这是岛夷纳贡所走的路线。碣石,山名,在今河北抚宁、昌黎二县界。碣,音 jié。夹,接近。河,黄河。

济、河惟兖州①:九河既道②,雷夏既泽③,灉、沮会同④。桑土既蚕⑤,是降丘宅土⑥。厥土黑坟⑦,厥草惟繇⑧,厥木惟条⑨。厥田惟中下⑩,厥赋贞⑪,作十有三载,乃同⑫。厥贡漆、丝,厥篚织文⑬。浮于济、漯⑭,达于河。

[注释]①济、河惟兖州:黄河、济水之间是兖州。济水,发源于河南济源市,流经河南、山东入海。河,黄河。兖州,东南据济,西北距河,今河北西南、山东中部一带。兖,音 yǎn。　②九河既道:九条河道已经疏通。黄河自大陆泽以北分为九条河,即徒骇、太史、马颊、覆釜、胡苏、简、洁、钩盘、鬲津。道,疏导。　③雷夏既泽:雷夏,泽名,在今山东荷泽东北。泽,沼泽,这里用作动词,意思是成为沼泽。高地之水疏通流走后,这里重新成为沼泽。④灉沮会同:灉,古水名,后堙。故道约在今山东西部、河北南部一带。灉,音 yōng。沮,灉水支流,今已堙塞。沮,音 jū。会同,汇合。二水汇合后流入雷夏泽。　⑤桑土既蚕:桑土,适宜种植桑树的土地。蚕,养蚕。　⑥是降丘宅土:大水流走后,民众从高地上走下来,在平地居住。丘,高地曰丘。宅,居住。土,这里是平地的意思。　⑦坟:肥沃。　⑧繇:茂盛,音 yáo。　⑨条:长,大。　⑩中下:第六等。　⑪厥赋贞:孔颖达说:"《周易》彖、象皆以'贞'为正也。诸州赋无下下,'贞'即下下,为第九也。此州治水最在后毕,州为第九成功,其赋亦为第九,列赋于九州之差,与第九州相当,故变文为'贞',见此意也。"　⑫作十有三载,乃同:孔颖达说:"治水十三年,乃有赋法,始得贡赋,与他州同也。"作,治水功役。　⑬厥篚织文:篚,竹筐类家具,音 fěi,这里用作动词,即装进筐里而纳贡的意思。织文,锦绮之类的丝织品。厥篚织文,《伪孔传》说:"盛之筐篚而贡焉。"　⑭浮于济、漯:浮,漂浮,泛舟。漯,古水名,音 tà。河道屡有变迁,古漯水为古黄河的支流,故道自今河南浚县西南分出,流经今黄河之北,经今河北入今山东,行今黄河之南,东流入海。"浮于济、漯,达于河",这是兖州纳贡所走的路线。

　　海、岱惟青州①:嵎夷既略②,潍、淄其道③。厥土白坟,海滨广斥④。厥田惟上下⑤,厥赋中上⑥。厥贡盐、絺,海物惟错⑦。岱畎丝、枲、铅、松、怪石⑧。莱夷作牧⑨,厥篚檿丝⑩。浮于汶,达于济⑪。

[**注释**]①海、岱惟青州:大海与泰山之间是青州。青州,东北据海,西南至泰山,今山东半岛一带。 ②嵎夷既略:经过嵎夷居住地。嵎夷,居住在东方海边的夷人。嵎,音 yú。略,越过。 ③潍、淄其道:潍、淄,二水名,即今潍水和淄水。道,即"导",疏导,复其故道。 ④海滨广斥:海滨是一望无际的盐碱地。滨,岸。斥,盐碱地。 ⑤上下:第三等。 ⑥中上:第四等。 ⑦厥贡盐、绨,海物惟错:该州贡纳品为盐和绨,杂出一些海产品。绨,精织葛布,音 chī。海物,海产品。错,杂,杂出。 ⑧岱畎丝、枲、铅、松、怪石:岱,泰山。畎,山谷,音 quǎn。枲,麻,音 xǐ。怪石,奇石。《伪孔传》说:"岱山之谷,出此五物,皆贡之。" ⑨莱夷作牧:莱夷在这里放牧。莱夷,古代活动在今山东中部的一支少数民族。作牧,放牧。 ⑩檿丝:用山桑养蚕所织出的丝绸。檿,桑科落叶乔木,古称山桑,音 yǎn。 ⑪浮于汶,达于济:乘船从汶水进入济水,这是青州纳贡所走的路线。汶,水名,发源于莱芜县原山,西南入济水,音 wèn。

海、岱及淮惟徐州①:淮、沂其乂②,蒙、羽其艺③。大野既猪④,东原底平⑤。厥土赤埴坟⑥,草木渐包⑦。厥田惟上中⑧,厥赋中中⑨。厥贡惟土五色⑩,羽畎夏翟⑪,峄阳孤桐⑫,泗滨浮磬⑬,淮夷蠙珠暨鱼⑭。厥篚玄纤缟⑮。浮于淮、泗,达于河⑯。

[**注释**]①徐州:东至黄海,北至泰山,南及淮河,今江苏、安徽北部至山东南部一带。 ②淮、沂其乂:淮,淮河。沂,沂河,发源于山东沂水县西北,流入江苏,音 yí。乂,治,平治。 ③蒙、羽其艺:蒙,蒙山,在今山东蒙阴县西南。羽,羽山,在今江苏赣榆县西南。艺,种植。 ④大野既猪:大野,又称巨野,古泽名,在今山东巨野县境内。猪,通"潴",大水汇聚。马融说:"水所停止,深者曰猪。" ⑤东原底平:东原,今山东东平县一带。底,致。平,地平。东原底平,其地可耕。 ⑥赤埴坟:赤,红色。土黏曰埴。坟,肥沃。 ⑦渐包:茂密丛生。《伪孔传》说,渐,进长。包,丛生。 ⑧上中:第二等。 ⑨中中:第五等。 ⑩土五色:《伪孔传》说:"王者封五色土为社,建诸侯则各割

其方色土与之,使立社。焘以黄土,苴以白茅,茅取其洁。黄取王者覆四方。"⑪羽畎夏翟:羽,羽山。畎,谷。夏翟,山鸡。《伪孔传》说:"羽中旌旄,羽山之谷有之。"⑫峄阳孤桐:峄,峄山,又称邹峄山,邾峄山,在今山东邹县境内,音yì。阳,山之南。孤,特,这里是特产的意思。《伪孔传》说:"峄之阳特生桐,中琴瑟。"⑬泗滨浮磬:泗,泗水,发源于今山东泗水县,下流入淮。滨,岸。浮,浮出。磬,石盘。孔颖达说:"泗水旁山而过,石为泗水之涯。石在水旁,水中见石,似若水中浮然。此石可以为磬,故谓之'浮磬'也。贡石而言磬者,此石宜为磬,犹如砥砺然也。"⑭淮夷蠙珠暨鱼:淮夷,马融认为是"二水名",郑玄说指"淮水之夷民"。蠙,同玭,珠子,音pín。蠙是蚌的别名,此蚌出珠,遂以蠙为珠名。暨,与。⑮玄纤缟:玄,黑缯。缟,白缯。纤,细。⑯浮于淮、泗,达于河:这是徐州纳贡所走的路线。

淮、海惟扬州①:彭蠡既猪②,阳鸟攸居③。三江既入④,震泽底定⑤。篠簜既敷⑥,厥草惟夭⑦,厥木惟乔⑧。厥土惟涂泥⑨,厥田惟下下⑩,厥赋下上⑪,错⑫。厥贡惟金三品⑬,瑶、琨、篠、簜、齿、革、羽、毛、惟木⑭。岛夷卉服⑮,厥篚织、贝⑯。厥包橘柚,锡贡⑰。沿于江、海,达于淮、泗⑱。

[注释]①淮、海惟扬州:淮河、东海之间是扬州。淮,淮河。海,东海。扬州北据淮,南至海。 ②彭蠡,泽名,就是今天的洞庭湖。 ③阳鸟攸居:候鸟冬天居住在这里。阳鸟,鸿雁之类的候鸟。攸,所。居,居住。 ④三江既入:三江,一说指吴松江、钱塘江、浦阳江,一说指娄江、东江、松江。入,汇入,注入。 ⑤震泽底定:震泽,古湖名,就是今天的太湖。定,安定。 ⑥篠簜既敷:篠,小竹,音xiǎo。簜,大竹,音dàng。敷,布,广布。 ⑦夭:茂盛的样子。 ⑧乔:高大。 ⑨涂泥:湿润的泥土。 ⑩下下:第九等。 ⑪下上:第七等。 ⑫错:杂,杂出第六等。 ⑬金三品:金、银、铜。 ⑭瑶、琨、篠、簜、齿、革、羽、毛、惟木:瑶、琨,都是美玉名。齿,象牙。革,皮革。羽,孔雀之类的鸟羽。毛,旄牛尾。木,木材。 ⑮卉服:卉,草。南海岛夷草服葛越

葛越,南方布名,用葛织成。 ⑯织、贝:织,细绉,苎麻纤维织成的细布。贝,玄贝,水产品。 ⑰锡贡:锡,赐,赐命。不常贡,赐命乃贡。 ⑱沿于江、海,达于淮、泗:沿着长江和东海边,到达淮河和泗水,这是扬州纳贡所走的线路。江,长江。海,东海。

荆及衡阳惟荆州①:江、汉朝宗于海②,九江孔殷③。沱、潜既道④,云土、梦作乂⑤。厥土惟涂泥,厥田惟下中⑥,厥赋上下⑦。厥贡羽、毛、齿、革,惟金三品,杶、幹、栝、柏⑧,砺、砥、砮、丹惟箘簵、楛⑨,三邦厎贡厥名⑩。包匦菁茅⑪,厥篚玄纁、玑组⑫,九江纳锡大龟⑬。浮于江、沱、潜、汉,逾于洛,至于南河⑭。

[注释]①荆及衡阳惟荆州:荆山与衡阳之间为荆州。荆,荆山。衡阳,衡山之阳。荆州北据荆山,南过衡山之南。 ②江、汉朝宗于海:江,长江。汉,汉水,长江最大的一条支流,发源地在今陕西省宁强县冢山,向东南穿越秦巴山地的陕南汉中、安康等地,进入湖北后北过十堰、襄樊、荆门等地,在武汉汇入长江。宗,尊。朝宗于海,两条河流流经荆州而入海,海水大,江、汉小,以小就大,就像诸侯归于天子一样,百川以大海为宗。 ③九江孔殷:九江,就是今天的洞庭湖。孔,甚,很。殷,多。 ④沱、潜既道:《释名·释水》:"水自(长)江出为沱,汉(水)别为潜。"沱为长江支流,潜为汉水支流。道,通导,疏导,畅通。 ⑤云土、梦作乂:云土、梦,二泽名,即云梦泽,大体包括今天湖南益阳湘阴以北、湖北江陵安陆以南、武汉以北地区。作乂,平定,平静,这里指可以耕作。 ⑥下中:第八等。 ⑦上下:第三等。 ⑧杶、幹、栝、柏:杶,木名,即香椿,音chūn。幹,木名,柘树,音gàn。栝,木名,桧树,柏树的别种,音kuò。柏,柏树。 ⑨砺、砥、砮、丹惟箘簵、楛:砺、砥,砥细于砺,都是磨刀石。砮,音nǔ,石制的箭镞。丹,丹砂,红色颜料。惟,与。箘簵,一种细长节稀的美竹,可以作箭杆。也单称箘。箘,音jùn。簵,簬的异体字,音lù。楛,音hù,木名,叶如荆而赤,茎似蓍,木可作箭杆、编器物。 ⑩三邦厎贡厥名:三邦,不知其确指。厎,致。名,名产。 ⑪包匦菁茅:包,包裹。匦,匣子,音

guǐ。菁，郑玄说："茅有毛刺曰菁茅。"茅，茅草，缩酒用茅。　⑫玄纁、玑组：玄纁，《释器》云："三染谓之纁。"李巡云："三染其色已成为绛，纁、绛一名也。"《伪孔传》："此州染玄纁色善，故贡之。"纁，浅赤色，音 xūn。玑，珠类水产品。组，绶带类物品。　⑬纳锡大龟：《伪孔传》说："尺二寸曰大龟，出于九江水中。龟不常用，锡命而纳之。"锡，赐。　⑭浮于江、沱、潜、汉，逾于洛，至于南河：这是荆州纳贡所走的线路。逾，越过。洛，洛阳。南河，黄河上的一个重要渡口，在冀州南。

　　荆、河惟豫州①：伊、洛、瀍、涧既入于河②，荥波既猪③。导菏泽，被孟猪④。厥土惟壤⑤，下土坟垆⑥。厥田惟中上⑦，厥赋错上中⑧。厥贡漆、枲、絺⑨、纻，厥篚纤纩⑩，锡贡磬错⑪。浮于洛，达于河⑫。

　　[注释]①荆、河惟豫州：荆州与黄河之间为豫州。荆，荆山。河，黄河。豫州西南至荆山，北至黄河。　②伊、洛、瀍、涧：四条河流名称。伊河、瀍河、涧河流入洛河，洛河在今河南巩义流入黄河。　③荥波既猪：荥，荥泽，古泽名，跨黄河南北，古已堙为平地，其地在今河南荥阳境内。波，波浪。猪，通"潴"，大水汇聚。　④导菏泽，被孟猪：导，通"道"，通往。菏泽，古泽名，其地在今山东定陶东。被，覆被。孟猪，古泽名，早已堙为平地，其地在今河南商丘东北。　⑤壤：松软肥沃的泥土。　⑥坟垆：坟，肥沃。垆，黑色坚实的土壤，音 lú。　⑦中上：第四等。　⑧厥赋错上中：第二等，又杂出第一等。　⑨絺，精织葛布，音 chī。　⑩纤纩：细绵。　⑪磬错：磬，音 qìng，一种打击乐器，用石、玉或金属制成悬挂在架子上，有单个的特磬，也有成组的编磬。治玉石曰错。　⑫浮于洛，达于河：这是豫州纳贡所走的线路。洛，洛河。

　　华阳、黑水惟梁州①：岷、嶓既艺②，沱、潜既道。蔡、蒙旅平③，和夷厎绩④。厥土青黎⑤，厥田惟下上⑥，厥赋下中三错⑦。厥贡璆、铁、银、镂、砮、磬⑧，熊、罴、狐、貍⑨。

织皮、西倾因桓是来⑩。浮于潜,逾于沔,入于渭,乱于河⑪。

[注释]①华阳、黑水惟梁州:华阳、黑水之间为梁州。华阳,华山之南。梁州,东据华山之南,西至黑水。黑水,在雍州西部,前人认为指张掖河,或党河,或黑河,或大通河,莫衷一是。 ②岷、嶓既艺:岷山、嶓冢山一带水去之后可以种植。岷,岷山,在今四川北部与甘肃接壤处,为岷江的发源地。嶓,嶓冢山的简称,山在今甘肃天水与礼县之间,音 bō。艺,种植。 ③蔡、蒙旅平:蔡、蒙,二山名。蔡即今天的峨眉山,蒙山在今四川雅安北。祭山曰旅。平,治功完毕。 ④和夷厎绩:和,和水,一说即今天的大渡河,一说为桓水。和夷,居住在和水两岸的夷人。厎绩,致功可以种植。 ⑤青黎:青黑色。 ⑥下上:第七等。 ⑦下中三错:下中,第八等。三错,杂出第七、第八、第九三等。 ⑧璆、铁、银、镂、砮、磬:璆,美玉名,音 qiú。镂,硬铁。 ⑨黑:也叫棕熊、马熊、人熊,哺乳动物,皮可以作皮褥,胆可以入药,音 pí。 ⑩织皮、西倾因桓是来:织皮,西戎之国。西倾,山名,在今甘肃、青海交界处,绵延千里。因,就,乘。桓,桓水,今名白龙江。来,到中原来。 ⑪浮于潜,逾于沔,入于渭,乱于河:这是梁州纳贡所走的线路。潜,汉水支流,今天叫作嘉陵江。沔,泉始出山为漾水,东南流为沔水,至汉中东行为汉水。渭,渭河。乱,横渡。河,黄河。

黑水、西河惟雍州①:弱水既西②,泾属渭汭③。漆、沮既从④,沣水攸同⑤。荆、岐既旅⑥,终南、惇物⑦,至于鸟鼠⑧。原隰厎绩⑨,至于猪野⑩。三危既宅,三苗丕叙。厥土惟黄壤,厥田惟上上⑪,厥赋中下⑫。厥贡惟球、琳、琅玕⑬。浮于积石,至于龙门西河,会于渭汭⑭。织皮昆仑、析支、渠搜⑮,西戎即叙⑯。

[注释]①黑水、西河惟雍州:黑水与西河之间为雍州。雍州西据黑水,东据黄河。 ②弱水既西:弱水,又名张掖河,经今张掖、高台、毛目,北流入居

延泽。西,西流。郑玄说:"众水皆东,此水独西,故记其西下也。" ③泾属渭汭:言治泾水入于渭河。泾,泾水,发源于今甘肃平凉县西,东南流至今陕西高陵入渭。渭,渭水,发源于今甘肃渭源县,东流至今陕西华阴注入黄河。属,逮,及,相连属。汭,两条河流交汇处,音ruì。 ④漆、沮既从:漆、沮本为两条河流。漆水发源于扶风漆县西北岐山,东流入渭。沮水不知所出,东入渭时已与漆水汇合。既从,已注入渭河。 ⑤沣水攸同:沣水汇于渭河。沣水,发源于今陕西户县东南,北流入渭。攸,所。同,会同。 ⑥荆、岐既旅:荆,指荆山,在今陕西富平西南,这是北条荆山,与南条荆州荆山为两座山。岐,岐山,在今陕西岐山县东北。既旅,治功完毕。旅,旅祭。 ⑦终南、惇物:终南,终南山,就是现在的秦岭。惇物,山名,又名垂山,就是今天的太白山,在今陕西郿县南。 ⑧鸟鼠:鸟鼠山,在今甘肃渭源西南。 ⑨原隰厎绩:原隰,郑玄说就是《诗经》中的"隰原",豳地,后来周族从这里发迹。厎绩,致功。 ⑩猪野:猪野泽,在今甘肃民勤县东北。 ⑪上上:第一等。 ⑫中下:第六等。 ⑬球、琳、琅玕:球、琳,美玉名。琅玕,形状象珠的美玉或奇石,音láng gān。 ⑭浮于积石,至于龙门西河,会于渭汭:这是雍州纳贡所走的线路。积石,积石山,在今青海西宁西南。龙门,龙门山,在今陕西韩城县东北。西河,黄河的西岸。会,汇合。 ⑮织皮昆仑、析支、渠搜:织皮,西戎国。《伪孔传》认为,昆仑、析支、渠,搜为戎狄的四国,郑玄则说:"衣皮之民,居此昆仑、析支、渠搜三山之野者,皆西戎也。"把"渠搜"视为一座山。 ⑯即叙:即,就。叙,顺,次序,整齐。周秉钧说:"此言雍州既治,织皮之民定居三山之下,而西戎各族皆顺从矣。"以上列举禹划九州、制贡赋的功劳。

  导岍及岐①,至于荆山,逾于河。壶口、雷首②,至于太岳。厎柱、析城③,至于王屋④。大行、恒山⑤,至于碣石,入于海。

  [注释]①导岍及岐:导,通"道",用作动词,开辟通道。岍,岍山,在今陕西陇县南。岐,岐山。 ②雷首:雷首山,在今山西永济东南。 ③厎柱、析城:厎柱,厎柱山,在今山西平陆东。析城,析城山,在今山西阳城西南。

④王屋:即王屋山,在今山西垣曲至河南焦作一带。　⑤大行、恒山:大行,即太行山,在今河南、山西、河北三省交界处,绵延千余里。恒山,北岳,横跨山西、河北两省,主峰在今山西浑源县城南,后避汉文帝讳改为常山。

西倾、朱圉、鸟鼠①,至于太华②。熊耳、外方、桐柏③,至于陪尾④。

[注释]①朱圉、鸟鼠:都是山名。朱圉山,在今甘肃甘谷西南。鸟鼠是鸟鼠同穴山的省称,在今甘肃渭源东北。　②太华:就是华山,其山雄伟宏大,故称"太",太就是大的意思。　③熊耳、外方、桐柏:都是山名。熊耳山在今河南卢氏东。外方山就是嵩山,在今河南登封境内。桐柏山在今河南桐柏西南部,为淮河的发源地。　④陪尾:陪尾山,在今湖北安陆境内。

导嶓冢,至于荆山。内方至于大别①。

[注释]①内方至于大别:内方,内方山,在今湖北钟祥西南,又名马良山。大别,大别山,跨今安徽、湖北、河南三省。《伪孔传》:"内方、大别,二山名。在荆州,汉所经。"

岷山之阳,至于衡山。过九江,至于敷浅原①。

[注释]①敷浅原:一名博阳山,就是今天的庐山,在今江西北部,耸立于鄱阳湖、长江之滨。《尚书正义》曰:"上文每州说其治水登山,从下而上,州境隔绝,未得径通。今更从上而下,条说所治之山,本以通水,举其山相连属,言此山之傍所有水害皆治讫也。因冀州在北,故自北为始。从此'导岍'至'敷浅原',旧说以为三条。《地理志》云,《禹贡》北条荆山,在冯(píng)翊怀德县南,南条荆山,在南郡临沮县东北。是旧有三条之说也。故马融、王肃皆为三条,'导岍'北条,'西倾'中条,'嶓冢'南条。郑玄以为四列,'导岍'为阴列,'西倾'为次阴列,'嶓冢'为次阳列,'岷山'为正阳列。"

导弱水,至于合黎①,馀波入于流沙②。

[注释]①合黎:山名,在今张掖北。 ②流沙:旧说以为居延海,今人多认为泛指沙漠。《尚书正义》说:"此下所导,凡有九水,大意亦自北为始。以弱水最在西北,水又西流,故先言之。黑水虽在河南(这里指黄河之南),水从雍、梁西界南入南海,与诸水不相参涉,故又次之。四渎江、河为大,河在北,故先言河也。汉入于江,故先汉后江。其济发源河北,越河而南,与淮俱为四渎,故次济,次淮。其渭与洛俱入于河,故后言之。计流水多矣,此举大者言耳。凡此九水,立文不同,弱水、黑水、沇水不出于山,文单,故以'水'配。其馀六水,文与山连,既系于山,不须言'水'。积石山非河上源,记施功之处,故云'导河积石',言发首积石起也。漾、江先山后水,淮、渭、洛先水后山,皆是史文详略,无义例也。又淮、渭、洛言'自某山'者,皆是发源此山,欲使异于导河,故加'自'耳。"

导黑水,至于三危,入于南海①。

[注释]①黑水、南海:周秉钧认为,黑水指雍州的黑水,南海指今天的青海湖。

导河积石,至于龙门;南至于华阴,东至于厎柱;又东至于孟津①,东过洛汭,至于大伾②;北过降水③,至于大陆;又北,播为九河,同为逆河④,入于海。

[注释]①孟津:黄河上的一个重要渡口,今已堙没,其地在今洛阳北部的孟津县境内。 ②大伾:大伾山,在今河南浚县境内。 ③降水:指漳水,在河北曲周、肥乡间汇入黄河。 ④播为九河,同为逆河:《伪孔传》说:"北分为九河,以杀其溢,在兖州界。同合为一大河,名逆河,而入于渤海。皆禹所加功,故叙之。"

嶓冢导漾①,东流为汉;又东,为沧浪之水;过三澨②,

至于大别,南入于江。东,汇泽为彭蠡。东,为北江③,入于海。

[注释]①漾:汉水最上游叫漾水。水名,入汉。 ②三澨:水名,汉水的支流,发源于今湖北京山西,东南流入汉水。澨,音shì。 ③北江:指汉水。

岷山导江,东别①为沱;又东至于澧②;过九江,至于东陵③;东迆北,会于汇④;东为中江,入于海。

[注释]①别:分,分流。 ②澧:水名,发源于今湖南西北与湖北鹤峰交界处,向东南流经桑植,再向南、向东南流入洞庭湖。澧,音fēng。 ③东陵:地名,一说在今安徽庐江境内,一说在今湖北黄梅境内。 ④东迆北,会于汇:迆,迆行,音yǐ。东行分流,都北流汇为彭蠡。

导沇水①,东流为济,入于河,溢②为荥;东出于陶丘北,又东至于菏;又东北,会于汶;又北东,入于海。导淮自桐柏,东会于泗、沂,东入于海。

[注释]①沇水:即济水。沇,音yǎn,又写作"兖"、"渷"。 ②溢:水满而流出来。

导渭自鸟鼠同穴①,东会于沣,又东会于泾,又东过漆沮,入于河。

[注释]①鸟鼠同穴:即上文的鸟鼠山,渭水从这里发源。《伪孔传》说:"鸟鼠共为雌雄,同穴处此山,遂名山曰鸟鼠,渭水出焉。"

导洛自熊耳,东北会于涧、瀍,又东①,会于伊,又东北,入于河。

[注释]①东:东流。

九州攸同①:四隩既宅②,九山刊旅③,九川涤源④,九泽既陂⑤,四海会同。六府孔修⑥,庶土交正⑦,厎慎财赋⑧,咸则三壤成赋⑨,中邦锡土、姓⑩,祗台德先⑪,不距朕行⑫。

[注释]①攸同:攸,所。同,相同,同一。 ②四隩既宅:隩,又墺,音ào,四方土地可以定居的地方。宅,居住。 ③九山刊旅:九山,九州名山。刊,砍,砍木作为标识。旅,旅祭。 ④九川涤源:九川,九州之川。涤,清除。源,源头。 ⑤九泽既陂:九泽,九州之泽。陂,音bēi,壅塞使之不再决溢。 ⑥六府孔修:六府,六材之府。六材,水、火、金、木、土、谷。孔,甚,很。修,修治。 ⑦庶土交正:庶,众。交,俱,交互。正,中正,适中。 ⑧厎慎财赋:财货贡赋取之有节。厎,致。慎,谨慎。财赋,财货贡赋。 ⑨咸则三壤成赋:皆法壤田上中下大致三品,成九州之赋。咸,都。则,取法,以……为法则。三壤,壤,坟,垆。赋,贡赋。 ⑩中邦锡土、姓:中邦,九州。锡,赐。土,土地。姓,姓氏。 ⑪祗台德先:祗,敬。台,我,大禹自称,音yí。德,美德。先,以……为先。 ⑫不距朕行:距,拒。朕,我。行,行为。

五百里甸服①。百里赋纳总②,二百里纳铚③,三百里纳秸服④,四百里粟⑤,五百里米⑥。

[注释]①五百里甸服:五百里,指与王畿的距离。下文"百里赋纳总"等,都是这个意思。甸,本意为耕治田地。服,本意为服事。甸服,这里指方圆千里之内的人民要向天子从事耕治田地的劳役。 ②赋纳总:赋,贡赋,赋税。纳,缴纳。总,禾秆,供作养马的草料。 ③铚:刈,割,音zhì。这里指割后的禾穗。 ④秸服:秸,稿,去掉颖芒的禾穗。服,服稿役。 ⑤粟:谷子,这里是交纳谷子的意思。 ⑥米:精米,这里是交纳精米的意思。税率为什一,缴纳有精粗,远轻而近重。

五百里侯服①。百里采②,二百里男邦③,三百里诸侯④。

[注释]①五百里侯服:五百里,甸服之外的五百里。侯,候。侯服,斥候而服事。斥候,侦治盗贼。 ②采:事,供王事。 ③男邦:男,任。邦,守卫邦国。 ④诸侯:同为王者斥候。

五百里绥服①。三百里揆文教②,二百里奋武卫③。

[注释]①五百里绥服:五百里,侯服之外的五百里。绥,安抚。绥服,安服王者政教。 ②揆文教:揆,度。绥服距离王畿已经一千五百里,王者以文教约束使其服事。文教,文德教化。 ③奋武卫:奋,奋起。武,武威。卫,保卫,捍卫。

五百里要服①。三百里夷②,二百里蔡③。

[注释]①五百里要服:五百里,绥服之外的五百里。要,约束。要服,以文教约束。 ②夷:平易,稳定。 ③蔡:法,法三百里而简化。

五百里荒服①。三百里蛮②,二百里流③。

[注释]①五百里荒服:五百里,要服之外的五百里。荒,蛮荒而简略。荒服,王肃说:"政教荒忽,因其故俗而治之。" ②蛮:蛮荒。郑玄说:"蛮者听从其俗,羁縻其人耳。故云蛮,蛮之言缗也。" ③流:流,移。意思是政教各随其俗。

五服方圆共五千里。这是战国时代总结出来的一种政治制度。《尚书·酒诰》、《国语·周语上》都讲到了"五服制",《周礼·夏官·职方氏》讲到了"九服制",名称有差异,思想志趣却是一致的,表达了理想中周边地区与中原王朝的关系。这种关系由地理距离来体现,五百里一服,层层递延向四周扩展。距离王畿越近义务越重,越远义务越轻,以贡期和贡物的不同由内向外递减。现实生活中不可能存在着这么规整的制度,但它表达的周边地区与中原王朝的关系,其原则却是不错的。

东渐①于海,西被②于流沙,朔南暨声教③,讫④于四海。禹锡玄圭⑤,告厥成功⑥。

[注释]①渐:入。 ②被:及,到。 ③朔南暨声教:朔,朔北。南,南方。朔南,南北。暨,及,与闻。声教,威声与文德教化。 ④讫:音qì。至,到。 ⑤禹锡玄圭:帝尧赏赐玄圭给大禹。锡,赐,玄,黑色。圭,古代天文仪器,根据日影情况可以测定节气和一年时间的长短。音guī。 ⑥告厥成功:告,报告。向上天报告他所成就的功业。

甘　誓

《史记·夏本纪》说，启"即天子之位，……有扈氏不服，启伐之，大战于甘。将战，作《甘誓》"。《书序》重申了这种说法。《尚书正义》说："夏王启之时，诸侯有扈氏叛，王命率众亲征之。有扈氏发兵拒启，启与战于甘地之野。将战，集将士而誓戒之。史叙其事，作《甘誓》。"而《庄子》、《吕氏春秋》、《说苑》等文献则说征伐有扈氏的人是大禹，《墨子·明鬼下》征引这篇誓词，直接就写作了《禹誓》。起誓的究竟是禹还是启，今天已经不能确指。这篇誓词根据古代传闻写成，最后写定大约在春秋时期。这是一篇战前誓师词。文中数说了有扈氏威侮五行、怠弃三正的罪行后，宣称自己恭行上天的惩罚，来剿绝有扈氏的天命，然后宣布了战场纪律。这是传世战前誓师词中最早的一篇，成为后世同类作品的范文。这篇誓词反映了原始社会向阶级社会过渡时期的一些社会状况。

大战于甘①，乃召六卿②。王曰："嗟③！六事之人④，予誓告汝：有扈氏威侮五行⑤，怠弃三正⑥，天用剿绝其命⑦。今予惟恭行天之罚⑧。左不攻于左，汝不恭命⑨。右不攻于右⑩，汝不恭命。御非其马之正⑪，汝不恭命。

用命⑫,赏于祖⑬。弗用命,戮于社⑭,予则孥戮汝⑮。"

[注释]①甘:有扈氏城郊地名,马融说,"南郊地也"。一说泽名。当今何地不详。 ②六卿:主事的六位官员。上古军政不分,平时主民事,战时主军事。《甘誓》"六卿"究竟是哪六个官职,今天已经不能确指。《伪孔传》说:"天子六军,其将皆命卿。"郑玄说:"夏亦然,则三王同也。"这是拿后代制度来解说上古史实,不可信。 ③嗟:招呼声,音jiē。 ④六事之人:指六卿。《伪孔传》说:"各有军事,故曰六事。" ⑤有扈氏威侮五行:有扈氏,上古部落,据说与夏同为姒姓,大约活动在今天的陕西户县一带。威侮,轻慢。五行,水、火、金、木、土。 ⑥怠弃三正:怠,懈怠。弃,废弃。三正,周秉钧认为,《左传·文公七年》所谓的"三事"——"正德、利用、厚生谓之三事",就是"三正","正"通"政",也就是政事的意思。 ⑦天用剿绝其命:天,上天。用,因此。剿绝,断绝。命,天命。 ⑧今予惟恭行天之罚:今,今天。予,我。惟,只是。恭,恭敬。行,施行,执行。罚,惩罚。 ⑨左不攻于左,汝不恭命:左,车左,站在战车左方的射手。恭命,服从命令。 ⑩右不攻于右:右,车右,又称戎右,站在战车右方的勇士,手执戈矛以退敌。 ⑪御非其马之正:驾车者不能让马的速度适宜。御,驾驭。正,马进退适度。 ⑫用命:服从命令。 ⑬赏于祖:赏,奖赏。祖,先祖的神主。《伪孔传》说:"天子亲征,必载迁庙之祖主行,有功则赏祖主前,示不专。" ⑭戮于社:戮,杀。社,土地神,这里指土地神主。《伪孔传》说:"天子亲征,又载社主,谓之社事,不用命奔北者,则戮之于社主前。社主阴,阴主杀,亲祖严社之义。" ⑮孥戮:孥,子,音nú。孥戮,辱及子女。

汤　　誓

与《甘誓》一样,《汤誓》也是一篇战前誓师词。按照《史记·殷本纪》的说法:"夏桀为虐政淫荒,而诸侯昆吾氏为乱。汤乃兴师率诸侯,伊尹从汤,汤自把钺以伐昆吾,遂伐桀。……以告令师,作《汤誓》。"《书序》说,汤"与桀战于鸣条之野,作《汤誓》"。文中之王摆出一副吊民伐罪的面孔,宣称自己顺从天意和民心来讨伐有罪的夏王。这篇誓词最后写定时间可能要晚到战国时代,其内容则基本是可信的,反映了夏朝末年尖锐的社会矛盾。对后世统治者来讲,这篇誓词具有明显的鉴戒意义。

王曰:"格尔众庶①,悉听朕言。非台小子②,敢行称乱③。有夏④多罪,天命殛之⑤。今尔有众⑥,汝曰:'我后不恤我众⑦,舍我穑事⑧,而割正夏⑨。'予惟⑩闻汝众言。夏氏有罪,予畏上帝,不敢不正。今汝其曰:'夏罪其如台⑪?'夏王率遏众力⑫,率割夏邑⑬。有众率怠弗协⑭,曰:'时日曷丧⑮?予及汝皆亡⑯!'夏德若兹⑰,今朕必往。尔尚辅予一人⑱,致天之罚,予其大赉汝⑲。尔无不信,朕不食言⑳。尔不从誓言,予则孥戮汝,罔有攸赦㉑。"

[注释]①格尔众庶:格,来,至。尔,你们。众庶,众人,众民。 ②非台小子:非,不,不是。台,我,音yí。小子,汤谦称。 ③称乱:举乱。 ④有夏:有,助词。夏,夏王朝。 ⑤殛:处罚,惩罚。 ⑥今尔有众:今,现在。尔,你们。有众,众人。 ⑦我后不恤我众:后,君主。恤,体恤。众,众民。 ⑧舍我穑事:舍,废,放弃。穑事,农事,农业生产。 ⑨割正夏:割,大。正,通"征",征伐。 ⑩惟:杨树达先生说,通"虽",虽然。 ⑪如台:如何,台,音yí。 ⑫夏王率遏众力:夏王,指夏桀。率,语气助词,没有实际意义。遏,通"竭",是尽的意思。众力,民力。 ⑬割夏邑:割,害。夏邑,夏王朝的邑居。 ⑭有众率怠弗协:有众,民众。怠,懈怠。弗,不。协,和,同心协力。 ⑮时日曷丧:时,是,这。日,太阳,以太阳比夏桀。曷,何,何时。丧,丧亡。 ⑯皆:一起。 ⑰夏德若兹:夏,夏王朝。德,德行。若,如,象。兹,这样。 ⑱尔尚辅予一人:尔,你们。尚,表祈使语气。辅,辅助。予一人,余一人,君主自称,谦词。 ⑲予其大赉汝:予,我。其,语气词,没有实际意义。大,多,大大。赉,给,赏赐,音lài。汝,你们。 ⑳食言:说话不算话。 ㉑罔有攸赦:罔有,没有。攸,所。赦,赦免。

盘　　庚

《盘庚》，伏生今文本为一篇，后世分做上、中、下三篇，这里沿用伏生的办法，将它合为一篇。《史记·殷本纪》写道："自中丁以来，废适（嫡）而更立诸弟子，弟子或争相代立，比九世乱，于是诸侯莫朝。帝阳甲崩，弟盘庚立，是为帝盘庚。帝盘庚之时，殷已都河北，盘庚渡河南，复居成汤之故居，乃五迁，无定处。殷民咨胥皆怨，不欲徙。盘庚乃告谕诸侯大臣曰：'昔高后成汤与尔之先祖俱定天下，法则可修。舍而弗勉，何以成德！'乃遂涉河南，治亳，行汤之政，然后百姓由宁，殷道复兴。"《书序》说："盘庚五迁，将治亳殷，民咨胥怨，作《盘庚》三篇。"当代有人怀疑这是西周时代宋国史官的追记之词。这是一篇研究殷商史的重要文献。文辞佶屈聱牙，内容严谨朴实。杨筠如先生《尚书覈诂》引申俞樾的说法指出："按此篇首云：盘庚迁于殷，民不适有居。则当在迁后而未定居之时。中篇首言盘庚作，惟涉河以民迁。则明在未迁之前。故又曰今予将试以女迁也。下篇首言盘庚既迁，奠厥攸居。则明在迁后，民已定居之时，更在上篇之后。惟上中二篇，何以倒置，殊不可解。"这就是说，三篇次序应该是中、上、下，这种说法得到学术界的广泛认同。从盘庚杀气腾腾的谈话中可以看出来，当时社会矛盾相当尖锐，所以盘庚声色俱厉地告诫庶民们：有谁胆敢不服从命令,"我乃劓殄灭之,无遗育,无俾易种于兹新邑"。

盘庚迁于殷①,民不适有居②。率吁众戚③,出矢言④,曰:"我王来,既爰宅于兹⑤,重我民,无尽刘⑥。不能胥匡以生⑦,卜稽⑧曰:'其如台⑨?'先王有服⑩,恪谨天命⑪,兹犹不常宁⑫,不常厥邑,于今五邦⑬。今不承于古,罔知天之断命⑭,矧曰其克从先王之烈⑮?若颠木之有由蘖⑯,天其永我命于兹新邑⑰,绍复⑱先王之大业,厎绥四方。"⑲

[注释]①盘庚迁于殷:盘庚,商汤十世孙,商朝第二十位在位君主。殷,今河南安阳。按照夏商周断代工程的推算,盘庚迁殷时间在公元前1300年。②民不适有居:适,往。有,语气助词。居,居所。 ③率吁众戚:率,相率。吁,吁请。戚,通"戚",贵戚近臣,音qī。 ④出矢言:出,发出。矢,陈。矢言,陈言,陈述。 ⑤我王来,既爰宅于兹:我王,指盘庚。来,来殷。既,已经。爰,易,迁移。宅,居住。于,在。兹,这里。 ⑥重我民,无尽刘:重,重视。无,不,不要。尽,全部。刘,杀。 ⑦胥匡以生:胥,相,皆。匡,匡救。生,活,活命。 ⑧卜稽:卜,占卜。稽,考察。 ⑨其如台:其,语气助词。如台,如何。台,音yí。 ⑩服:职事,职分,事情。 ⑪恪谨天命:恪,诚实。谨,恭敬。天命,上天的命令。 ⑫兹犹不常宁:兹,这样。犹,还。宁,安宁。 ⑬不常厥邑,于今五邦:常,恒常,固定。邑,居所。于今,至今。五邦,五处。商汤迁亳,仲丁迁隞,河亶甲居相,祖乙居耿,盘庚迁殷,国都已经迁徙了五次。 ⑭罔知天之断命:罔知,不知。断命,绝命。 ⑮矧曰其克从先王之烈:矧,况且,音shěn。克,能。从,跟随。烈,光烈,功业。 ⑯若颠木之有由蘖:就像倒下的树木可以发出新枝条一样。若,像。颠,仆,倒下。由,树木发出枝条。蘖,音niè,树木的嫩芽。 ⑰于兹新邑:于,在。兹,这。新邑,指殷地。 ⑱绍复:绍,继,继续。复,恢复。 ⑲厎绥四方:安定四方。厎,致。绥,安定。从"我王来"至此,是殷民发出的怨言。

盘庚敩于民①。由乃在位②,以常旧服③,正法度。曰:"无或敢伏小人之攸箴④。"

[注释]①敩:教,教导,音xiào。 ②由乃在位:由,正。乃,其。在位,在位贵戚。 ③以常旧服:以,用。常,恒常。旧服,旧制。 ④无或敢伏小人之攸箴:无,通"毋",不要。伏,堵塞,一说为凭借的意思。小人,小民。攸,所。箴,规劝,音zhēn。

王命众,悉至于庭①。王若②曰:"格汝众,予告汝训汝,猷黜乃心③,无傲从康④。古我先王,亦惟图任旧人共政⑤。王播告之修⑥,不匿厥指⑦,王用丕钦⑧,罔有逸言⑨,民用丕变⑩。今汝聒聒⑪,起信险肤⑫,予弗知乃所讼⑬。非予自荒兹德,惟汝含德⑭,不惕予一人⑮。予若观火。予亦拙谋,作乃逸⑯。若网在纲,有条而不紊⑰。若农服田力穑,乃亦有秋⑱。汝克黜乃心,施实德于民⑲,至于婚友⑳,丕乃敢大言,汝有积德。乃不畏戎毒于远迩㉑,惰农自安,不昏作劳㉒,不服田亩,越其罔有黍稷㉓。

[注释]①王命众,悉至于庭:众,众贵戚。悉,全部。庭,朝廷。《伪孔传》说:"民不欲徙,由臣不助王劝民,故以下多是责臣之辞。" ②若:如此,这样。 ③猷黜乃心:猷,谋划。黜,黜退,除去。乃,你。心,违上之心。 ④无傲从康:无,通"毋",不要。傲,傲慢。从,放纵。康,安逸。 ⑤亦惟图任旧人共政:亦,也。惟,只有。图,思考,图谋。任,任用。旧人,即老成人,贤人。共,共同主持。政,政事。 ⑥王播告之修:王,先王。播告,布告。修,行,行为。 ⑦不匿厥指:匿,隐瞒,隐藏。指,旨意,思想。 ⑧丕钦:丕,大。钦,敬。 ⑨罔有逸言:罔有,没有。逸言,逸豫之言,放纵之言。 ⑩民用丕变:民,民众。用,因此。丕,大。变,变化,改变。 ⑪聒聒:喋喋不休。聒,音guō。 ⑫起信险肤:起,兴起。信,伸,伸张。险,险恶。肤,肤浅。

⑬乃所讼:乃,你。讼,话语。 ⑭含德:含藏美德。 ⑮惕:施,施行。 ⑯作乃逸:作,助成。乃,你。逸,过失。 ⑰紊:乱。 ⑱若农服田力穑,乃亦有秋:农,农民。服田,耕田。力,尽力。穑,农事。秋,秋收,收成。 ⑲施实德于民:曾运乾说:"不迁为顺民之虚名,迁则为惠民之实德也。" ⑳婚友:婚姻僚友。 ㉑乃不畏戎毒于远迩:乃,你们。畏,害怕。戎,大。毒,害。迩,近。 ㉒昏:强,音hūn。 ㉓越其罔有黍稷:越,与。其,语气词,没有实际意义。罔有,没有。黍,音shǔ,黍子,去皮后叫黄米。稷,谷子。黍稷,泛指粮食,这里是收获粮食的意思。

"汝不和吉言于百姓①,惟汝自生毒,乃败祸奸宄,以自灾于厥身。乃既先恶于民,乃奉其恫②,汝悔身何及?相时憸民③,犹胥顾于箴言④,其发有逸口⑤,矧予制乃短长之命⑥?汝曷弗告朕,而胥动以浮言⑦,恐沈于众⑧?若火之燎于原,不可乡迩⑨,其犹可扑灭。则惟汝众自作弗靖⑩,非予有咎⑪。迟任⑫有言曰:'人惟求旧,器非求旧,惟新⑬。'古我先王,暨乃祖乃父⑭,胥及逸勤⑮,予敢动用非罚⑯?世选尔劳⑰,予不掩尔善⑱。兹予大享于先王⑲,尔祖其从与享之⑳。作福作灾,予亦不敢动用非德。

[注释]①和吉言于百姓:和,宣,宣布。吉言,吉利话。百姓,百官。 ②恫:痛苦,音tōng。 ③相时憸民:相,视,看。时,这些。憸,奸邪,奸佞,音xiān。憸民,憸邪小民。 ④犹胥顾于箴言:犹,还。胥,相。顾,顾及。箴言,箴诲,有教益的话。 ⑤其发有逸口:其,语气词。发,发出。逸口,失言。 ⑥矧予制乃短长之命:何况我掌握着你们的生死之命。矧,况且,何况。制,掌握,决定。短长之命,生命的长短,生死之命。 ⑦浮言:没有根据的话。 ⑧恐沈于众:恐,恐吓。沈,迷惑。众,民众。 ⑨若火之燎于原,不可乡迩:若,像。燎,烧。原,原野。乡,向,就,面向。迩,近。 ⑩靖:安静。 ⑪咎:恶,过失。 ⑫迟任:古代贤人。 ⑬人惟求旧,器非求旧,惟新:惟,只。旧,

旧人,老成人。器,器物。 ⑭暨乃祖乃父:暨,及,与。乃,你们。 ⑮胥及逸勤:胥,相。胥及逸勤,相互同劳逸。 ⑯予敢动用非罚:敢,岂敢。非罚,非分之罚。 ⑰世选尔劳:世,世世代代。选,算,计算。劳,功劳。 ⑱掩尔善:掩,掩盖。善,善行。 ⑲兹予大享于先王:兹,这里。享,享祭。《周礼·大宗伯》:"祭祀之名,天神曰祀,地祇曰祭,人鬼曰享。" ⑳从与享之:从与,参与。享,配享。

"予告汝于难,若射之有志①。汝无侮老成人②,无弱孤有幼③。各长④于厥居,勉⑤出乃力,听予一人之作猷。无有远迩⑥,用罪伐厥死,用德彰厥善⑦。邦之臧⑧,惟汝众。邦之不臧,惟予一人有佚罚。凡尔众,其惟致告:自今至于后日,各恭尔事,齐⑨乃位,度乃口⑩。罚及尔身,弗可悔。"

[注释]①若射之有志:若,像。射,射箭。志,靶子。 ②汝无侮老成人:无,不要。侮,轻慢,戏弄。老成人,年老而贤明的人。 ③无弱孤有幼:弱,以其年少而轻视。孤有幼,孤儿与少年。 ④长:成长。 ⑤勉:勉力,努力。 ⑥无有远迩:无论亲疏远近。 ⑦用罪伐厥死,用德彰厥善:罪伐,处罚。死,罪恶。德,爵赏。彰,表彰。善,善行。 ⑧邦之臧:邦,国家。臧,善。 ⑨齐,整齐。 ⑩度乃口:度,考虑。口,嘴巴,话语。

盘庚作①,惟涉河②以民迁。乃话民之弗率③,诞告用亶④。其有众咸造⑤,勿亵在王庭⑥。盘庚乃登⑦,进厥民⑧。

[注释]①盘庚作:郑玄说:"作渡河之具。"从"盘庚作"开始至"今予将试以汝迁,永建乃家",《伪古文尚书》将其分出为《盘庚》中篇,实际上应为上篇。 ②涉河:渡过黄河。 ③话民之弗率:话,训话。民,民众。弗,不。率,服从。 ④诞告用亶:诞,大。告,告诉。亶,诚恳,音 dǎn。 ⑤咸造:

咸,都,全部。造,至,到来。 ⑥勿亵在王庭:勿,不要。亵,轻慢,亵渎。王庭,朝廷。 ⑦登:升,登高。 ⑧进厥民:进,前进,让民众近前。

曰:"明听朕言,无荒失①朕命。呜呼②!古我前后,罔不惟民之承保③。后胥戚鲜④,以不浮于天时⑤。殷降大虐⑥,先王不怀厥攸作⑦,视民利用迁⑧。汝曷弗念我古后之闻⑨?承汝俾汝⑩,惟喜康共⑪,非汝有咎,比于罚⑫。予若吁怀兹新邑⑬,亦惟汝故,以丕从厥志⑭?

[注释]①荒失:荒废。 ②呜呼:叹词,表示叹息,相当于"唉"。 ③古我前后,罔不惟民之承保:前,先前。后,君主。罔,没有。民,民众。承,奉,顺。保,保护。 ④后胥戚鲜:后,君主。胥,清楚。戚,贵戚大臣。鲜,明白。 ⑤以不浮于天时:浮,罚。天时,天命。 ⑥大虐:大灾祸。 ⑦怀厥攸作:怀,怀恋。厥,其。攸,所。作,制作,这里指旧居。 ⑧视民利用迁:视,看到。民利,利民。用,以。迁,迁徙。 ⑨古后之闻:古后,先王。闻,传闻。先王的传闻,指利民而迁徙。 ⑩承汝俾汝:承,顺。俾,从。 ⑪惟喜康共:惟,只。喜康共,即共喜康,共同喜乐安康。 ⑫非汝有咎,比于罚:咎,过失。比,近。罚,(被)处罚。 ⑬予若吁怀兹新邑:予,我。若,如果。吁,呼吁。怀,怀恋。兹,这。新邑,指殷地。 ⑭丕从厥志:丕,大。从,顺从。厥,指先王。志,意志。

"今予将试以汝迁①,安定厥邦。汝不忧朕心之攸困,乃咸大不宣乃心②,钦念以忱③,动予一人。尔惟自鞠自苦④,若乘舟,汝弗济,臭厥载⑤。尔忱不属⑥,惟胥以沈⑦。不其或稽⑧,自怒曷瘳⑨?汝不谋长,以思乃灾,汝诞劝忧⑩。今其有今罔后,汝何生在上⑪?今予命汝一⑫,无起秽以自臭⑬。恐人倚乃身⑭,迁⑮乃心。予迓续⑯乃命于天,予岂汝威⑰?用奉畜汝众⑱。

[注释]①试以汝迁:试,试探,尝试。以汝迁,以迁汝。 ②宣乃心:宣,公开。乃,你们。心,心思。 ③钦念以忱:钦,很。忱,诚。 ④自鞠自苦:自取困苦。鞠,困顿。苦,难。 ⑤臭厥载:臭,秽气,败坏。厥,他的。载,所载物品。 ⑥尔忱不属:你们实在不相连。忱,诚,实在。属,连。 ⑦惟胥以沈:惟,只有。胥以,相与,一起。沈,沉溺。 ⑧不其或稽:不其,不,其为语气词。或稽,稽惑,考察疑惑。或,通"惑"。 ⑨自怒曷瘳:自怒,自己发怒。曷,何。瘳,痊愈,音chōu。 ⑩诞劝忧:诞,大。劝,乐,安于。忧,忧患。 ⑪在上:在地上。 ⑫今予命汝一:现在我一心命令你们。 ⑬无起秽以自臭:不要扬起臭气熏了自己。无,不要。起,扬。秽,秽气。自臭,臭气熏了自己。 ⑭人倚乃身:人,别人。倚,斜靠。乃,你们。身,身体。 ⑮迂:邪僻。 ⑯迓续:迓,迎,音yà。续,继续。 ⑰汝威:倒装句式,即威汝,恐吓你。 ⑱用奉畜汝众:以奉养你们。畜,养。众,民众。

"予念我先神后之劳尔先①,予丕克羞尔②,用怀尔③;然失于政,陈于兹④,高后丕乃崇降罪疾⑤,曰:'曷虐朕民⑥?'汝万民乃不生生⑦,暨予一人猷同心,先后丕降与汝罪疾,曰:'曷不暨朕幼孙有比⑧?'故有爽德,自上其罚汝,汝罔能迪⑨。古我先后,既劳乃祖乃父,汝共作我畜民⑩。汝有戕⑪,则在乃心。我先后绥乃祖乃父⑫,乃祖乃父乃断弃汝,不救乃死。兹予有乱政同位⑬,具乃贝玉⑭。乃祖先父丕乃告我高后曰:'作丕刑于朕孙。'迪高后丕乃崇降弗祥⑮。"

[注释]①予念我先神后之劳尔先:我顾及我先王劳顿你们的祖先。神,尊敬之词。后,君主。劳,勤劳。尔,你们。先,先人。 ②丕克羞尔:能大进用你们。丕,大。克,能。羞,进,用。尔,你们。 ③用怀尔:用,以。怀,安顿。尔,你们。 ④陈于兹:陈,居处。兹,这里。 ⑤高后丕乃崇降罪疾:先

祖乃大降罪罚。高后,高祖,先祖。崇,重,大。罪疾,罪罚。 ⑥曷虐朕民:曷,何,为何。虐,虐待。朕,我。民,民众。 ⑦乃不生生:乃,如果。生生,图谋存活。 ⑧暨朕幼孙有比:暨,与。朕幼孙,指盘庚。有比,亲近。 ⑨罔能迪:罔能,不能。迪,长久。 ⑩畜民:畜养的民众。 ⑪戕:罪罚。 ⑫我先后绥乃祖乃父:我先王安抚你们的祖先。绥,安定,安抚。 ⑬乱政同位:乱政,乱政之臣。同位,同僚。 ⑭具乃贝玉:即"乃具贝玉",贪于财物。乃,于是。具,备。贝,商代货币。玉,玉器。 ⑮弗祥:不祥,罪罚。

"呜呼!今予告汝不易①。永敬大恤②,无胥绝远③。汝分猷念以相从,各设中④于乃心。乃有不吉不迪⑤,颠越不恭⑥,暂遇奸宄⑦,我乃劓殄⑧灭之,无遗育⑨,无俾易种于兹新邑⑩。往哉生生!今予将试以汝迁,永建乃家。"

[注释]①易:容易。 ②恤:忧患。 ③无胥绝远:无,不要。胥,相。绝远,疏远。 ④中:适中,中和。 ⑤不吉不迪:不和善,不顺从。吉,和善。迪,导,顺从教导。 ⑥颠越不恭:颠,陨。越,坠。恭,供奉。 ⑦暂遇奸宄:暂,读作"渐",诈,欺诈。遇读作"偶",奸邪。奸宄,作乱。乱在外为奸,在内为宄。 ⑧劓殄:劓,刑名,割鼻子,音yì。殄,杀戮。 ⑨无遗育:无,没有。遗育,遗种。 ⑩无俾易种于兹新邑:不要让他迁移其后人到这个新的居住地。无,不要。俾,使。易,迁移。种,种子。兹,这。新邑,指殷地。

盘庚既迁①,奠厥攸居②,乃正厥位③,绥爰有众④,曰:"无戏怠⑤,懋建大命⑥。今予其敷心腹肾肠⑦,历告尔百姓于朕志⑧。罔罪尔众,尔无共怒,协比谗言⑨予一人。

[注释]①盘庚既迁:既,已经。从"盘庚既迁"以下至终篇,《伪古文尚书》分在《盘庚》下篇。 ②奠厥攸居:奠,定。攸,所。居,居所。 ③正厥位:端正。位,宗庙社稷神主之位。 ④绥爰有众:绥,安抚。爰,于。有众,

民众。 ⑤无戏怠:无,不要。戏,戏弄。怠,懈怠。 ⑥懋建大命:懋,勉力,努力。建,建立。大命,天命。 ⑦敷心腹肾肠:敷,布,公布,公开。心腹肾肠,真心实意。 ⑧历告尔百姓于朕志:把我的真实思想一一告诉给你们百姓。历,过,传,引申为一一。 ⑨协比谗言:协比,相勾结。谗言,制造谣言。

"古我先王,将多于前功①,适于山②,用降我凶③,德嘉绩于朕邦④。今我民用荡析离居⑤,罔有定极⑥,尔谓朕:'曷震动万民以迁?'肆上帝将复我高祖之德⑦,乱越我家⑧。朕及笃敬⑨,恭承民命,用永地于新邑⑩。肆予冲人⑪,非废厥谋,吊由灵各⑫。非敢违卜⑬,用宏兹贲⑭。

[注释]①多于前功:多,增多。前,前人。 ②适于山:适,往。山,山地。 ③用降我凶:用,用来。降,减少。我,我邦,我国。凶,灾祸。 ④德嘉绩于朕邦:德,登升,得到。嘉绩,善功。朕邦,我国。 ⑤民用荡析离居:民,民众。用,因为。荡析,荡佚,游荡。离居,离开居所。 ⑥罔有定极:罔有,没有。定,安定。极,止。 ⑦复我高祖之德:复,恢复。德,美德。 ⑧乱越我家:乱,理乱,治理。越,于。我家,我国,国家。 ⑨朕及笃敬:及,至。笃,深厚。敬,恭敬。 ⑩用永地于新邑:用,以。永,永远。地,居住。新邑,指殷地。 ⑪肆予冲人:肆,所以。冲,幼童。冲人,这是盘庚自谦之辞。 ⑫吊由灵各:吊,善。由,用。灵,神灵。各,通"格",量度。 ⑬违卜:违背占卜的结果。 ⑭用宏兹贲:用,以。宏,弘扬。兹,这。贲,美好。

"呜呼!邦伯师长百执事之人①,尚皆隐哉②!予其懋简相尔念敬我众③。朕不肩好货④,敢恭生生⑤。鞠人谋人之保居⑥,叙钦⑦。今我既羞告尔于朕志⑧,若否,罔有弗钦。无总于货宝⑨,生生自庸⑩。式敷民德⑪,永肩一心⑫。"

[**注释**]①邦伯师长百执事之人:邦伯,州长官。师长,众长。百执事之人,众治事官。百,言其多。 ②尚皆隐哉:尚,希望,表祈使语气辞。皆,全部。隐,考虑。 ③懋简相尔念敬我众:懋,勉力。简,大。相,考察。尔,你们。念,思。敬,尊敬。我众,民众。 ④不肩好货:不任用贪财之人。肩,任用。好,喜好。货,财物。 ⑤敢恭生生:希望使用那些善于为民谋生的人。敢,敢于。恭,尊重,重用。生生,善于谋生。 ⑥鞠人谋人之保居:鞠,养。谋,图谋。保居,安居。 ⑦叙钦:叙,顺序。钦,敬。 ⑧羞告尔于朕志:前来告诉你们我的想法。羞,进。告,告诉。尔,你们。朕志,我的想法。 ⑨无总于货宝:无,不要。总,积聚。货宝,宝货。 ⑩生生自庸:生生,图谋生计。自,自己。庸,功,建功。 ⑪式敷民德:式,句首助词,没有实际意义。敷,施。民,民众。德,德政。 ⑫永肩一心:永,永远。肩,任。一心,一心一意。

高宗肜日

《书序》说:"高宗祭成汤,有飞雉升鼎耳而雊,祖己训诸王,作《高宗肜日》、《高宗之训》。"《史记·殷本纪》则说:"帝武丁崩,子帝祖庚立。祖己嘉武丁之以祥雉为德,立其庙为高宗,遂作《高宗肜日》及《训》。"从其文从字顺的行文风格看,《高宗肜日》至少经过了后人的加工。本篇篇名取篇首四字,并没有总括全篇思想。祖己告诫殷王要"敬民",提出"德"、"义"等范畴,虽然这些内容不一定属于那个时代,但写进《尚书》后,它们对后世产生了积极影响则是显而易见的事实。

高宗肜日①,越有雊雉②。祖己③曰:"惟先格王④,正厥事⑤。"乃训于王⑥。曰:"惟天监下民⑦,典厥义⑧。降年有永有不永⑨,非天夭民⑩,民中绝命⑪。民有不若德⑫,不听罪⑬。天既孚命正厥德⑭,乃曰其如台⑮?呜呼!王司敬民⑯,罔非天胤⑰,典祀无丰于昵⑱。"

[注释]①高宗肜日:武丁举行肜祭那一天。高宗,商王武丁的庙号。按照夏商周断代工程推算,武丁在位时间是公元前1250年~公元前1192年。肜,祭祀之后第二天再加祭祀,音róng。 ②越有雊雉:越,句首助词,没有实

际意义。雏,雄性野鸡鸣叫声,音gòu。雉,野鸡。 ③祖己:武丁朝贤臣。④惟先格王:惟,只有。先,首先。格,宽慰。王,指武丁。 ⑤正厥事:正,端正。事,政事。 ⑥训:劝谏。 ⑦监下民:监,监视。下民,民众。 ⑧典厥义:典,掌管。义,宜。事得其宜。 ⑨降年有永有不永:降,降下。年,寿命。永,长久。 ⑩夭民:让民众夭折。 ⑪民中绝命:民,民众自己。中,中间。绝命,丧命。 ⑫不若德:若,顺。不若德,即不顺德,坏的德行。 ⑬不听罪:听,听从。不听罪,不服罪。 ⑭孚命正厥德:孚,付。命,命令。正,端正。厥,其。德,德行。 ⑮乃曰其如台:乃,则。曰,说。其,语气词。如台,如何。台,音yí。 ⑯王司敬民:王,指殷先王。司,通"嗣"。王司,后王,指武丁。敬民,爱民。 ⑰罔非天胤:罔非,没有不是。天,上天。胤,后代。⑱典祀无丰于昵:典,常。祀,祭祀。无,不要。丰,丰厚。昵,亲近。《伪孔传》:"祭祀有常,不当特丰于近庙。"

西伯戡黎

《书序》说:"殷始咎周,周人乘黎,祖伊恐,奔告于受,作《西伯戡黎》。"虽然这种说法不一定可靠,所记内容则基本是可信的。西伯灭掉黎国,殷商王朝大臣祖伊十分惊慌,前去告诫殷纣王注意敬修政事,纣王却骄横地回答:"我生不有命在天?"于是祖伊预感到商王朝将要灭亡了。这篇文献对后世的借鉴意义十分明显。

西伯既戡黎①,祖伊恐②,奔告于王③。曰:"天子,天既讫我殷命④,格人元龟⑤,罔敢知吉⑥。非先王不相我后人⑦,惟王淫戏用自绝⑧。故天弃我,不有康食⑨。不虞⑩天性,不迪率典⑪。今我民罔弗欲丧⑫,曰:'天曷不降威⑬?'大命不挚⑭,今王其如台?"王曰:"呜呼!我生不有命在天⑮?"祖伊反⑯,曰:"呜呼!乃罪多,参在上⑰,乃能责命于天?殷之即丧,指乃功⑱,不无戮于尔邦⑲。"

[注释]①西伯既戡黎:西伯,周文王,也有人认为指周武王。既,已经。戡,战胜,音 kān。黎,与周毗邻的一个西方小国,史书中又写做"耆"或者"饥"。《伪孔传》:"近王圻之诸侯,在上党东北。" ②祖伊恐:祖伊,商末大臣。恐,惊恐,害怕。 ③王:指殷纣王。《史记·殷本纪》说:"帝乙崩,子辛

立,是为帝辛,天下谓之纣。" ④讫我殷命:讫,终止。命,天命。 ⑤格人元龟:高人用大龟占卜。格人,至人,高人。元,大。龟,龟甲,这里是用大龟占卜的意思。 ⑥罔敢知吉:罔敢知,不敢知,即不知。吉,吉利,吉祥。 ⑦相我后人:相,辅助,帮助。后人,今人。 ⑧淫戏用自绝:淫戏,过于戏怠。用,以。自绝,自取灭亡。 ⑨康食:安食。 ⑩虞:考虑。 ⑪不迪率典:不迪,不遵循。率典,常法。 ⑫今我民罔弗欲丧:现在我们的民众没有不希望王朝灭亡的。弗,不。欲,希望。丧,王朝灭亡。 ⑬威:罚,刑威。 ⑭大命不挚:挚,至。《伪孔传》:"有大命宜王者何以不至?" ⑮我生不有命在天:《伪孔传》:"言我生有寿命在天,民之所言,岂能害我。遂恶之辞。" ⑯反,通"返",返回。 ⑰参在上:参列于上天。 ⑱指乃功:指日可待。 ⑲戮于尔邦:戮,诛杀。尔,你。邦,邦国,国家。

微　子

　　《书序》说:"殷既错天命,微子作诰父师、少师。"《史记·宋微子世家》说,微子劝谏殷纣王遭到拒绝后,微子惊恐不安,在自杀和逃走之间犹豫不决,于是向父师和少师请教,《微子》篇就是他们之间谈话的内容。这是后世史官的一篇追记之词。全篇内容可以分为两个层次:第一层记叙微子的询问,第二层是父师的回答。微子在询问中分析了眼前的形势,指出殷纣王荒淫暴虐的危险性,进而提出了个人的去留问题。父师赞成微子的分析,并劝微子迅速逃走。对于研究商周之际的社会状况和历史演进,这篇文献具有一定的史料价值。

　　微子若曰①:"父师、少师②,殷其弗或乱正四方③。我祖厎遂陈于上④,我用沈酗于酒,用乱败厥德于下⑤。殷罔不小大好草窃奸宄⑥,卿士师师非度⑦。凡有辜罪,乃罔恒获⑧。小民方兴,相为敌雠⑨。今殷其沦丧,若涉大水,其无津涯⑩。殷遂丧,越至于今⑪。"曰:"父师、少师,我其发出狂⑫,吾家耄逊于荒⑬?今尔无指告⑭,予颠隮⑮,若之何其⑯?"

[注释]①微子若曰：微子，名启，殷纣王同母庶兄，为纣卿士。若，如此。②父师、少师：官命，其职掌已不得而知。《伪孔传》说，"父师，太师，三公，箕子也。少师，孤卿，比干"，恐怕这也是揣测之辞。 ③殷其弗或乱正四方：殷没有治正四方之事，言其必将灭亡。或，有。 ④我祖厎遂陈于上：我祖，指成汤。厎，确定。遂，法度。陈，陈列。上，先前。 ⑤我用沈酗于酒，用乱败厥德于下：我，我王，指纣王。沈，沉湎。酗，无节制地饮酒。用，因此。厥，指成汤。德，美德。下，后世。 ⑥殷罔不小大好草窃奸宄：殷人庶民百官没有不喜欢作乱的。罔不，没有不。小，庶民。大，百官。好，喜好。草窃，窃盗。⑦卿士师师非度：卿士，群臣。师师，相效法。非度，不合乎法度。 ⑧乃罔恒获：乃，就。罔，没有。恒，常。获，获得。 ⑨小民方兴，相为敌雠：小民正在起事，共以朝廷为仇敌。方，正在。兴，起来。敌雠，仇敌。 ⑩津涯：津，渡口。涯，岸。 ⑪越至于今：越，于是。至，到。今，今天。 ⑫我其发出狂：发，读若"废"，废弃。出，出走。狂，通"往"，指出走。 ⑬吾家耄逊于荒：家，居家。耄，老。逊，隐遁。荒，荒野。 ⑭指告：指示，指点。 ⑮颠隮：颠，倒下。隮，坠落，音jī。 ⑯若之何其：即若之何，怎么办。其，语气助词，没有实际意义。

父师若曰："王子①，天毒降灾荒殷邦②，方兴沈酗于酒③，乃罔畏畏④，咈其耇长旧有位人⑤。今殷民乃攘窃神祇之牺牷牲用以容⑥，将食无灾⑦。降监殷民，用乂雠敛⑧，召敌雠不怠⑨。罪合于一⑩，多瘠罔诏⑪。商今其有灾，我兴受其败⑫；商其沦丧，我罔为臣仆⑬。诏王子出迪⑭。我旧云刻子、王子弗出⑮，我乃颠隮。自靖人自献于先王⑯，我不顾行遁⑰。"

[注释]①王子：指微子，微子为帝乙长子，启母地位低贱，不得嗣位。②天毒降灾荒殷邦：毒，狠毒。降，降下。灾，灾祸。荒，空虚。邦，国家。③方兴沈酗于酒：方，正在。兴，兴起。沈，沉溺。酗，没有节制地喝酒。

④罔畏畏:无所畏惧。罔,没有。畏,敬畏。畏,可怕的事情,指殷将丧亡。
⑤咈其耇长旧有位人:咈,违逆、违背,音 fú。耇,音 gǒu,老寿,高龄。耇长,年长而贤明者。旧有位人,旧臣、老臣。 ⑥今殷民乃攘窃神祇之牺牷牲用以容:现在殷人甚至敢于抢夺、盗窃、藏匿祭祀神灵使用的牺牲。攘,抢夺。窃,盗窃。神,天神。祇,音 qí,地神。神祇,神灵。牺,牺牲,供祭祀使用的纯色牛。牷,音 quán,古代祭祀用肢体齐全的牛。牲,供祭祀用的牛羊猪。容,藏匿。 ⑦将食无灾:食,食用。无灾,没有人对此加以处罚。这是说殷人不敬神灵。 ⑧用乂雠敛:用,使用。乂,通"刈",杀。雠,通"稠",多。敛,聚敛。 ⑨召敌雠不怠:召,招致。敌雠,仇恨敌视。怠,松懈、宽缓。 ⑩罪合于一:各种罪行集合在一起。 ⑪多瘠罔诏:多,众多。瘠,病,受害者。罔,没有。诏,告诉。 ⑫兴受其败:兴,起。受,承受。败,灾祸。 ⑬罔为臣仆:罔,没有去处。为臣仆,为他人奴隶。 ⑭诏王子出迪:诏,劝告。王子,指微子。迪,行。出迪,出行、出逃。 ⑮我旧云刻子、王子弗出:旧云,先前曾说。刻子,指箕子,王室贵族,殷纣王的庶兄,一说为纣的叔父。王子,指微子。弗,不。出,出逃。 ⑯自靖人自献于先王:各自谋行其志,人人自献达于先王,以不失道。靖,谋。 ⑰不顾行遁:不要有顾虑,赶快出逃吧!顾,顾念,考虑。行遁,出逃。

牧　誓

　　《牧誓》是武王伐纣时的战前誓词。《书序》说："武王戎车三百两(辆)，虎贲三百人，与受(纣)战于牧野，作《牧誓》。"从那些整齐排比的句式看，这篇誓词经过后人加工，但所记内容则是可信的。誓词记载伐纣时间在"甲子昧爽"，这一点得到了利簋铭文的证实。誓词历数殷纣王三大罪状，进而申明战场纪律，号召战士奋勇杀敌。

　　时甲子昧爽①，王朝至于商郊牧野②，乃誓。王左杖黄钺③，右秉白旄以麾④，曰："逖矣⑤，西土之人⑥！"

　　[注释]①时甲子昧爽：时，时间。甲子，古人记日的干支之一。根据周历推算伐纣的甲子日是武王即位后十三年的二月五日。近年完工的夏商周断代工程把武王伐纣时间定在公元前1046年1月20日。昧爽，天将明未明的时候。　②王朝至于商郊牧野：王，武王。朝，早晨，音zhāo。1976年陕西临潼西段村出土的青铜器利簋，其铭文记载伐纣时间也是"隹(唯)甲子朝"。牧野，《尔雅·释地》说："邑外谓之郊，郊外谓之牧，牧外谓之野。"后人将牧野指在殷都朝歌(今河南淇县原牧野镇南)以南七十里。　③王左杖黄钺：杖，持，举。黄钺，黄金饰圆口大斧。　④右秉白旄以麾：右，右手。秉，把，持，拿着。旄，旄牛尾。麾，挥动。　⑤逖矣：逖，远。大家远道而来，辛苦了。

远,慰劳之辞。 ⑥西土之人:西土,当时周人居于周原,周原在殷都之西,故称西土。西土之人,指周人与下文提到的八个部落。

王曰:"嗟!我友邦冢君御事①,司徒、司马、司空②,亚旅、师氏③,千夫长、百夫长④,及庸、蜀、羌、髳、微、卢、彭、濮人⑤。称尔戈⑥,比尔干⑦,立尔矛,予其誓。"

[注释]①冢君御事:冢,大。冢君,邦国之君。御事,邦国大臣。 ②司徒、司马、司空:《伪孔传》说,治事三卿,司徒掌民事,司马掌军事,司空掌工程建设。 ③亚旅、师氏:亚,次,旅,众。亚旅指低于卿的将官;师氏,随王出征的守卫官。 ④千夫长、百夫长:千夫长,师帅;百夫长,旅帅。 ⑤庸、蜀、羌、髳、微、卢、彭、濮人:顾颉刚《史林杂识·牧誓八国》说,庸,大约在今湖北竹山西南;蜀,大约在今陕西汉中东南;卢,大约在今湖北宜城西南;彭,大约在今湖北谷城、房县之间;濮,大约在今湖北郧县和河南邓州之间,这五国在汉水流域。羌、微大约在渭水流域,髳,怀疑在今山西南端的黄河北岸。名曰八国,实为八个部落。 ⑥称尔戈:称,举。戈,古代攻击性兵器,横刃,装有长柄。 ⑦比尔干:比,排比。干,盾牌。

王曰:"古人有言曰:'牝鸡无晨①。牝鸡之晨,惟家之索②。'今商王受③,惟妇言是用④,昏弃厥肆祀弗答⑤,昏弃厥遗王父母弟不迪⑥,乃惟四方之多罪逋逃⑦,是崇是长⑧,是信是使⑨,是以为大夫卿士⑩。俾⑪暴虐于百姓,以奸宄于商邑⑫。今予发⑬,惟恭行天之罚。今日之事,不愆⑭于六步、七步,乃止,齐⑮焉。夫子勖哉⑯!不愆于四伐、五伐、六伐、七伐⑰,乃止齐焉。勖哉夫子!尚桓桓⑱,如虎如貔⑲,如熊如罴,于⑳商郊。弗迓克奔㉑,以役西土㉒,勖哉夫子!尔所弗勖,其于尔躬有戮㉓!"

[注释]①牝鸡无晨:牝鸡,母鸡。《尔雅·释兽》:飞曰雌雄,走曰牝牡。无,没有。晨,晨鸣。 ②牝鸡之晨,惟家之索:母鸡是不能报晓的。母鸡报晓,这个家就要败尽了。索,尽。 ③受:即殷纣王。受、纣一音之转。相传殷纣王名受,庙号辛,故又称帝辛。 ④妇言是用:妇指妲己。相传殷纣王伐有苏氏,苏氏献上妲己。妲己受到纣王的宠爱。是,代词,复指妇言。 ⑤昏弃厥肆祀弗答:昏,同泯,"泯"、"蔑"一音之转。泯弃,轻蔑地抛弃。厥,他的。肆祀,一种杀牲祭祀的祭名。答,问。 ⑥遗王父母弟:遗,剩余。王父母弟,同祖的堂兄弟。迪,任用。 ⑦逋逃:逃亡。《左传·昭公七年》:"纣为天下逋讨主。" ⑧是崇是长:尊崇他们,提拔他们。是,指示代词,指代"四方之多罪逋"。崇,尊崇。长,用为尊长,提拔。 ⑨是信是使:信任他们,使用他们。信,信任。使,使用。 ⑩是以为大夫卿士:任用他们为大夫卿士。以,用。 ⑪俾:使。 ⑫奸宄于商邑:奸宄,作乱。乱在外为奸,在内为宄。商邑,商朝都邑。 ⑬今予发:今,今天。予发,武王自称。周代没有姓、名相连来称呼人的习惯。 ⑭愆:超过,音qiān。 ⑮齐:整齐。 ⑯夫子勖哉:夫子是对成年男性的敬称,这里是对友邦君臣和周军将士的敬称。勖,勉力,努力。 ⑰伐:一刺一击为一伐。 ⑱尚桓桓:尚,命令副词,希望。桓桓,威武的样子。 ⑲貔:音pí,豹属动物。 ⑳于:往。 ㉑弗迓克奔:迓,迎,迎击。克,能。奔,奔降。 ㉒以役西土:以,用。役,役使。西土,这里指周人原有的领地。 ㉓尔躬有戮:杀死你们。尔,你,你们。躬,身体。戮,杀。

洪　范

按照《书序》的说法，"武王胜殷，杀受（纣），立武庚，以箕子归，作《洪范》"。箕子是商王朝的宗室贵族。相传纣王荒淫暴虐，箕子强谏而不听，乃佯狂为奴。武王克殷，访于箕子，箕子向武王陈述了"洪范九畴"——治理国家的九条大法。今人大都认为《洪范》篇成书于战国时代。全篇可以分为三部分：第一部分为引言，说明"洪范九畴"产生与传授的经过；第二部分从"初一曰五行"至"次九曰向用五福，威用六极"，共65个字，写出"洪范九畴"的纲目。余下的内容为第三部分，详细阐述"洪范九畴"的具体内容。这是一篇古代政治哲学文献，是对周秦时代政治思想的一个总结，因此成为《尚书》中最为重要的篇目之一，对后世政治史、思想史影响都很大。刘节先生在《洪范疏证》中指出："《今文尚书》二十八篇中，在秦汉时最盛行者，厥惟《洪范》。伏生为作《五行传》，刘向为作《传记》，许商亦为作《五行传记》，俱见《汉志》。此外《吕氏春秋》、《春秋繁露》、《白虎通》皆引据其说。《史记》录入《宋世家》，班固节录入《五行志》，其学可谓极一时之盛矣。"

惟十有三祀①，王访于箕子②。王乃言曰："呜呼！箕子，惟天阴骘下民③，相协厥居④，我不知其彝伦攸叙⑤。"

箕子乃言曰:"我闻在昔,鲧陻洪水⑥,汩陈其五行⑦。帝⑧乃震怒,不畀洪范九畴⑨,彝伦攸斁⑩。鲧则殛死,禹乃嗣兴⑪,天乃锡⑫禹洪范九畴,彝伦攸叙。

[注释]①惟十有三祀:惟,发语词。有,又。古人记数,在个位与十位之间往往加上"有"字,十有三,即十三。祀,年,商人说年为"祀"。 ②王访于箕子:王,指周武王。访,走访。箕子,殷王室贵族,纣王的庶兄,一说为纣的叔父。《尚书正义》引《尚书大传》说:"武王释箕子之囚,箕子不忍周之释,走之朝鲜。武王闻之,因以朝鲜封之。箕子既受周之封,不得无臣礼,故于十三祀来朝,武王因其朝而问洪范。"《尚书正义》说:"武王伐殷,既胜,杀受,立其子武庚为殷后,以箕子归镐京,访以天道。箕子为陈天地之大法,叙述其事,作《洪范》。""此经文旨异于馀篇,非直问答而已,不是史官叙述,必是箕子既对武王之问,退而自撰其事,故传特云箕子作之。" ③天阴骘下民:天,上天。阴,庇荫,庇护。骘,安定。下民,民众。 ④相协厥居:帮助民众安居。相,帮助。协,和。居,居处。 ⑤彝伦攸叙:序定常理。彝,恒常。伦,道理。攸,所。叙,次序。 ⑥鲧陻洪水:鲧,夏部落首领,音 gǔn。陻,堵塞,音 yīn。帝尧派鲧治理洪水,他采取堵塞的办法,九年不能取得成效,于是被帝尧流放到羽山,最后死于流放地。 ⑦汩陈其五行:汩,乱,使乱,音 gǔ。陈,陈述。五行,水、火、金、木、土。 ⑧帝:上帝,天神。 ⑨不畀洪范九畴:不给他大法九条。畀,给,音 bì。洪,大。范,法。畴,条。下文"鲧则殛死",殛是流放的意思。 ⑩斁:败坏,音 dù。 ⑪禹乃嗣兴:禹,鲧的儿子。嗣,继承。兴,兴起。 ⑫锡:通"赐",赏赐。

"初一曰五行①,次二曰敬用五事②,次三曰农用八政③,次四曰协用五纪④,次五曰建用皇极⑤,次六曰乂用三德⑥,次七曰明用稽疑⑦,次八曰念用庶征⑧,次九曰乡用五福,威用六极⑨。

[注释]①初一曰五行:九类大法,每类一章,从五行开始。 ②敬用五

事:五事在身,用之必敬。 ③农用八政:马融说:"食为八政之首,故以农名之。" ④协用五纪:协,和,和天时使得正用五纪。 ⑤建用皇极:皇,大。极,中。立事当用中庸之道。 ⑥乂用三德:乂,治。治民必用刚、柔、正直三德。 ⑦明用稽疑:明用卜筮考疑之事。稽,考察。疑,疑问。 ⑧念用庶征:念,考虑。庶,众。征,征兆。 ⑨乡用五福,威用六极:上天劝人享用五福,沮人使用六极。《汉书·五行志》在录下这一段之后说:"凡此六十五字,皆《洛书》本文。"这自然属于一种传说而已。

"一,五行①。一曰水,二曰火,三曰木,四曰金,五曰土。水曰润下②,火曰炎上③,木曰曲直④,金曰从革⑤,土爰稼穑⑥。润下作咸⑦,炎上作苦⑧,曲直作酸⑨,从革作辛⑩,稼穑作甘⑪。

[注释]①五行:水、火、木、金、土五种物质,就像天上五气流行、地上世所行用一样,所以叫做"五行"。 ②水曰润下:润,滋润。下,低洼的地方。王肃说:"水之性,润万物而退下。"从此以下五句讲述五行的自然属性。 ③火曰炎上:王肃说:"火之性,炎盛而升上。" ④木曰曲直:木可以扭曲揉直。 ⑤金曰从革:革,变化。金属的形状可以更改。 ⑥土爰稼穑:在土地上可以从事农业生产。稼,种植。穑,收获。稼穑,泛指农事。 ⑦润下作咸:水产品味咸。 ⑧炎上作苦:物品烧焦后味苦。 ⑨曲直作酸:树木果实的味道酸。 ⑩从革作辛:金属气味为辛。 ⑪稼穑作甘:农产品味甜。《尚书大传》说:"水、火者,百姓之所饮食也;金、木者,百姓之所兴作也;土者,万物之所资生也。"这些都是民用的根本,所以列在"洪范九畴"的首位,表达了《洪范》篇朴素的唯物主义思想观念。

"二,五事。一曰貌①,二曰言②,三曰视③,四曰听④,五曰思⑤。貌曰恭⑥,言曰从⑦,视曰明⑧,听曰聪⑨,思曰睿⑩。恭作肃⑪,从作乂⑫,明作晢⑬,聪作谋⑭,睿作圣⑮。

[注释]①貌:仪容。 ②言:言谈。 ③视:观察。 ④听:耳朵接受声音。 ⑤思:思考。 ⑥貌曰恭:仪容要端庄。 ⑦言曰从:言谈要准确而可从。 ⑧视曰明:观察要明白。 ⑨听曰聪:听取要广泛。聪,听得远。 ⑩思曰睿:思考要睿智。睿,通达。 ⑪恭作肃:恭在貌而敬在心,由恭以致敬。肃,敬。 ⑫从作乂:言谈可从则可以治理。乂,治理。 ⑬明作晢:明察则可以洞悉一切。晢,"哲"的异体字,意思为明。 ⑭聪作谋:广泛听取意见则可以谋划。 ⑮睿作圣:睿智则无所不通。圣,于事无不通。《尚书正义》说:"睿、圣俱是通名,圣大而睿小,缘其能通微,事事无不通,因睿以作圣也。"

"三,八政。一曰食①,二曰货②,三曰祀③,四曰司空④,五曰司徒⑤,六曰司寇⑥,七曰宾⑦,八曰师⑧。

[注释]①食:食物,这里指农业生产。 ②货:货物,货币。这里指商业。后世史书《食货志》,上半部分叙述农业经济,下半部分叙述商业经济,盖源于此。 ③祀:祭祀,敬鬼神以成教。 ④司空:官名,主工程建设,供人民安居。空,即工。 ⑤司徒:官名,主民事,教以礼义。徒,众。 ⑥司寇:官名,主防治奸盗,使民众不要放纵。寇,盗贼。 ⑦宾:礼宾客,无不敬。宾,敬,敬宾客。 ⑧师:军事事务。选拔战士要精良,士卒要训练有素。

"四,五纪。一曰岁①,二曰月②,三曰日③,四曰星辰④,五曰历数⑤。

[注释]①岁:记录四时。 ②月:记录十二个月。 ③日:记录每一天。 ④星辰:二十八宿迭见以叙节气,十二辰以纪日月所会。 ⑤历数:制定历法,划分历数节气,敬授民时。

"五,皇极。皇建其有极①,敛时五福,用敷锡厥庶民②。惟时厥庶民于汝极，锡汝保极③。凡厥庶民，无有淫朋④，人无有比德，惟皇作极⑤。凡厥庶民，有猷有为有守⑥，汝则念之。不协于极，不罹于咎，皇则受之⑦。而康而色⑧，曰：'予攸好德。'汝则锡之福，时人斯其惟皇之极⑨。无虐茕独而畏高明⑩。人之有能有为，使羞其行⑪，而邦其昌⑫。凡厥正人⑬，既富方谷⑭，汝弗能使有好于而家，时人斯其辜⑮。于其无好德，汝虽锡之福，其作汝用咎⑯。无偏无陂，遵王之义。无有作好，遵王之道。无有作恶，遵王之路⑰。无偏无党，王道荡荡。无党无偏，王道平平。无反无侧，王道正直⑱。会其有极，归其有极⑲。曰皇极之敷言⑳，是彝是训，于帝其训㉑。凡厥庶民，极之敷言，是训是行，以近天子之光㉒。曰天子作民父母，以为天下王㉓。

[注释]①皇建其有极：大建其执中之道。皇，大，明确。建，建立。极，中道。　②敛时五福，用敷锡厥庶民：以五福之道为教，布于民众。《尚书正义》说："敛是五福之道，指其敬用五事也。用五事得中，则各得其福，其福乃散于五处，不相集聚。若能五事皆敬，则五福集来归之。普敬五事，则是敛聚五福之道。以此敬五事为教，布与众民，使众民劝慕为之。福在幽冥，无形可见，敬用五事，则能致之。"敛，聚敛。时，这些。五福，五福之道。用，以。敷，布。锡，赐。厥，其。　③惟时厥庶民于汝极，锡汝保极：君上有五福之教，众民于君取中，与君以安中之善。时，是，这些。锡，赐。保，保持。　④无有淫朋：无，不要。淫，过分，过度。朋，朋友。淫朋，滥交朋友，结为朋党。　⑤人无有比德，惟皇作极：比，勾结。德，行为。皇，大。作极，作为准则。　⑥有猷有为有守：猷，谋。为，作为。守，操守。　⑦不协于极，不罹于咎，皇则受之：协，和，合，协调。罹，遭遇，遭受，音lí。咎，过失，过错。皇，大。受，接受。　⑧而康而色：你当和颜悦色，谦虚待人。而，你。康，安然。色，颜色，脸色。　⑨时人斯其惟皇之极：时，是，于是。人，别人。斯，乃。惟，思考。极，中道。

⑩无虐茕独而畏高明：无，不要。虐，虐待。茕，单，无兄弟者，音qióng。无子曰独。茕独，孤独的人。而，与。畏，畏惧。高明，高贵而明达的人。 ⑪有能有为，使羞其行：能，能力。为，作为。使，让。羞，进，荐。行，行动。 ⑫而邦其昌：而，你。邦，国家。昌，昌盛。 ⑬正人：正直的人。 ⑭既富方谷：富，富有。方，而且。谷，善。 ⑮时人斯其辜：时人，这些人。斯，这样。辜，取罪。 ⑯于其无好德，汝虽锡之福，其作汝用咎：于，对于。其，那些。无，没有。好德，美德。无好德，指坏人。锡，赐给。之，他们。福，福祉。作，制造。汝，你。用，以。咎，过失，败坏。 ⑰无偏无陂，遵王之义。无有作好，遵王之道。无有作恶，遵王之路：无，没有，不要。偏，不平。陂，不正。遵，遵循。王，先王。义，道义。作好，放纵自己的个人爱好。道，正道。作恶，干坏事。路，道路。 ⑱无偏无党，王道荡荡。无党无偏，王道平平。无反无侧，王道正直：王道，先王所遵行的道义。荡荡，坦荡。平平，公平。侧，不正。从"无偏无陂"到"王道正直"，这段话出现在先秦时期的五部典籍中。除了《左传》和《墨子》外，《荀子·修身篇》(《天论》所引与《修身》同)、《韩非子·有度篇》以及《吕氏春秋·贵公篇》都详略不同地作了征引。《墨子·兼爱下》篇称这段话为"周诗"，表明它最初是以诗的形式在社会上流传，后来才被《墨子》和《洪范》所采纳。这段话作为论据仅见于《兼爱下》篇，表明这首诗在当时还没有广泛流传。它一经出现，就被《洪范》和《兼爱下》所采纳，进而又被《荀子·修身篇》、《韩非子·有度篇》、《吕氏春秋·贵公篇》以及《左传》"君子们"纷纷征引。战国晚年的纷纷征引，反过来暴露出这首诗出现的时间并不长这一基本史实。从行文风格等方面看，这段文字与上下文衔接得也很勉强，显而易见是后来插进去的。凡此种种表明，这段话只能出现在战国后期。 ⑲会其有极，归其有极：会其中道而行之，则天下归于中道。极，中，中庸之道。 ⑳曰皇极之敷言：曰，发语词。以大中之道布陈言教。敷，布，陈列。 ㉑是彝是训，于帝其训：是，指示代词，复指紧跟其后的"彝"、"训"。彝，常，恒常，准则。训，循，遵循。帝，上帝。 ㉒凡厥庶民，极之敷言，是训是行，以近天子之光：敷言，布言。训，遵循。行，遵行。光，光明。 ㉓曰天子作民父母，以为天下王：曰，发语词。作，当作，作为。民，民众。以为，作为。天下王，大一统的君主。

"六,三德。一曰正直,二曰刚克①,三曰柔克②。平康正直③,彊弗友刚克④,燮友柔克⑤。沈潜刚克⑥,高明⑦柔克。惟辟作福,惟辟作威,惟辟玉食⑧。臣无有⑨作福作威玉食。臣之有作福作威玉食,其害于而家,凶于而国⑩。人用侧颇僻⑪,民用僭忒⑫。

[**注释**]①刚克:刚,坚毅。克,能,马融说:"胜也。"刚能立事。 ②柔克:柔,柔和,温和。柔和能治。 ③平康正直:平康,中正平和。对于这种人,待以正直之道。 ④彊弗友刚克:彊,强的本字,强横。弗,不。友,顺。刚克,待以刚毅之道。 ⑤燮友柔克:燮,和,温和,中和,音 xiè。对于温和的人,待以柔克之道。 ⑥沈潜:沈,"沉"的异体字,沉,阴。潜,伏。沈潜,指搞阴谋的人。 ⑦高明:高贵而明达的人。 ⑧惟辟作福,惟辟作威,惟辟玉食:惟,只有。辟,君主。作,从事某种活动。福,施福。威,威罚。玉食,以玉器为餐具,美食。 ⑨无有:不要有。 ⑩害于而家,凶于而国:害,危害。而,你。家,家庭。凶,不幸。国,邦国。 ⑪人用侧颇僻:人,这里指在位之人。用,用此,用以专权。侧颇僻,都是不正的意思。 ⑫民用僭忒:民,民众。僭,超越本分,音 jiàn。忒,差错,音 tè。

"七,稽疑。择建立卜筮人,乃命卜筮①。曰雨,曰霁,曰蒙,曰驿,曰克,曰贞,曰悔,凡七②。卜五,占用二,衍忒③。立时人作卜筮,三人占,则从二人之言④。汝则有大疑,谋及乃心⑤,谋及卿士,谋及庶人,谋及卜筮。汝则从,龟从,筮从,卿士从,庶民从,是之谓大同⑥。身其康强,子孙其逢,吉⑦。汝则从,龟从,筮从,卿士逆,庶民逆,吉⑧。卿士从,龟从,筮从,汝则逆,庶民逆,吉⑨。庶民从,龟从,筮从,汝则逆,卿士逆,吉⑩。汝则从,龟从,筮逆,卿士逆,庶民逆,作内吉,作外凶⑪。龟筮共违于人⑫,

用静吉,用作凶⑬。

[注释]①择建立卜筮人,乃命卜筮:择,选择。建立,确定。卜,用龟甲占卜。筮,用蓍(音 shī)草占卜,音 shì。卜筮是专门的技术,上古时代有专职的占卜师来操作,所以,决疑首先要选择确定卜筮人,然后才命其卜筮。 ②曰雨,曰霁,曰蒙,曰驿,曰克,曰贞,曰悔,凡七:雨,下雨,兆形像下雨。霁,雨后或雪后转晴,兆形像雨后转晴,音 jì。蒙,兆形阴暗。驿,兆形滋润而光明。克,兆形相交错。这五种是最常出现的兆形。内卦曰贞,外卦曰悔。 ③卜五,占用二,衍忒:卜五,即上文所说的五种征兆。占用二,即上文所说的贞、悔。衍,推衍。忒,变化。 ④立时人作卜筮,三人占,则从二人之言:时人,是人,这些人。占,占卜。从,听从。 ⑤谋及乃心:谋,图谋,忖度。及,与。乃,你。心,心里。 ⑥汝则从,龟从,筮从,卿士从,庶民从,是之谓大同:从,顺从。大同,完全相同。人心和顺,龟筮从之,是谓大同。 ⑦身其康强,子孙其逢,吉:身,身体。康强,健康。逢,马融说"大也",光大。吉,吉祥,吉利。 ⑧汝则从,龟从,筮从,卿士逆,庶民逆,吉:逆,违逆,不顺。三从二逆,中吉,也可举事。 ⑨卿士从,龟从,筮从,汝则逆,庶民逆,吉:君臣不同,决之卜筮,得兆也中吉。 ⑩庶民从,龟从,筮从,汝则逆,卿士逆,吉:民与上异心,亦卜筮以决之,得兆也中吉。 ⑪汝则从,龟从,筮逆,卿士逆,庶民逆,作内吉,作外凶:作,行动,动作。凶,不祥。二从三逆,龟筮相违,故可以祭祀冠婚,不可以出师征伐。 ⑫龟筮共违于人:龟筮皆逆。 ⑬用静吉,用作凶:安以守常则吉,行动则凶。

"八,庶征:曰雨,曰旸,曰燠,曰寒,曰风,曰时五者来备,各以其叙,庶草蕃庑①。一极备,凶;一极无,凶②。曰休征:曰肃,时雨若③。曰乂,时旸若④。曰晢,时燠若⑤。曰谋,时寒若⑥。曰圣,时风若⑦。曰咎征:曰狂,恒雨若⑧。曰僭,恒旸若⑨。曰豫,恒燠若⑩。曰急,恒寒若⑪。曰蒙,恒风若⑫。曰王省惟岁,卿士惟月,师尹惟日⑬。岁月日时无易,百谷用成,乂用明,俊民用章,家用平康⑭。日月岁时既易⑮,百谷用不成,乂用昏不明,俊民用微⑯,家用不宁。庶民惟星⑰,星有好风,星有好雨⑱。日月之行,则有冬有夏⑲。月之从星,则以风雨⑳。

[注释]①庶征句:各种征兆,如雨、旸、燠、寒、风,这五者齐备,适时出现,就会使草木蕃茂。庶,众。征,征兆。雨,下雨,下雨以润物。旸,日出,日出以干物,音yáng。燠,热,暖,暖以长物,音yù。寒,寒冷以成物。风,刮风以动物。时,这些。备,具备。以,按照。叙,次序。庶草,各种草。蕃,蕃滋。庑,通"芜",草生长得多而乱,音wǔ。 ②一极备,凶;一极无,凶:备,具备。一者备极,过甚则凶。一者极无,不至亦凶。谓不时失序。 ③曰休征:曰肃,时雨若:国家庄重,则及时雨随之。休,美,好。肃,庄重。时,准时。雨,下雨。若,顺,随。 ④曰乂,时旸若:国家治理得好,则旱涝适度。乂,治理。 ⑤曰晢,时燠若:国家清明,则冷暖适度。 ⑥曰谋,时寒若:国家能远虑,则寒热适度。 ⑦曰圣,时风若:国家睿智,则时风随之。 ⑧曰咎征:曰狂,恒雨若:国家狂妄,则连阴雨随之。咎,恶,坏。狂,狂妄自大。 ⑨曰僭,恒旸若:国家僭越,则干旱随之。 ⑩曰豫,恒燠若:国家逸欲放纵,则恒热随之。 ⑪曰急,恒寒若:国家行急政,则常寒随之。 ⑫曰蒙,恒风若:国家政治昏暗,则经常刮大风。 ⑬曰王省惟岁,卿士惟月,师尹惟日:王,君主。省,省察。王省惟岁,王者省察范围就像一岁包括四季一样。"卿士惟月"与下文"师尹惟日",均承上文省略"省"字,卿士各有所掌,如月之有别;众吏分治其事,就像一年有三百六十五日一样。 ⑭岁月日时无易,百谷用成,乂用明,俊民用章,家用平康:年月日各顺其常,则百谷因此而成,政治因此而清明,才俊因此而彰显,家庭因此而安康。 ⑮易:改变,改变次序。 ⑯微:微而不显。 ⑰庶民惟星:庶民,民众。惟,像。星,星星。 ⑱星有好风,星有好雨:有的星星(箕星)出现经常刮风,有的星星(毕星)出现经常下雨。 ⑲日月之行,则有冬有夏:日月运行,冬夏各有常度。 ⑳月之从星,则以风雨:月亮经过箕星则多风,经过毕星则多雨。

"九,五福①:一曰寿②,二曰富③,三曰康宁④,四曰攸好德⑤,五曰考终命⑥。六极⑦:一曰凶短折⑧,二曰疾⑨,三曰忧⑩,四曰贫⑪,五曰恶⑫,六曰弱⑬。"

[注释]①五福:五种福祉。 ②寿:长寿。 ③富:富有财物。 ④康宁:安宁。 ⑤攸好德:所好者美德。 ⑥考终命:各成其短长之命以自终,不夭折。 ⑦六极:六种穷极恶事。 ⑧凶短折:非正常死亡。 ⑨疾:生病。 ⑩忧:忧愁。 ⑪贫:贫困。 ⑫恶:丑陋。 ⑬弱:懦弱,体能差,意志不坚强。郑玄说:"愚懦不毅曰弱。"

金　縢

这是一篇歌颂周公的文献。按照《书序》的说法,"武王有疾,周公作《金縢》"。《金縢》写道:克商二年后武王得了重病,周公祈求先王在天之灵,允许自己代替武王去死,并让史官把这些祷告词写在典册上,装进金丝绳捆扎的匣子里,所以叫做《金縢》。縢是封缄的意思。"请命之书,藏之于匮,缄之以金,不欲人开之。"武王去世后,管叔等人制造流言蜚语,说周公将不利于年幼的成王,周公避而东走。这年秋天,连绵不断的自然灾害终于感悟了成王,他打开匣子一看,更加看出了周公的忠诚,迅速把周公迎回朝廷,于是也就风调雨顺了。整篇文章充满着阴阳家说气息,前人斥之为小说家言。写定时间大约在战国中期以后。对于神化周公,《金縢》篇起到了示范和推动作用。

既克商二年①,王有疾,弗豫②。二公③曰:"我其为王穆卜④。"周公⑤曰:"未可以戚我先王⑥?"公乃自以为功⑦,为三坛同墠⑧,为坛于南方,北面,周公立焉。植璧秉珪⑨,乃告大王、王季、文王⑩。史乃册⑪,祝⑫曰:"惟尔元孙某⑬,遘厉虐疾⑭。若尔三王是有丕子之责于天⑮,以旦代某之身⑯。予仁若考能⑰，多材⑱多艺，能事鬼神。乃⑲元孙不若旦多材多艺，不能事鬼神。乃命于帝庭⑳，敷佑四方㉑，用能定尔子孙于下地㉒。四方之民，罔不祗畏㉓。呜呼！无坠天之降宝命，我先王亦永有依归。今我即命于元龟㉔：尔之许我，我其以璧与珪归俟尔命㉕；尔不许我，我乃屏㉖璧与珪。"乃卜三龟，一习吉㉗。启籥见书，乃并是吉㉘。公㉙曰："体，王其罔害㉚。予小子新命于三王㉛，惟永终是图㉜。兹攸俟㉝，能念予一人。"公归，乃纳册于金縢之匮中㉞。王翼日乃瘳㉟。

[注释]①既克商二年：既，已经。克商，灭商。据夏商周断代工程推断，武王灭商时间为公元前1046年1月20日。克商二年，即公元前1044年。②王有疾，弗豫：王，周武王。疾，病。弗，不。豫，安适。 ③二公：召公、太公。召公姬姓，名奭；太公姜姓，名尚，二人与周公同为周初重臣。召，音shào。 ④我其为王穆卜：其，语气词，没有实际意义。穆，敬。卜，占卜。⑤周公：姬姓，名旦，周武王末弟，周初重臣。 ⑥未可以戚我先王：戚，近。反问之词，可不可以先向我先王祷告？ ⑦公乃自以为功：公，周公。乃，于是。功，质，抵押。 ⑧为三坛同墠：为，造。墠，祭祀的场地，音shàn。郑玄说："封土曰坛，除土曰墠。" ⑨植璧秉珪：植，埋置。璧，古代一种玉器，圆形，扁平，中间有孔。秉，持。珪，古代君主祭祀时使用的玉器，上尖下方，音guī。 ⑩大王、王季、文王：大王，即古公亶父，武王曾祖父。在他的率领下，周人从豳迁到岐山下，"营筑城郭室屋，而邑别居之。作五官有司。民皆歌乐之，颂其德"。后被周人尊奉为太王。王季即季历，太王少子。季历"修古公遗道，笃于行义，诸侯顺之"，后被周人尊奉为王季。文王，名昌，王季之子，武王之父，继王季位为西伯，后被周人尊奉为文王。 ⑪史乃册：史，史官。乃，于是。册，制作册书。 ⑫祝：祝辞，祷告。 ⑬惟尔元孙某：惟，发语词。尔，你们，指太王、王季、文王。元孙，长孙，指武王。某，臣讳君名，故曰某。⑭遘厉虐疾：遘，遇到，音gòu。厉，危。虐，暴。疾，病。 ⑮若尔三王是有丕子之责于天：若，如果。尔三王，你们三王。是，果真。丕子，大子，指武王。

责,责怪。　⑯以旦代某之身:旦,周公名旦,这里是周公自称。代,代替。某,指武王。　⑰予仁若考能:予,我。仁若,柔顺。考能,巧能,有技能。⑱材:才,才能。　⑲乃:你们。　⑳乃命于帝庭:乃,始,刚刚。命,受命。帝庭,上帝之庭。　㉑敷佑四方:敷,普遍,广泛。佑,有,拥有。四方,指天下。㉒用能定尔子孙于下地:用,以,因此。定,安定。下地,下方,天下。　㉓罔不祗畏:罔,没有不。祗畏,敬畏。　㉔命于元龟:用大龟来占卜。元,大。㉕尔之许我,我其以璧与珪归俟尔命:尔,你们。许我,答应我让武王痊愈。俟,等待,音 sì。尔,你们。命,命令。　㉖屏:藏匿。　㉗乃卜三龟,一习吉:于是占卜了三只龟甲,全部得到吉利的征兆。乃,于是。卜,占卜。三龟,三只龟甲。一,皆,一律。习,重复。吉,吉利。　㉘启籥见书,乃并是吉:启,打开。籥,古代一种乐器,形状像笛,音 yuè。见,看见。书,占兆书。并,相同。㉙公:指周公。　㉚体,王其罔害:如此兆体,王无大的危险。　㉛予小子新命于三王:予小子,周公自谦之称。新,刚刚。命,报告。　㉜永终是图:永终,长命。图,考虑。　㉝兹攸俟:兹,此。攸,所。俟,等待。　㉞乃纳册于金縢之匮中:乃,于是。纳,放入。册,册书。縢,束扎,封缄。金縢,金丝绳捆扎。匮,盒子。　㉟翼日乃瘳:翼日,第二天。瘳,痊愈。

　　武王既丧①,管叔及其群弟乃流言于国②,曰:"公将不利于孺子③。"周公乃告二公曰:"我之弗辟④,我无以告我先王。"周公居东二年⑤,则罪人斯得⑥。于后,公乃为诗以贻王⑦,名之曰《鸱鸮》⑧。王亦未敢诮公⑨。秋,大熟⑩,未获⑪,天大雷电以风,禾尽偃⑫,大木斯拔⑬,邦人大恐。王与大夫尽弁⑭,以启金縢之书,乃得周公所自以为功代武王之说。二公及王乃问诸史与百执事⑮,对曰:"信⑯。噫⑰!公命我勿敢言⑱。"王执书以泣,曰:"其勿穆卜⑲。昔公勤劳王家⑳,惟予冲人弗及知。今天动威,以彰㉑周公之德,惟朕小子其新逆㉒,我国家礼亦宜之。"

王出郊,天乃雨,反风,禾则尽起㉓。二公命邦人㉔,凡大木所偃,尽起而筑之㉕。岁则大熟㉖。

[注释]①武王既丧:丧,去世。按照夏商周断代工程的推断,武王去世在公元前1043年。　②管叔及其群弟乃流言于国:武王死,周公摄政,其弟管叔及蔡叔、霍叔在国内制造谣言,诬陷周公,迷惑成王。流言,谣言。　③公将不利于孺子:公,指周公。孺子,指成王。　④弗辟:不避开,不让位。辟,"避"的古字。　⑤周公居东二年:东,东方。《史记·鲁周公世家》说:"武王既崩,成王少,在强葆之中。周公恐天下闻武王崩而畔,周公乃践阼代成王摄行政当国。管叔及其群弟流言于国曰:'周公将不利于成王。'周公乃告太公望、召公奭曰:'我之所以弗辟而摄行政者,恐天下畔周,无以告我先王太王、王季、文王。三王之忧劳天下久矣,于今而后成。武王蚤终,成王少,将以成周,我所以为之若此。'于是卒相成王,而使其子伯禽代就封于鲁。……管、蔡、武庚等果率淮夷而反。周公乃奉成王命,兴师东伐,作《大诰》。遂诛管叔,杀武庚,放蔡叔。收殷余民,以封康叔于卫,封微子于宋,以奉殷祀。宁淮夷东土,二年而毕定。诸侯咸服宗周。……东土以集,周公归报成王,乃为诗贻王,命之曰《鸱鸮》。"居东,指周公东征。　⑥罪人斯得:罪人,指管叔、蔡叔、武庚等人。得,得到,被抓获。　⑦贻:赠给。　⑧《鸱鸮》:鸱鸮,鸟类的一科,头大,嘴短而弯曲,猫头鹰就属于鸱鸮科,音chī xiāo。《鸱鸮》一诗,今存于《诗经·豳风》中。　⑨王亦未敢诮公:王,成王。诮,责让,指责,音qiào。公,周公。　⑩秋,大熟:秋,成王二年秋。大熟,大丰收。　⑪获:收获。　⑫偃:躺倒,倒伏。　⑬大木斯拔:木,树。拔,拔起。　⑭弁:皮弁,这里是尽服皮弁以应天的意思。　⑮二公及王乃问诸史与百执事:太公、召公让王打开,先见到册书。他们向史官和百执事询问。百执事,众多主事的官员。　⑯信:果然是这样。　⑰噫:感叹之词,表示遗憾。　⑱勿敢言:不准说。　⑲其勿穆卜:其,语气词,没有实际意义。勿,不要。穆,敬。卜,占卜。　⑳王家:国家。　㉑彰:彰显。　㉒新逆:马融本作"亲迎"。逆,迎接。　㉓反风,禾则尽起:风从相反方向刮过来,倒伏的禾苗全部站立起来。　㉔邦人:即国人,都城中的自由民。　㉕尽起而筑之:起,扶起来。筑,给树根培土。　㉖岁则大熟:岁,指当年。大熟,大丰收。

大　　诰[①]

《书序》认为:"武王崩,三监及淮夷叛。周公相成王,将黜殷,作《大诰》。"这个说法大体上是准确的。武王去世后,周公拥立成王。成王年幼,朝政掌握在周公手里。殷纣王的儿子武庚乘机叛乱,周贵族管叔、蔡叔参与其中,这就是著名的"三监之乱"。叛乱打乱了周王朝的阵脚,一时间王室内部人心惶惶。周公决心平叛。他模仿文王的办法,用占卜来安定人心;同时又许给殷贵族以优厚的待遇,要求他们帮助平叛,此后周公便下令东征。《大诰》是出师前周公训话的记录。"诰"就是告诉的意思。全篇内容可以分为三个层次:第一层,告诉众贵族占卜得了吉兆,旨在鼓励各邦国顺从天意而出征;第二层,文王开创的大业必须完成,坚决批评那些困难太大的议论;第三层,天命不可慢怠,占卜结果大吉大利,周公以此来批评周贵族中那些反对东征的言论。《大诰》居于周初诸诰之首,是《尚书》中最为难读的一篇文献。今人拿西周铜器铭文与之对勘,发现《大诰》在遣词造句、辞例语气上与它们相差无几,说明《大诰》确实是一篇后世窜改不多的早周文献,对于研究

---

① 《大诰》原文、句读依照顾颉刚先生《〈尚书·大诰〉今译》,该文发表于《历史研究》1962年第4期。

周初历史具有重要意义。从周公声色俱厉的话语中可以看出来，谁胆敢对最高统治权产生觊觎，对付的办法只有一个，那就是杀掉。这种指导思想对后世社会的政治生活产生了重要影响，王莽、明太祖朱元璋都曾模仿周公发布过《大诰》。

王若①曰："猷大诰尔多邦越尔御事②：弗吊天降割于我家③，不少延④。洪惟我幼冲人嗣无疆大历服⑤，弗造哲⑥，迪民康⑦，矧曰其有能格知天命⑧！

[注释]①若：乃，这样。 ②猷大诰句：即"猷告"，单言为"告"。大，语气词，没有实际意义。"多邦"指诸侯，为外官。"越"，犹言"与"。"御事"指朝臣，为内官。 ③弗吊天降割于我家：弗吊天，疾威降害之天。割，通"害"，灾害。我家，我国。 ④不少延：少，稍。延，延缓。 ⑤洪惟我幼冲人嗣无疆大历服："洪惟"，发语词，没有实际意义。"冲人"，即"童子"，这里是周公假借成王语气的自谦之辞。嗣，继承。疆，边，界。"历"，奴隶，这里泛指人民。"服"，疆土。 ⑥弗造哲：造，遭逢，遇到。哲，睿智的人。 ⑦迪民康：迪，引导，登进。康，安康。 ⑧矧曰其有能格知天命：矧，何况。曰，说。有，又。格，即遐，遥远。

"已①！予惟小子若涉渊水②，予惟往求朕攸济③。敷贲④，敷前人受命⑤，兹不忘大功⑥；予不敢于闭⑦。

[注释]①"已"，发端叹辞，就是"唉"。 ②予惟小子若涉渊水：惟，语助词，没有实际意义。予惟小子即我小子，周公假借成王语气的谦辞。涉，渡水。渊，深。 ③予惟往求朕攸济：往，前进。攸，所。济，渡过。 ④敷贲：敷，陈列出来。贲，龟兆。敷贲，把占卜的龟兆拿出来给大家看。 ⑤敷前人受命：前人，先王，即"前文人"，指周文王。受命，接受天命拥有天下。 ⑥兹不忘大功：兹，承上起下之词，致令如此。忘，亡，失掉。大功，前人建立的大业。 ⑦闭：壅塞。不敢于闭，所以要敷陈。

"天降威,用文王遗我大宝龟绍天明①,即命曰②:'有大艰于西土③,西土人亦不静④,越兹蠢⑤。殷小腆⑥,诞敢纪其叙⑦;天降威,知我国有疵⑧,民不康。曰:"予复⑨。"反鄙我周邦⑩。今春,今翌日⑪,民献有十夫予翼⑫,以于敉文、武图功⑬。我有大事⑭!'休⑮,朕卜并吉⑯。

[注释]①用文王遗我大宝龟绍天明:用,使用。文,《大诰》中的"文"字汉人隶定作"宁"字。顾颉刚《〈尚书·大诰〉今译》,直接改为"文"。遗,留下,送给,音wèi。绍,占卜,卜问。天明,天命。 ②即命曰:命龟之词。 ③有大艰于西土:艰,困难。西土,指周邦。周都镐京,在今陕西西安的西面。相对于殷商所居的中原地区而言,故自称"西土"。 ④西土人亦不静:西土人,指管叔、蔡叔等人,是周朝派往东土监督殷顽民的官员。静,安静。 ⑤越兹蠢:越,"于"的假借字。兹,这样。蠢,蠢动。 ⑥殷小腆:腆,丰厚。殷小腆,指武王克殷后封纣子禄父于其旧地,到武王死时,殷人的势力又小小地丰厚起来了。 ⑦诞敢纪其叙:诞,发语词,没有实际意义。纪,整理,恢复。其,指武庚禄父。绪,指旧有的法统。 ⑧疵:毛病,这里是指周王室内部不团结。 ⑨予复:复,恢复。"予复"是举出武庚的话。 ⑩反鄙我周邦:反,反过来。鄙,边鄙。鄙我,以我国为边鄙之邑,即属国。 ⑪今春,今翌日:今春,今年春天。翌日,一种祭礼,祭后若干日又祭谓之"翌日"。 ⑫民献有十夫予翼:民献,投降过来的人民。这里指当时殷商的奴隶主。十夫,一群人。予翼,"翼予"的倒文。翼予,辅佐我。 ⑬以于敉文、武图功:于,往。敉,即"弥"字,完成,音mǐ。文、武,指文王、武王。图功,大功。 ⑭我有大事:我将举兵东征。大事,指军事行动。 ⑮休:美好。 ⑯朕卜并吉:我同时用三龟占卜,全都得到了吉兆。

"肆予告我有邦君越尹氏、庶士、御事①曰:予得吉卜,予惟以尔庶邦于伐殷逋播臣②。

[注释]①肆予告我友邦君越尹氏、庶士、御事:肆,所以。告,告诉。友,语气词。邦君,诸侯。越,与。尹氏,周王室史官,掌书王命,与太师同秉国政。庶士,众多官员。御事,朝臣。 ②予惟以尔庶邦于伐殷逋播臣:以,率领。尔,你们。于,往。伐,讨伐。逋播臣,逃奴,叛徒。

"尔庶邦君越庶士、御事罔不反曰:'艰大①。民亦不静,亦惟在王宫、邦君室②,越予小子考翼③,不可征。王害不违卜④。'

[注释]①艰大:困难太大。 ②亦惟在王宫、邦君室:指管叔、蔡叔等人。他们是王室贵族,与武庚一起叛乱,不好意思明说,所以只说"在王宫、邦君室"。 ③越予小子考翼:越予小子,即惟予小子,周公代成王的自谦之词。考翼,父兄。 ④王害不违卜:王为什么不违反卜兆的指示去行事,不去征伐不行吗?害,通何。违,违背。卜,卜兆。

"肆予冲人永思艰,曰,乌虖!允蠢鳏寡①,哀哉!予造天役遣②,大投艰于朕身③。越予冲人不卬自恤④,义尔邦君越尔多士、尹氏、御事绥予曰⑤:'无毖于恤⑥!不可不成乃文考图功⑦。'

[注释]①允蠢鳏寡:允,用。蠢,动。鳏寡,一班伤残痛苦的人民。②予造天及遣:我遭到上天的谴责。造,遭受。遣,谴责。 ③大投艰于朕身:大,语气词,没有实际意义。投,降下。艰,困难。朕身,我自身。 ④越予冲人不卬自恤:我年轻不更事,倘使我不知自忧。越,语气词,没有实际意义。卬,我,音 áng。恤,忧,音 xù。 ⑤义尔邦君越尔多士、尹氏、御事绥予曰:义,宜,应该。尔,你们。多士,多官。绥,劝止。 ⑦无毖于恤:多些谨慎与忧患。无,发语词,没有实际意义。毖,谨慎。于,与。 ⑧不可不成乃文考图功:不能不完成你父亲文王所开创的大业。文考,指文王,周公为文王之子,故称文王为"考"。图功,大功。

"已！予惟小子不敢僭①上帝命。天休于文王②，兴我小邦周。文王惟卜用③，克绥受兹命④。今天其相民⑤，矧亦惟卜用⑥。乌虖！天明畏⑦，弼我丕丕基⑧。"

[注释]①不敢僭：不敢不相信。僭，不相信。 ②休：美好。 ③文王惟卜用：文王用此卜。惟，此。用，施行。 ④克绥受兹命：克，能。绥，继承。受，接受。兹，此。命，天命。 ⑤今天其相民：现在上天帮助民众。今，现在。天，上天。相，帮助。 ⑥矧亦惟卜用：矧，又。文王因为按照卜兆的指示行事而得天助，所以现在我也要这样做。 ⑦天明畏：天明，天命。畏，可怕。 ⑧弼我丕丕基：弼，辅佐。丕，大。基，基业。

王曰："尔惟旧人①，尔不克远省②？尔知文王若勤哉③？天毖我成功所④，予不敢不极卒文王图事⑤。肆予大化诱我有邦君⑥，天匪忱辞⑦，其考我民⑧，予害其不于前文人图功攸终⑨？天亦惟用勤毖我民⑩，若有疾⑪，予害敢不于前文人攸受休毕⑫？"

[注释]①尔惟旧人：尔，你们。惟，是。旧人，文王的旧臣。 ②不克远省：不克，不能。远，先前。远省，远见。省，省察。 ③尔知文王若勤哉：你们知道文王是这样地勤劳吗？若，如此。 ④天毖我成功所：毖，教导。所，所在。 ⑤极卒文王图事：极，通急，赶快。卒，完成。图事，所计划的事情。 ⑥化诱我有邦君：教导我国各位诸侯。化诱，教导。 ⑦天匪忱辞：天，上天。匪，不。忱，信。辞，我，我们，音 yí。 ⑧考：安定。 ⑨予害其不于前文人图功攸终：我怎敢不把文王所图谋的大业完成呢？害，何。其，语气词。于，为。前文人，文王。图功，所考虑的功业。攸，所。终，完成。 ⑩勤：劳，指征伐之事。 ⑪若有疾：若，好像。有疾，治疗疾病。有，为。 ⑫毕：终了，禳除疾病。

王曰："若昔朕其逝①，朕言艰日思②。若考作室，既厎法③,厥子乃弗肯堂④,矧肯构⑤;厥考翼其肯曰⑥:'予有后,弗弃基⑦?'厥父菑,厥子乃弗肯播,矧肯获⑧;厥考翼其肯曰:'予有后,弗弃基'?肆予害敢不越卬敉文王大命⑨?

[注释]①若昔朕其逝:前些天我在起誓时已经说过。若,语气词。昔,前些天,前边。其,读为"之"。逝,"誓"的假借字,教导。 ②朕言艰日思:言,于。艰,艰难。日思,天天在思考。 ③若考作室,既厎法:若,像。考,父亲。作室,建造房屋。既,已经。厎法,定法,做好各种准备。 ④乃弗肯堂:乃,且。堂,堆土以作屋基。 ⑤构:构架。 ⑥厥考翼其肯曰:他的父兄怎么会说。考翼,父兄。其,宁,哪里会。肯,愿意。曰,说。 ⑦予有后,弗弃基:我有一个好儿子,不会抛弃我的基业。 ⑧厥父菑,厥子乃弗肯播,矧肯获:菑,田中除草和翻土。播,播种。获,收获。 ⑨越卬敉文王大命:越,及身。卬,我,音 áng。敉,弥,完成,音 mǐ。

"若兄考①,乃有伐厥子②,民养其观弗救③?"

[注释]①若兄考:就像一个人,他的哥哥去世了。若,如,像。考,死去。 ②乃有伐厥子:于是有人来攻击他的儿子。 ③民养其观弗救:他家的奴仆们犹豫观望而不去救助吗? 养,厮养,即奴隶。观,犹豫观望。

王曰:"乌虖! 肆告我尔庶邦君越尔御事:爽邦由哲①,亦惟十人迪知上帝命越天匪忱②,尔时罔敢易定③;矧今天降戾于周邦④,惟大艰人诞以邻伐于厥室⑤,尔亦不知天命不易⑥!

[注释]①爽邦由哲:爽,尚,表命令或希望之词,和下文"矧"相呼应。邦上似有缺文。哲,哲人。 ②亦惟十人迪知上帝命越天匪忱:亦,也。十人,与上文十夫相同,是一个集体名词,不是整整十个人。上面"十夫"是殷人,这

里"十人"是周人。迪,用。越,与。无匪忱,不可一味地依赖天命。 ③尔时罔敢易定:尔时,那时。罔敢,不敢。易,改变。定,上天的定命。 ④矧今天降戾于周邦:矧,何况。今,今天。天,上天。戾,定。降戾,下定。邦,国家。 ⑤惟大艰人诞以脅伐于厥室:大艰人,指三监。诞,语气词,没有实际意义。以,率领。脅,相。脅伐,相伐。厥,他们,指三监。室,家室。 ⑥尔亦不知天命不易:尔,你们。亦,乃。不易,不变。

"予永念①曰:天惟丧殷,若穑夫,予害敢不终朕亩②!天亦惟休于前文人,予害其极卜③? 敢弗于从率文人有旨疆土④,矧今卜并吉。肆朕诞以尔东征⑤!天命不僭,卜陈惟若兹⑥。"

[注释]①永念:经常思考。 ②若穑夫,予害敢不终朕亩:若,像。穑夫,农夫。害,何。终,完成。朕,我。亩,田亩,农事。 ③予害其极卜:害,何。极,亟,赶快。卜,占卜。 ④敢弗于从率文人有旨疆土:于,往。从,遵从,遵守。率,语气词,没有实际意义。旨,好。疆土,国土。 ⑤肆朕诞以尔东征:肆,所以。诞,大。以,率领。东征,从镐京出发,东伐叛乱的三监。 ⑥卜陈惟若兹:卜,卜兆。陈,陈列。惟,有。若,像。兹,这样。

康　诰

《书序》说:"成王既伐管叔、蔡叔,以殷余民封康叔,作《康诰》。"事实上,这是周公告诫即将前往封地的卫康叔的训词。与《大诰》一样,这也是一篇可靠的早周文献。篇首一段48字可能是错简而误移于此。诰词开篇提出"明德慎罚"的原则,然后告诫卫康叔为什么要遵循和怎样遵循这个原则,全篇充满着训诫的色彩。诰词从内容上可以分为五部分:第一部分,文王、武王明德慎罚,从而得到了上天的垂爱;第二部分,怎样明德保民;第三部分,如何慎用刑罚;第四部分,怎么以德化民;第五部分,如何听从教命。明德慎罚原则可以用6个字来概括——"庸庸,祗祗,威威"。用今天的话说,就是任用值得任用之人,尊敬那些可敬之人,处罚那些必须处罚的人。《康诰》中提出的这些行政原则,对后世政治生活具有重要的指导作用。

惟三月哉生魄①,周公初基②,作新大邑于东国洛③,四方民大和会④。侯、甸、男邦、采、卫百工⑤,播民和见⑥,士于周⑦。周公咸勤⑧,乃洪大诰治⑨。

[注释]①惟三月哉生魄:周公摄政七年三月。哉生魄,农历每月的二日

或三日。王国维《生霸死霸考》说:"古者盖分一月之日为四分:一曰初吉,谓自一日至七八日也。二曰既生霸,谓自八九日以降至十四五日也。三曰既望,谓十五六日以后至二十二三日。四曰既死霸,谓自二十三日以后至于晦也。八九日以降,月虽未满,而未盛之明则生已久;二十三日以降,月虽未晦,然始生之明固已死矣。盖月受日光之处,虽同此一面,然自地观之,则二十三日以后月无光之处,正八日以前月有光之处,此即后世上弦、下弦之由分,以始生之明既死,故谓之既死霸:此生霸、死霸之确解,亦即古代一月四分之术也。若更欲明定其日,于是有哉生魄、旁生霸、旁死霸诸名。哉生魄之为二日或三日,自汉已有定说。旁者,溥也,义进于既,以古文《武成》差之,如既生霸为八日,则旁生霸为十日;既死霸为二十三日,则旁死霸为二十五日。事与义会,此其证矣。"马融说:"魄,朏也,谓月三日始生兆朏,名曰魄。"朏,音fěi,月未盛之明。　②基:奠基。　③作新大邑于东国洛:作,建造。新大邑,洛邑,建于洛水之北,后来遂称洛阳。东国,周都镐京,居于西方,洛邑在东,故称东国。洛,洛水之滨。　④和会:和,和悦。会,汇集。　⑤侯、甸、男邦、采、卫百工:侯、甸、男、采、卫,九服中的五服。侯、甸、男邦,这里指侯、甸、男三服中的邦国君主。采、卫百工,这里指采服、卫服的百官。百工,百官。　⑥播民和见:播民,播迁之民,即殷遗民。周公平定三监之乱后,迁殷顽民于洛水之滨,就势营建洛邑。和见,和悦来见。　⑦士:通"事",做事情,这里指营建洛邑。　⑧咸勤:咸,都。勤,勉励。　⑨乃洪大诰治:乃,于是。洪,大。诰,告诉,告知。治,治理之道。前人怀疑本段放在这里属于错简所致,有人说是《洛诰》的脱简,也有人说应当放在《梓材》篇首,或者放在《多士》篇首,不一而足。

王若曰①:"孟侯②,朕其弟③,小子封。惟乃丕显考文王④,克明德慎罚⑤,不敢侮鳏寡⑥,庸庸⑦,祗祗⑧,威威⑨,显民⑩,用肇造我区夏越我一二邦⑪,以修我西土⑫。惟时怙冒⑬,闻于上帝,帝休⑭,天乃大命文王,殪戎殷⑮,诞受厥命越厥邦厥民⑯,惟时叙⑰,乃寡兄勖⑱。肆汝小子封在兹东土⑲。"

[注释]①王若曰:王,指周公。若,这样。曰,说。 ②孟侯:孟,长。孟侯,诸侯之长。《史记·卫世家》说:卫康叔名封,周武王同母少弟。周公平定三监之乱后,"以武庚殷余民封康叔为卫君,居河、淇间故商墟"。这篇诰辞就是康叔受封后周公对他的训诫。 ③朕其弟:朕,周公自称。其,之。弟,弟弟。 ④惟乃丕显考文王:乃,你。丕显,大显明。考,父亲。 ⑤克明德慎罚:克,能。明,敬明。德,德政。慎,谨慎。罚,刑罚。 ⑥侮鳏寡:侮,轻慢。鳏寡,孟子说:"老而无妻曰鳏,老而无夫曰寡,老而无子曰独,幼而无父曰孤。" ⑦庸庸:任用那些值得任用的人。庸,任用,动宾结构。下文"祗祗"、"威威"仿此。 ⑧祗祗:敬重那些可敬的人。祗,敬。 ⑨威威:处罚那些该罚的人。威,处罚。 ⑩显民:显,尊崇。民,民众。 ⑪用肇造我区夏越我一二邦:用,用此。肇,开始。造,成就。区,区域。夏,王畿。越,与。一二邦,一二友邦。 ⑫以修我西土:修,治理。西土,指周人原来的居住地。 ⑬惟时怙冒:惟,发语词,没有实际意义。时,是,这些。怙,音hù,通祜(hù),大福。冒,通懋,勉力,努力。 ⑭帝休:上帝赞美。 ⑮天乃大命文王,殪戎殷:天,上天。乃,于是。命,命令。殪,杀,灭亡,音yì。戎,伐。殷,商王朝。 ⑯诞受厥命越厥邦厥民:诞,大。受,接受。厥,它的,指商。命,天命。越,与。邦,国家。民,人民。 ⑰惟时叙:继承文王统绪。时,这,叙,通"绪"。 ⑱乃寡兄勖:乃,你。寡兄,大兄,指武王。勖,努力,音xù。 ⑲肆汝小子封在兹东土:肆,所以。兹东土,这东方之国,指卫国。

王曰:"呜呼!封,汝念哉!今民将在祗遹乃文考①,绍闻衣德言②。往敷求于殷先哲王用保乂民③,汝丕远惟商耇成人宅心知训④,别求闻由古先哲王用康保民⑤。弘于天⑥,若德裕乃身⑦,不废在王命⑧。"

[注释]①在祗遹乃文考:在,察看。祗,敬。遹,遵循,音yù。乃,你。文考,指文王。 ②绍闻衣德言:继承搜求殷人合乎美德的话语。绍,继承。

闻,搜求。衣,读为"殷"。德言,讲述美德的话。 ③往敷求于殷先哲王用保乂民:往,前往,去。敷,广泛。求,寻求。殷先哲王,商朝贤王。乂民,安民。 ④汝丕远惟商耇成人宅心知训:汝,你。丕,大。耇,老寿,音gǒu。耇成人,即老成人,年老而有德行的人。宅心知训,忖度民心而知所训。宅,度。 ⑤别求闻由古先哲王用康保民:别,另外。求,寻求。由,于。康,安康。 ⑥弘:光大。 ⑦若德裕乃身:若,顺。裕,宽。乃,你,指卫康叔。身,自身。 ⑧不废在王命:废,荒废。在,通"哉"。王,成王。命,命令。

王曰:"呜呼!小子封,恫瘝乃身①,敬哉!天畏棐忱②,民情大可见,小人难保。往尽乃心,无康好逸豫③,乃其乂民。我闻曰:'怨不在大④,亦不在小,惠不惠⑤,懋不懋⑥。'已!汝惟小子乃服惟弘王应保殷民⑦,亦惟助王宅天命⑧,作新民⑨。"

[注释]①恫瘝乃身:恫,痛苦,音tōng。瘝,病,痛苦,音guān。乃,你。恫瘝乃身,《伪孔传》说:"治民务除恶政,当如痛病在汝身欲去之。" ②天畏棐忱:上天可畏,辅助诚心。棐,辅助,音fěi。忱,诚实。 ③无康好逸豫:无,不要。康好,安逸。逸豫,放纵。 ④怨不在大:怨,仇恨。在,在于。 ⑤惠不惠:使不顺从者顺从。惠,前一个用作动词,顺;后一个用作名词,顺从者。 ⑥懋不懋:让不勤勉者勤勉。语法与"惠不惠"同。 ⑦汝惟小子乃服惟弘王应保殷民:乃,是。服,职责。惟,是。弘,光大。应保,受保。康叔封于殷墟,所接受和保护的民众中多为殷遗民。 ⑧宅天命:宅,忖度。天命,受命于天。 ⑨作新民:作,教化,引导。新民,变革民心。

王曰:"呜呼!封,敬明乃罚。人有小罪,非眚①,乃惟终②,自作不典③,式尔④,有厥罪小,乃不可不杀。乃有大罪,非终,乃惟眚灾⑤,适尔⑥,既道极厥辜⑦,时乃不可杀⑧。"

[注释]①眚:过失,过错,音 shěng。 ②乃惟终:乃惟,是。终,经常。 ③不典:不合乎法度。 ④式尔:式,语气词,没有实际意义。尔,这样。 ⑤眚灾:过错。 ⑥适尔:如果这样。适,若。 ⑦既道极厥辜:既,已经。道,开导,教导。极,尽。厥,他。辜,罪行。 ⑧时乃不可杀:时,是,这。乃,就。这几句话的意思是说,人有小罪,是惯犯,不合乎法度,这样,其罪虽小,也不可不杀。人有大罪,偶尔犯之,这样,已经开导指明了他的罪行,可以不杀。

王曰:"呜呼!封,有叙时①,乃大明服②,惟民其敕懋和③。若有疾,惟民其毕弃咎④。若保赤子⑤,惟民其康乂。非汝封刑⑥人杀人,无或刑人杀人。非汝封又曰劓刵⑦人,无或劓刵人。"

[注释]①有叙时:叙,顺。时,是,这样,指上文赦眚杀终之法。 ②乃大明服:乃,于是,就。明,明白。服,服从。 ③惟民其敕懋和:敕,教诫。懋,勉力。和,和谐。 ④毕弃咎:毕,全部。弃,抛弃。咎,过失。 ⑤赤子:婴儿。 ⑥刑:处罚。 ⑦劓刵:劓,上古时代的一种刑罚,割鼻子,音 yì。刵,上古时代的一种刑罚,割耳朵,音 èr。

王曰:"外事①,汝陈时臬司师②,兹殷罚有伦③。"又曰:"要囚④,服念五六日至于旬时⑤,丕蔽要囚⑥。"

[注释]①外事:封国宫廷之外的事情。 ②汝陈时臬司师:汝,你。陈,布陈。时,是。臬,音 niè,法度。司,主管。师,士师,官名,掌刑狱。 ③兹殷罚有伦:兹,此。殷,殷人。罚,刑罚。伦,次序。 ④要囚:幽囚。 ⑤服念五六日至于旬时:服念,思考。旬,十日为一旬。 ⑥丕蔽要囚:丕,乃。蔽,决断。要囚,幽囚。

王曰:"汝陈时臬事罚。蔽殷彝①,用其义刑义杀②,

勿庸以次汝封③。乃汝尽逊曰时叙④,惟曰未有逊事⑤。已!汝惟小子未其有若汝封之心⑥。朕心朕德,惟乃知。凡民自得罪,寇攘奸宄⑦,杀越人于货⑧,暋不畏死⑨,罔弗憝⑩。"

[注释]①蔽殷彝:蔽,断狱。殷,商朝。彝,常,常法。 ②用其义刑义杀:用,使用。义刑义杀,刑杀适宜。义,宜,适宜。 ③勿庸以次汝封:勿,不要。庸,用。次,通恣,顺从。封,康叔名。 ④尽逊曰时叙:尽,全部。逊,顺。曰,语气词,没有实际意义。时,是。叙,次序。 ⑤惟曰未有逊事:惟,应该。曰,说。未有,没有。逊事,顺利的事情。 ⑥未其有若汝封之心:未其有,没有。其,语气词。若,顺。 ⑦寇攘奸宄:寇,寇盗。攘,抢夺。奸宄,作乱。 ⑧杀越人于货:越,远。于,夺取。货,货物。 ⑨暋不畏死:暋,强横,音 mǐn。不畏死,不怕死。 ⑩罔弗憝:罔弗,没有不。憝,怨恨,仇恨,音 duì。

王曰:"封,元恶大憝①,矧惟②不孝不友。子弗祗服③厥父事,大伤厥考心;于父不能字④厥子,乃疾⑤厥子;于弟弗念天显⑥,乃弗克恭⑦厥兄;兄亦不念鞠子哀⑧,大不友于弟。惟吊兹⑨,不于我政人得罪⑩,天惟与我民彝大泯乱⑪,曰:乃其速由文王作罚,刑兹无赦⑫。不率大戛⑬,矧惟外庶子、训人惟厥正人越小臣、诸节⑭。乃别播敷造民⑮,大誉弗念弗庸⑯,瘝厥君⑰,时乃引恶⑱,惟朕憝。已!汝乃其速由兹义率杀⑲。亦惟君惟长,不能厥家人越厥小臣、外正⑳,惟威惟虐,大放王命㉑;乃非德用乂㉒。汝亦罔不克敬典㉓。乃由裕民㉔,惟文王之敬忌㉕;乃裕民曰:我惟有及,则予一人以怿㉖。"

[注释]①元恶大憝:元恶,首恶。憝,恶。 ②矧惟:也是。 ③祗服:

祇,恭敬。服,侍奉。 ④字:慈爱。 ⑤疾:仇恨。 ⑥弗念天显:弗念,不考虑。天显,天明,伦理。 ⑦克恭:克,能。恭,恭敬。 ⑧鞠子哀:鞠子,稚子,幼子。哀,可怜。 ⑨惟吊兹:惟,唯有。吊,至,达到。兹,此,这样。 ⑩不于我政人得罪:于,由。政,政治,治理。人,别人。得罪,获罪。 ⑪天惟与我民彝大泯乱:天,上天。与,给予。彝,常法。大泯乱,大混乱。 ⑫刑兹无赦:刑,处罚。兹,这些罪行。无,不要。赦,赦免。 ⑬不率大戛:率,遵循。戛,常法,音jiá。 ⑭矧惟外庶子、训人惟厥正人越小臣、诸节:矧,也。外,在外。庶子,官名,主管诸侯、卿大夫、士们诸贵族庶子的教育事宜。训人,训民。正人,长官。越,与。诸节,掌管符节的小吏。 ⑮乃别播敷造民:乃,于是。别,分别。播敷,广布。造民,教化民众。 ⑯大誉弗念弗庸:誉,赞誉。弗念,不考虑。弗庸,不遵用。弗念弗庸,指不念用常法的人。 ⑰瘝厥君:瘝,病,这里指干坏事。厥,他的。君,君主。 ⑱时乃引恶:时,这。乃,是。引,增长。恶,恶行,罪恶。 ⑲汝乃其速由兹义率杀:乃,就。其,语气词。速,赶快。由,用。兹,这。义,宜。率,法度。杀,杀死。 ⑳外正:外官之长。 ㉑大放王命:放,弃,废。王命,周天子的命令。 ㉒非德用乂:不用德治理。乂,治理。 ㉓罔不克敬典:罔不,没有不。克,能。敬,敬用。典,常法。 ㉔乃由裕民:乃,假设之辞。由裕,猷裕,教导。 ㉕惟文王之敬忌:惟,思考,想着。敬忌,恭敬忌惮。 ㉖则予一人以怿:那么我就很高兴。予一人,谦词,周公自谓。怿,喜欢,快乐,音yì。

王曰:"封,爽惟民迪吉康①,我时其惟殷先哲王德用康乂民作求②;矧今民罔迪③,不适④;不迪,则罔政在厥邦⑤。"

[**注释**]①爽惟民迪吉康:爽,尚,表示命令或希望的副词,和下文"矧"相呼应。迪,导,引导。吉康,安康。 ②我时其惟殷先哲王德用康乂民作求:时,是,这样。其,语气词。惟,只有。先哲王,先前的贤王。康,安定。乂,治理。作求,寻求。 ③矧今民罔迪:矧,何况。今,今天,现在。罔迪,不顺。 ④适:顺从。 ⑤罔政在厥邦:罔,没有。政,政教。邦,国。

王曰:"封,予惟不可不监①,告汝德之说于罚之行②。今惟民不静,未戾厥心③,迪屡未同④,爽惟天其罚殛我⑤,我其不怨⑥;惟厥罪无在大,亦无在多,矧曰其尚显闻于天⑦?"

[注释]①监:通"鉴",借鉴。 ②德之说于罚之行:德,德治。说,说教。于,与。行,行动。 ③今惟民不静,未戾厥心:现在民众不安静,其心没有安定下来。静,安静。未,没有。戾,安定。心,民心。 ④迪屡未同:迪,教导。屡,屡次。未,没有。同,统一,同于我。 ⑤爽惟天其罚殛我:爽,可能。惟,是。其,语气词。殛,惩罚。 ⑥怨:恨。 ⑦矧曰其尚显闻于天:矧,何况。曰,语气词。尚,尚且。显,明白。闻,传闻。天,上天。

王曰:"呜呼!封,敬哉!无作怨①,勿用非谋非彝蔽时忱②。丕则敏德③,用康乃心④,顾乃德⑤,远乃猷⑥,裕乃以⑦;民宁⑧,不汝瑕殄⑨。"

[注释]①无作怨:无,不要。作怨,招致怨恨。 ②勿用非谋非彝蔽时忱:勿用,不要使用。非谋,非正当的谋划。非彝,不合法度。蔽,蒙蔽。时,这些。忱,诚心。 ③丕则敏德:丕则,于是。敏,勉,勉行。德,德教。 ④康乃心:康,安定。乃,其,指殷遗民,下文的三个"乃"同义。心,心思。 ⑤顾乃德:顾,反思。德,行为。 ⑥远乃猷:远,远大。猷,计谋,音yóu。 ⑦裕乃以:裕,富足。以,用度。 ⑧宁:安宁。 ⑨不汝瑕殄:倒装句,即不瑕殄汝。瑕殄,灭亡。

王曰:"呜呼!肆汝小子封,惟命不于常①,汝念哉!无我殄享②,明乃服命③,高乃听④,用康乂民。"

[注释]①惟命不于常:惟,发语词,没有实际意义。命,天命。不于常,不常在一家。于,在。 ②无我殄享:倒装句,即无殄享我,不要弃绝我的话。

殄享,弃绝。 ③明乃服命:明,明白。乃,你。服命,使命,职责。 ④高乃听:听得更广泛些。高,远。

　　王若曰:"往哉!封,勿替敬①,典听朕告②,汝乃以殷民世享③。"

　　[**注释**]①勿替敬:勿,不要。替,废。敬,恭敬。 ②典听朕告:典,常。听,听从。告,训诫。 ③汝乃以殷民世享:乃,就。以,用。世,世代。享,享有。

酒　诰

　　《酒诰》也是周公告诫少弟康叔的训词。周公平定武庚叛乱后，封少弟康叔于殷都故地。殷人嗜酒，酗酒成风，周公担心周人也染上这一恶习，于是正告康叔要严禁酗酒。全文可以分为三部分：第一部分，正面阐述戒酒的意义，宣布戒酒是文王和上帝的旨意；第二部分，从正反两方面总结戒酒兴邦、酗酒误国的历史教训；第三部分，明确宣布禁酒令。《酒诰》不但具有重要的史料价值，对后世社会生活的指导意义也是不言自明的。

　　王若曰①："明大命于妹邦②。乃穆考文王③，肇国在西土④。厥诰毖庶邦庶士越少正、御事⑤，朝夕曰：'祀兹酒⑥。'惟天降命，肇我民⑦，惟元祀⑧。天降威⑨，我民用大乱丧德⑩，亦罔非酒惟行⑪。越小大邦用丧⑫，亦罔非酒惟辜⑬。文王诰教小子有正有事⑭，无彝酒⑮。越庶国⑯，饮惟祀，德将无醉⑰。惟曰我民迪小子⑱，惟土物爱⑲，厥心臧⑳。聪听祖考之彝训㉑，越小大德㉒。小子惟一妹土㉓，嗣尔股肱㉔，纯其艺黍稷㉕，奔走事厥考厥长㉖。肇牵㉗车牛，远服贾㉘，用孝养厥父母。厥父母庆㉙，自洗腆㉚,致用酒㉛。庶士有正越庶伯君子㉜,其尔典听朕教㉝。尔大克羞耉惟君㉞,尔乃饮食醉饱。丕惟曰尔克永观省㉟,作稽中德㊱,尔尚克羞馈祀㊲,尔乃自介用逸㊳。兹乃允惟王正事之臣㊴,兹亦惟天若元德㊵,永不忘在王家㊶。"

[注释]①王若曰:王,指周公。若,这样。 ②明大命于妹邦:明,明确。命,命令。妹,通"沫"。沫,水名,殷都朝歌以北的一条小河。卫国分封在殷人旧墟上,沫邦遂成为卫国的代名词。 ③乃穆考文王:乃,你。穆考文王,先父文王。穆,文王神主在周人祖庙中的位置。周人以后稷为始祖,左昭、右穆往下排,至文王为穆。 ④肇国在西土:肇,始。肇国,开国。西土,西方。周人从西方发展起来。 ⑤厥诰毖庶邦庶士越少正、御事:厥,他。诰毖,告诫。庶邦庶士,众国众卿士,这是外服之人。越,与。少正,官名,正长的副手。御事,治事的官吏。少正、御事,这是内服之人。《酒诰》训诫,内服、外服有别。 ⑥祀兹酒:祭祀时则可以饮酒。祀,祭祀。兹,则。酒,饮酒。 ⑦惟天降命,肇我民:惟,想,思考。降命,降福命。肇,正,治。民,民众。 ⑧惟元祀:只有大祭时(才可以饮酒)。惟,只有。元,大。祀,祭祀。 ⑨天降威:上天降下威罚。 ⑩我民用大乱丧德:用,以,因此。丧德,丧失美德。我民,内服。 ⑪亦罔非酒惟行:亦,也。罔非,没有不。酒,饮酒。惟,为。行,用。 ⑫越小大邦用丧:越,与。小大邦,大小诸侯国,外服。用,因此。丧,灭亡。 ⑬惟辜:为罪。 ⑭诰教小子有正有事:诰,告。诰教,教导。小子,王室子弟。有正,正官。有事,治事小吏。有正有事,指群吏。这些都是内服。 ⑮无彝酒:不要经常饮酒。彝,常。 ⑯越庶国:与众诸侯国。庶国,外服。 ⑰饮惟祀,德将无醉:饮惟祀,只有祭祀时可以饮酒。德将,以德自扶持。无醉,不要喝醉。 ⑱惟曰我民迪小子:曰,说。迪,教导。小子,民众的子孙。 ⑲惟土物爱:即惟爱土物。爱,爱惜,珍惜。土物,土产之物,指粮食。粮食是酿酒的原料。 ⑳厥心臧:厥,他们。心,心灵。臧,音zāng,善良。 ㉑聪听祖考之彝训:聪,听力好。聪听,好好听从。祖考,祖先父辈。彝,常。训,教导。 ㉒越小大德:越,弘扬。小大德,各种美德。 ㉓小子惟

一妹土:小子,子孙。惟一,专一。妹土,即妹邦,沫邦,卫国。 ㉔嗣尔股肱:嗣,用。尔,你们。股肱,身体。 ㉕纯其艺黍稷:纯,专心。其,语气词。艺,种植。黍稷,农作物。 ㉖奔走事厥考厥长:奔走,奔跑。事,侍奉。厥,他。考,父辈。长,尊长。 ㉗肇牵:肇,始。牵,牵引。 ㉘远服贾:远,远方。服,从事。贾,音gǔ,商贾,贸易。农功既毕,始牵车牛,载其所有,求易所无,远行贾卖,用其所得孝养父母。 ㉙庆:喜庆,欢喜。 ㉚自洗腆:自,亲自。洗,洁,洁治。腆,膳食丰盛,音tiǎn。 ㉛致用酒:致,得,可以。用酒,饮酒。 ㉜庶士有正越庶伯君子:庶士,众士。有正,正长。庶士有正,内服。越,与。庶伯,众邦国君主。君子,士人。庶伯君子,外服。 ㉝其尔典听朕教:其,语气词。尔,你们。典,常。听,听从。朕,我。教,教导。 ㉞克羞耇惟君:克,能。羞,进献。耇,老年人。惟,与。君,君主。 ㉟丕惟曰尔克永观省:丕,发语词。惟,思想。尔,你们。克,能。永,长远。观,观察。省,反省。 ㊱作稽中德:作,作为。稽,符合。中德,中道,适中。 ㊲尔尚克羞馈祀:尔,你们。尚,尚且。克,能。羞,进。馈祀,助祭。 ㊳自介用逸:自,自己。介通"界",节制。用逸,放松,指饮酒。 ㊴兹乃允惟王正事之臣:兹,这。乃,是。允,长久。惟,为。王,周天子。正事之臣,主事之臣。 ㊵惟天若元德:惟,为。天,上天。若,顺。元德,大德。 ㊶永不忘在王家:永,永远。忘,亡,丧失。王家,国家。不忘在王家,不会丢失在国家的官位。

王曰:"封,我西土棐徂①,邦君、御事、小子尚克用②文王教,不腆于酒③,故我至于今,克受殷之命④。"

[注释]①我西土棐徂:我周人发迹于西土而非这卫地。棐徂即"匪且",意为非此。 ②尚克用:尚,尚且。克,能。用,听从。 ③不腆于酒:厚。不腆于酒,不嗜于酒,不常饮酒。 ④故我至于今,克受殷之命:所以我们能有今天,能够从殷人那里接过天命。

王曰:"封,我闻惟曰,在昔殷先哲王,迪畏天显小民①,经德秉哲②,自成汤咸至于帝乙③,成王畏相惟御事④,厥棐有恭⑤,不敢自暇自逸⑥,矧曰其敢崇饮⑦?越在外服侯、甸、男、卫邦伯⑧,越在内服百僚庶尹惟亚惟服宗工⑨,越百姓里居⑩,罔敢湎⑪于酒。不惟不敢,亦不暇⑫。惟助成王德显⑬,越尹人祗辟⑭。我闻亦惟曰,在今后嗣王⑮,酣⑯,身厥命⑰,罔显于民祗⑱,保越怨不易⑲。诞惟厥纵⑳,淫泆于非彝㉑,用燕丧威仪㉒,民罔不盡㉓伤心。惟荒腆于酒,不惟自息乃逸㉔,厥心疾很㉕,不克畏死㉖。辜在商邑㉗,越殷国灭,无罹㉘。弗惟德馨香祀登闻于天㉙,诞惟民怨㉚。庶群自酒㉛,腥闻在上㉜,故天降丧于殷,罔爱于殷,惟逸㉝。天非虐㉞,惟民自速辜㉟。"

[注释]①迪畏天显小民:迪,发语词。天显,天明,天命。畏天命不常在。畏小民,害怕小民难保。 ②经德秉哲:经,行。秉,持。哲,智慧。 ③自成汤咸至于帝乙:自,从。成汤,商朝开国君主。咸,都。至于,到。帝乙,殷商倒数第二代君主,纣王的父亲。 ④成王畏相惟御事:成王,贤王。相,君主的助手。畏相,谨慎的助手。惟,只。御事,治事。 ⑤厥棐有恭:棐,辅助。恭,恭敬。 ⑥自暇自逸:自,自我。暇,偷闲。逸,放纵。 ⑦崇饮:崇,聚。崇饮,聚众饮酒。 ⑧越在外服侯、甸、男、卫邦伯:越,与。侯、甸、男、卫,九服中的四服,王畿外服事天子的不同区域。邦伯,诸侯。 ⑨内服百僚庶尹惟亚惟服宗工:内服,王畿之内服侍天子的臣民。百僚,百官。庶尹,众正。惟,与。亚,次,正的副手。服,事,任事之人。宗工,百工,手工业者。 ⑩越百姓里居:与百官族姓及卿大夫退休居家者。越,与。百姓,百官。里居,家居,居家。 ⑪湎:沉溺。 ⑫不暇:顾不上。 ⑬惟助成王德显:惟,只。助,辅助。成王,贤王。德显,即显德。 ⑭越尹人祗辟:越,与。尹人,长官。祗辟,敬法。辟,法度,音bì。 ⑮今后嗣王:指殷纣王。嗣,继承。 ⑯酣:酣酒,音hān。 ⑰身厥命:身,神化。厥,他。命,天命。 ⑱民祗:即祗民,敬民。 ⑲保越怨不易:安于民怨而不思改悔。保,安。越,于。怨,仇恨。易,改悔。 ⑳诞惟厥纵:诞,发语词。惟,只有。纵,放纵。

㉑淫泆于非彝:淫泆,过分。泆,音yì。彝,常法,法度。 ㉒用燕丧威仪:用,因为。燕,燕享,宴会。丧威仪,丧失尊严。 ㉓嚍:音xì,伤痛。 ㉔不惟自息乃逸:不惟,不仅。息,停止。乃,其。逸,过失。 ㉕疾很:疾狠。 ㉖不克畏死:自恃天命不怕死。克,能。 ㉗辜在商邑:辜,罪行。在商邑,在商都。 ㉘无罹:无忧。罹,音lí,忧愁。 ㉙弗惟德馨香祀登闻于天:弗惟,没有。德,美德。馨,香。祀,祭祀。登,升。闻,传达。天,上天。 ㉚诞惟民怨:诞,发语词。惟,只有。怨,怨声。 ㉛庶群自酒:庶群,群庶,群臣。自酒,私自饮酒。 ㉜上:天上。 ㉝惟逸:惟,为,因为。逸,放纵。 ㉞虐:虐待。 ㉟自速辜:自,自己。速,招致。辜,罪罚。

王曰:"封,予不惟若兹多诰①。古人有言曰:'人无于水监,当于民监②。'今惟殷坠厥命,我其可不大监抚于时③?予惟曰,汝劼毖殷献臣④,侯、甸、男、卫⑤,矧太史友、内史友越献臣百宗工⑥,矧惟尔事服休服采⑦?矧惟若畴⑧,圻父薄违、农父若保、宏父定辟⑨,矧汝刚制于酒⑩?厥或诰⑪曰:'群饮⑫。'汝勿佚⑬,尽执拘以归于周⑭,予其杀⑮。又惟殷之迪诸臣惟工乃湎于酒⑯,勿庸⑰杀之,姑惟教之⑱。有斯明享⑲,乃不用我教辞⑳,惟我一人弗恤㉑,弗蠲乃事㉒,时同于杀㉓。"

[注释]①不惟若兹多诰:不惟,不仅。若兹,如此。多诰,多说。 ②人无于水监,当于民监:人不仅应当用水照面,还应该经常用民情照一照。监,通"鉴",借鉴。古人在支架上放一盆水,供人照面使用,这就是鉴。 ③监抚于时:以此为借鉴。抚,览。时,是,这。 ④劼毖殷献臣:劼,谨慎,努力,音jié。毖,告诉,音bì。殷献臣,殷降臣,即殷遗民。 ⑤侯、甸、男、卫:外服之人。 ⑥矧太史友、内史友越献臣百宗工:内服之人。矧,又。太史、内史,王室史官。友,僚属。越,与。献臣,降臣。百宗工,手工业者。 ⑦矧惟尔事服休服采:矧,又。惟,发语词,没有实际意义。尔,你。事,治事之人。服休,

燕息之近臣。服采,朝祭之近臣。 ⑧矧惟若畴:矧,又。惟,发语词,没有实际意义。若畴,你辈,指下文的圻父、农父、宏父。 ⑨圻父薄违、农父若保、宏父定辟:圻父,司马。圻,音 qí。农父,司徒。宏父,司空。薄违,纠邪。若保,顺保民众。若,顺。定辟,确定建筑的法度。辟,法度,音 pì。 ⑩矧汝刚制于酒:矧,发语词,没有实际意义。汝,你。刚,坚决。制,节制。酒,饮酒。 ⑪厥或诰:厥,他人。或,有人。诰,告诉。 ⑫群饮:聚众饮酒。 ⑬佚:放纵,音 yì。 ⑭尽执拘以归于周:全部把他们抓起来送到镐京。尽,全部。执拘,拘留,抓起来。周,宗周,镐京。 ⑮予其杀:我要把他们统统杀掉,予,我。其,语气词。杀,杀死。 ⑯迪诸臣惟工乃湎于酒:迪,由,辅佐。诸臣,诸降臣。惟,与。工,百工,手工业者。湎于酒,酗酒。 ⑰勿庸:不用。 ⑱姑惟教之:姑,姑且。惟,语气词。教之,教育他们。 ⑲有斯明享:斯,这样。明,明确。享,优惠。 ⑳乃不用我教辞:乃,还,仍然。用,遵循。教辞,教导。 ㉑惟我一人弗恤:惟,发语词。我一人弗恤,即弗恤我一人。恤,忧患。我一人,即"余一人"、"予一人",周公自谦之辞。 ㉒弗蠲乃事:弗蠲,不除掉。蠲,免除,音 juān。乃事,他们的罪行,指酗酒。 ㉓时同于杀:时,是,这样。同,相同。杀,杀死。

王曰:"封,汝典听朕毖①,勿辩乃司民湎于酒②。"

[注释]①典听朕毖:典,经常。听,听从。毖,教导。 ②勿辩乃司民湎于酒:不要让你所掌管的民众酗酒。辩,使。司,掌管。湎于酒,酗酒。

梓　材

　　《梓材》也是周公告诫少弟康叔的训词。文中有"若作梓材，既勤朴斲"的话，故名《梓材》。梓材就是良材的意思。宋儒认为本篇文献前后语气不一致，其中可能有错简。全文可以分为两部分：第一部分，谈治理殷地的政策和方法；第二部分，谈制定这些政策的依据。文中强调"用明德"，这种思想对后世的政治生活具有一定的指导意义。

　　王曰："封，以厥庶民暨厥臣达大家①，以厥臣达王惟邦君②，汝若恒③。越曰我有师师：司徒、司马、司空、尹、旅④曰：'予罔厉杀人⑤。亦厥君先敬劳，肆徂厥敬劳⑥。'肆往，奸宄、杀人，历人宥⑦；肆亦见厥君事，戕败人宥⑧。王启监，厥乱为民⑨。曰：'无胥戕⑩，无胥虐⑪，至于敬寡⑫，至于属妇⑬，合由以容⑭。'王其效邦君越御事⑮，厥命曷以⑯？引养引恬⑰。自古王若兹监⑱，罔攸辟⑲。"

　　[注释]①封，以厥庶民暨厥臣达大家：从庶民至于卿大夫。封，卫康叔名。以，从。厥，其。庶民，民众。暨，与。达，到。大家，卿大夫。　②王惟邦君：王，指卫康叔。惟，与。邦君，指卫国封地内的诸侯。　③汝若恒：都顺

从于你。汝,你。若,顺从。恒,常,常典。 ④越曰我有师师:司徒、司马、司空、尹、旅:越,发语词。曰,谓,说。有,所有。师师,众长。司徒、司马、司空,国之三卿。司徒主民事,司马主军事,司空主工程建设事宜。尹,大夫。旅,众士。 ⑤罔厉:罔,没有。厉,酷虐。 ⑥肆徂厥敬劳:肆,今。徂,往,到,音cú。敬,敬民。劳,安顿民众,慰劳民众。 ⑦历人宥:历,过,往。历人,过往之人。宥,宽恕,原谅,音yòu。 ⑧戕败:马融说:"残也。"戕,音qiāng。⑨王启监,厥乱为民:王,指卫康叔。启,教导。监,监视,指公、侯、伯、子、男互相监视。乱,理乱,治理。为,为了。民,民众。 ⑩无胥戕:无,不要。胥,相互。戕,残害。 ⑪虐:虐待。 ⑫敬寡:敬养寡弱。 ⑬属妇:妾妇,妇孺。 ⑭合由以容:合,同。由,用。容,宽容。 ⑮王其效邦君越御事:王,指周天子。其,语气词。效,考察,考核。邦君,诸侯。越,与。御事,大臣。⑯厥命曷以:厥命以曷,用什么内容来任命。 ⑰引养引恬:引,长久。养,养民。恬,安,安民。 ⑱若兹监:像这样来监视其治下。 ⑲罔攸辟:罔,不用。攸,所。辟,刑辟,刑罚。

惟曰①:"若稽田②,既勤敷菑③,惟其陈修为厥疆畎④。若作室家⑤,既勤垣墉⑥,惟其涂墍茨⑦。若作梓材⑧,既勤朴斲⑨,惟其涂丹雘⑩。今王惟曰,先王既勤用明德,怀为夹⑪,庶邦享作⑫,兄弟方来⑬,亦既用明德。后式典集⑭,庶邦丕享⑮。皇天既付中国民越厥疆土于先王⑯,肆王惟德用⑰,和怿先后迷民⑱,用怿先王受命。已!若兹监⑲。惟曰:欲至于万年⑳,惟王子子孙孙永保民㉑。"

[注释]①惟曰:又说。 ②若稽田:治理国家就像计算农业生产那样。稽,计算。田,田功,农业生产。 ③既勤敷菑:既,已经。勤,勤劳。敷,广泛。菑,除草,音zī。 ④惟其陈修为厥疆畎:惟,又。其,语气词,没有实际意义。陈,治。修,造。为,做。厥,它。疆,疆界。畎,排水沟,音quǎn。

⑤室家:房屋。 ⑥垣墉:墙。垣,低墙,音 yuán。墉,高墙,音 yōng。 ⑦涂塈茨:涂,和泥巴。塈,涂抹屋顶,音 xì。茨,用草盖屋。 ⑧梓材:好的木材。梓,树木名。 ⑨朴斲:朴,去皮后的木材。斲,砍,削,音 zhuó。 ⑩涂丹雘:涂,涂抹。丹,红色。雘,赤石脂之类的上好颜料,音 wò。马融说:"善丹也。" ⑪怀为夹:怀,来。为,作为。夹,夹辅,辅佐。 ⑫庶邦享作:庶邦,众诸侯。享,享用。作,开始。 ⑬兄弟方来:兄弟,同姓诸侯。方,正。来,来到。 ⑭后式典集:后,继体君主。式,用。典,常法。集,安集。 ⑮丕享:大享用。 ⑯皇天既付中国民越厥疆土于先王:上帝已经把王畿之内的民众与疆土交给先王。皇,光明。天,上天。既,已经。付,交给。中国,王畿之内。民,民众。越,与。厥,他。疆土,国土。先王,指武王。 ⑰肆王惟德用:肆,今天。惟,只。德用,即用德,用德治。 ⑱和怿先后迷民:用温和的态度来安抚先王迷惑的民众。和,温和。怿,喜欢,音 yì。先后,先王。迷,迷惑。民,民众。 ⑲若兹监:若兹,如此。监,监治。 ⑳万年:一万年,比喻永久。 ㉑惟王子子孙孙永保民:希望你子子孙孙永远保有民众。子子孙孙,周人习语,常见于出土器物的铭文中。

召　诰

　　召公营建洛邑，周公、成王先后来视察，召公率领众官员拜见周公和成王，向成王指出目前的忧患，阐明营洛的重要意义，劝勉成王敬德恤民，这就是《召诰》的基本内容。《书序》说："成王在丰，欲宅洛邑，使召公先相宅，作《召诰》。"在诰词中，召公征引夏、商两代因为不敬德而早早丧失天命的惨痛教训，明确宣称："我不可不监于有夏，亦不可不监于有殷"，反复劝谏成王"疾敬德"、"王其德之用，祈天永命"。诰词把"敬德"、"保民"与"天命"联系在一起，具有一定的进步意义。文中表达的忧患意识十分强烈，感染力自不待言。

　　惟二月既望①，越六日乙未②，王朝步自周③，则至于丰④。惟太保先周公相宅⑤。越若来三月⑥，惟丙午朏⑦。越三日戊申⑧，太保朝至于洛⑨，卜宅⑩。厥既得卜⑪，则经营⑫。越三日庚戌⑬，太保乃以庶殷攻位于洛汭⑭。越五日甲寅⑮，位成。若翼日乙卯⑯，周公朝至于洛，则达观于新邑营⑰。越三日丁巳⑱，用牲于郊，牛二⑲。越翼日戊午⑳，乃社于新邑㉑，牛一，羊一，豕一㉒。越七日甲子㉓，周公乃朝用书㉔,命庶殷、侯、甸、男邦伯㉕。厥既命殷庶,庶殷丕作㉖。大保乃以庶邦冢君出取币㉗,乃复入,锡周公㉘。

[注释]①惟二月既望:惟,发语词。《史记·周本纪》记载说:"周公行政七年,成王长,周公反(返)政成王,北面就群臣之位。成王在丰,使召公复营洛邑,如武王之意。周公复卜申视,卒营筑,居九鼎焉。曰:此天下之中,四方入贡道里均。作《召诰》《洛诰》。"这就是说,营造洛邑在成王七年。夏商周断代工程推算成王七年为公元前1036年。二月,即这一年的二月。既望,农历十五六日。 ②越六日乙未:越六日,过了六天。乙未,二十一日。 ③王朝步自周:王,成王。朝,音zhāo,早晨。步,步行。自,从。周,宗周,镐京,武王的都城。 ④丰:文王的都城,在今陕西户县。 ⑤惟太保先周公相宅:太保,官名,周朝大官。相传周立太师、太傅、太保为三公。太保,名奭,因封地在召(今陕西岐山县西南),又称召公或召伯。武王灭商后,改封于北燕,又称燕召公。"其在成王时,召公为三公:自陕以西,召公主之;自陕以东,周公主之"(《史记·燕召公世家》)。奭,音shì。召,音shào。先周公,在周公之前。相,考察。宅,居处。 ⑥越若来三月:越若,发语词。来三月,即三月。来月,下月,二月的来月为三月。 ⑦惟丙午朏:丙午,三月三日。朏,新月开始发光,音fěi。 ⑧越三日戊申:过了三日为戊申日,即三月五日。 ⑨洛:洛水之滨。 ⑩卜宅:卜,占卜。宅,居处。 ⑪厥既得卜:厥,他。既,已经。得,得到。卜,吉兆。 ⑫则经营:则,于是。经,规划。营,营造。 ⑬庚戌:即三月七日。 ⑭乃以庶殷攻位于洛汭:乃,于是。以,用。庶殷,众殷遗民。攻,治。位,都邑的方位。洛汭,洛水之北。汭,河流汇合或弯曲的地方,音ruì。 ⑮甲寅:即三月十一日。 ⑯若翼日乙卯:若翼日乙卯,三月十二日。翼日,有时写作"翌日",即第二天。 ⑰则达观于新邑营:则,于是。达观,通看,巡视一遍。新邑,指洛邑。营,营造。 ⑱丁巳:即三月十四日。 ⑲用牲于郊,牛二:郊,郊祭。用牲于郊,使用牲畜进行郊祭。牛二,两头牛。 ⑳戊午:即三月十五日。 ㉑乃社于新邑:乃,于是。社,社庙,这里是立社庙的意思。社庙祭土地神。新邑,刚刚营造的城邑,即洛邑。 ㉒牛一,羊一,

豕一:一头牛,一只羊,一头猪,这是立社庙时的祭品,古人称用这三种东西祭祀一次为"太牢"。立新庙,同时举行社祭。 ㉓甲子:即三月二十一日。 ㉔朝用书:朝,早晨。用,发布。书,分配工役的文书。 ㉕命庶殷、侯、甸、男邦伯:命,命令。庶,众。殷,殷遗民。侯、甸、男邦伯,侯、甸、男,五服中的三服。邦伯,君长。 ㉖丕作:大作,努力营建洛邑。 ㉗大保乃以庶邦冢君出取币:大保,召公。乃,于是。以,率领。庶邦,众方国。冢君,大君,方国之长。出,出来。取,取出。币,绢帛。 ㉘锡:通"赐",献给。

曰:"拜手稽首①,旅王若公②,诰告庶殷越自乃御事③:呜呼!皇天上帝改厥元子④,兹大国殷之命⑤。惟王受命⑥,无疆惟休,亦无疆惟恤⑦。呜呼!曷其奈何弗敬⑧?天既遐终⑨大邦殷之命,兹殷多先哲王在天越厥后王后民⑩,兹服厥命⑪。厥终,智藏瘝在⑫。夫知保抱携持厥妇子⑬,以哀吁天⑭,徂厥亡,出执⑮。呜呼!天亦哀于四方民,其眷命用懋⑯。王其疾敬德⑰。相古先民有夏⑱,天迪从子保⑲,面稽天若⑳,今时既坠厥命㉑。今相有殷㉒,天迪格保㉓,面稽天若,今时既坠厥命。今冲子嗣㉔,则无遗寿耇㉕,曰其稽㉖我古人之德,矧曰其有能稽谋自天㉗?

[注释]①拜手稽首:拜手,头弯到手。稽首,以头叩地,都是表示对人尊重的礼节。 ②旅王若公:旅,陈述。王,成王。若,与。公,周公。 ③诰告庶殷越自乃御事:诰,告。诰告,正告。庶殷,众殷遗民。越,与。乃,你们。御事,主事官员。 ④皇天上帝改厥元子:皇天,上天。改,更改,改立。厥,他的。元,大。元子,指天子。 ⑤兹大国殷之命:兹,停止。大国殷,周人灭商时,周小殷大,所以周人经常自称"小邦周",称商王朝为"大邦殷"、"大国殷"或"大邑商"、"天邑商"。命,天命。 ⑥受命:接受天命。 ⑦无疆惟休,亦无疆惟恤:无疆,没有尽头。休,美好。恤,忧患。 ⑧曷其奈何弗敬:

曷其,为何。奈何,怎么。弗,不。敬,敬惧。 ⑨遐终:遐,远。终,终止。 ⑩兹殷多先哲王在天越厥后王后民:兹,这些。先哲王,已故的贤王。在天,灵魂在天上。越,与。后王后民,指贤王之后的继位君臣。 ⑪兹服厥命:兹,如此。服,服从。命,天命。 ⑫厥终,智藏瘝在:厥终,后王之终,指殷纣王。智,有识之士。藏,藏匿。瘝,病痛,这里指那些害民者。瘝,音 guān。在,在位。 ⑬夫知保抱携持厥妇子:夫,丈夫。知,匹配,配偶。保,襁褓。厥,他。妇子,老婆孩子。 ⑭以哀吁天:以,用。哀吁,哀叫,哀呼。天,上天。 ⑮徂厥亡,出执:徂,在,在家。亡,逃亡。出,出逃。执,被抓。 ⑯眷命用懋:眷,眷顾。命,任命。懋,勉励。 ⑰王其疾敬德:王,成王。其,语气词,没有实际意义。疾,赶快。敬德,敬修自己的德行。 ⑱相古先民有夏:相,视,观察。古先民,古代先民。有夏,夏王朝。有,语气词。 ⑲天迪从子保:天,上天。迪,道,顺从。子,像孩子一样。保,保护。 ⑳面稽天若:面,仰起脸面。稽,考察。天,天意。若,顺从。 ㉑坠:丧失。 ㉒有殷:殷商。 ㉓格保:格,升。保,保护。 ㉔今冲子嗣:今,今天,现在。冲子,童子,指成王,成王继位治政时尚很年轻。嗣,继承。 ㉕遗寿耇:遗,遗存。寿耇,即"老成人"、"耇成人",年老而睿智的人。 ㉖曰其稽:曰,语首助词。其,表希望的语气词。稽,考察。 ㉗稽谋自天:稽,考求。谋,良谋。自天,从天上。

"呜呼！有王虽小,元子哉①！其丕能諴于小民②。今休,王不敢后③,用顾畏于民碞④。王来绍上帝⑤,自服于土中⑥。旦曰：'其作大邑⑦,其自时配皇天⑧。毖祀于上下⑨,其自时中乂⑩。王厥有成命治民⑪。'今休⑫:王先服殷御事⑬,比介于我有周御事⑭,节性⑮,惟日其迈⑯。

[注释]①有王虽小,元子哉:虽然成王年龄小,但他是上天的长子。元子,大儿子,长子。 ②其丕能諴于小民:其,指成王。丕,大。諴,音 xián,和,和洽。 ③今休,王不敢后:休,美好,指上天赐给天命。王,成王。后,后退,停滞不前。 ④用顾畏于民碞:用,因为。顾,顾念。畏,畏惧。碞,僭越,超过本分,音 yán。 ⑤王来绍上帝:来,来到洛邑。绍,继承。上帝,这里是

上天旨意的意思。　⑥自服于土中：自，用。服，治。土中，指洛邑。按当时的讲法，洛邑居天下之中。　⑦旦曰，其作大邑：旦，指周公旦。大邑，指洛邑。　⑧其自时配皇天：其，语气词。自，从。时，是，这里。配，配享。皇天，上天。　⑨愖祀于上下：愖，谨慎。祀，祭祀。上下，指各种神灵。　⑩其自时中乂：从此中州可以得到治理了。其，语气词。自，从。时，是，这。中，中土。乂，治理。　⑪王厥有成命治民：王，成王。厥，语气词。成命，从上天那里已经接到的命令。治民，治理民众。　⑫今休：现在获得好的征兆。休，美，好征兆。　⑬王先服殷御事：先，以……为先，重视。服，用。殷，殷商。御事，治事，治事之臣。　⑭比介于我有周御事：比介，比近，接近。有周，周王朝。御事，治事之臣。　⑮节性：节制性情。　⑯惟日其迈：惟，发语词。日，时间。其，乃。迈，前进。

"王敬作①，所不可不敬德。我不可不监于有夏②，亦不可不监于有殷。我不敢知曰③，有夏服④天命，惟有历年⑤，我不敢知曰，不其延⑥；惟不敬厥德⑦，乃早坠厥命⑧。我不敢知曰，有殷受天命，惟有历年，我不敢知曰，不其延；惟不敬厥德，乃早坠厥命。今王嗣受厥命，我亦惟兹二国命⑨，嗣若功⑩。王乃初服⑪。呜呼！若生子，罔不在厥初生⑫，自贻哲命⑬。今天其命哲⑭，命吉凶，命历年⑮。知今我初服，宅新邑，肆惟王其疾敬德。王其德之用，祈天永命⑯。其惟王勿以小民淫用非彝⑰，亦敢殄戮用乂民⑱，若有功，其惟王位在德元⑲。小民乃惟刑用⑳于天下，越王显㉑。上下勤恤㉒，其曰，我受天命，丕若有夏历年㉓，式勿替有殷历年㉔。欲王以小民受天永命㉕。"

[注释]①王敬作：王，成王。敬，恭敬。作，所作所为。　②监于有夏：监，借鉴。有夏，夏朝。　③不敢知：即不知，不知道。　④服：接受。　⑤历年：时间久长。　⑥不其延：夏朝国运不长。不其延，即不延，其为语气词。

延,长,长久。　⑦敬厥德:敬修自己的德行。　⑧坠厥命:丧失自己的天命。　⑨惟兹二国命:兹,此。二国,夏、商。命,丧失天命。惟兹二国命,即惟兹二国命是监,"监"字承上文省略。　⑩嗣若功:嗣,继承。若,其。功,功业。　⑪初服:初,开始,刚刚。服,任,上任。　⑫若生子,罔不在厥初生:就像养孩子,教育的关键在幼年阶段。　⑬自贻哲命:贻,传递,音yí。哲命,智命,智慧。　⑭今天其命哲:今,现在。天,上天。其,语气词。命,命定。哲,大智慧者。　⑮命历年:命定国运长久。　⑯祈天永命:祈,祈求。天,上天。永命,命运久长。　⑰淫用非彝:淫用,滥用。非彝,不合乎常法。　⑱殄戮用乂民:殄戮,杀戮。用,以。乂民,治民。　⑲其惟王位在德元:其,语气词。惟,思,想。位,位置。在,居于。德,德治,道德。元,首,首位。　⑳乃惟刑用:乃,于是。惟,思,想。刑,型,模仿。　㉑越王显:越,发扬。显,光明。　㉒上下勤恤:君臣上下勤勉忧患。　㉓丕若有夏历年:丕,语首助词。若,像。有夏,夏朝。历年,长久。　㉔式勿替有殷历年:式,语首助词。勿,不要。替,废。有殷,商朝。　㉕欲王以小民受天永命:欲,希望。王,成王。以,与。小民,民众。受天永命,永远接受天命。

　　拜手稽首曰①:"予小臣②,敢以王之雠民百君子越友民③,保受王威命明德④。王末有成命⑤,王亦显⑥。我非敢勤⑦,惟恭奉币⑧,用供王能祈天永命⑨。"

　　[注释]①拜手稽首曰:郑玄说:"拜手稽首者,召公既拜,兴,曰'我小臣'以下,言召公拜讫而复言也。"兴,站起来。　②予小臣:王肃说:"我小臣,召公自谓是小臣,为召公之谦辞。"　③敢以王之雠民百君子越友民:以,与。雠民,众民。百君子,众多君子,郑玄说:"王之诸侯与群吏,是非一人也。"越,与。友,孙星衍说通"有"。友民,领有民众者。　④保受王威命明德:安受周王威命,敬明自己的德行。　⑤王末有成命:末,最后。成命,已经发布的命令。　⑥显:显扬。　⑦我非敢勤:非敢,没有。勤,勤劳。　⑧惟恭奉币:惟,仅仅。恭,恭敬。奉,捧。币,绢帛。　⑨用供王能祈天永命:用,来。供,奉。王,成王。能,能够。祈天永命,祈求天命永在。

洛　诰

　　《书序》说:"召公既相宅,周公往营成周,使来告卜,作《洛诰》。"诰词谈到营建洛邑问题,故命为《洛诰》,文章的重心则在于周公还政。全文可以分为四部分:第一部分,记述周公和成王就营建洛邑问题的谈话;第二部分,再记两人商议治洛;第三部分,记叙周公还政;第四部分,记述成王举行祭祀、大会诸侯、册命周公等事。除了第二部分所记事情发生在宗周镐京外,其余三部分均发生在成周洛邑。文中有些内容扞格难通,前人曾怀疑系阙文错简所致。

　　周公拜手稽首曰:"朕复子明辟①。王如弗敢及天基命定命②,予乃胤保大相东土③,其基作民明辟④。予惟乙卯朝至于洛师⑤。我卜河朔黎水⑥,我乃卜涧水东、瀍水西⑦,惟洛食⑧。我又卜瀍水东,亦惟洛食。伻来以图及献卜⑨。"王拜手稽首曰:"公不敢不敬天之休⑩,来相宅⑪,其作周匹,休⑫。公既定宅,伻来⑬,来视予卜休恒吉⑭。我二人共贞⑮。公其以予万亿年敬天之休⑯。"拜手稽首诲言⑰。

[注释]①朕复子明辟:朕,我。复,回复,陈述。子,您,周公对成王的敬称。明,明确。辟,法度。 ②及天基命定命:及,参与。天,上天。基,谋划。命,命令。定命,成命。 ③予乃胤保大相东土:予,我。乃,于是。胤,音yìn,继续。保,太保,指召公。胤保,继太保之后。相,考察。东土,指洛邑。 ④其基作民明辟:其,发语词,没有实际意义。基,谋。作,显示。民,民众。明辟,明确的法度。 ⑤予惟乙卯朝至于洛师:乙卯,三月十二日。朝,早晨。至于,到达。洛师,洛邑。师,众,众人,周迁殷遗顽民于洛邑。 ⑥我卜河朔黎水:卜,占卜。河朔,黄河北边。黎水,卫河、淇河合流至今河南浚县一带叫黎水。 ⑦我乃卜涧水东、瀍水西:乃,于是。卜,占卜。涧水,在洛邑西。瀍水,在洛邑东。瀍,音chán,两条小河今天仍然从洛阳市内穿过。 ⑧惟洛食:惟,只有。洛,洛邑。食,吉兆。 ⑨伻来以图及献卜:伻,使者,使命,音bēng。来,来到。图,图谋。及,与。献卜,献上卜兆。 ⑩公不敢不敬天之休:公,对周公的敬称。休,美命。 ⑪来相宅:来,到来。相,考察。宅,居处。 ⑫其作周匹,休:将营造与镐京相匹配的城邑,占卜后得到了一个好征兆。作,营造。周,指宗周镐京。匹,匹配。休,美好。 ⑬伻来:使者来到。 ⑭卜休恒吉:卜休,吉兆。恒,永恒。吉,吉祥。 ⑮我二人共贞:我二人,成王与周公。共,共同。贞,马融说:"当也。"共贞,共享美好。 ⑯公其以予万亿年敬天之休:以,与。予,我。万亿,十千为万,十万为亿,意为久远。休,美命。 ⑰诲言:诲,教诲。成王向周公尽礼致敬,请求教诲之言。

周公曰:"王肇称殷礼①,祀于新邑②,咸秩无文③。予齐百工④,伻从王于周⑤。予惟曰:'庶有事⑥。'今王即命曰:'记功,宗以功,作元祀⑦。'惟命曰:'汝受命笃弼⑧,丕视功载⑨,乃汝其悉自教工⑩。'孺子其朋⑪,孺子其朋,其往⑫。无若火始焰焰⑬,厥攸灼叙⑭,弗其绝⑮。厥若彝及抚事如予⑯,惟以在周工往新邑⑰。伻向即有僚⑱,明作有功⑲,惇大成裕⑳,汝永有辞㉑。"

[注释]①王肇称殷礼：肇，始。称，举，举行。殷礼，用殷商祭礼举行祭祀。郑玄说："王者未制礼乐，恒用先王之礼乐。" ②祀于新邑：祀，祭祀。新邑，指洛邑。 ③咸秩无文：咸秩，全部排定次秩。无文，质朴无华。 ④予齐百工：齐，整齐。百工，百官。 ⑤伻从王于周：伻，使，音 bēng。从，跟随。周，宗周镐京。 ⑥庶有事：庶，庶几乎。事，指祭祀。 ⑦记功，宗以功，作元祀：记功，记录功劳。宗，宗人，掌管礼乐的官员。以，按照。功，功劳。元，大。祀，祭祀。 ⑧汝受命笃弼：汝，你们，指诸臣。受，接受。命，先王之命。笃，厚，忠实。弼，辅助。 ⑨丕视功载：丕，大。视，察看。功载，功劳簿。载，载书。 ⑩乃汝其悉自教工：乃，然后。汝，你们。其，语气词，没有实际意义。悉，全部。自，自我。教，效法。工，功劳。工，通"功"。 ⑪孺子其朋：郑玄说："孺子，幼少之称，谓成王也。"其，语气词，没有实际意义。朋，朋从之臣。孺子其朋，告诫成王注意朋从之臣。 ⑫其往：谨慎其行。 ⑬无若火始焰焰：无若，不要像。焰焰，火焰微小。 ⑭厥攸灼叙：灼，烧。叙，断绪，头绪。厥攸灼叙，依次燃烧下去。 ⑮弗其绝：即"弗绝"，不绝。其，语气词，没有实际意义。 ⑯厥若彝及抚事如予：厥，语气词，没有实际意义。若，顺。彝，常，常法。及，以及。抚，遵循。事，故事，先例。如予，如我。 ⑰惟以在周工往新邑：惟，发语词。以，用。周，宗周镐京。工，官。新邑，指洛邑。 ⑱伻向即有僚：伻，使。向，趋。即，就。有僚，友僚，同僚。 ⑲明作有功：明，明显。作，作为。有功，立功。 ⑳惇大成裕：惇，厚，音 dūn。大，扩大。成，成为。裕，宽裕，宽政。 ㉑汝永有辞：辞，通"嗣"，继承。汝永有辞，你可以长久保有嗣世之庆了。

公曰："已①！汝惟冲子②，惟终③。汝其敬识百辟享④，亦识其有不享。享多仪⑤，仪不及物⑥，惟曰不享⑦。惟不役志于享⑧，凡民惟曰不享，惟事其爽侮⑨。乃惟孺子颁⑩，朕不暇听⑪。朕教汝于棐民彝⑫。汝乃是不蘉⑬，乃时惟不永哉⑭！笃叙乃正父罔不若予⑮，不敢废乃命⑯。汝往敬哉！兹予其明农哉⑰！彼裕我民⑱，无远用戾⑲。"

[注释]①已:感叹词。 ②汝惟冲子:汝,你。惟,为。冲子,孩童。③惟终:要考虑完成先王的大业。 ④汝其敬识百辟享:其,庶几乎。识,记。辟,君主。百辟,众诸侯。享,享礼,贡献礼品的礼节。 ⑤享多仪:享礼有复杂的仪式。 ⑥仪不及物:威仪少而礼物多。不及,达不到。 ⑦惟曰不享:惟,发语词。曰,叫做。不享,享礼不完整。郑玄说:"朝聘之礼至大,其礼之仪不及物,所谓贡篚多而威仪简也。威仪既简,亦是不享也。" ⑧役志:用心,专心。 ⑨惟事其爽侮:惟,发语词,没有实际意义。事,事情。爽,差错。侮,侮慢。 ⑩乃惟孺子颁:乃,你。惟,语气词,没有实际意义。孺子,指成王。颁,分,分任,分担。 ⑪朕不暇听:朕,我。暇,闲暇。听,听政。政事繁多,你年轻人要分担一些,我听不过来。 ⑫棐民彝:棐,辅助,音fěi。彝,常,常法。 ⑬汝乃是不蘉:乃,于。是,这,指辅助民众之常法。蘉,勉力,努力,音máng。 ⑭乃时惟不永哉:时,是。惟,为。不永,不长久。 ⑮笃叙乃正父罔不若予:笃,厚。叙,次序。乃,你。正父,正长,长官。罔不,没有不。若,顺。予,我的正长。 ⑯废乃命:荒废你的命令。 ⑰兹予其明农哉:兹,这。予,我们。其,语气词,没有实际意义。明农,勉力,努力。 ⑱彼裕我民:彼,往。裕,教导。民,民众。 ⑲无远用戾:远,远方。无,语气词,没有实际意义。用,以,因此。戾,安定。

王若曰:"公①,明保予冲子②。公称丕显德③,以予小子扬文、武烈④,奉答天命⑤,和恒四方民⑥,居师⑦。惇宗将礼⑧,称秩元祀⑨,咸秩无文。惟公德明,光于上下⑩,勤施于四方⑪。旁作穆穆⑫,迓衡不迷⑬,文、武勤教,予冲子夙夜毖祀⑭。"王曰:"公功棐迪笃⑮,罔不若时⑯。"

[注释]①公:指周公。 ②明保予冲子:明保,保护。予冲子,成王自谦的称呼。 ③公称丕显德:公,您。称,举起,符合。丕显,显明。德,美德。 ④以予小子扬文武烈:以,用。予小子,成王自谦的称呼。扬,发扬。文、武,文王、武王。烈,事业。 ⑤奉答天命:奉答,报答。天命,上天的恩命。 ⑥和恒四方民:和恒,和悦。四方民,天下民众。 ⑦居师:居,居处。师,指

洛邑。 ⑧惇宗将礼:惇,厚。宗,尊。将礼,大礼。 ⑨称秩元祀:称,举。秩,次序。元,大。祀,祭祀。 ⑩光于上下:光,光耀。上下,天地。 ⑪勤施于四方:勤,勤政。施,施行。四方,天下。 ⑫旁作穆穆:旁,溥,普遍。作,兴起。穆穆,美好。 ⑬迓衡不迷:迓,迎,迎面。衡,通"横",横逆。迷,迷惑。 ⑭夙夜毖祀:夙夜,从早到晚。毖,谨慎。祀,祭祀。 ⑮公功棐迪笃:公,您。功,功劳。棐,辅助,辅佐。迪,导,教导。笃,深厚。 ⑯罔不若时:罔不,没有不。若,顺。时,通"是",这样。

王曰:"公,予小子其退①,即辟于周②,命公后③。四方迪乱④,未定于宗礼⑤,亦未克敉公功⑥。迪将其后⑦,监我士师工⑧,诞保文、武受民乱⑨,为四辅⑩。"

[注释]①予小子其退:予小子,成王自谦的称呼。其,语气词,没有实际意义。退,退还。 ②即辟于周:即,就。辟,君,君位。周,宗周,镐京。 ③命公后:命,令,让。公,您。后,后离开。意思是让周公暂且留下来,不要急于离开。 ④四方迪乱:天下渐进于治理。四方,天下。迪,进,渐进于。乱,理乱,治理。 ⑤未定于宗礼:宗,尊。未定于宗礼,尚未定于尊礼的境界。 ⑥亦未克敉公功:亦,也。未,没有。克,能。敉,完成,音mǐ。公,您。功,功绩。 ⑦迪将其后:迪,教导。将,扶助。其,语气词,没有实际意义。后,以后。 ⑧监我士师工:监,监督。士,事务。师,众。工,官。 ⑨诞保文、武受民乱:诞,大。保,保有。文、武,文王、武王。受民,民众。乱,理乱,治理。 ⑩为四辅:为四方辅助。

王曰:"公定①,予往已②。公功肃将祗欢③,公无困哉④!我惟无斁⑤,其康事公勿替⑥,刑四方⑦,其世享⑧。"周公拜手稽首曰:"王命予来,承保乃文祖受命民⑨,越乃光烈考武王⑩,弘朕恭⑪。孺子来相宅⑫,其大惇典殷献民⑬,乱为四方新辟⑭,作周⑮,恭先⑯。曰其自时中乂⑰,万邦咸休,惟王有成绩。予旦以多子越御事⑱,笃前人成烈⑲,答其师⑳,作周,孚先㉑。考朕昭子刑㉒,乃单文祖德㉓。伻来毖殷㉔,乃命宁㉕。予以秬鬯二卣㉖,曰明禋㉗,拜手稽首,休享。予不敢宿㉘,则禋于文王、武王。惠笃叙㉙,无有遘自疾㉚。万年猒乃德㉛,殷乃引考㉜。王伻殷乃承叙㉝,万年其永观朕子怀德㉞。"

[注释]①公定:公,您。定,安定,留下来。 ②予往已:予,我。往,往宗周。已,语末助词。 ③公功肃将祗欢:公,您。功,功劳。肃,进。将,奉。祗,敬。欢,欢乐。 ④公无困哉:无,不要。困,困扰。哉,当为"我"。 ⑤斁:败坏,音 dù。 ⑥其康事公勿替:康,安康。事,做事情。勿,不要。替,废。 ⑦刑四方:刑,通"型",型范,规范。四方,天下。 ⑧其世享:其,语气词,没有实际意义。世,世世代代。享,享有。 ⑨承保乃文祖受命民:承保,保护。乃,您。文祖,文王。受命民,受天命而保有的民众。 ⑩越乃光烈考武王:越,与。乃,您。光烈,光明。考,父亲。 ⑪弘朕恭:弘,弘扬。朕,我。恭,恭敬。 ⑫孺子来相宅:孺子,指成王。来,来到洛邑。相,考察。宅,居处。 ⑬其大惇典殷献民:惇,厚行。典,常法。殷献民,指从殷地被强制迁过来的殷遗民。 ⑭乱为四方新辟:乱,语气助词,没有实际意义。新辟,新法。 ⑮作周:作,干。周,周王朝。作周,为周王朝干事情。 ⑯恭先:以恭敬为先。 ⑰曰其自时中乂:曰,发语词,没有实际意义。其,这。自,从。时,是,这。中,中土,指洛邑。乂,治理。 ⑱予旦以多子越御事:予旦,周公自称。以,率领。多子,众卿大夫,子是对众卿大夫的敬称。越,与。御事,治事官吏。 ⑲笃前人成烈:笃,厚,严格遵行。前人,先王。成烈,成业。 ⑳答其师:答,报答。其,语气词,没有实际意义。师,众人,众民。 ㉑孚先:以信守为先。孚,信守。 ㉒考朕昭子刑:考,成,完成。昭,明,明示。子,您,指成王。刑,法则,法度。 ㉓乃单文祖德:乃,就。单,大,光大。文祖,文王。德,美德。 ㉔伻来毖殷:伻,使,音 bēng。来,来到这里。毖殷,慰劳殷民。毖,音 bì,慰劳。 ㉕乃命宁:乃以文王之命。汉人隶定古文字,误"文"为"宁"。 ㉖予以秬鬯二卣:予,我。以,用。秬,音 jù,黑黍,蜀

秬。鬯,音chàng,香草。用黑秬和小米酿成的酒,其味芬芳条畅,故曰秬鬯。卣,一种盛酒器,音yǒu。 ㉗曰明禋:禋,祭名,升烟以祭天。先烧柴升烟,再加牲体及玉帛于柴上焚烧,因烟气上达以致精诚。明禋,明禋致敬。禋,音yīn。 ㉘予不敢宿:宿,隔夜。孔颖达说:"我见天下太平,则禋告文武,不敢经宿,示虔恭之意也。" ㉙惠笃叙:惠,语气词,没有实际意义。笃,厚。叙,次序。 ㉚无有遘自疾:无有,没有。遘,相遇,音gòu。自,从。疾,疾病。 ㉛万年猒乃德:万年,永远。猒,即"厌",满足。乃,你。德,美德。 ㉜殷乃引考:殷,指安顿殷遗民的事情。乃,就。引,长,长久。考,成,成功。 ㉝王伻殷乃承叙:王,成王。伻,使。殷,殷遗民。承,承受。叙,顺从。 ㉞永观朕子怀德:永,永远。观,观察。朕子,吾民。怀,怀恋。德,美德。

戊辰①,王在新邑,烝②,祭岁③,文王骍牛一④,武王骍牛一。王命作册逸祝册⑤,惟告周公其后⑥。王宾杀禋咸格⑦,王入太室⑧,祼⑨。王命周公后,作册逸诰⑩。在十有二月,惟周公诞保文、武受命⑪,惟七年⑫。

[注释]①戊辰:十二月十二日。 ②烝:祭名,冬祭。 ③祭岁:下个月就是夏历正月,新年将要到来,所以叫"祭岁"。 ④文王骍牛一:文王,指文王庙,下文"武王"仿此。骍,牛马毛皮红色,音xīng。牛一,一头牛。 ⑤王命作册逸祝册:王,成王。命,命令。作册,商周时代的一种史官,职掌为起草文告、记载史事。逸,亦作"佚",西周初年著名史官,史书中常称其为"史逸"或"尹逸"。祝册,宣读册命词。 ⑥惟告周公其后:告诉周公继续治理洛邑。后,后续的事情。 ⑦王宾杀禋咸格:助祭者在杀禋的时候全都来到了庙里。王宾,诸侯助祭者。杀,杀牲。禋,禋祭。咸,都。格,至。 ⑧太室:清庙。 ⑨祼:酌酒灌地之礼,音guàn。 ⑩王命周公后,作册逸诰:成王命令周公之后,作册逸把这些命词记载下来,大告天下。 ⑪惟周公诞保文、武受命:惟,发语词,没有实际意义。诞,大。保,保护成王。文、武受命,继承文王、武王接受天命。 ⑫惟七年:指成王七年。据夏商周断代工程推算,成王七年为公元前1036年。

多 士

按照《书序》的讲法:"成周既成,迁殷顽民,周公以王命诰,作《多士》。"《尚书正义》进一步引申说:"成周之邑既成,乃迁殷之顽民,令居此邑。顽民谓殷之大夫、士从武庚叛者,以其无知,谓之顽民。民性安土重迁,或有怨恨。周公以成王之命诰此众士,言其须迁之意。史叙其事,作《多士》。"这是周公训诫殷顽民的一篇训词。全文可以分为三部分:第一部分,谈前代兴亡尽由天命,周人灭商秉承了上帝的旨意。第二部分,周人迁徙殷顽民以及不再任用多士——殷商上层贵族,也由天命所致。第三部分,宣布对殷人的政策——虽然不再任用,如果殷人规规矩矩,"尔乃尚有尔土,尔乃尚宁干止"。这种既打又拉的统治手法,对后世政治斗争具有重要的借鉴意义。

惟三月①,周公初于新邑洛②,用告商王士③。王若曰④:"尔殷遗多士⑤,弗吊旻天大降丧于殷⑥。我有周佑命⑦,将天明威致王罚,敕殷命终于帝⑧。肆尔多士⑨,非我小国敢弋殷命⑩。惟天不畀允罔固乱⑪,弼我⑫,我其敢求位⑬?惟帝不畀⑭,惟我下民秉为⑮,惟天明畏⑯。

[注释]①三月:周公还政后的明年三月。 ②周公初于新邑洛:初,始。新邑洛,即洛邑。成周南临洛水,所以叫做"洛邑"。 ③用告商王士:把成王的命令传达给殷遗众士。郑玄说:"成王元年三月,周公自王城初往成周之邑,用成王命告殷之众士以抚安之。" ④王若曰:王,指周公。若曰,这样说。 ⑤尔殷遗多士:尔,你们。殷,殷商。遗,遗留。多士,众士。 ⑥弗吊旻天大降丧于殷:弗吊旻天即"弗吊天",疾威降害之天。马融说:"秋曰旻天。秋,气杀也,方言'降丧',故称旻天也。"旻,音 mín。降,降下。丧,丧亡。殷,殷商。 ⑦佑命:佑,佑助。命,天命。 ⑧敕殷命终于帝:敕,告。终,终止,帝,上帝,上天。 ⑨肆尔多士:肆,所以。尔,你们。多士,众士。 ⑩非我小国敢弋殷命:小国,小邦,指周。弋,取代。郑玄、王肃本"弋"作"翼",王肃说:"翼,取也。"郑玄说:"翼犹驱也,非我周敢驱取汝殷之王命。" ⑪惟天不畀允罔固乱:上天不会把天命给那些相信诬妄依靠作乱者的人。惟,因为。畀,给予。允,相信。罔,诬妄。固,通"怙",恃,依靠。乱,作乱。 ⑫弼我:辅佑我。 ⑬我其敢求位:其,岂。位,王位。 ⑭惟帝不畀:帝,上帝。不畀,不给天命。 ⑮下民秉为:下民,民众。秉为,所作所为。 ⑯惟天明畏:即惟天明是畏,应当敬畏天命。天明,天命。

"我闻曰:'上帝引逸①。'有夏不适逸②,则惟帝降格③,向于时夏④。弗克庸帝⑤,大淫泆有辞⑥。惟时天罔念闻⑦,厥惟废元命⑧,降致罚。乃命尔先祖成汤革夏⑨,俊民甸四方⑩。自成汤至于帝乙⑪,罔不明德恤祀⑫。亦惟天丕建保乂有殷⑬,殷王亦罔敢失帝,罔不配天其泽⑭。在今后嗣王⑮,诞罔显于天⑯,矧曰其有听念于先王勤家⑰?诞淫厥泆⑱,罔顾于天显民祗⑲,惟时上帝不保⑳,降若兹大丧㉑。惟天不畀不明厥德㉒,凡四方小大邦丧㉓,罔非有辞于罚㉔。"

[注释]①上帝引逸:上帝,上天。引,制止。逸,安逸,放纵。 ②有夏不

适逸:有夏,指夏桀。适逸,节制安逸。 ③则惟帝降格:帝,上帝。降,降下。格,教令。 ④向于时夏:向,劝导。时,这。夏,夏王朝。 ⑤弗克庸帝:弗,不。克,能。庸,用,听从。帝,帝命。 ⑥大淫泆有辞:大肆放纵而且有借口。淫泆,游荡,放纵。有辞,有遁词,有借口。 ⑦惟时天罔念闻:惟时,于是。天,上天。罔念闻,不念不闻。 ⑧厥惟废元命:厥,它。惟,只。废,废除。元命,大命。 ⑨乃命尔先祖成汤革夏:于是命令你们的先祖汤王夺取了夏王朝的天命。乃,于是。命,命令。尔,你们,指殷多士。成汤,即商汤王,商代开国君主。革,变革。夏,夏王朝的天命。 ⑩俊民甸四方:俊民,贤人。甸,治理。四方,天下。 ⑪帝乙:殷商倒数第二代君主,纣的父亲。按照夏商周断代工程推算,公元前1101年~公元前1076年帝乙在位,在位时间为26年。 ⑫罔不明德恤祀:罔不,没有不。明德,明修德行。恤祀,谨慎祭祀。 ⑬亦惟天丕建保乂有殷:丕,大。建,建立。保乂,安治。有殷,商王朝。 ⑭罔不配天其泽:罔不,没有不。配,匹配。其,语气词,没有实际意义。泽,恩泽。 ⑮在今后嗣王:指殷纣王。嗣,继承。 ⑯诞罔显于天:诞,大。罔,过失。显于天,显扬于上天。 ⑰矧曰其有听念于先王勤家:矧,何况。听,听从。念,考虑。勤家,勤政。 ⑱诞淫厥泆:大肆淫佚。诞,大。淫,过分。厥,其。泆,放荡。 ⑲罔顾于天显民祇:罔,不。顾,顾虑,考虑。天显,天命。祇,敬。 ⑳惟时上帝不保:惟时,因此。上帝,上天。保,保佑。㉑降若兹大丧:降,降下。若兹,这样。大丧,灭亡。 ㉒惟天不畀不明厥德:畀,给予。不明厥德,不明德行。 ㉓凡四方小大邦丧:凡,凡是。四方,天下。小大邦,大小国家。丧,丧失天命,灭亡。 ㉔辞:疑惑。

王若曰:"尔殷多士,今惟我周王丕灵承帝事①,有命曰:'割殷②,告敕于帝③。'惟我事不贰适④,惟尔王家我适⑤。予其曰:'惟尔洪无度⑥,我不尔动⑦,自乃邑⑧。'予亦念天即于殷大戾⑨,肆不正⑩。"

[注释]①今惟我周王丕灵承帝事:我周王,指文王、武王。丕,大。灵,善。承,遵行。帝事,帝命。 ②割殷:取代殷的统治。 ③告敕于帝:报告

上天。敕,告。帝,天。 ④惟我事不贰适:我们不以众人为敌。事,行事,做事。适,敌。不贰适,不以众人为敌。 ⑤惟尔王家我适:只以你们王朝为敌。 ⑥惟尔洪无度:因为你们太无法度。洪,大。 ⑦我不尔动:即"我不动尔"。动,行动,镇压。尔,你们。 ⑧自乃邑:镇压从你们的封邑开始,这里指武庚叛乱。自,从。乃,你们。邑,封邑。 ⑨予亦念天即于殷大戾:予,我。亦,也。念,考虑。天,上天。即于,就于,止于。殷大戾,殷大定,指三监之乱被平定。戾,定。 ⑩肆不正:肆,所以。不正,不处罚你们的罪过。正,处罚。

王曰:"猷告①尔多士,予惟时其迁居西尔②。非我一人奉德不康宁③,时惟天命④。无违⑤,朕不敢有后⑥,无我怨⑦。惟尔知,惟殷先人有册有典⑧,殷革夏命⑨。今尔又曰:'夏迪简在王庭⑩,有服在百僚⑪。'予一人惟听用德,肆予敢求尔于天邑商⑫。予惟率肆矜尔⑬,非予罪⑭,时惟天命⑮。"

[注释]①猷告:即告,告诉。 ②予惟时其迁居西尔:惟时,因此。迁,迁徙。居,居住。西,西方。洛邑在殷都朝歌的西边。尔,你们。迁居西尔,即迁尔居西。 ③非我一人奉德不康宁:我一人,周公自称。奉德,奉行德教。康宁,安静。 ④时惟:这是。 ⑤无违:不要违背。 ⑥不敢有后:不敢缓行天命。有后,落后。 ⑦无我怨:即无怨我,不要恨我。 ⑧惟尔知,惟殷先人有册有典:你们知道,你们的先人有历史典籍存在。惟,发语词,没有实际意义。知,知道。殷先人,殷先世。册、典,都是指书籍。 ⑨殷革夏命:典册上记载,殷人取代了夏人的天命。"殷革夏命",这是中国历史典籍中对"革命"的最早记载。 ⑩夏迪简在王庭:夏朝灭亡后,一些夏人被选在殷商王朝中做官。夏,夏人。迪,进用。简,选择。在王庭,在殷王之庭为官。 ⑪有服在百僚:有服,有事,有职事。百僚,百官。这是在怨恨周人不用殷多士。 ⑫肆予敢求尔于天邑商:肆,故,所以。求,寻求。尔,你们。于,在。天邑商,即大邑商,这里指殷都朝歌。 ⑬予惟率肆矜尔:率,用。肆,宽缓。

矜,可怜。尔,你们。 ⑭非予罪:不是我的过错。 ⑮时惟天命:这是上天的命令。时,这。惟,为。

王曰:"多士,昔朕来自奄①,予大降尔四国民命②。我乃明致天罚,移尔遐逖③,比事臣我宗多逊④。"

[注释]①昔朕来自奄:昔,过去。朕,我。来自奄,从奄地回来。《史记·周本纪》记载说:平定三监之乱后,"召公为保,周公为师,东伐淮夷,残奄,迁其君薄姑。成王自奄归,在宗周,作《多方》"。奄,淮夷的一支。 ②予大降尔四国民命:我饶了你们四国民众的命。四国,指管、蔡、商、奄。降命,下令。 ③移尔遐逖:将你们迁往极远的地方。移,迁徙。尔,你们。遐,远。逖,远,音 tì。 ④比事臣我宗多逊:比,接近。事,臣事,服务。我宗,我宗周。逊,顺从。

王曰:"告尔殷多士,今予惟不尔杀,予惟时命有申①。今朕作大邑于兹洛,予惟四方罔攸宾②,亦惟尔多士,攸服奔走臣我多逊③。尔乃尚有尔土④,尔乃尚宁干止⑤。尔克敬,天惟畀矜尔⑥。尔不克敬,尔不啻⑦不有尔土,予亦致天之罚于尔躬⑧。今尔惟时宅尔邑⑨,继尔居⑩,尔厥有干有年于兹洛⑪。尔小子乃兴⑫,从尔迁⑬。"

[注释]①予惟时命有申:惟时,因此。命,命令。申,申戒。 ②予惟四方罔攸宾:惟,因为。四方,天下。罔,没有。攸,所。宾,敬服。 ③攸服奔走臣我多逊:攸,所。服,服侍。奔走,效劳。臣,臣服。逊,顺从。 ④尔乃尚有尔土:你们就还保有你们旧有的封地。尔,你们。乃,就。尚,还。有,保有。土,封地。 ⑤尚宁干止:还各安其事。尚,还。宁,安宁。干,事情。止,语末助词。 ⑥尔克敬,天惟畀矜尔:你们能够恭恭敬敬,上天将可怜你们。畀,予。矜,怜爱。尔,你们。 ⑦不啻:不仅。啻,音 chì。 ⑧躬:身。 ⑨宅尔邑:宅,居住。尔,你。邑,居所。 ⑩继尔居:继续住在你们的居住

地。 ⑪尔厥有干有年于兹洛:厥,其。有干,有事可干。有年,有丰年。于,在。兹,此。洛,洛邑。 ⑫尔小子乃兴:小子,子孙。兴,起,兴起。 ⑬从尔迁:跟着你们改变为善。从,跟随。迁,迁化为善。

王曰……又曰①:"时予乃或言②,尔攸居③。"

[**注释**]①王曰……又曰:传世文献的原文中间有阙文。 ②时予乃或言:现在才有这些话告诫你们。时,今时,现在。 ③尔攸居:你们要安其所居。

无　　逸

　　《书序》说《无逸》为周公所作。《伪孔传》解释说,"中人之性好逸豫,故戒以无逸……成王即政,恐其逸豫,本以所戒名篇"。《无逸》篇中心思想明确,文字通顺简洁,与《召诰》、《洛诰》等文风相去较远,所以后人怀疑本篇系晚出之作。宋元之际的金履祥在《尚书表注》中总括本篇内容为:"人主者,小民之主,而所处则安逸之地,易纵于逸。'无逸'者,谓其不纵于酒色湛乐与游观田猎之娱也。君子所以无逸者,必先知稼穑之艰难,故处安逸之地,则知小人之依,所以能体恤小民,不自纵逸,故能致小民之无怨,亦足以介吾身之寿康。人主而不先知稼穑之艰难,则处安逸之地,不知小人之依,但知纵一身之欲。夫不知小人之依,则下致民怨;但知纵一身之欲,则享年不永。此一篇之大意也。"从这个概括中可以看出来,《无逸》篇所谈论的全是为政的根本问题。

　　周公曰:"呜呼!君子所,其无逸①。先知稼穑②之艰难,乃逸,则知小人之依③。相小人④,厥父母勤劳稼穑,厥子乃不知稼穑之艰难,乃逸乃谚⑤。既诞⑥,否则侮⑦厥父母曰:'昔之人,无闻知⑧。'"

[注释]①君子所,其无逸:君子因为所居位置重要,所以不要放纵自己。所,所处的位置。无,不要。逸,安逸。郑玄说:"君子止谓在官长者。所,犹处也。君子处位为政,其无自逸豫也。" ②稼穑:稼,种植。穑,收获。稼穑,泛指农事。 ③依:归依,依靠。 ④相小人:相,观察。小人,小民。 ⑤乃逸乃谚:逸,安逸,放纵。谚,欺诞不恭之貌。 ⑥既诞:既,已经。诞,欺骗。 ⑦侮:轻慢。 ⑧昔之人,无闻知:昔之人,指前辈。无闻知,见识浅。

周公曰:"呜呼! 我闻曰,昔在殷王中宗①,严恭寅畏天命②,自度③,治民祗惧④,不敢荒宁⑤,肆中宗之享国七十有五年。其在高宗⑥,时旧劳于外,爰暨小人⑦。作⑧其即位,乃或亮阴,三年不言⑨。其惟不言,言乃雍⑩,不敢荒宁,嘉靖殷邦⑪。至于小大,无时或怨⑫,肆高宗之享国五十有九年。其在祖甲⑬,不义惟王,旧为小人⑭。作其即位,爰知小人之依,能保惠于庶民,不敢侮鳏寡,肆祖甲之享国三十有三年。自时厥后,立王生则逸。生则逸,不知稼穑之艰难,不闻小人之劳,惟耽乐之从⑮。自时厥后,亦罔或克寿⑯。或十年,或七八年,或五六年,或四三年。"

[注释]①殷王中宗:即太戊,中宗是他的庙号。 ②严恭寅畏天命:严,庄重。恭,恭敬。寅畏,敬畏。《尚书正义》说:"严是威,恭是貌,敬是心,三者各异,故累言之。" ③自度:时常反思。度,思考。 ④祗惧:祗,恭敬。惧,小心。 ⑤荒宁:荒淫怠慢。 ⑥高宗:即商王武丁,据夏商周断代工程推断,其在位时间为公元前1250年~公元前1192年。 ⑦时旧劳于外,爰暨小人:其父小乙让他久居民间,勤劳稼穑,与小民同劳动。外,宫廷之外,即民间。爰,易,变换处所。暨,与。 ⑧作:及,到。 ⑨乃或亮阴,三年不言:乃,于是。或,有时。亮阴,《论语·宪问》作"谅阴",《礼记·丧服四制》作"谅闇",《尚书大传》作"梁闇"。前人对此有多种解释。《史记·殷本纪》说:"帝武丁即位,思复兴殷,而未得其佐,三年不言,政事决定于冢宰,以观国

风。""亮阴"即"不言",不说话,今人郭沫若先生说就是患了失语症。 ⑩雍:用。 ⑪嘉靖殷邦:嘉,嘉美。靖,安定。殷邦,殷王朝。 ⑫无时或怨:即无或怨时,没有人怨恨他。 ⑬祖甲:《史记·殷本纪》记载说:"帝祖庚崩,弟祖甲立,是為帝甲。帝甲淫亂,殷復衰。"司马迁所记与《无逸》篇不同。 ⑭不义惟王,旧为小人:郑玄说:"祖甲,武丁子帝甲也。有兄祖庚贤,武丁欲废兄立弟,祖甲以此为不义,逃于人间,故云久为小人。" ⑮惟耽乐之从:即"惟从耽乐",只知沉溺于玩乐。耽,沉溺。乐,玩乐。 ⑯亦罔或克寿:亦,也。罔,没有。或,有的。克,能。寿,长寿。

周公曰:"呜呼!厥亦惟我周太王、王季①,克自抑畏②。文王卑服,即康功田功③。徽柔懿恭④,怀保小民,惠鲜鳏寡⑤。自朝至于日中昃⑥,不遑暇食⑦,用咸和万民⑧。文王不敢盘于游田,以庶邦惟正之供⑨。文王受命惟中身⑩,厥享国五十年。"

[注释]①太王、王季:太王,即古公亶父,周公的曾祖父。王季,即季历,文王的父亲,周公的祖父。二人事迹注释已见《金縢》篇。 ②克自抑畏:克,能。自,自我。抑,抑制。畏,敬畏,谨慎。 ③文王卑服,即康功田功:卑,卑下。服、功,都是从事的意思。康功,开垦道路。田功,从事农业生产。 ④徽柔懿恭:徽、懿,都是美好的意思。柔,和缓。恭,恭敬。 ⑤惠鲜鳏寡:惠,恩惠。鲜,鲜乏。鳏寡,孟子说:"老而无妻曰鳏,老而无夫曰寡。" ⑥自朝至于日中昃:自,从。朝,早晨。至于,到。昃,音 zè,太阳偏西。 ⑦不遑暇食:不遑,来不及。遑,音 huáng。暇,闲暇。食,吃饭。 ⑧咸和:咸,皆,都。和,安抚。 ⑨以庶邦惟正之供:庶邦,众诸侯国。正,正道。供,供给。 ⑩受命惟中身:《伪孔传》:"文王九十七而终。中身,即位时年四十七。言中身,举全数。"

周公曰:"呜呼!继自今嗣王,则其无淫于观于逸于游于田①,以万民惟正之供。无皇曰②:'今日耽乐。'乃非民攸训③,非天攸若④,时人丕则有愆⑤。无若殷王受之迷乱⑥,酗于酒德哉!"

[注释]①无淫于观于逸于游于田:无,不要。淫,过度,过分。观,观游。逸,放纵。游,游玩。田,田猎,打猎。 ②无皇曰:没有闲暇说。皇,通"遑",来不及。 ③乃非民攸训:乃,这。非,不是。民,民众。攸,所。训,遵循。 ④若:顺。 ⑤时人丕则有愆:这人则大有过失。愆,音qiān,过失。 ⑥无若殷王受之迷乱:无若,不要像。受,纣王。迷乱,昏乱。

周公曰:"呜呼!我闻曰,古之人,犹胥训告①,胥保惠②,胥教诲③,民无或胥诪张为幻④。此厥不听,人乃训⑤之,乃变乱先王之正刑⑥,至于小大。民否则厥心违怨,否则厥口诅祝⑦。

[注释]①犹胥训告:犹,还,尚且。胥,相互。训告,训导。 ②保惠:保护,施惠。 ③教诲:教导,教育。 ④民无或胥诪张为幻:民,民众。无或,没有。胥,相。诪张,欺骗,欺诳。诪,音zhōu。为幻,幻惑,迷惑。 ⑤训:教导,教育。 ⑥正刑:正道。刑;法度。 ⑦诅祝:咒骂。

周公曰:"呜呼!自殷王中宗及高宗及祖甲及我周文王,兹四人迪哲①。厥或告之曰:'小人怨汝詈汝②。'则皇自敬德③;厥愆④,曰:'朕之愆允若时⑤。'不啻不敢含怒。此厥不听,人乃或诪张为幻,曰:'小人怨汝詈汝。'则信之,则若时,不永念厥辟⑥,不宽绰⑦厥心,乱罚无罪,杀无辜,怨有同⑧,是丛于厥身⑨。"周公曰:"呜呼!嗣王其监于兹⑩。"

[注释]①迪哲:迪,蹈。哲,睿智。 ②小人怨汝詈汝:小人,小民。怨,恨。汝,你。詈,骂,音lì。 ③皇自敬德:皇,大。自,自我。敬德,敬修德行。 ④厥愆:其过失。 ⑤朕之愆允若时:我的过错果然是这样。 ⑥不永念厥辟:永,长久。念,考虑。辟,法度。 ⑦宽绰:宽容。 ⑧怨有同:怨,仇恨。有同,汇集,聚集。 ⑨是丛于厥身:是,这样。丛,积聚。厥,其。身,一身。 ⑩嗣王其监于兹:继位君主要以此为鉴。嗣王,这里指成王。

君 奭

关于《君奭》写定的时间,《史记》认为在周公摄政时,《书序》认为在周公还政后。召公名奭,"君"是周公对他的敬称。《君奭》是周公与召公的谈话。全文可以分为三部分:第一部分,谈守业的艰难;第二部分,从商、周两朝成功的历史经验中得出结论,说明贤人在社会生活中的重要作用;第三部分,照应开头,周公再次告诫召公以殷为鉴,劝告召公与自己同心协力,把国家治理好。文中充溢着汲取历史经验教训的忧患意识,召公甚至说出"天不可信"的话,把西周时代怀疑上天思潮推上了一个新台阶,对后世社会思想的发展具有重要影响。

周公若曰:"君奭①,弗吊天降丧于殷,殷既坠厥命,我有周既受。我不敢知曰,厥基永孚于休②,若天棐忱③。我亦不敢知曰,其终出于不祥④。呜呼!君已曰:'时我⑤,我亦不敢宁⑥于上帝命。弗永远念天威越我民⑦,罔尤违,惟人⑧。在我后嗣子孙,大弗克恭上下,遏佚前人光在家⑨,不知天命不易⑩,天难谌⑪,乃其坠命,弗克经历⑫。嗣前人⑬,恭明德,在今。'予小子旦非克有正⑭,迪惟前人光施于我冲子⑮。又曰:'天不可信⑯。'我道惟宁王德延⑰,天不庸释于文王受命⑱。"

[注释]①君奭:君,周公对召公的尊称。奭,召公名,音shì。称名,《伪孔传》说:"顺古道呼其名而告之。" ②厥基永孚于休:厥,这。基,开端,基业。永,永远。孚,通"付",付予,交给。休,美好。 ③若天棐忱:若,顺从。天,上天。棐,辅助。忱,诚信。 ④其终出于不祥:终,最终,最后。不祥,不吉利。 ⑤时我:时,通"恃",依靠。我,我们。 ⑥宁:安。 ⑦弗永远念天威越我民:不长远考虑上天的威罚与民情。弗,不。念,考虑。威,威罚。越,与。民,民众,民情。 ⑧罔尤违,惟人:不要违逆,全在于我们怎么做。罔,不。尤,过错。违,违逆。 ⑨遏佚前人光在家:遏佚,绝失。前人,先王。光,光明。家,家族。 ⑩不知天命不易:不知道得到天命多么不容易。易,容易。 ⑪天难谌:天,天命。难,困难。谌,相信,音chén。 ⑫弗克经历:弗,不。克,能。经历,长久。 ⑬嗣前人:嗣,继承。前人,先王。 ⑭非克有正:非克,不能。正,改正,纠正。 ⑮迪惟前人光施于我冲子:迪,遵行。前人,先王。光,光明。施,实施。我冲子,指成王。 ⑯天不可信:不能一味地相信天命。这还是召公的话。 ⑰我道惟宁王德延:道,发扬,光大。惟,只有。宁王,文王。德,美德。延,延续。 ⑱天不庸释于文王受命:庸,用。释,放弃。受命,所接受的天命。

公曰:"君奭,我闻在昔,成汤既受命,时则有若伊尹①,格于皇天②。在太甲,时则有若保衡③。在太戊④,时则有若伊陟、臣扈⑤,格于上帝,巫咸乂王家⑥。在祖乙⑦,时则有若巫贤⑧。在武丁⑨,时则有若甘盘⑩。率惟兹有陈⑪,保乂有殷,故殷礼陟配天⑫,多历年所⑬。天惟纯佑命则⑭,商实百姓、王人⑮,罔不秉德明恤⑯,小臣屏侯甸⑰,矧咸奔走⑱。惟兹惟德称⑲,用乂厥辟⑳。故一人有事于四方㉑,若卜筮㉒,罔不是孚㉓。"

[注释]①时则有若伊尹:时,当时。若,此。伊尹,商初贤人,在商汤灭夏和建立商朝的过程中立下大功。汤崩,历外丙、中壬,伊尹秉政。中壬崩,伊尹乃立太丁之子太甲。《史记·殷本纪》:"帝太甲既立三年,不明,暴虐,不遵汤法,乱德,于是伊尹放之于桐宫。三年,伊尹摄行政当国,以朝诸侯。帝太甲居桐宫三年,悔过自责,反(返)善,于是伊尹乃迎帝太甲而授之政。帝太甲修德,诸侯咸归殷,百姓以宁。"伊尹死于太甲子沃丁时。《竹书纪年》则说太甲复位后杀伊尹。 ②格于皇天:格,度量。皇天,上天,天意。 ③保衡:保衡就是伊尹,保衡是官名。 ④太戊:早期商王。太戊之时,"殷复兴,诸侯归之,故称中宗"。 ⑤伊陟、臣扈:太戊时的两位重臣,辅佐太戊建功立业。伊陟,伊尹之子。 ⑥巫咸乂王家:巫,巫师。咸,人名。乂,治理。王家,国家。 ⑦祖乙:帝河亶甲之子。"帝祖乙立,殷复兴。" ⑧巫贤:巫师,名贤,巫咸之子。 ⑨武丁:商朝中期君主,号为殷高宗。武丁在位时,商朝国力强大,东征西伐。近世以来出土甲骨多半属于武丁时代。据夏商周断代工程推断,武丁在位时间为公元前1250年~公元前1192年,共59年。 ⑩甘盘:武丁大臣。 ⑪率惟兹有陈:率,语气词,没有实际意义。兹,此,指伊尹至甘盘六臣。有陈,有所陈列的功劳。 ⑫陟配天:上升配天。陟,升,登。 ⑬多历年所:享国久长。 ⑭天惟纯佑命则:上天大辅助其王命。纯,大。佑,辅助,保佑。则,法则,效法。 ⑮商实百姓、王人:商,商王朝。实,通"是",这些。百姓,异姓百官。王人,王室宗族。 ⑯罔不秉德明恤:没有不遵循德义懂得体恤。恤,体恤。 ⑰小臣屏侯甸:小臣,下层小吏。王肃云:"小臣,臣之微者,举小以明大也。"屏侯甸,藩屏王室的侯服、甸服之臣。侯服、甸服,注释已见《皋陶谟》和《禹贡》篇。 ⑱矧咸奔走:矧,亦。咸,都。奔走,奔忙效劳。 ⑲惟兹惟德称:兹,此,指群臣。德,美德。称,符合。 ⑳用乂厥辟:乂,通"艾",相,辅助。辟,君主。 ㉑一人有事于四方:一人,指天子,商王。事,事情。四方,天下。 ㉒若卜筮:就像占卜一样。 ㉓罔不是孚:无不取信于神灵。孚,信。

公曰:"君奭,天寿平格①,保乂有殷。有殷嗣②,天灭威③。今汝永念,则有固命④,厥乱明我新造邦⑤。"

［注释］①天寿平格：天，上天。寿，久，长久。平，通"抨"，使。格，至。天寿平格，上天早就使贤臣来治理商王朝。　②有殷嗣：指殷商王朝。嗣，继位。　③天灭威：即"灭天威"，灭弃上天法则。威，则，法则。　④固命：定命。　⑤厥乱明我新造邦：厥，其。乱，治，治理。明，光大。我新造邦，指周王朝，灭商不久，所以叫"新"。

公曰："君奭，在昔上帝，割申劝宁王之德①，其集大命于厥躬②。惟文王尚克修和我有夏③，亦惟有若虢叔，有若闳夭，有若散宜生，有若泰颠，有若南宫括④。又曰，无能往来⑤，兹迪彝教⑥，文王蔑德降于国人⑦。亦惟纯佑秉德⑧，迪知天威⑨。乃惟时昭文王⑩，迪见冒闻于上帝⑪。惟时受有殷命哉！武王惟兹四人⑫，尚迪有禄⑬。后暨武王，诞将天威⑭，咸刘厥敌⑮。惟兹四人，昭武王惟冒⑯，丕单称德⑰。今在予小子旦，若游大川，予往，暨汝奭其济⑱。小子同未在位⑲，诞无我责收⑳，罔勖不及㉑。耇造德不降㉒，我则鸣鸟不闻㉓，矧曰其有能格㉔？"

［注释］①割申劝宁王之德：割，通"盖"，大概。申劝，劝勉，鼓励。宁王，文王。德，美德。　②其集大命于厥躬：其，语气词，没有实际意义。集，集中。大命，天命。厥躬，其身。　③惟文王尚克修和我有夏：尚，尚且。克，能。修和，建立和睦的关系。有夏，诸夏，殷都中夏，这里指殷商王朝。　④亦惟有若虢叔，有若闳夭，有若散宜生，有若泰颠，有若南宫括：有若，有如，例如。虢叔、闳夭、散宜生、泰颠、南宫括，都是周文王的贤臣。《史记·周本纪》记载："文王遵后稷、公刘之业，则古公、公季之法，笃仁，敬老，慈少。礼下贤者，日中不暇食以待士，士以此多归之。伯夷、叔齐在孤竹，闻西伯善养老，盍往归之。太颠、闳夭、散宜生、鬻子、辛甲大夫之徒皆往归之。"　⑤无能往来：不能进贤退不肖。往，斥退不贤，让他们离开。来，徕，招致远方贤人。　⑥兹迪彝教：兹，此。迪，导。彝，常。教，教化。　⑦文王蔑德降于国人：蔑，

小,少。德,美德。降于国人,施于国人。国人,都城中的自由民。 ⑧亦惟纯佑秉德:亦,也。惟,仅。纯,大。佑,辅助,保佑。秉德,持德之人。 ⑨迪知天威:迪,进用。知,懂得。天威,天命。迪知天威,进用懂得天命的人。 ⑩乃惟时昭文王:乃惟,于是。时,是。昭,相,帮助。 ⑪迪见冒闻于上帝:迪,用。见,显。冒,通"勖",勉励。闻于上帝,传达到上天那里。 ⑫武王惟兹四人:兹,此。《伪孔传》说:"虢叔先死,故曰四人。"郑玄说:"至武王时,虢叔等有死者,徐四人也。" ⑬尚迪有禄:尚,尚且。迪,通"犹",还。有禄,有禄位,这里是健在的意思。 ⑭诞将天威:诞,大。将,运用。天威,天力。 ⑮咸刘厥敌:咸,通"减",杀,消灭。刘,杀死。厥,他的。敌,敌人。 ⑯昭武王惟冒:昭,通"诏",引导。惟,仅。冒,通"勖",勉力,努力。 ⑰丕单称德:丕,大。单,尽。称,符合。德,美德。 ⑱暨汝奭其济:暨,与。汝奭,召公您。其,语气词,没有实际意义。济,渡过。 ⑲小子同未在位:小子虽然亲政,与没有在位时相同。小子,指成王。 ⑳诞无我责收:诞,大。无我责,即"无责我",不要责怪我。收,还国,指周公还政给成王后回到自己的封国。 ㉑罔勖不及:罔,无,无人。勖,勉励。不及,比不上前人。 ㉒耇造德不降:耇造德,老成有德之人。不降,不屈就。 ㉓鸣鸟不闻:听不到凤凰的鸣叫声。鸣鸟,鸣凤。 ㉔矧曰其有能格:矧曰,何况说。其,语气词,没有实际意义。格,至,升,升天。

公曰:"呜呼!君,肆其监于兹。我受命无疆惟休①,亦大惟艰②。告君乃猷裕③,我不以后人迷④。"

[注释]①我受命无疆惟休:受命,接受天命。无疆,无穷尽。休,美好。 ②亦大惟艰:亦,也。艰,艰难。 ③告君乃猷裕:告,告诉。君,您。猷,谋。裕,宽容。郑云:"召公不说,似隘急,故令谋于宽裕也。" ④我不以后人迷:我的心迹,不想留给后人疑惑。迷,疑惑,误解。

公曰:"前人敷乃心乃悉①,命汝作汝民极②。曰:'汝明勖偶王③,在亶④。'乘兹大命⑤,惟文王德丕承,无疆之恤⑥。"

　　[注释]①前人敷乃心乃悉:前人,指武王。敷,布,展示。乃,其。心,心迹。乃,其,这样。悉,尽,全部。　②命汝作汝民极:命,任命。汝,你,指召公。极,中,准则。　③明勖偶王:明,明德。勖,勉力。偶,辅助。王,周成王。　④在亶:在诚心。亶,诚实,音dǎn。　⑤乘兹大命:乘,升。兹,此。大命,天命。　⑥恤:忧患。

　　公曰:"君,告汝朕允①。保奭②,其汝克敬,以予监于殷丧大否③,肆念我天威。予不允,惟若兹诰?予惟曰襄我④,二人汝有合哉⑤!言曰:'在时二人⑥,天休滋至,惟时二人弗戡⑦。'其汝克敬德,明我俊民,在让后人⑧,于丕时⑨。呜呼!笃棐时二人⑩,我式克至于今日休⑪。我咸成文王功于不怠⑫,丕冒⑬,海隅出日⑭,罔不率俾⑮。"

　　[注释]①告汝朕允:告诉你我的诚心。允,诚。　②保奭:太保奭。③以予监于殷丧大否:以,与。予,我。监,鉴。殷丧,商朝灭亡。大否,大厄运。否,坏,恶,音pǐ。　④襄我:成全我。襄,帮助,成全,成就。　⑤二人汝有合哉:二人,你我二人,指周公与召公。合,协同。　⑥在时二人:在于这两人,仍指周公与召公。　⑦弗戡:不堪,受不了。戡,通"堪"。　⑧在让后人:让,训导。后人,后辈。　⑨于丕时:于,以。丕,奉。时,通"是",这,指天命。⑩笃棐时二人:笃,厚。棐,辅助。时二人,这二人,你我二人。　⑪我式克至于今日休:式,用。克,能。休,好的境遇。　⑫我咸成文王功于不怠:咸,皆,都。成,助成。怠,懈怠。　⑬丕冒:丕,大。冒,通"勖",努力,勉力。　⑭海隅出日:海角出太阳的地方。隅,角,音yú。　⑮罔不率俾:罔不,没有不。率,遵循。俾,使。职事。

　　公曰:"君,予不惠若兹多诰①,予惟用闵于天越民②。"

［**注释**］①予不惠若兹多诰：不惠，不惟，不仅。若兹，如此。多诰，多说。②予惟用闵于天越民：惟，仅。用，因为。闵，怜悯。天，天命。越，与。民，民众。

公曰："呜呼！君，惟乃知①，民德亦罔不能厥初，惟其终②。祗若兹③，往敬用治④。"

［**注释**］①惟乃知：惟，发语词。乃，你。知，知道。 ②民德亦罔不能厥初，惟其终：人之常情开头不难，难在善始善终。民德，人情。亦，也。罔不，没有不。初，开端。终，最终，最后。 ③祗若兹：敬顺此。 ④往敬用治：往，前往。敬，恭敬。治，治理。

多　　方

《书序》说:"成王归自奄,在宗周,诰庶邦,作《多方》。""方"是商周时代对王畿之外邦国的称呼。"多方"就是众多方国的意思。这是一篇周公代替成王训诫方国的诰词,大约是周公还政之后发布的。诰词全文可以分为三部分:第一部分,训诫多方贵族:夏朝灭亡、商汤兴起由天命更由人事——前者既不敬天又残害人民,而后者则明德慎罚,勤勉政事,所以有兴亡替代的事情发生;第二部分,严厉谴责多方贵族们不安于天命,屡次叛乱;第三部分,训诫多方贵族怎样安于天命才能免于被惩罚。这也是周初诸诰中一篇重要的诰词。

惟五月丁亥,王来自奄,至于宗周①。

[注释]①至于宗周:《伪孔传》说:"周公归政之明年,淮夷奄又叛。鲁征淮夷,作《费誓》。王亲征奄,灭其国,五月还至镐京。"宗周,镐京。

周公曰:"王若曰,猷告尔四国多方惟尔殷侯尹民①。我惟大降尔命②,尔罔不知。洪惟图天之命③,弗永寅念于祀④,惟帝降格于夏⑤。有夏诞厥逸⑥,不肯慼言于民⑦,乃大淫昏,不克终日劝于帝之迪⑧,乃尔攸闻⑨。厥图帝之命,不克开于民之丽⑩。乃大降罚,崇乱有夏⑪。因甲于内乱⑫,不克灵承于旅⑬。罔丕惟进之恭⑭,洪舒于民⑮。亦惟有夏之民叨懫日钦⑯,劓割夏邑⑰。天惟时求民主⑱,乃大降显休命于成汤⑲,刑殄有夏,惟天不畀纯⑳。乃惟以尔多方之义民㉑,不克永于多享㉒。惟夏之恭多士㉓,大不克明保享于民,乃胥惟虐于民㉔,至于百为,大不克开㉕。乃惟成汤,克以尔多方,简代夏作民主㉖。慎厥丽乃劝㉗,厥民刑用劝㉘。以至于帝乙,罔不明德慎罚,亦克用劝。要囚㉙,殄戮多罪㉚,亦克用劝。开释无辜㉛,亦克用劝。今至于尔辟㉜,弗克以尔多方享天之命㉝。

[注释]①猷告尔四国多方惟尔殷侯尹民:猷告,大告,告诉。尔,你们。四国,管、蔡、商、奄。多方,众方国。"方",商周时代对王畿外邦国的称呼。惟,与。殷侯,众侯。尹民,即民尹,民众之长。 ②我惟大降尔命:大降尔命,向你们下达教令。 ③洪惟图天之命:洪惟,发语词,没有实际意义。图,考虑。天之命,天命。 ④弗永寅念于祀:弗,不。永,长久。寅,敬。念,想。祀,祭祀。 ⑤帝降格于夏:帝,上帝,上天。降,下。格,谴责。夏,夏王朝。 ⑥诞厥逸:诞,大。厥,其。逸,放纵。 ⑦感言于民:感,忧患,怜悯,音 qī。言,发言。民,小民。 ⑧不克终日劝于帝之迪:克,能。劝,勉力。帝,上帝。迪,教导。 ⑨乃尔攸闻:这是你们所听到的。尔,你们。攸,所。闻,听到。 ⑩不克开于民之丽:不克,不能。开,明,明白。民,民众。丽,昏昧。 ⑪崇乱有夏:崇,重,大。乱,祸乱。有夏,夏王朝。 ⑫因甲于内乱:甲,通"狎",习。甲于,安于。郑玄说:"习为鸟兽之行于内为淫乱。"王肃说:"狎习灾异于内外为祸乱。" ⑬不克灵承于旅:克,能。灵,善。承,奉。旅,众,众民。 ⑭罔丕惟进之恭:罔,无。丕,大。惟,思。进,财物。恭,供,供职。 ⑮洪舒于民:洪,大。舒,懒惰,懈怠于治。民,民众。 ⑯叨懫日钦:叨,贪婪。懫,忿戾,仇恨,音 zhì。日,每日。钦,兴起。 ⑰劓割夏邑:劓割,残害。夏邑,

夏国。 ⑱天惟时求民主:上天于是寻求配作人民主子的人出来。天,上天。惟时,因此。求,寻求。民主,人民的主子。古代"民主",意思是"你为民众,我为主子",与当代民主迥然不同。 ⑲乃大降显休命于成汤:乃,于是。降,降下。显休命,美命。成汤,商汤王。 ⑳畀纯:畀,给。纯,纯佑,好报。 ㉑多方之义民:多方,众多方国。义民,即民仪,贤民。 ㉒不克永于多享:克,能。永,永远。享,享有。 ㉓惟夏之恭多士:恭,供,供职。多士,众官人。 ㉔乃胥惟虐于民:胥,相。惟,仅。虐于民,向民众实施虐政。 ㉕大不克开:大不能明。开,明。 ㉖简代夏作民主:简代,取代。作民主,作为人民的主子。 ㉗慎厥丽乃劝:慎,谨慎。厥,其。丽,昏昧。乃,就。劝,鼓励,劝勉。 ㉘厥民刑用劝:民,民众。刑,规范,型范。用,以,因。劝,劝勉。 ㉙要囚:要,考察。囚,囚情,刑事。 ㉚殄戮多罪:殄戮,杀死。多罪,罪行很多的人。 ㉛开释无辜:开释,释放。释,放。无辜,无罪。 ㉜今至于尔辟:现在到你们的君主纣。辟,君主。 ㉝弗克以尔多方享天之命:弗克,不能。以,与。享天之命,享有天命。

"呜呼!王若曰,诰告尔多方,非天庸释有夏①,非天庸释有殷,乃惟尔辟以尔多方大淫图天之命②,屑有辞③。乃惟有夏图厥政,不集于享④,天降时丧,有邦间之⑤。乃惟尔商后王⑥,逸厥逸,图厥政,不蠲烝⑦,天惟降时丧。惟圣罔念作狂,惟狂克念作圣⑧。天惟五年⑨,须暇之子孙诞作民主⑩,罔可念听⑪。天惟求尔多方大动以威⑫,开厥顾天⑬。惟尔多方罔堪顾之⑭。惟我周王灵承于旅⑮,克堪用德,惟典神天⑯。天惟式教我用休⑰,简畀殷命⑱,尹尔多方⑲。今我曷敢多诰,我惟大降尔四国民命。尔曷不忱裕之于尔多方⑳?尔曷不夹介乂㉑我周王,享天之命?今尔尚宅尔宅㉒,畋尔田㉓,尔曷不惠王熙天之命㉔?尔乃迪屡不静㉕,尔心未爱㉖。尔乃不大宅天命,尔乃屑播㉗天命。尔乃自作不典,图忱于正㉘。我惟时其教告之,我惟时其战要囚之㉙,至于再,至于三。乃有不用我降尔命,我乃其大罚殛之。非我有周秉德不康宁㉚,乃惟尔自速辜㉛。"

[注释]①非天庸释有夏:非,不是。天,上天。庸,用。释,抛弃。有夏,夏王朝。 ②乃惟尔辟以尔多方淫图天之命:惟,因为。尔,你们。辟,君主。以,与。淫,过度。图,图谋。天之命,天命。 ③屑有辞:屑,过度,琐碎。辞,言辞。 ④不集于享:集,就。享,享有。 ⑤有邦间之:间,取代。有邦间之,指商代夏,周代商。 ⑥尔商后王:指商纣王。 ⑦不蠲烝:蠲,明,洁,音 juān。烝,美,音 zhēng。 ⑧惟圣罔念作狂,惟狂克念作圣:圣,睿智。罔,不。念,念善。作,变为。狂,狂人,疯狂。克,能。"惟圣罔念作狂,惟狂克念作圣",睿智不念善可以变为疯子,疯子念善可以变为智者,这可能是当时的一句谚语。 ⑨天惟五年:《尚书正义》说:"从武王初立之年,数至伐纣为五年。文王受命九年而崩,其年武王嗣立。服丧三年,未得征伐。十一年服阕,乃观兵于孟津,十三年方始杀纣。从九年至十三年,是五年也。" ⑩须暇之子孙诞作民主:须,等待。暇,宽暇,宽缓。诞,大。作,作为。民主,人民的主子,即君主。 ⑪罔可念听:罔可,不可。念,考虑。听,听从。 ⑫威:威刑,处罚。 ⑬开厥顾天:开,启。厥,其。顾,顾念,顾虑。天,天意。 ⑭罔堪顾之:罔堪,不堪,受不了。堪,承受。顾,顾念。之,指天意。 ⑮灵承于旅:灵,善。承,奉。旅,众,民众。 ⑯惟典神天:典,主持。神天,指对神天的祭祀。 ⑰天惟式教我用休:天,上天。惟,语气词。式,用。教,教导。休,美德。 ⑱简畀殷命:简,大。畀,给。殷,殷遗民。命,寿命。 ⑲尹尔多方:尹,治,统治。尔,你们。多方,方国之人。 ⑳尔曷不忱裕之于尔多方:尔,你们。曷不,何不。忱,诚实。裕,导,教导。之于,对待。 ㉑夹介乂:夹,近。介,善。乂,通"艾",相,辅助。 ㉒宅尔宅:住在自己的住宅里。 ㉓畋尔田:耕种自己的田地。畋,耕田,音 tián。 ㉔尔曷不惠王熙天之命:尔,你们。惠,顺。王,周王。熙,广,光大。天之命,天命。 ㉕尔乃迪屡不静:迪,教导。屡,屡次。静,安静。 ㉖未爱:不顺。 ㉗屑播:屑,藐

视。播,抛弃。 ㉘图忱于正:图,谋划。忱,诚,取信。正,正长,官长。 ㉙战要囚之:讨伐叛乱而幽囚之。要囚,幽囚。 ㉚秉德不康宁:秉,持。德,德政。康宁,安宁,连续。 ㉛自速辜:自,自己。速,邀请,招致。辜,罪罚。

王曰:"呜呼!猷告尔有方多士暨殷多士,今尔奔走臣我监五祀①,越惟有胥伯小大多正②,尔罔不克臬③。自作不和④,尔惟和哉!尔室不睦⑤,尔惟和哉!尔邑克明⑥,尔惟克勤乃事⑦,尔尚不忌于凶德⑧,亦则以穆穆⑨在乃位,克阅于乃邑谋介⑩。尔乃自时洛邑,尚永力畋尔田⑪。天惟畀矜尔⑫,我有周惟其大介赉尔⑬。迪简在王庭⑭,尚尔事⑮,有服在大僚⑯。"

[**注释**]①今尔奔走臣我监五祀:今,现在。尔,你们。奔走,奔忙。臣,臣服。监,三监。五祀,五年。 ②越惟有胥伯小大多正:越,发语词。惟有,只有。胥,胥吏。伯,州伯。小大多正,大小众长官。 ③尔罔不克臬:你们没有不能效法。臬,法度,标准,音niè。 ④自作不和:自己制造不和顺。 ⑤尔室不睦:尔,你们。室,家室。睦,和睦。 ⑥尔邑克明:邑,治下之邑。克,能。明,清明。 ⑦克勤乃事:克,能。勤,勤劳。乃,你们。事,职事。 ⑧尔尚不忌于凶德:尚,尚且。忌,通綦,教导。綦,音jī。凶德,怨恨。 ⑨穆穆:恭敬。 ⑩克阅于乃邑谋介:克,能。阅,容,容纳。谋,图谋。介,善。 ⑪尚永力畋尔田:尚且永远尽力耕种自己的田地。力,勉力,努力。 ⑫天惟畀矜尔:天,上天。惟,因为。畀,给。矜,哀怜。尔,你们。 ⑬介赉尔:介,善。赉,赐给,音lài。尔,你们。 ⑭迪简在王庭:迪,进用。简,选择。王庭,朝廷。 ⑮尚尔事:尚,努力。尔,你们。事,职事。 ⑯有服在大僚:服,从事。大僚,大官,大位。

王曰:"呜呼!多士,尔不克劝忱我命①,尔亦则惟不克享,凡民惟曰不享②。尔乃惟逸惟颇③,大远王命④,则惟尔多方探天之威⑤,我则致天之罚,离逖尔土⑥。"王曰:"我不惟多诰,我惟祗告尔命⑦。"又曰:"时惟尔初⑧,不克敬于和⑨,则无我怨⑩。"

[注释]①劝忱我命:劝,勉力。忱,信从。我命,我的命令。 ②尔亦则惟不克享,凡民惟曰不享:不克享,不能享有禄位。民,民众。惟曰,则说你们。不享,不享有禄位。 ③惟逸惟颇:惟,只。逸,放纵。颇,不正。 ④大远王命:大远,大弃。远,疏远。王命,周王的命令。 ⑤探天之威:探,试探。天之威,王朝的威罚。 ⑥离逖尔土:把你们流放到远方。逖,远。 ⑦我惟祗告尔命:惟,仅。祗,敬。告,告诉。命,命运。 ⑧时惟尔初:时,通"是",这。惟,为。初,开始。 ⑨不克敬于和:克,能。敬,恭敬。和,和顺。 ⑩则无我怨:则无怨我。怨,仇恨。

立　政

　　《书序》说《立政》为周公所作。《伪孔传》阐释其所作缘起时说:"周公既致政成王,恐其怠忽,故以君臣立政为戒。"这也是一篇周公训诫成王的诰词,重心在于告诫成王如何选择管理人民的官长。训诫发生在周公还政之后,后人录而成之。周公从正反两方面总结夏、商两代在选择官员方面的成败得失,阐明文王和武王为政用人的方法和准则,告诫成王如何行政和用人。《立政》提出的"三宅三俊"法则,对于后世封建社会的人才选拔工作具有重要的指导意义。

　　周公若曰:"拜手稽首,告嗣天子王矣①。"用咸戒于王②曰:"王左右常伯、常任、准人、缀衣、虎贲③。"

　　[**注释**]①告嗣天子王矣:告,告诉。嗣,嗣世。嗣天子,继位的天子,这里指成王。王,为王。　②用咸戒于王:用,因。咸,都,同。戒,告诫。王,成王。王肃认为,当时周公会群臣共戒成王,故称"咸"。　③王左右常伯、常任、准人、缀衣、虎贲:左右,周围。常伯,日常主事者。常任,经常委任者。准人,狱官。缀衣,掌管周王衣服的小官。虎贲,以武力保卫周王的军官。这些都是左右近臣,宜得其人。

立 政

周公曰:"呜呼！休兹知恤,鲜哉①！古之人迪惟有夏②,乃有室大竞③,吁俊尊上帝迪④,知忱恂于九德之行⑤。乃敢告教厥后⑥曰:'拜手稽首,后矣！'曰,宅乃事,宅乃牧,宅乃准⑦,兹惟后矣⑧。谋面⑨,用丕训德⑩,则乃宅人,兹乃三宅无义民⑪。桀德,惟乃弗作往任⑫,是惟暴德,罔后。亦越成汤陟⑬,丕釐上帝之耿命⑭,乃用三有宅,克即宅⑮;曰三有俊,克即俊⑯。严惟丕式⑰,克用三宅三俊。其在商邑,用协于厥邑⑱;其在四方,用丕式见德⑲。呜呼！其在受德暋⑳,惟羞刑暴德之人㉑,同于厥邦㉒。乃惟庶习逸德之人,同于厥政㉓。帝钦罚之㉔,乃伻我有夏式商受命㉕,奄甸万姓㉖。亦越文王、武王,克知三有宅心,灼见三有俊心㉗,以敬事上帝,立民长伯㉘。立政任人——准、夫、牧作三事㉙,虎贲、缀衣、趣马、小尹、左右携仆、百司庶府、大都小伯艺人、表臣百司、太史、尹伯、庶常吉士、司徒、司马、司空、亚旅㉚、夷微、卢烝㉛,三亳阪尹㉜。文王惟克厥宅心,乃克立兹常事司牧人㉝,以克俊有德㉞。文王罔攸兼于庶言㉟,庶狱庶慎㊱,惟有司之牧夫是训用违㊲。庶狱庶慎,文王罔敢知于兹㊳。亦越武王,率惟敉功㊴,不敢替厥义德㊵,率惟谋从容德㊶,以并受此丕丕基㊷。

[注释]①休兹知恤,鲜哉:在顺境中还知道谨慎的人是很少的。休,美,顺。兹,则,而。知,知道。恤,谨慎。鲜,少。 ②古之人迪惟有夏:古之人,古人。迪,语气词,没有实际意义。惟,为。有夏,夏王朝。 ③乃有室大竞:乃,其。有室,卿大夫。大,太。竞,强横。 ④吁俊尊上帝迪:吁,呼吁。俊,贤人。尊,尊重。迪,导,所引导。 ⑤知忱恂于九德之行:知,懂得。忱,诚。

恂,信。九德之行,《伪孔传》以来注家多以《皋陶谟》"行有九德"来解说,即所谓的"宽而栗,柔而立,愿而恭,乱而敬,扰而毅,直而温,简而廉,刚而塞,强而义"。《皋陶谟》晚出,《立政》"九德"究竟何指,待考。 ⑥厥后:其君主。后,君主。 ⑦宅乃事,宅乃牧,宅乃准:认真选择你的治事官、牧民官、狱官。宅,居,度量。乃,你。事,治事之官。牧,牧民官,管理民众的官员。准,决狱讼的官员。 ⑧兹惟后矣:这是君主的职分。兹,这。惟,为,是。后,君主,这里指君主的职责。 ⑨谋面:当面相看。 ⑩用丕训德:用,用人。丕,不。训,顺,遵循。德,道德。 ⑪则乃宅人,兹乃三宅无义民:宅人,任人唯亲。兹,这样。乃,就。三宅,指上文的"宅乃事、乃牧、乃准"。义民,贤人。 ⑫桀德,惟乃弗作往任:桀,夏桀,夏朝末代君主。德,升,登上君位。惟乃,惟其,一味地。弗,不。作,用。往任,往日任人旧法。 ⑬亦越成汤陟:亦,也。越,于,在。成汤,商汤王。陟,升,登上君位。 ⑭丕厘上帝之耿命:丕,大。厘,福,吉祥,音 xī。耿命,光命。 ⑮克即宅:克,能。即,就。宅,职分。 ⑯曰三有俊,克即俊:三有俊,三宅中有俊德的人。克,能。即,就。俊,俊德。 ⑰严惟丕式:严,严格。惟,只有。丕,大。式,用,用人。 ⑱其在商邑,用协于厥邑:商邑,指商都亳。用,以。协,和谐。 ⑲其在四方,用丕式见德:四方,指王畿之外的全国各地。用,以。式,用人。见,表现,表达。德,美德。 ⑳其在受德暋:受,殷纣王。德,品德。暋,强横,暴虐,音 mǐn。 ㉑惟羞刑暴德之人:惟,只。羞,进用。刑,效法。暴德,强暴,强横。 ㉒同于厥邦:同在其国,共同主持国政。 ㉓乃惟庶习逸德之人,同于厥政:庶,众。习,狎昵。逸德,放纵。同于厥政,参与政事。 ㉔帝钦罚之:帝,上帝。钦,通"厥",兴。罚,处罚。之,他。 ㉕乃伻我有夏式商受命:乃,于是。伻,使,音 bēng。我有夏,指周人。周人称居住地为"区夏",自视为夏人,后世遂有"华夏"的说法出现。式,用。式商受命,接过商人的天命。 ㉖奄甸万姓:奄,大,有余,大。甸,治理。万姓,万姓之人,即天下百姓。 ㉗克知三有宅心,灼见三有俊心:克知,能知。三有宅,指上文的"宅乃事、乃牧、乃准"。心,真实思想。灼,明。见,看见,看出。三有俊,三宅中有俊德的人。 ㉘立民长伯:立,确立。民,民众。长伯,长官。指分封诸侯。 ㉙立政任人——准、夫、牧作三事:立政任人,周文王、武王确立政治以任用官员。准、夫、牧作三事,孙星衍说就是上文"宅乃事,宅乃牧,宅乃准"的倒文。 ㉚趣马、小尹、左右携仆、百司庶府、大都小伯艺人、表臣百司、太史、尹伯、庶常吉士、司徒、司马、司空、亚旅:趣马,掌马之官,《周礼·夏官》说:"趣马掌赞正良马,而齐其饮食。"小尹,圉师之类的小吏,《周礼·夏官》说:"圉师掌教圉人养马,春除蓐,衅厩,始牧,夏庌马,冬献马,射则充椹质,茨墙则翦阖。"左右携仆,左右携持器物的仆从。百司庶府,《周礼》官名许多带"司","府"有"内府"、"外府"、"太府"、"玉府"、"泉府"、"天府"等等,"百"、"庶"言其多。大都小伯艺人,孙星衍说,指大都邑的小长,即公卿都邑的邑宰之类人员,他们是公卿的家臣,因为有才艺,故称"艺人"。表臣百司,外百司。表,外。太史,史官,在周为王朝显要大员。尹伯,《周礼》每官皆有长,尹伯为长官大夫。庶常吉士,众掌日常事务的善士。司徒、司马、司空、亚旅,注释已见《牧誓》篇。 ㉛夷微、卢烝:夷,蛮夷。微、卢,注释已见《牧誓》篇。《尚书正义》说:"《牧誓》所云,有微、卢、彭、濮人,此举'夷微、卢'以见彭、濮之等诸夷也。"烝,君主。 ㉜三亳阪尹:郑玄说:"汤旧都之民服文王者,分为三邑,其长居险,故言阪尹。"亳,商都。 ㉝乃克立兹常事司牧人:乃,于是。克,能。立,确立。兹,这些。常事司牧人,上述这些官长。 ㉞以克俊有德:以,用。克,能。俊,俊杰。有德,有德于民。 ㉟文王罔攸兼于庶言:文王识大体,不被众人之言所误。罔,无。攸,所。兼,兼听。庶言,众言。 ㊱庶狱庶慎:庶,众。狱,狱讼之事。慎,谨慎,慎罚。 ㊲惟有司之牧夫是训用违:有司,有关职司。之,及,与。牧夫,牧民者,统治者。是,这。训,顺。违,违背。 ㊳文王罔敢知于兹:文王不敢知道这些事情,即这些事情文王不加干涉,由众人抉择。兹,这,指庶狱庶慎。 ㊴率惟敉功:惟安其事。率,语气词,没有实际意义。惟,只。敉,完成,音mǐ。功,事。 ㊵不敢替厥义德:替,废弃。厥,其。义德,道义。 ㊶率惟谋从容德:率,语气词,没有实际意义。惟,只。谋,考虑。从,顺从。容德,宽容之德。 ㊷以并受此丕丕基:以,因此。并,普遍。受,接受。此,这。丕,大。基,业。

"呜呼!孺子王矣,继自今我其立政①。立事、准人、牧夫,我其克灼知厥若②,丕乃俾乱③,相我受民④,和我庶狱庶慎⑤。时则勿有间之⑥。自一话一言,我则末惟成德之彦⑦,以乂我受民。呜呼!予旦已受人之徽言⑧,咸告孺子王矣。继自今文子文孙⑨,其勿误于庶狱庶慎,惟正是乂之⑩。自古商人亦越我周文王立政、立事、牧夫、准人,则克宅之,克由绎之⑪,兹乃俾乂国⑫。则罔有立政用憸人⑬,不训于德⑭,是罔显在厥世⑮。继自今立政,其勿以憸人,其惟吉士⑯,用劢相我国家⑰。今文子文孙,孺子王矣。其勿误于庶狱,惟有司之牧夫⑱。其克诘尔戎兵⑲,以陟禹之迹⑳,方行天下,至于海表,罔有不服㉑,以觐文王之耿光㉒,以扬武王之大烈㉓。呜呼!继自今,后王立政,其惟克用常人㉔。"

[注释]①孺子王矣,继自今我其立政:孺子,指成王。王,继承王位。继自今,从今天开始。我,指成王。其,语气词。立政,任命官员。政,即正,长。 ②灼知厥若:灼,明。知,知道。厥,其。若,善。 ③丕乃俾乱:丕,语气词,没有实际意义。乃,就。俾,使。乱,理乱,治理。 ④相我受民:相,帮助,辅助。受民,从上天那里所接受的民众。 ⑤和我庶狱庶慎:和,调和。庶狱庶慎,众狱讼众人当谨慎对待。 ⑥时则勿有间之:时,是,此。勿,不要。间,代。之,它。 ⑦末惟成德之彦:末,终,最终。惟,思考。成德之彦,即老成人。彦,美士。 ⑧徽言:美言。 ⑨文子文孙:守文之子孙,善子善孙。文,善,守文。 ⑩惟正是乂之:惟,仅。正,长官。是,指庶狱庶慎。乂,治。 ⑪克由绎之:克,能。由,用。绎,孙星衍说通"斁",终,音dù。 ⑫兹乃俾乂国:兹,这样。乃,就。俾,使。乂国,治国。 ⑬憸人:奸邪,邪佞。憸,音xiān。 ⑭不训于德:不顺于德。 ⑮是罔显在厥世:是,这。罔,不能。显,显名。 ⑯吉士:善士。 ⑰劢相:劢,勉力,音mài。相,辅助。 ⑱惟有司之牧夫:即"惟有司之牧夫是乂治之",语急而省。 ⑲其克诘尔戎兵:其,语气词,没有实际意义。克,能。诘,马融说:"宾也。"宾,敬,谨慎。尔,你们。戎兵,武器。 ⑳以陟禹之迹:以,用。陟,登。禹之迹,即天下。"禹划九州"

的传说流行起来后,人们遂把中国指认为"禹迹"。 ㉑方行天下,至于海表,罔有不服:方,四方。行,行走。海表,海边。《释地》说:"九夷、八狄、七戎、六蛮谓之四海。"罔有不,没有不。服,服从。 ㉒以觐文王之耿光:以,用。觐,观看。耿光,光明。 ㉓以扬武王之大烈:扬,发扬,弘扬。大烈,大光明。 ㉔克用常人:克,能。用,任用。常,恒常。常人,有恒心的人。

周公若曰:"太史①!司寇苏公式②,敬尔由狱③,以长我王国④。兹式有慎⑤,以列用中罚⑥。"

[注释]①太史:史官。记言、记事是史官的基本职掌,赞美苏公,先呼太史。 ②司寇苏公式:司寇,官名,主管防治奸盗事务。苏公,名忿生,苏为其封国名,遂以为氏。《左传·成十一年》记载:"昔周克商,使诸侯抚封,苏忿生以温为司寇。"式,用。 ③敬尔由狱:敬,谨慎。尔,你。由,用。狱,狱讼事务。 ④以长我王国:以,用。长,延长。我王,天子。国,国运。 ⑤兹式有慎:兹,此。式,用。有慎,谨慎。有,语气词。 ⑥以列用中罚:以,按照。列,例,成例,惯例。中罚,刑罚适中。

顾 命

《书序》说:"成王将崩,命召公、毕公率诸侯相康王,作《顾命》。""顾"是眷顾的意思。《顾命》所记,可以分为三个层次:第一层,记述群臣接受顾命。成王要求群臣协助嗣王治理好国家,"敬迓天威","无敢昏逾"。第二层,记述康王庄严隆重的即位仪式。第三层,记述召公和群臣对新天子的劝诫以及康王的答词。王国维在《观堂集林·卷一·周书顾命考》中指出:"古《礼经》既佚,后世得考周室一代之大典者,惟此篇而已。"从"王出,在应门之内"以下到篇终,《伪古文尚书》分割出去单独成篇,命为《康王之诰》。现恢复伏生今文原貌。

惟四月哉生魄①,王不怿②。甲子,王乃洮頮水③。相被冕服④,凭玉几⑤。乃同⑥,召太保奭、芮伯、彤伯、毕公、卫侯、毛公、师氏⑦、虎臣⑧、百尹⑨、御事⑩。

[注释]①惟四月哉生魄:惟,语气助词。四月,指成王22年农历四月。据夏商周断代工程推断,成王22年为公元前1021年。哉生魄,指月初的初二或初三日,注释已见《康诰》篇。 ②王不怿:王,指周成王。怿,欢喜,高兴,音yì。王不怿,成王不高兴,这里是成王病重的婉转说法。 ③王乃洮頮水:成王用水洗头发、洗脸。洮,洗头发,音táo。頮,洗脸,音huì。 ④相被

冕服:相,王的侍从官员。郑玄说:"相者,正王服位之臣,谓太仆。"被,通"披"。冕,王冠。服,朝服。　⑤凭玉几:凭,靠着。玉几,用玉镶嵌的几案。　⑥乃同:乃,于是。同,众诸侯一起朝见天子。《周礼·春官·大宗伯》:"时见曰会,殷见曰同。"郑玄说:"时见者,言无常期。殷,犹众也。"　⑦召太保奭、芮伯、彤伯、毕公、卫侯、毛公、师氏:召,召见。太保奭,即召公奭。芮伯、彤伯、毕公、卫侯、毛公,是六卿中的五位,和召公一起组成当时的六卿。芮,音ruì。召公、毕公、毛公又以三公兼卿职。师氏,官名,指负责守卫王宫的官员。　⑧虎臣:即虎贲,负责警卫王宫的军官。　⑨百尹:百官。尹,长。　⑩御事:主事官员。

　　王曰:"呜呼!疾大渐①,惟几②,病日臻③。既弥留④,恐不获誓言嗣⑤,兹予审训命汝⑥。昔君文王、武王宣重光⑦,奠丽陈教则肆⑧。肆不违⑨,用克达殷⑩,集大命⑪。在后之侗⑫,敬迓天威⑬,嗣守文、武大训⑭,无敢昏逾⑮。今天降疾⑯,殆弗兴弗悟⑰。尔尚明时朕言⑱,用敬保元子钊⑲,弘济于艰难⑳,柔远能迩㉑,安劝小大庶邦㉒。思夫人自乱于威仪㉓,尔无以钊冒贡于非几㉔。"

　　[注释]①疾大渐:疾,病。渐,逐步,逐渐。大渐,指病情加剧,病得厉害。②惟几:惟,只怕。几,微妙,这里是"危险"的委婉说法。　③病日臻:日,每日,一天天。臻,来到,音zhēn。病日臻,病情一天天加剧。　④既弥留:既,已经。弥留,本来指久病不愈,这里用作病重得快要死了的意思。　⑤恐不获誓言嗣:恐,恐怕。不获,不能。誓,谨慎,郑重。言,讲,说。嗣,后嗣。⑥兹予审训命汝:兹,现在。予,我。审,详细地。训,训示。命,命令。汝,你们,指召公奭等人。　⑦昔君文王、武王宣重光:昔,先前。宣,公开说出来,宣扬。重光,马融云:"日、月、星也。太极上元十一月朔旦冬至,日、月如叠璧,五星如连珠,故曰重光。"这里用"重光"来比喻文王、武王显明的光辉。⑧奠丽陈教则肆:奠,制定,建立。丽,这里指刑律。教,教令。肆,劳苦,音

yì。⑨违:违背。⑩用克达殷:用,因而。克,能。达,《经典释文》引《韩诗》:"挞,达也。"这里是挞伐、讨伐的意思。殷,殷商王朝。⑪集大命:集,就,成就。大命,天命。集大命,这里指建立周王朝。⑫在后之侗:侗,不成器之人,音 tóng。焦循《补疏》说:"经文乃成王自称之辞。"在后之侗,即"我",成王自谦的称呼。⑬敬迓天威:敬,恭敬。迓,迎接,音 yà。段玉裁《尚书撰异》认为应为"御"。古籍中"御"与"讶"、"迓"常常通用。这里指恭敬地奉行天威。⑭嗣守文、武大训:嗣,继承。守,遵循。文、武,周文王、武王。训,教导。⑮无敢昏逾:无敢,不敢。昏,昏乱。逾,于省吾《尚书新证》说,"逾"与"渝"通用,是改变、变更的意思。⑯今天降疾:今,现在。天,上天。疾,病,罚。⑰殆弗兴弗悟:殆,几乎。弗,不能。兴,起,这里指起床。悟,《说文》:"觉也。"这里是知觉的意思。⑱尔尚明时朕言:你们应该努力传承我的教导。明,勉,努力。时,这些。⑲用敬保元子钊:元子,太子。钊,康王名。康王,成王嫡长子,所以也称为元子。据夏商周断代工程推断,康王即位时间为公元前1020年。⑳弘济于艰难:弘,大。济,渡过。艰难,指成王崩、康王继位这一大变局。㉑柔远能迩:柔,安抚。远,远方。迩,近。安远才能安近。㉒安劝小大庶邦:安,安定。劝,劝勉。小大庶邦,大小诸侯。㉓思夫人自乱于威仪:思,王引之《经传释词》说:"发语词也。"夫人,人人,众人。仪,礼。威仪,指礼法。㉔尔无以钊冒贡于非几:尔,你们。无,不要。以,用,使。冒,触犯,冒犯。钊,康王名。贡,马融、郑玄认为贡应为赣。马融曰:"赣,陷也。"几,法则,法度。

兹既受命,还①,出缀衣于庭②。越翼日乙丑③,王崩④。

[注释]①兹既受命,还:兹,通哉,才、刚刚的意思。既,段玉裁《撰异》:"既作即。"受命,接受成王的命令。还,指群臣接受成王遗命后退出来。②出缀衣于庭:缀衣,成王穿的朝服。缀,音 zhuì。庭,指朝廷的王位。出缀衣于庭,曾运乾《尚书正读》说:"王病不能视朝,则出衣于庭,为群臣瞻拜之资也。贾谊云:植遗腹朝委裘而天下不乱,孟康《汉书注》云:委裘若容衣,天

子未坐朝,事先帝裘衣也,正是此义。" ③越翼日乙丑:越,过。翼日,第二天。 ④王崩:王,指成王。崩,天子死称作崩。古代等级森严,不同等级的人死则有不同的名称。《白虎通·崩薨篇》说:"天子曰崩","诸侯曰薨","大夫曰卒","庶人曰死"。

太保命仲桓、南宫毛①,俾爰齐侯吕伋②,以二干戈③、虎贲百人,逆子钊于南门之外④。延入翼室⑤,恤宅宗⑥。丁卯,命作册度⑦。

[注释]①太保命仲桓、南宫毛:太保,指首位顾命大臣召公奭。仲桓、南宫毛,仲、南宫是氏,桓、毛是名。 ②俾爰齐侯吕伋:俾,使,从。爰,于。齐侯吕伋,姜太公吕尚的长子,即丁公,伋(音 jí)为其名。伋,音 jí。姜太公始封于吕(今河南南阳市西郊),后人遂以吕为氏。俾爰齐侯吕伋,从于齐侯吕伋。③以二干戈:以,用。二干戈,即仲桓、南宫毛一人执干,一人执戈。 ④逆子钊于南门之外:逆,迎。南门,指宗庙的南门。江声说:"王既崩,世子就在外,世子盖以王未疾时奉使而出,比反而王崩,忧危之际,故以兵迎之于南门之外。" ⑤延入翼室:延,请。翼室,苏轼《书传》云:"路寝旁左右翼室也。成王丧在路寝,故子钊庐于翼室。" ⑥恤宅宗:太子钊忧居在侧室主持丧事。江声说:"'恤',忧也。'宅',居也。'宗',主也。" ⑦丁卯,命作册度:丁卯,成王死后的第三天。作册,商周时代的一种史官,职掌为起草文告、记载史事。度,法度,法制。这里指制定丧礼的礼仪。

越七日癸酉①,伯相命士须材②。狄设黼扆、缀衣③。

[注释]①越七日癸酉:越,过了。七日,郑玄说:"大夫以上殡敛皆以死之来日数,天子七日而殡。"癸酉,郑玄说:"癸酉,盖大敛之明日也。" ②伯相命士须材:伯相,指召公、毕公。王肃说:"召公为二伯,相王室,故曰伯相。上言太保命仲桓,此改言伯相者,于此所命士者,非是国相不得大命诸侯,故改言伯相,以见政皆在焉。"须,取。材,陈列的各种器物。 ③狄设黼扆、缀

衣:狄,这里指主持祭礼的官员。黼,通斧,音 fǔ。扆,古代的一种屏风,音 yǐ。黼扆,这里指安放在王位后面装饰有斧形花纹的屏风。缀,缀衣,朝服。

牖间南向①,敷重篾席②,黼纯③,华玉仍几④。西序东向⑤,敷重厎席⑥,缀纯⑦,文贝仍几⑧。东序西向⑨,敷重丰席⑩,画纯⑪,雕玉仍几⑫。西夹南向⑬,敷重笋席,玄纷纯⑭,漆仍几⑮。越玉五重⑯,陈宝⑰,赤刀⑱、大训⑲、弘璧⑳、琬琰㉑,在西序。大玉㉒、夷玉㉓、天球㉔、河图㉕,在东序。胤之舞衣㉖、大贝㉗、鼖鼓㉘,在西房。兑之戈、和之弓、垂之竹矢,在东房㉙。大辂在宾阶面㉚,缀辂在阼阶面㉛,先辂在左塾之前㉜,次辂在右塾之前㉝。

[注释]①牖间南向:牖,窗户,音 yǒu。牖间,门窗之间。南向,朝南。向,方向。 ②敷重篾席:敷,布置,铺设。重,双层。篾席,竹席。 ③黼纯:用黑白相间的丝织品包边。黼,fǔ,黑白相间。《考工记》:"白与黑谓之黼。"郑玄注《周礼》云:"斧谓之黼,其绣黑白彩也。"纯,席子的镶边。郑玄曰:"纯,缘也。" ④华玉仍几:华玉,花玉,五色玉。仍,因。几,几案。 ⑤西序东向:序,堂上的东西墙称作序。西序,堂上的西墙。东向,方向朝东。 ⑥厎席:厎,致,音 zhǐ。厎席,用细竹篾制成的席子。 ⑦缀纯:缀,指画饰。纯,席子的镶边。 ⑧文贝仍几:文贝,有花纹的贝壳。仍几,没有油漆装饰的几案。 ⑨东序西向:东序,堂上的东墙。西向,方向朝西。 ⑩丰席:丰席,莞草编的席子。 ⑪画纯:席边画着云气。 ⑫雕:雕刻,刻缕。 ⑬西夹南向:西夹,指南边的夹室。南向,方向朝南。 ⑭敷重笋席,玄纷纯:笋席,用青竹皮编织的席子。玄,黑色。玄纷纯,用黑丝绳镶饰席边。 ⑮漆:指漆器。 ⑯越玉五重:越玉,马融说:"越地所献玉也。"五重,五种。 ⑰陈宝:陈,陈列。宝,宝物。 ⑱赤刀:郑玄说:"曲刃刀也。""赤刀者,武王诛纣时刀,赤为饰,周正色。" ⑲大训:郑玄说:"大训谓礼法,先王德教。"这里指记载先王训诫的典籍。 ⑳弘璧:弘,大。璧,古代一种玉器,圆形,扁平,中

间有孔。 ㉑琬琰:琬,圆顶圭,音 wǎn。琰,尖顶圭,音 yǎn。圭,音 guī,古代天文仪器,根据日影情况可以测定节气和一年时间的长短。《周礼·典瑞》云:"琬圭以治德,琰圭以易行。" ㉒大玉:华山出产的玉。郑玄云:"大玉,华山之球也。" ㉓夷玉:东北方出产的玉。郑玄说:"夷玉,东北之球也。"王肃说:"夷玉,东夷之美玉。" ㉔天球:玉磬。郑玄说:"天球,雍州所贡之玉,色如天者。皆璞,未见琢治,故不以礼器名之。"王肃说:"天球,玉磬也。" ㉕河图:黄河所出的神图。《易·系辞》说:"河出图,洛出书,圣人则之。" ㉖胤之舞衣:胤,国名。胤之舞衣,胤国制作的舞衣。 ㉗大贝:大贝壳。 ㉘鼖鼓:鼖,鼖鼓,大鼓,古代的一种军鼓。《考工记》云:"鼓长八尺,谓之鼖鼓。"鼖,音 fén。 ㉙兑之戈、和之弓、垂之竹矢,在东房:兑、和、垂,都是人名,古代传说中的能工巧匠。东房,东厢夹室。 ㉚大辂在宾阶面:辂,国君乘坐的车辆。辂,音 lù。《周礼》巾车"掌王之五辂",玉辂、金辂、象辂、革辂、木辂,是为五辂。"大辂",辂中最大的车辆,指玉辂。宾阶,宾客站立的台阶,即西阶。面,前。 ㉛缀辂在阼阶面:缀辂,用金属装饰的车辆。阼阶,主人站立的台阶,即东阶。 ㉜先辂在左塾之前:先辂,用象骨装饰的车辆。塾,门侧堂屋。《释宫》云:"门侧之堂谓之塾。" ㉝次辂在右塾之前:次辂,木质的没有装饰的车辆。

二人雀弁①,执惠②,立于毕门之内③。四人綦弁④,执戈上刃⑤,夹两阶戺⑥。一人冕⑦,执刘⑧,立于东堂。一人冕,执钺⑨,立于西堂。一人冕,执戣⑩,立于东垂⑪。一人冕,执瞿,立于西垂。一人冕,执锐⑫,立于侧阶⑬。

[注释]①雀弁:上古士阶层所戴的一种帽子。弁,音 biàn。郑玄说:"赤黑曰雀,言如雀头色也。雀弁制如冕,黑色,但无藻耳。" ②执惠:执,拿着。惠,类似于矛的一种兵器。 ③毕门:祖庙门。 ④四人綦弁:四人戴着青黑色帽子。綦,青黑色,音 qí。 ⑤执戈上刃:执戈,拿着戈。上刃,刀刃向外。 ⑥夹两阶戺:两阶,指宾阶、阼阶。戺,夹阶的斜石,音 shì。 ⑦一人冕:冕,大夫戴的帽子,比弁高一个等级。 ⑧刘:斧类兵器。 ⑨钺:大斧,音 yuè。

⑩执戣:郑玄说:"戣、瞿,盖今三锋矛。"戣,音 kuí。 ⑪垂:在堂的旁边,即堂廉。 ⑫锐:锐,矛类兵器,郑玄说:"锐,矛属。" ⑬立于侧阶:侧阶,东下阶。

王麻冕黼裳①,由宾阶隮②。卿士、邦君麻冕蚁裳③,入即位④。太保、太史、太宗皆麻冕彤裳⑤。太保承介圭⑥,上宗奉同、瑁⑦,由阼阶隮⑧。太史秉书⑨,由宾阶隮,御王册命⑩。

[注释]①王麻冕黼裳:王,指康王。麻冕,麻制的帽子。《白虎通·绋冕》云:"周宗庙之冠也。"江声曰:"麻冕,三十升麻之布以为冕也。"黼,黼裳,绣着虎形花纹的礼服。 ②由宾阶隮:隮,登上,升上,音 jī。王国维《顾命考》云:"王由宾阶隮者,未受册,不敢当主位也。" ③蚁裳:色黑如蚁的礼服,郑玄说:"蚁,谓色玄也。" ④入即位:位,中庭的左右叫做位。即位,即各就各位。 ⑤太宗皆麻冕彤裳:太宗,即大宗伯。彤裳,红色的礼服。 ⑥承介圭:承,捧着。介圭,大圭。 ⑦上宗奉同、瑁:上宗,即太宗,大宗伯。奉,捧着。同,酒杯。瑁,一种玉器,音 mào。郑玄说:"名玉曰冒者,谓德能覆盖天下也。四寸者方,以尊接卑,以小为贵。" ⑧由阼阶隮:从主阶登上。阼阶,东阶,主阶。 ⑨秉书:秉,拿着。书,记录成王遗命的册书。 ⑩御王册命:御,迎接。御王册命,迎着康王宣读册书。郑玄说:"御犹向也。王此时正立宾阶上少(稍)东,太史东面于殡西南而读策书,以命王嗣位之事。"

曰:"皇后凭玉几①,道扬末命②,命汝嗣训③,临君周邦④,率循大卞⑤,燮和天下⑥,用答扬文、武之光训⑦。"王再拜,兴⑧,答曰:"眇眇予末小子⑨,其能而乱四方⑩,以敬忌天威⑪?"

[注释]①皇后凭玉几:皇,大,光明。后,君主,这里指成王。凭,靠着。 ②道扬末命:道扬,讲述,宣布。末命,临终遗命。 ③命汝嗣训:命令继位者遵循。嗣,继承。训,遵循。 ④临君周邦:临,治理。君,统治。周邦,周王

朝。 ⑤率循大卞:率循,遵循。卞,法。 ⑥燮和天下:燮和,同义复词,燮,和,音xiè。燮和天下,就是用和谐之道调和天下。 ⑦用答扬文、武之光训:答,对。答扬,西周金文常作"对扬",就是发扬的意思。文、武,文王、武王。光训,明训。 ⑧兴:起来。 ⑨眇眇予末小子:眇眇,微小。末,微末。眇眇予末小子,古代君王谦虚自称。 ⑩其能而乱四方:其,岂,怎么。而,语气助词。乱,理乱,治理。四方,天下。 ⑪以敬忌天威:敬忌,敬畏。天威,天罚,天命。

乃受同、瑁①,王三宿②,三祭③,三咤④。上宗曰:"飨⑤!"太保受同⑥,降⑦,盥以异同⑧,秉璋以酢⑨。授宗人同⑩,拜⑪,王答拜。太保受同,祭,哜⑫,宅⑬,授宗人同,拜,王答拜。太保降⑭,收⑮,诸侯出庙门,俟⑯。

[注释]①乃受同、瑁:乃,于是。受,接受。同,酒杯。瑁,一种玉器。 ②王三宿:三,三次。宿,进爵。 ③三祭:三次祭酒。 ④三咤:三次奠爵酒。咤,奠爵酒,音zhà。 ⑤飨:饮酒。指大宗伯劝康王饮酒。吕祖谦《书说》云:"'曰飨'者,传神命而以神之飨告也。" ⑥太保受同:受,接受,这里指太保接过来康王喝酒的酒杯。 ⑦降:下来,这里指从堂上走下来。 ⑧盥以异同:用另外一种酒杯洗手。盥,洗手,音guàn。以,用。异同,指另一种酒杯。 ⑨秉璋以酢:秉,拿着。璋,大臣用的酒杯。酢,酬答,音zuò。 ⑩授宗人同:授,授给,交给。宗人,大宗伯的助手。同,酒杯 ⑪拜:指太保把酒杯交给宗人,然后拜王。 ⑫哜:品尝,音jì。 ⑬宅:同咤,奠爵酒。 ⑭降:下来。 ⑮收:撤去,指撤去各种陈设。 ⑯诸侯出庙门,俟:诸侯,江声云:"卿士邦君也。"指参加仪式的所有的诸侯卿士。俟,等待,音sì。

王出①,在应门之内②,太保率西方诸侯③,入应门左,毕公率东方诸侯④,入应门右,皆布乘黄朱⑤。宾称奉圭兼币⑥,曰:"一二臣卫⑦,敢执壤奠⑧。"皆再拜稽首。王义嗣德⑨,答拜。

[注释]①王出:王,指康王钊。出,出庙门。从"王出"以下到篇终,《伪古文尚书》分割出去单独成篇,命名为《康王之诰》。现恢复伏生今文原貌。 ②在应门之内:应门,周朝制度,天子宫殿五门,最外为皋门,依次向里为库门、雉门、应门、路门。宗庙在应门之内,路门之外。 ③太保率西方诸侯:太保,即召公奭。据说当时召公为西伯,是西方诸侯之长,所以他率领西方诸侯来朝王。 ④毕公率东方诸侯:毕公,据说当时为东伯,是东方诸侯之长,所以他率领东方诸侯来朝王。 ⑤皆布乘黄朱:皆,都。布,陈。乘,四马。黄朱,黄色、红色,黄指马的颜色。《尚书正义》曰:"诸侯朝见天子,必献国之所有,以表忠敬之心。故诸侯皆陈四黄马朱鬣,以为庭实,言实之于王庭也。四马曰乘。言乘黄,正是马色黄矣。'黄'下言'朱',朱非马色。……古人贵朱鬣。知'朱'者,朱其尾、鬣也。" ⑥宾称奉圭兼币:宾,诸侯。称,举。奉,进献。圭,命圭。《考工记》注云:"命圭者,王所命之圭也,朝觐执焉。"币,所贡丝织品。 ⑦一二臣卫:一二,各位。臣卫,臣仆,这是诸侯的自称谦词。 ⑧敢执壤奠:敢,副词,表示恭敬。执,拿着。壤,土壤,这里指贡献的物品。土壤中生长出来,故曰壤。奠,进献。 ⑨王义嗣德:义嗣,礼辞,以礼辞谢,并不是坚决拒绝。德,升,这里指升位。

太保暨芮伯咸进①,相揖②,皆再拜稽首,曰:"敢敬告天子③,皇天改大邦殷之命④,惟周文、武,诞受羑若⑤,克恤西土⑥。惟新陟王⑦,毕协赏罚⑧,戡定厥功⑨,用敷遗后人休⑩。今王敬之哉!张皇六师⑪,无坏我高祖寡命⑫。"

[注释]①太保暨芮伯咸进:太保,召公。暨,与。芮伯,王室六卿之一。咸,共同。进,前行。 ②相揖:互相作揖。 ③敢敬告天子:敢,副词,表示恭敬。敬,恭敬。告,禀告。天子,指康王。 ④皇天改大邦殷之命:皇天,上天。改,更改。大邦殷,大国殷。命,命运。 ⑤诞受羑若:诞,大。羑若,苏

轼《书传》曰:"文王出羑里之囚,天命自是始顺,周公记之,谓之'羑若'。"羑,音 yǒu。 ⑥克恤西土:克,能。恤,安定。西土,指周邦。 ⑦新陟王:新近去世之王。古代王死称为陟,这里指周成王。 ⑧毕协赏罚:毕,尽,全。协,和。协赏罚,赏罚合理。 ⑨戡定厥功:戡,克,能,音 kān。厥,其。戡定厥功,克定其功,能定其功。 ⑩用敷遗后人休:敷,普遍。遗,留给。休,美好。 ⑪张皇六师:张皇,张大,《尚书正义》:"皇训大也。国之大事在于强兵,故令张大六师之众。"六师,西周前期有军队十四师,驻扎在西方的六师被称为"西六师",驻扎在东方的八师被称为"东八师"。 ⑫无坏我高祖寡命:无,通毋,不要。坏,败坏。《说文》曰:"坏,败也。"高祖,《尚书正义》曰:"高德之祖,谓文王也。"寡命,大命。

王若曰:"庶邦侯、甸、男、卫①,惟予一人钊报诰②。昔君文、武丕平富③,不务咎④,底至齐信⑤,用昭明于天下⑥。则亦有熊罴之士⑦,不二心之臣⑧,保乂王家⑨。用端命于上帝⑩,皇天用训厥道⑪,付畀四方⑫。乃命建侯树屏⑬,在我后之人⑭。今予一二伯父⑮,尚胥暨顾⑯,绥尔先公之臣⑰,服于先王⑱。虽尔身在外⑲,乃心罔不在王室⑳,用奉恤厥若㉑,无遗鞠子羞㉒。"

[注释]①庶邦侯、甸、男、卫:侯、甸、男、卫,是周代九服中的四服,这里指这四服的长官。 ②惟予一人钊报诰:予一人,周天子的自谦之称。报,答复。诰,诰命。 ③昔君文、武丕平富:昔,过去。文、武,指周文王、周武王。丕平富,陈经《尚书详解》云:"丕则大而无外,平则均而无偏,富者惠养之谓。" ④咎:过失,刑罚。 ⑤底至齐信:底,致。至,施行。齐,中。齐信,中信。 ⑥用昭明于天下:用,因而。昭明,光辉普照。 ⑦则亦有熊罴之士:则,那么。亦有,还有。熊罴之士,勇猛之士。 ⑧不二心之臣:忠贞不二的大臣。 ⑨保乂王家:保,保卫。乂,治理。王家,这里指国家。 ⑩用端命于上帝:用,因而。端,端正。 ⑪皇天用训厥道:皇天,上天。训,顺从。厥,

其。道,引导,教导。 ⑫付畀四方:付畀,给予,交给。四方,天下。 ⑬乃命建侯树屏:乃,于是。命,命令。建侯,分封诸侯。树,建立。屏,《尔雅·释言》:"蔽也。"树屏,建立屏障。 ⑭在我后之人:在,在于。我后之人,指子孙后代。 ⑮今予一二伯父:一二,诸位。伯父,指姬姓诸侯。周天子对同姓诸侯称"伯父"或"叔父",对异姓诸侯称"伯舅"或"舅氏"。 ⑯尚胥暨顾:尚,还。胥,互相。暨,与。顾,顾念。 ⑰绥尔先公之臣:绥,继续,继承。尔,你们。先公之臣,诸位大臣的先祖,在前朝担任大臣。 ⑱服于:臣服于。 ⑲虽尔身在外:虽,虽然。尔,你们。在外,指在朝廷之外。诸侯分封在全国各地。 ⑳乃心罔不在王室:你们的心里没有不忠于王室的。乃,你们。罔不,没有不。 ㉑用奉恤厥若:用,以,因此。奉,帮助。恤,忧,体恤。厥若,指王室。 ㉒无遗鞠子羞:无,不要。遗,留下。鞠子,康王自谦的称呼。羞,羞辱,羞愧。

群公既皆听命①,相揖趋出②。王释冕③,反丧服④。

[注释]①群公既皆听命:群公,指三公和各诸侯大臣。郑玄说:"群公,主为诸侯与王之三公,诸臣亦在焉。"皆,都。命,诰命。 ②相揖趋出:相揖,互相作揖。趋出,慢慢退出。 ③王释冕:释,解去,脱掉。释冕,指康王脱去接受册命大典时穿的礼服。 ④反丧服:康王返回守丧的侧室穿上丧服。反,同返,返回。

吕　　刑

《书序》说:"吕命,穆王训夏赎刑,作《吕刑》。""伪孔传"对此解释说:"吕侯见命为天子司寇……以穆王命作书,训畅夏禹赎刑之法,更从轻以布告天下。"《尚书正义》说:"吕侯得穆王之命为天子司寇之卿,穆王於是用吕侯之言,训畅夏禹赎刑之法。吕侯称王之命而布告天下。史录其事,作《吕刑》。"这是《尚书》中专论刑罚问题的一篇文献。吕侯是西周晚年的一位诸侯,史书中常常写做"甫侯",所以《吕刑》又时常被写做《甫刑》。相传这是吕侯代替穆王发布的训告,故名为《吕刑》。文章从"蚩尤作乱"、"苗民弗用灵"从而导致天下大乱的历史教训中得出结论,说明慎刑用德的重要性,进而告诫诸侯们断狱的方法,警告贪官污吏要有所收敛,刑罚必须适中。值得注意的是,《吕刑》在讲到断狱方法时,提出了刑罚适中、区分偶犯与惯犯、治世与乱世用典不同等原则,这些内容对于后世封建社会的法制建设都有重要的指导意义。

惟吕命①,**王享国百年**②,**耄荒**③,**度作刑以诘四方**④。

[**注释**]①惟吕命:惟,只有。吕,吕侯。吕为姜太公封国,封地在今河南南阳市西郊。太公改封于齐后,吕国似乎继续存在。相传宣王以后,吕改为"甫",《史记》等书遂作"甫侯"。郑玄说:"吕侯受王命,入为三公。"命,受命。

②王享国百年:王,指周穆王。享国,在位。百年,虚数,指在位时间较长。据夏商周断代工程推断,穆王在位时间为公元前976年~公元前922年,一共55年。 ③耄荒:《礼记·曲礼》说:"八十、九十曰耄。"耄,音máo。荒,苏轼说:"大也。" ④度作刑以诘四方:度,谋划。作,制定。刑,刑典。诘,禁戒。四方,天下。

王曰:"若古有训①,蚩尤惟始作乱②,延及③于平民,罔不寇贼鸱义④,奸宄夺攘矫虔⑤。苗民弗用灵⑥,制以刑⑦,惟作五虐之刑曰法⑧。杀戮无辜⑨,爰始淫为劓、刵、椓、黥⑩。越兹丽刑并制⑪,罔差有辞⑫。民兴胥渐⑬,泯泯棼棼⑭,罔中于信,以覆诅盟⑮。虐威庶戮⑯,方告无辜于上⑰。上帝监民,罔有馨香德⑱,刑发闻惟腥⑲。皇帝哀矜庶戮之不辜⑳,报虐以威㉑,遏绝苗民㉒,无世在下㉓。

[**注释**]①若古有训:若,语气助词,没有实际意义。古,古代。训,训告,训词。 ②蚩尤惟始作乱:蚩尤,传说为古代东方部族九黎族的首领,三苗氏的祖先,曾经与黄帝在涿鹿大战,兵败被杀。蚩,音chī。惟,语气词。始,开始。作乱,叛乱。 ③延及:扩大到,影响到。 ④罔不寇贼鸱义:罔不,没有不。寇,侵犯。贼,杀害。鸱义,轻率不正。《蔡传》说:"鸱义,以鸱张跋扈为义。"鸱,音chī,马融说:"鸱,轻也。" ⑤奸宄夺攘矫虔:奸宄,内外作乱。夺,强取。攘,盗窃。矫虔,诈骗抢夺。韦昭曰:"称诈为矫,强取为虔。" ⑥苗民弗用灵:弗,不。灵,一作命,弗用灵,就是"不用命"、"不服从命令"的意思。 ⑦制以刑:制,制服。以,用。刑,刑罚。 ⑧惟作五虐之刑曰法:惟,语气词。作,制定。虐,残暴。曰,叫做。法,法则,准则。 ⑨杀戮无辜:杀害无罪的人。 ⑩爰始淫为劓、刵、椓、黥:爰,语气助词,用在句首。始,开始。淫,过度。为,用,使用。劓,古代刑罚的一种,即割鼻子,音yì。刵,古代刑罚的一种,即割耳朵,音èr。椓,古代刑罚的一种,即宫刑,男性割去生殖器,音zhuó。黥,音qíng,五刑之一。先用刀刺刻面额,再染成黑色,作为惩罚的标

记。　⑪越兹丽刑并制：越兹，于是。丽，施行。并，废弃。制，制度，法令。 ⑫罔差有辞：无论有罪无罪不加区别。罔，无，不。差，选择。有辞，有理可言。　⑬民兴胥渐：民，这里指苗民。兴，起，起来。胥，互相。渐，这里是欺诈的意思。《尔雅·释诂》："渐，犹诈也。"　⑭泯泯棼棼：混乱不堪。　⑮罔中于信，以覆诅盟：罔，没有。中，符合。信，信守。覆，反悔，违背。诅盟，盟誓，誓约。　⑯虐威庶戮：虐威，滥施淫威。庶戮，大加刑罚。　⑰方告无辜于上：方，通"旁"，普遍。告，申告。无辜，无罪。上，这里指上天。　⑱上帝监民，罔有馨香德：监，考察。民，苗民。罔，没有。馨香，香气，香味。德，德政。　⑲刑发闻惟腥：刑，刑罚。发，散发。惟，只有。腥，腥气。　⑳皇帝哀矜庶戮之不辜：皇，大，光明。帝，上帝，天帝。哀矜，哀怜，可怜。庶戮，众多受害者。不辜，无罪。　㉑报虐以威：报，报复。虐，暴虐。以，用。威，威罚，处罚。　㉒遏绝苗民：遏，制止，音è。绝，杀尽。苗民，三苗之民，这里指蚩尤及其族人。　㉓无世在下：没有留下后代。无，没有。世，嗣，后代。

"乃命重黎①，绝地天通②，罔有降格③。群后之逮在下④，明明棐常⑤，鳏寡无盖⑥。皇帝清问下民⑦，鳏寡有辞于苗⑧。德威惟畏⑨，德明惟明⑩。

[**注释**]①乃命重黎：重、黎，传说中的古代部落首领。相传颛顼时期，重负责主持祭祀天神事务，黎负责主持民间事务。　②绝地天通：断绝民间和天神之间的沟通。《楚语》说："昭王问于观射父曰：'《周书》所谓重、黎实使天地不通者，何也？若无然，民将能登天乎？'对曰：'非此之谓也。古者民神不杂。少昊氏之衰也，九黎乱德，家为巫史，民神同位，祸灾荐臻。颛顼受之，乃命南正重司天以属神，命火正黎司地以属民，使复旧常，无相侵渎，是谓绝地天通。其后三苗复九黎之德，尧复育重黎之后，不忘旧者，使复典之。'""绝地天通"改变了"家为巫史、民神同位"的局面，神职人员开始专业化，这是古代中国宗教史上一场重要变革，可惜史焉不详，后世不能从中得到更多的信息。　③罔有降格：罔有，没有。降，下降。格，通假。《尔雅·释诂》："假，升也。"　④群后之逮在下：群后，众诸侯。逮，及，相继。在下，在天之

下,在人世间。　⑤明明棐常:明明,显用有明德的人。棐,辅助,音 fēi。常,常道。　⑥无盖:无害。　⑦皇帝清问下民:皇帝,上帝。清问,马融曰:"清讯也。"清问就是清楚听到的意思。下民,民众,民情。　⑧有辞于苗:对三苗有怨言。辞,怨言。　⑨德威惟畏:有德贤人所惩罚的,人们全都畏服。⑩德明惟明:有德贤人所尊重的,人们全都尊重。

"乃命三后①,恤功于民②。伯夷降典③,折民惟刑④。禹平水土,主名山川⑤。稷降播种⑥,农殖嘉谷⑦。三后成功,惟殷于民⑧。士制百姓于刑之中,以教祗德⑨。

[注释]①乃命三后:乃,于是。命,命令。三后,三位君主,指伯夷、大禹、后稷。　②恤功于民:恤,忧患。功,治事。民,民众。　③伯夷降典:伯夷,帝尧大臣,相传为炎帝苗裔,姜姓,传说曾经为尧制定礼法。降,颁布。典,法则,常法。　④折民惟刑:折,判断,这里是审理的意思。折民,就是审理众民的案件。惟,只有,仅仅。刑,刑典。　⑤禹平水土,主名山川:平,作动词,平治、治理。主,负责。名山川,治理山川后给它们一一命名。　⑥稷降播种:稷,后稷,尧舜时期的农官,周族先祖。降,下来。播种,种植。　⑦农殖嘉谷:农,王引之《经义述闻》说:"农,勉也。"这里是勉力、努力的意思。殖,种植。嘉,好。谷,这里泛指庄稼。　⑧惟殷于民:惟,只。殷,大。殷于民,大利于民。　⑨士制百姓于刑之中,以教祗德:士,主刑罚的官员。制,制定。百姓,这里指百官。于,以。刑,刑罚。中,适中。以,用。教,教导。祗,敬。

"穆穆在上①,明明在下②,灼于四方③,罔不惟德之勤④。故乃明于刑之中⑤,率乂于民棐彝⑥。

[注释]①穆穆在上:在上位者恭敬从事。穆穆,恭敬。在上,在上位者,统治者。　②明明在下:民众努力。明,勉力,努力。明明,努力的样子。在下,指民众。　③灼于四方:灼,光明,这里作动词,光照。四方,天下。④罔不惟德之勤:罔不,没有不。勤,勤勉。惟德之勤,即惟勤德,勉力于明

德。 ⑤故乃明于刑之中:故,所以。乃,才,才能。明,明白。刑,刑罚。中,适中。 ⑥率乂于民棐彝:率,语气助词,用于句首。乂,治理。棐,辅助,音fěi。彝,常教,常道。

"典狱①,非讫于威②,惟讫于富③。敬忌,罔有择言在身④。惟克天德⑤,自作元命⑥,配享在下⑦。"

[注释]①典狱:典,掌管。狱,刑罚。 ②非讫于威:非,不是。讫,尽,音qì。威,威罚。 ③惟讫于富:惟,仅仅,只是。富,仁厚,宽厚。 ④敬忌,罔有择言在身:敬,恭敬。忌,忌惮。罔有,没有。择,通斁,坏。择言,败言,这里指坏话。 ⑤惟克天德:惟,只是,因为。克,能,能符合。天,上天。德,美德。 ⑥自作元命:自,自己。作,造成。元,大,善。元命,大命,善命,好命。 ⑦配享在下:配,配天。配享,曾运乾《尚书正读》说:"言配天而享其禄矣。"在下,在天之下,即在世上。

王曰:"嗟!四方司政典狱①,非尔惟作天牧②?今尔何监③,非时伯夷播刑之迪④?其今尔何惩⑤?惟时苗民匪察于狱之丽⑥。罔择吉人⑦,观于五刑之中⑧,惟时庶威夺货⑨,断制五刑,以乱无辜⑩。上帝不蠲⑪,降咎于苗⑫。苗民无辞于罚⑬,乃绝厥世⑭。"

[注释]①四方司政典狱:这里指各地诸侯。司政,主政。典,主持。狱,刑罚事务。 ②非尔惟作天牧:非,不是。尔,你们。惟,宜。作,作为。天,上天。牧,治民官。 ③今尔何监:今,现在。尔,你们。监,视,借鉴。 ④非时伯夷播刑之迪:非,不是。时,这。播,郑玄注:"播,犹施也。"这里是施行的意思。刑,刑罚。迪,导,引导。 ⑤其今尔何惩:其,语气助词,表示揣测、反诘。今,现在。尔,你们。惩,惩戒。 ⑥惟时苗民匪察于狱之丽:惟,只有,仅仅。时,这。匪,不。察,察看。丽,刑典,这里指施行刑罚。 ⑦罔择吉人:罔,不,没有。择,选择。吉人,好人,善良的人。 ⑧观于五刑之中:

观,观察,考察。五刑、墨、劓、剕、宫、大辟。中,正,适中。 ⑨惟时庶威夺货:惟,只是,仅仅。庶威,威势。夺货,强取财物。 ⑩断制五刑,以乱无辜:断制,审判。乱,扰乱,乱罚。无辜,无罪。 ⑪蠲:免除,赦免,音juān。 ⑫降咎于苗:咎,灾祸。苗,三苗族。 ⑬苗民无辞于罚:苗民,三苗之民。无辞,无话可说。于,被。罚,惩罚。 ⑭乃绝厥世:乃,于是。绝,断绝,灭绝。厥,他的。世,嗣,后代。

王曰:"呜呼!念之哉①!伯父、伯兄、仲叔、季弟、幼子、童孙②,皆听朕言,庶有格命③。今尔罔不由慰日勤④,尔罔或戒不勤⑤。天齐于民⑥,俾我一日⑦,非终惟终,在人⑧。尔尚敬逆天命,以奉我一人⑨。虽畏勿畏,虽休勿休⑩,惟敬五刑,以成三德⑪。一人有庆⑫,兆民赖之⑬,其宁惟永⑭。"

[注释]①念之哉:念,记住。之,指以伯夷为法、苗民受罚为戒。 ②伯父、伯兄、仲叔、季弟、幼子、童孙:《伪孔传》说:"皆王同姓,有父兄弟子孙。列者,伯、仲、叔、季,顺少长也。举同姓包异姓,言不殊也。" ③庶有格命:庶,连词,表示在上述情况下出现的某种情况。格,大。格命,大命。 ④今尔罔不由慰日勤:今,如今,现在。尔,你们。罔不,没有不。由,用。慰,安慰。勤,勤劳。 ⑤尔罔或戒不勤:尔,你们。罔,没有。或,有的人。戒,警戒。 ⑥天齐于民:天,上天、上帝。齐,治理,整顿。 ⑦俾我一日:俾,使。一日,一旦,一旦在位。 ⑧非终惟终,在人:非终惟终,成不成。终,成。在人,在于人,事在人为。 ⑨尔尚敬逆天命,以奉我一人:尔,你们。尚,尚且,庶几。敬,恭敬。逆,迎接。以奉我一人:以,用。奉,助,辅助。我一人,周天子自谦之称。 ⑩虽畏勿畏,虽休勿休:即使可畏也不要畏惧,即使可喜也不必过于喜悦。畏,畏惧。休,喜。 ⑪惟敬五刑,以成三德:惟,只。敬,谨慎,这里指谨慎地使用。三德,指前面所说的恭敬、正直、勤劳。 ⑫一人有庆:一人,即前面所说的"我一人",君主。庆,善。 ⑬兆民赖之:兆民,虚数,指天下民众。赖,利,受益,依靠。 ⑭其宁惟永:宁,安宁。惟,就。永,长久。

王曰:"吁①!来,有邦有土②,告尔祥刑③。在今尔安百姓④,何择,非人⑤?何敬,非刑⑥?何度,非及⑦?两造具备⑧,师听五辞⑨。五辞简孚⑩,正于五刑⑪。五刑不简⑫,正于五罚⑬。五罚不服,正于五过⑭。五过之疵⑮:惟官⑯,惟反⑰,惟内⑱,惟货⑲,惟来⑳。其罪惟均㉑,其审克之㉒。五刑之疑有赦㉓,五罚之疑有赦,其审克之㉔。简孚有众㉕,惟貌有稽㉖。无简不听,具严天威㉗。墨辟疑赦㉘,其罚百锾㉙,阅实其罪㉚。劓辟疑赦,其罚惟倍㉛,阅实其罪。剕辟疑赦,其罚倍差㉜,阅实其罪。宫辟疑赦㉝,其罚六百锾,阅实其罪。大辟疑赦㉞,其罚千锾,阅实其罪。墨罚之属千㉟,劓罚之属千,剕罚之属五百,宫罚之属三百,大辟之罚其属二百。五刑之属三千。

[注释]①吁:感叹词。 ②来,有邦有土:来,过来。有邦,邦即国,诸侯有封国。有土,指王畿内有采邑的大臣。曾运乾《尚书正读》说:"有邦者,畿外诸侯;有土者,畿内有采地之臣。" ③告尔祥刑:告,告诉。尔,你们。祥刑,善刑。 ④在今尔安百姓:在今,如今,现在。尔,你们。安,安定。 ⑤何择,非人:选择什么?难道不是选择有德之人吗?择,选择。非,不,不是。人,这里指道德高尚的人。 ⑥何敬,非刑:谨慎什么?难道不是刑罚吗?敬,谨慎。刑,刑罚。 ⑦何度,非及:谋划什么?难道不是考虑公正适中吗?度,考虑,谋划。王肃云:"度,谋也。非当与主狱者谋虑刑事,度世轻重所宜也。"及,宜,这里是公正适宜的意思。 ⑧两造具备:两造,指原告与被告。《尚书正义》曰:"'两',谓两人,谓囚与证也。"具备,全部到场。 ⑨师听五辞:师,士师,主管刑狱的官员。听,平治,这里是审理的意思。五辞,指五刑的条文。 ⑩简孚:简,核实。孚,验证。 ⑪正于五刑:正,惩治。五刑,指前面所说的黥、劓、剕、宫、大辟五种刑罚。 ⑫五刑不简:简,核实。不简,就是不能核实。 ⑬正于五罚:罚,处罚。正于五罚,就是根据犯罪的轻重用五个等级的罚金来处罚。 ⑭五罚不服,正于五过:服,用作动词,使

信服。过,过失。五过,即五种过失。 ⑮疵:弊病。 ⑯惟官:害怕权贵。 ⑰惟反:报德,报恩怨。 ⑱惟内:私下里接受说情。 ⑲惟货:货,贿赂,索贿受贿。 ⑳惟来:干请,徇私枉法。 ㉑其罪惟均:其,他,指士师。罪,罪行。均,等。其罪惟均,意思是他所犯的罪与犯上述五刑之人是一样的。 ㉒其审克之:审,详细。克,通核,实。核实,察明。 ㉓五刑之疑有赦:所犯罪行有疑问,从轻赦免。疑,疑问。赦,赦免。 ㉔五罚之疑有赦,其审克之:五罚之疑有赦,即需要用五罚但是又有疑问,就从轻赦免。其审克之,详细核实。 ㉕简孚有众:简,核实。孚,验证。众,大众。 ㉖惟貌有稽:貌,治。稽,同。惟貌有稽,就是审理案件必须要有共同办案的人。 ㉗无简不听,具严天威:简,核实。无简,没有核实。听,判断,治理。无简不听,意思是没有核实,不能治罪。具,同俱,共,共同。严,江声说:"严,敬也。"天威,上天的惩罚。 ㉘墨辟疑赦:墨,五刑之一,即黥。辟,刑,罪。疑赦,罪有可疑,从轻处治。 ㉙其罚百锾:罚铜一百锾。锾,古代重量单位。百锾,约合今天的三市斤,音huán。 ㉚阅实其罪:《尚书正义》曰:"检阅核实其所犯之罪,使与罚名相当。然后收取其赎。" ㉛劓辟疑赦,其罚惟倍:劓,五刑之一,割鼻子。倍,加倍,百锾的一倍,就是二百锾。 ㉜剕辟疑赦,其罚倍差:剕,五刑之一,把脚砍掉,音fèi。倍差,马融说:"倍二百为四百锾也。差者,又加四百之三分之一,凡五百三十三三分之一也。" ㉝宫辟疑赦:宫,宫刑,五刑之一,男性割去生殖器,女性幽闭。 ㉞大辟疑赦:大辟,五刑之一,砍头。 ㉟墨罚之属千:属,刑罚的条目。千,一千条。下文"劓罚之属千,剕罚之属五百,宫罚之属三百,大辟之罚其属二百,五刑之属三千",均指条目而言。

"上下比罪①,无僭乱辞②,勿用不行③,惟察惟法④,其审克之。上刑适轻⑤,下服⑥。下刑适重,上服⑦。轻重诸罚有权⑧。刑罚世轻世重⑨,惟齐非齐⑩,有伦有要⑪。

[注释]①上下比罪:比,比照。罪,动词,定罪。 ②无僭乱辞:无,不要。僭,差错,音jiàn。乱,错乱。辞,供辞。 ③勿用不行:勿用,不用。不行,没有实行,指已经废除的法律。 ④惟察惟法:察,明察。法,法度,公平。

⑤上刑适轻:杨筠如说:"适,宜也。谓律虽一定,而情有轻重,亦可原情而有权宜也。" ⑥下服:服轻刑。服,服刑。 ⑦上服:即服上刑,加重处罚。 ⑧轻重诸罚有权:处罚轻重有权变。权,变通。 ⑨刑罚世轻世重:刑罚要根据社会情况决定轻重。《伪孔传》曰:"言刑罚随世轻重也。刑新国用轻典,刑乱国用重典,刑平国用中典。凡刑所以齐非齐,各有伦理,有要善。" ⑩惟齐非齐:惟,只。齐,同。 ⑪有伦有要:伦,道理。要,要求。

"罚惩非死①,人极于病②。非佞折狱③,惟良折狱,罔非在中④。察辞于差⑤,非从惟从⑥。哀敬折狱⑦,明启刑书,胥占⑧,咸庶中正⑨。其刑其罚,其审克之⑩。狱成而孚,输而孚⑪。其刑上备⑫,有并两刑⑬。"

[注释]①罚惩非死:罚惩,指刑罚。非,不,不是。死,致人于死地。 ②人极于病:极,痛苦。《尚书正义》说:"言圣人之制刑罚,所以惩创罪过,非要使人死也,欲使恶人极于病苦,莫敢犯之而已。" ③非佞折狱:不要让花言巧语的人来断狱。佞,花言巧语的人。折狱,审理案件。 ④惟良折狱,罔非在中:要让品行端正的人来断狱,没有不以适中为原则。良,品行端正的人。《尚书正义》曰:"非口才辩佞之人可以断狱,惟良善之人乃可以断狱。"罔,无,没有。中,适中。 ⑤察辞于差:察,考察。辞,指供词。差,指供词中矛盾的地方。 ⑥非从惟从:即不服从的犯人也得服从。《尚书正义》曰:"言断狱无非在其中正,佞人即不能然也。察囚之辞其难在于言辞差错,断狱者非从其伪辞,惟从其本情。" ⑦哀敬折狱:怀着怜悯之心来审理案件。敬,怜悯。 ⑧明启刑书,胥占:明,明白。启,打开。胥,相,考察。占,揣度。 ⑨咸庶中正:曾运乾《尚书正读》说:"咸,皆也。庶,幸也。"中正,适中准确。 ⑩其刑其罚,其审克之:《尚书正义》曰:"其所刑罚,其当详审能之,勿使失中。" ⑪狱成而孚,输而孚:狱成,案件已经判决。孚,信。输,更,变更。 ⑫其刑上备:备,《说文》曰:"慎也。"上备,以慎重为上。 ⑬有并两刑:合并两种刑罚为一种刑罚执行。《尚书正义》说:"其囚若犯二事,罪虽从重,有并两刑上之者,言有两刑,亦具上之。"

王曰:"呜呼! 敬之哉! 官伯、族姓①,朕言多惧②。朕敬于刑,有德惟刑③。今天相民④,作配在下⑤,明清于单辞⑥。民之乱⑦,罔不中听狱之两辞⑧,无或私家⑨于狱之两辞。狱货非宝⑩,惟府辜功⑪,报以庶尤⑫。永畏惟罚⑬,非天不中⑭,惟人在命⑮。天罚不极⑯,庶民罔有令政在于天下⑰。"

[注释]①官伯、族姓:官伯,指诸侯。族姓,指同姓大臣。 ②朕言多惧:我的话值得警戒。朕,天子自称。惧,戒惧。 ③朕敬于刑,有德惟刑:敬,谨慎。《尚书正义》曰:"我敬于刑,当刑命有德者惟典刑事。" ④今天相民:今,现在。天,上天。相,扶助。民,民众。 ⑤作配在下:作配,配合,指配合天意。下,指人间。 ⑥明清于单辞:明清,明察。单辞,一面之辞。 ⑦民之乱:乱,理乱,治理。 ⑧罔不中听狱之两辞:罔,没有。中,适中。中听,即以适中的原则来审理案件。两辞,即原告和被告两方面的诉辞。 ⑨无或私家:无,勿,不要。私家,这里指谋取私利。 ⑩狱货非宝:狱货,指审理案件时接受贿赂。非宝,不是好事。 ⑪惟府辜功:府,聚。辜,罪。功,事。辜功,指罪状。 ⑫报以庶尤:报,回报。庶,众。尤,罪。 ⑬永畏惟罚:永,永远。畏,敬畏。惟,只。罚,惩罚。 ⑭非天不中:非,不是。天,上天。中,公平。 ⑮惟人在命:惟,只,只是。在,终止。命,天命。 ⑯天罚不极:天,上天。天罚,天讨,指上天的讨伐。极,至。 ⑰庶民罔有令政在于天下:庶民,指普通民众。令,善。令政,善政。在于,在。天下,国家。

王曰:"呜呼! 嗣孙,今往,何监①? 非德于民之中②? 尚明听之哉③! 哲人惟刑④,无疆之辞⑤,属于五极⑥,咸中有庆⑦。受王嘉师⑧,监于兹祥刑⑨。"

[注释]①今往,何监:今往,从今以后。监,鉴戒。 ②非德于民之中:德,美德。中,中道。 ③尚明听之哉:尚,表希望的副词。明听,明察。 ④哲人惟刑:哲,通折,治理。刑,刑罚。 ⑤无疆之辞:疆,边界。无疆,没有

穷尽。辞,指讼辞。 ⑥属于五极:属,符合。五极,五刑。 ⑦咸中有庆:咸,皆。中,正,指公正适中。庆,善,这里指祥刑。 ⑧受王嘉师:受,接受。王,吕侯代穆王之辞,我。嘉,好,善。师,众。 ⑨监于兹祥刑:监,视,察,借鉴。兹,这。祥刑,善刑。

文侯之命

《文侯之命》是周平王对晋文侯的策命之词。"我周之东迁，晋、郑焉依"，"晋文侯于是乎定天子"。由于在王室东迁的过程中立下大功，晋文侯受到周平王的奖赏和策命。《书序》说："平王锡（赐）晋文侯秬鬯圭瓒，作《文侯之命》。"命词表彰文侯在王室东迁中立下的功勋，明确对他提出嘉奖，并向他提出了"惠康小民，无荒宁"的要求。《史记》、《新序》认为这是周襄王对晋文公重耳的册命词，与《书序》的解说不同。

王若曰[①]："父义和[②]，丕显文、武[③]，克慎明德，昭升于上[④]，敷闻在下[⑤]，惟时上帝集厥命于文王[⑥]。亦惟先正[⑦]，克左右昭事厥辟[⑧]，越小大谋猷[⑨]，罔不率从，肆先祖怀在位[⑩]。呜呼！闵予小子嗣[⑪]，造天丕愆[⑫]，殄资泽于下民[⑬]。侵戎我国家纯[⑭]。即我御事[⑮]，罔或耇寿俊在厥服[⑯]。予则罔克[⑰]，曰：惟祖惟父[⑱]，其伊恤朕躬[⑲]。呜呼！有绩[⑳]，予一人永绥在位[㉑]。父义和，汝克昭乃显祖[㉒]，汝肇刑文、武[㉓]，用会绍乃辟[㉔]，追孝于前文人[㉕]。汝多修[㉖]，扞我于艰[㉗]，若汝[㉘]，予嘉[㉙]。"

[注释]①王若曰:王,指周平王。平王名宜臼,公元前770年~公元前720年在位。幽王太子。西周末年,政治昏暗,犬戎进入镐京,杀死幽王,西周灭亡。宜臼继位,是为平王。鉴于镐京已经破败,平王在晋、郑两国的保护下东迁洛邑,建立起东周王朝。平王感激晋文侯,遂策命加以奖赏。 ②父义和:父,晋文侯与周天子同姓,故称"父"。父,父辈。天子称呼诸侯,《觐礼》说:"同姓大国则曰伯父,其异姓则曰伯舅;同姓小国则曰叔父,其异姓则曰叔舅。"郑玄说:"称之以父与舅,亲亲之辞。"义和,文侯字。 ③丕显文、武:丕显,亦称"丕显考",大光明。考,故去的男性先辈。文、武,指周文王、武王。 ④昭升于上:昭,明。升,上升。上,上天。 ⑤敷闻在下:敷,广泛,广布。闻,听到,传闻。在下,在天下,在民间。 ⑥惟时上帝集厥命于文王:惟时,因此。集,集中。命,天命。 ⑦先正:先臣,前朝公卿大夫。 ⑧克左右昭事厥辟:克,能。左右,在王左右。昭,明。事,服侍。辟,君主。 ⑨谋猷:谋划。猷,谋。 ⑩肆先祖怀在位:肆,所以。先祖,先王。怀,安然。在位,在君位。 ⑪闵予小子嗣:闵,可怜。予小子,平王自谦之称。嗣,继位。 ⑫造天丕愆:造,遭,遭遇。天,上天。丕,大。愆,罪过,罪罚。 ⑬殄资泽于下民:殄,绝。资泽,恩泽。下民,民众。 ⑭侵戎我国家纯:侵戎,侵犯。纯,大,大肆。 ⑮即我御事:即,就。御事,主事大臣。 ⑯罔或耆寿俊在厥服:罔或,没有。耆寿,老寿。俊,俊彦。在厥服,在其位。服,事。 ⑰予则罔克:我则不能胜任。克,能。 ⑱惟祖惟父:惟,语气词。祖、父,指祖、父在天之灵。 ⑲其伊恤朕躬:其,语气词,表祈求。伊,你们。恤,体恤,怜悯。朕躬,我。 ⑳有绩:有功绩,赞美文侯有安王位之功。 ㉑予一人永绥在位:予一人,平王自谦之称。永,长久。绥,安。位,君位。 ㉒汝克昭乃显祖:汝,你。克,能。昭,明,显明。乃,你。显祖,指晋国始封之君唐叔。 ㉓汝肇刑文、武:肇,敏,赶快。刑,效法。文、武,指文王、武王。 ㉔用会绍乃辟:用,以。会,会合诸侯。绍,继承。乃,你。辟,君主。 ㉕追孝于前文人:追,追随。孝,行孝道。前文人,指文王。 ㉖修:美德。 ㉗扞我于艰:扞,捍卫,护卫,音hàn。艰,艰难。 ㉘若汝:如你的功绩。若,如。 ㉙予嘉:我嘉奖。

王曰:"父义和,其归视尔师①,宁尔邦②。用赉尔秬鬯一卣③,彤④弓一,彤矢⑤百,卢⑥弓一,卢矢百,马四匹。父往哉!柔远能迩⑦,惠康小民,无荒宁⑧。简恤尔都⑨,用成尔显德⑩。"

[注释]①其归视尔师:其,语气词,表祈求。归,归国。视,看视。尔,你。师,众,民众。 ②宁尔邦:安宁你的国家。 ③用赉尔秬鬯一卣:赉,赏给,音 lài。尔,你。秬、鬯、卣,注释已见《洛诰》。 ④彤:红色。 ⑤矢:箭。彤弓一,彤矢百,古人配备,每弓常备百矢。 ⑥卢:应为玈,音 lú,黑色。 ⑦柔远能迩:柔,怀柔。远,远方。能,如。迩,近。 ⑧无荒宁:不要荒淫。 ⑨简恤尔都:简,大。恤,忧恤。尔,你。都,国都。 ⑩用成尔显德:用,以。成,完成,成就。显德,大德。

费　誓

按照《书序》的讲法，"鲁侯伯禽宅曲阜，徐夷并兴，东郊不开，作《费誓》"。近世以来，人们多认为这篇作品写定于鲁僖公时代（公元前659年～公元前627年），是僖公对鲁人的誓词。"费"，鲁东郊地名。本作"柴"，唐以后改为"费"，所以本篇篇目也有写做"《柴誓》"者。这篇誓词简洁明快，内容充实，明确要求做好战备工作，要求鲁人照看好自己的牛马，申明作战纪律，最终颁布赋役。《伪孔传》认为："孔子序《书》，以鲁有治戎征讨之备，秦有悔过自誓之戒，足为世法，故录以备王事。"也许这是《费誓》能够进入《尚书》中而被保存下来的原因所在。

公[①]曰："嗟！人无哗[②]，听命徂兹[③]。淮夷、徐戎并兴[④]，善敹乃甲胄[⑤]，敿乃干[⑥]，无敢不吊[⑦]。备乃弓矢，锻乃戈矛，砺乃锋刃[⑧]，无敢不善。今惟淫舍牿牛马[⑨]，杜乃擭[⑩]，敜乃阱[⑪]，无敢伤牿[⑫]。牿之伤，汝则有常刑[⑬]。马牛其风[⑭]，臣妾逋逃[⑮]，勿敢越逐[⑯]，祗复之[⑰]，我商赉尔[⑱]。乃越逐，不复，汝则有常刑。无敢寇攘[⑲]，逾垣墙[⑳]，窃[㉑]马牛，诱臣妾[㉒]，汝则有常刑。甲戌[㉓]，我惟征徐戎。

峙乃糗粮㉔,无敢不逮㉕,汝则有大刑。鲁人三郊三遂㉖,峙乃桢榦㉗。甲戌,我惟筑㉘,无敢不供㉙,汝则有无馀刑,非杀。鲁人三郊三遂,峙乃刍茭㉚,无敢不多㉛,汝则有大刑㉜。"

[**注释**]①公:《伪孔传》说指首位鲁侯伯禽,今人多认为指鲁僖公。 ②人无哗:人,听训话的众人。郑玄说:"人谓军之士众及费地之民。"无哗,不要喧哗。 ③听命徂兹:听命,听我的命令。徂,往,到,音 cú。兹,此,指费邑。 ④淮夷、徐戎并兴:淮夷,生活在淮河两岸的夷人。徐戎,生活在徐州地区的戎人。并兴,同时起事。 ⑤善敹乃甲胄:善,好。敹,缝缀,音 liáo。乃,你们。甲,铠甲。胄,古代战士保护头部的帽子,音 zhòu。 ⑥敿乃干:敿,系,连,音 jiǎo。干,盾牌。 ⑦吊:善。 ⑧备乃弓矢,锻乃戈矛,砺乃锋刃:备,齐备。《尚书正义》说:"备,训具也。每弓百矢,弓十矢千,使其数备足,令弓调矢利。"弓矢,弓箭。锻,锻造。戈,古代攻击性兵器,横刃,装有长柄。矛,长矛。砺,磨砺。 ⑨今惟淫舍牿牛马:今,现在。惟,语气词,没有实际意义。淫,大,滥。舍,放,放出。牿,关牛马的圈栏,音 gù。 ⑩杜乃擭:杜,杜塞。擭,装有机关的捕兽木笼,音 huò。 ⑪敜乃阱:敜,塞,封闭,音 niè。阱,陷阱,掘地为井以捕兽。王肃说:"恐害牧牛马,故使闭塞之。" ⑫无敢伤牿:无敢,不要。伤,伤害。牿,从圈栏放出来的牛马。 ⑬常刑:恒定的处罚。 ⑭马牛其风:牛马因发情而走失。其,语气词,没有实际意义。风,动物发情。贾逵说:"风,放也。牝牡相诱谓之风。" ⑮臣妾逋逃:臣妾,奴隶,男奴为臣,女奴为妾。逋逃,逃亡。 ⑯勿敢越逐:勿敢,不准。越逐,捕捉,追捕。 ⑰祗复之:敬还原主。祗,敬。复,归还。 ⑱我商赉尔:商,奖赏。赉,给,赏赐,音 lài。尔,你们。 ⑲无敢寇攘:无敢,不得,不准。寇攘,抢夺。 ⑳逾垣墙:逾,翻越。垣,墙。 ㉑窃:窃取。 ㉒诱臣妾:诱,引诱。臣妾,这里指他人的奴隶。 ㉓甲戌:誓师后的甲戌日。 ㉔峙乃糗粮:峙,贮备,具备。糗,干粮,音 qiǔ。郑众说:"糗,熬大豆及米也。"《说文》说:"糗,熬米麦也。"郑玄说:"糗,捣熬谷也。"糗粮,炒熟晒干的原粮,古人直接食用。 ㉕不逮:达不到标准。 ㉖三郊三遂:郊、遂都是古代行政区划。

《尔雅·释地》说:"邑外谓之郊。"孙炎说:"邑,国都也。设百里之国,去国十里为郊。"《尚书正义》说:"乡在郊内,遂在郊外。此言三郊三遂者,'三郊'谓三乡也。盖使三乡之民,分在四郊之内,三遂之民,分在四郊之外,乡近于郊,故以郊言之。"　㉗桢榦:筑墙的工具。桢,挡墙两端,音zhēn。榦,在墙两边,音gàn。《释诂》说:"桢,榦也。"《尚书正义》说:"桢,正也,筑墙所立两木也。所以当墙两边障土者。"　㉘筑:筑墙。　㉙供:通恭,恭恭敬敬。　㉚刍茭:刍,干草。茭,音jiāo,郑玄说:"茭,干刍也。"　㉛无敢不多:不得少。　㉜汝则有大刑:否则狠狠地处罚你们。

秦　誓

公元前627年，秦、晋在崤发生激战，秦军大败。《书序》说："秦穆公伐郑，晋襄公帅师败诸崤，还归，作《秦誓》。"《左传·僖公三十三年》在崤之战下接着记道：秦穆公迎回被晋人俘虏的秦军将士后，"素服郊次，乡（向）师而哭曰：'孤违蹇叔以辱二三子，孤之罪也。不替孟明。孤之过也，大夫何罪？且吾不以一眚掩大德。'"《秦誓》似乎作于此时。《史记·秦本纪》则说：崤战之后四年，秦军再次伐晋，"渡河焚船，大败晋人，取王官及鄗，以报崤之役。晋人皆城守不敢出。于是缪公乃自茅津渡河，封崤中尸，为发丧，哭之三日。乃誓于军曰：'嗟，士卒！听无哗，余誓告汝。古之人谋黄发番番，则无所过。'以申思不用蹇叔、百里傒之谋，故作此誓，令后世以记余过"。三种说法相差几年。在誓词中，穆公忏悔自己不能采纳不同意见和用人失误，决心多听老成人的话，宽以待人。在《今文尚书》28篇记载的历史事实中，《秦誓》所记是最晚的一件。

公曰："嗟！我士①，听无哗②。予誓告汝群言之首③。古人有言曰：'民讫自若，是多盘④。'责人斯无难⑤，惟受责俾如流⑥，是惟艰哉⑦！我心之忧，日月逾迈⑧,若弗云来⑨。惟古之谋人,则曰未就予忌⑩。惟今之谋人,姑将以为亲⑪。虽则云然⑫,尚猷询兹黄发⑬,则罔所愆⑭。番番良士⑮,旅力既愆⑯,我尚有之。仡仡勇夫⑰,射御不违⑱,我尚不欲⑲。惟截截善谝言⑳,俾君子易辞㉑,我皇多有之㉒。昧昧我思之㉓。如有一介臣㉔,断断猗㉕,无他伎㉖,其心休㉗休焉,其如有容㉘。人之有技,若己有之㉙。人之彦圣㉚,其心好之,不啻若自其口出㉛:是能容之㉜,以保我子孙黎民,亦职有利哉㉝!人之有技,冒疾以恶之㉞。人之彦圣,而违之㉟,俾不达㊱:是不能容,以不能保我子孙黎民,亦曰殆㊲哉!邦之杌陧㊳,曰由一人㊴。邦之荣怀㊵,亦尚一人之庆㊶。"

[**注释**]①我士:《伪孔传》说:"誓其群臣,通称士也。"郑玄说:"誓其群臣,下及万民,独云士者,举中言之。" ②听无哗:听,听讲。无,不要。哗,喧哗。 ③予誓告汝群言之首:予,我。誓,发誓。告,告诉。汝,你。群言之首,最重要的话。 ④民讫自若,是多盘:民众尽用顺道,故多乐。民,民众。讫,尽。自,用。若,顺。盘,乐。 ⑤责人斯无难:责,指责,责备。人,别人。斯,这。无难,不难。 ⑥惟受责俾如流:惟,只有。受责,受到指责。俾,使。如流,如流水般改正,从善如流。 ⑦是惟艰哉:是,这。惟,是。艰,艰难。 ⑧日月逾迈:岁月很快过去。逾,益。迈,行。 ⑨若弗云来:若,如,像。弗,不。云,说。来,回来。王肃说:"年已衰老,恐命将终,日月遂往,若不云来,将不复见日月,虽欲改过,无所及矣。自恨改过迟晚,深自咎责之辞。" ⑩惟古之谋人,则曰未就予忌:惟,发语词。古,先前。谋人,出谋划策的人。曰,说。未就,不肯屈就。予,我。忌,憎恶。 ⑪姑将以为亲:姑,姑且。以为,作为。亲,亲近。这两句话的意思是,后悔以前违古从今,以取破败。 ⑫虽则云然:虽则云,虽然说。然,这样。 ⑬尚猷询兹黄发:尚,还要。猷,谋。询,咨询。兹,这些。黄发,老年人。老人发白,由白而黄,黄发遂为高寿之象,古人遂以"黄发"指代高寿者。 ⑭罔所愆:罔,没有。愆,过失。 ⑮番

番良士:番,通"皤"。皤,白色,这里是白发的意思。皤,音 pó。良士,善士。 ⑯旅力既愆:体力已经不支。旅,通"膂"。膂,脊骨,音 lǚ。膂力,体力。既,已经。愆,过。 ⑰仡仡勇夫:仡,仡仡,勇武壮健的样子。仡,音 yì。勇夫,勇士。 ⑱射御不违:射,射箭。御,驾车。不违,不违规。 ⑲我尚不欲:尚,尚且。不欲,不打算用他。 ⑳惟截截善谝言:截截,马融说:"辞语截削省要也。"善,善于。谝,花言巧语,音 pián。马融说:"少也。辞约损明,大辨佞之人。" ㉑俾君子易辞:俾,使。君子,正人。易辞,改变已经说过的话。 ㉒我皇多有之:以前我大多有之。皇,大。 ㉓昧昧我思之:昧,暗昧不明。思,思考。 ㉔如有一介臣:如,如果。一介,耿直。马融说:"一介,耿介,一心端悫者。" ㉕断断猗:断断,坚定的样子。猗,语气词,音 yī。 ㉖无他伎:没有其他技能。伎,通"技"。 ㉗休:美,善良。 ㉘其如有容:宽大如有所容纳。 ㉙人之有技,若己有之:别人有技能,就像自己也有一样。 ㉚彦圣:美好圣明。 ㉛不啻若自其口出:啻,只,仅,音 chì。若,像。出,发出。 ㉜是能容之:是,这种人。容,容纳。之,他。 ㉝亦职有利哉:亦,也。职,尚,尚且。利,利益。 ㉞冒疾以恶之:冒疾,嫉妒。恶,憎恶。 ㉟违之:阻挠他。 ㊱俾不达:俾,使。达,显达。 ㊲殆:危险。 ㊳邦之杌陧:邦,国家。杌陧,不安,危险。杌,音 wù。陧,音 niè。 ㊴曰由一人:曰,发语词,没有实际意义。由,因为。一人,指佞人。 ㊵荣怀:光荣。 ㊶亦尚一人之庆:亦,也。尚,尚且。一人,指贤人。庆,善。

大　禹　谟[①]

《大禹谟》由先秦典籍中大禹事迹的记载辑录连缀而成，叙述了大禹向帝舜献昌言、帝舜任命大禹、大禹征伐有苗等事迹。这是《伪古文尚书》25篇中十分重要的篇章，其中采自《荀子·解蔽》篇

[①] 以下是《伪古文尚书》25篇和伪《书序》的简要注释。面对这26篇文献，我们颇费了一番踟蹰。犹豫再三，觉得还是一并注释为好。虽然它们晚出，其中一些内容则确实出自所谓的"逸"书"，作伪者只是把它们搜罗起来重新编排而已，它们本来就在《尚书》的范畴之内；攀龙附凤的结果，直到阎若璩辨伪之前，这25篇文献与《今文》28篇平起平坐，同样享有皇皇圣典的崇高地位，而且以其文从字顺和简洁明快，有些篇章的影响甚至超过了今文28篇，所以今人对它们也应该有所了解，看看究竟是些什么货色。为了区分起见，我们把这25篇文献列在《今文》28篇之后加以注释。伪《书序》在经学时代被视为阅读《尚书》的钥匙，故附于25篇之后一并注出。孔颖达《尚书正义》58篇的次序是：1.《尧典》；2.《舜典》；3.《大禹谟》；4.《皋陶谟》；5.《益稷》；6.《禹贡》；7.《甘誓》；8.《五子之歌》；9.《胤征》；10.《汤誓》；11.《仲虺之诰》；12.《汤诰》；13.《伊训》；14.《太甲上》；15.《太甲中》；16.《太甲下》；17.《咸有一德》；18.《盘庚上》；19.《盘庚中》；20.《盘庚下》；21.《说命上》；22.《说命中》；23.《说命下》；24.《高宗肜日》；25.《西伯戡黎》；26.《微子》；27.《泰誓上》；28.《泰誓中》；29.《泰誓下》；30.《牧誓》；31.《武成》；32.《洪范》；33.《旅獒》；34.《金縢》；35.《大诰》；36.《微子之命》；37.《康诰》；38.《酒诰》；39.《梓材》；40.《召诰》；41.《洛诰》；42.《多士》；43.《无逸》；44.《君奭》；45.《蔡仲之命》；46.《多方》；47.《立政》；48.《周官》；49.《君陈》；50.《顾命》；51.《康王之诰》；52.《毕命》；53.《君牙》；54.《冏命》；55.《吕刑》；56.《文侯之命》；57.《费誓》；58.《秦誓》。《尚书序》列在58篇的前面。从这个次序中可以看出这25篇文献在"孔传《古文尚书》"中的位置。

并略加改造而成的四句格言——"人心惟危,道心惟微,惟精惟一,允执厥中",更被宋儒奉为尧、舜、禹"三圣传授心法"、"万世心学之祖"而大加演绎阐释,宋代理学从而也获得了"道学"的称号,《大禹谟》的影响由此可见一斑。

曰若稽古。大禹曰文命①,敷於四海②,祗承于帝③,曰:"后克艰厥后④,臣克艰厥臣,政乃乂⑤,黎民敏德⑥。"

[注释]①文命:文德教命,一说"文命"为大禹名。 ②敷於四海:敷,广布。四海,天下。 ③祗承于帝:祗,恭敬。承,顺。帝,帝舜。 ④后克艰厥后:君主知道为君的艰难。后,君主。克:能。艰,艰难。 ⑤政乃乂:政,政事。乂,治理。 ⑥黎民敏德:黎民,众民。敏德,迅速修德。敏,敏捷,迅速。

帝曰①:"俞!允若兹②,嘉言罔攸伏③,野无遗贤,万邦咸宁④。稽于众⑤,舍己从人,不虐无告,不废困穷⑥,惟帝时克⑦。"益曰:"都⑧!帝德广运,乃圣乃神,乃武乃文⑨。皇天眷命⑩,奄有四海,为天下君。"

[注释]①帝:帝舜。 ②俞!允若兹:俞,表示肯定的语气词。允,果然。若兹,如此,像这样。 ③嘉言罔攸伏:嘉言,善言。攸,所。伏,隐伏。 ④野无遗贤,万邦咸宁:野,民间。遗贤,贤人被遗漏而没有得到重用。万邦,万国,天下。咸,都。宁,安宁。 ⑤稽于众:稽,考察。众,民众。 ⑥不虐无告,不废困穷:虐,虐待。无告,无依无靠者。废,遗弃。困穷,处境艰难的人。 ⑦惟帝时克:帝,帝尧。时,是。克,能够。 ⑧益曰:都:益,伯益,皋陶之子,尧舜时代的大臣。都,赞叹之词。 ⑨帝德广运,乃圣乃神,乃武乃文:广,大。运,远。乃,如此。圣,圣明。神,神奇。武,威武。文,文德。 ⑩皇天眷命:皇天,上天。眷,眷顾。命,命运。

禹曰:"惠迪吉①,从逆凶②,惟影响③。"益曰:"吁④!戒哉! 儆戒无虞⑤,罔失法度⑥。罔游于逸⑦,罔淫于乐⑧。任贤勿贰⑨,去邪勿疑⑩,疑谋勿成,百志惟熙⑪。罔违道以干百姓之誉⑫,罔咈百姓以从己之欲⑬。无怠无荒⑭,四夷来王⑮。"

[注释]①惠迪吉:惠,顺从。迪,教导,引导。吉,吉利。 ②从逆凶:从,顺从。逆,恶。凶,不祥。 ③影响:《伪孔传》:"吉凶之报,若影之随形,响之应声:言不虚。" ④吁:感叹词,音 xū。 ⑤儆戒无虞:儆,警。戒备,音 jǐng。虞,失误。 ⑥罔失法度:罔,勿,不要。法度,法则制度。 ⑦逸:放纵。 ⑧罔淫于乐:淫,过度。乐,音乐,靡靡之音。 ⑨任贤勿贰:任,任用。贤,贤人。勿贰,不要三心二意。贰,不专一。 ⑩去邪勿疑:去,除去。邪,邪恶。疑,犹豫。 ⑪百志惟熙:百志,各种思虑。熙,广,全面。 ⑫罔违道以干百姓之誉:违,违背。道,道义。干,寻求。誉,赞誉。 ⑬罔咈百姓以从己之欲:咈,背离,违背,音 fú。从,通"纵",放纵。欲,欲望。 ⑭无怠无荒:无,不要。怠,懈怠。荒,荒废。 ⑮四夷来王:四夷,四方异姓族落。来王,来朝王,来朝拜。

禹曰:"於①! 帝念哉②! 德惟善政,政在养民。水、火、金、木、土、谷,惟修③;正德、利用、厚生,惟和④;九功惟叙⑤,九叙惟歌⑥。戒之用休,董之用威⑦,劝之以九歌⑧,俾勿坏⑨。"帝曰:"俞⑩! 地平天成⑪,六府三事允治⑫,万世永赖⑬,时乃功⑭。"

[注释]①於:叹词,音 wū。 ②帝念哉:帝,指帝舜。念,思考。 ③水、火、金、木、土、谷,惟修:水、火、金、木、土,为五行。谷,农业生产。修,修治,治理。 ④正德、利用、厚生,惟和:正德,端正道德。利用,用好各种有利的事情。厚生,多给民众一些生计。 ⑤九功惟叙:九功,指上文所说的"水、火、金、木、土、谷"和"正德、利用、厚生"。叙,次序,有秩序。 ⑥九叙

惟歌：九叙，九功安排有序。歌，歌咏，歌颂。 ⑦董之用威：董，督察。威，刑罚。 ⑧劝之以九歌：劝，勉励。九歌，即"九叙惟歌"。 ⑨俾勿坏：俾，使，音 bǐ。勿，不。坏，败坏。 ⑩俞：叹词。 ⑪地平天成：地平，水土平治。天成，万物成长。 ⑪六府三事允治：六府，指上文所说的"水、火、金、木、土、谷"。三事，指上文所说的"正德、利用、厚生"。允，果然，确实。治，整治，治理。 ⑬赖：依靠。 ⑭时乃功：时，是，代词。乃，你。功，功绩。

帝曰："格汝禹①。朕宅②帝位三十有三载，耄期倦于勤③。汝惟不怠，总朕师④。"禹曰："朕德罔克⑤，民不依⑥。皋陶迈种德，德乃降⑦，黎民怀⑧之。帝念哉！念兹在兹，释兹在兹，名言兹在兹，允出兹在兹⑨，惟帝念功⑩。"

[注释]①格汝禹：格，来。禹，大禹。 ②宅：居。 ③耄期倦于勤：耄，《伪孔传》说："八十九十曰耄，百年曰期年。"倦，疲倦。勤，勤勉。 ④总朕师：总，统领。师，民众。 ⑤朕德罔克：朕，大禹自称。克，能，胜任。 ⑥依：依附，顺服。 ⑦皋陶迈种德，德乃降：本句也见于《左传·庄公八年》。皋陶，帝尧的法官。迈，勇往力行。种，施行。降，降于其身。 ⑧怀：依恋。 ⑨念兹在兹，释兹在兹，名言兹在兹，允出兹在兹：本句也见于《左传·襄公二十一年》。兹，代词。每句两个"兹"中，前一"兹"指美德，后一个"兹"指皋陶。念，考虑，思考。释，动词，喜悦。名言，话说出口，引申为宣扬。允，诚。出，发自。诚发自心。这几句意思是：思考美德的是皋陶，喜欢美德的是皋陶，宣扬美德的是皋陶，诚心美德的是皋陶。 ⑩惟帝念功：惟，语气词，表希望、祈求。功，功绩。

帝曰："皋陶，惟兹臣庶①，罔或干予正②。汝作士③，明于五刑④，以弼五教⑤，期于予治⑥。刑期于无刑⑦，民协于中⑧，时乃功，懋⑨哉！"皋陶曰："帝德罔愆⑩。临下以简⑪,御众以宽⑫;罚弗及嗣⑬,赏延于世⑭;宥过无大⑭,刑故无小⑮;罪疑惟轻,功疑惟重⑯;与其杀不辜,宁失不经⑰;好生之德⑱,洽⑲于民心,兹用不犯于有司⑳。"帝曰:"俾予从欲以治㉑,四方风动㉒,惟乃之休㉓。"

[注释]①惟兹臣庶:惟,语气助词,用于句首。兹,这些。臣庶,庶民。②罔或干予正:罔,没有。或,有。干,违反。正,通政,政令,政事。 ③汝作士:士,也叫士师,官名,主管刑狱事务。 ④五刑:指墨、劓、剕、宫、大辟等五种刑罚。 ⑤以弼五教:弼,辅佐。五教,五常之教,即父义、母慈、兄友、弟恭、子孝五种教化。 ⑥期于予治:期于,合于。治,治理。 ⑦刑期于无刑:刑,动词,用刑。期,望。无刑,没有刑罚的境界。 ⑧民协于中:协,相合。中,中道。 ⑨懋:努力,勉力。 ⑩愆:过失,音qiān。 ⑪临下以简:临,自上而下看,对待。下,臣下。以,用。简,简约。 ⑫御众以宽:御,驾驭,控制。宽,宽容。 ⑬罚弗及嗣:罚,惩罚。弗及,不延及。嗣,后代。 ⑭赏延于世:赏,奖赏。延,扩充。世,后世,世代。 ⑭宥过无大:宥,宽宥,宽免。过,过失。宥过无大,再大的过失也可以宽免。 ⑮刑故无小:刑,用刑。故,故意。故意犯罪,再小也要惩罚。 ⑯罪疑惟轻,功疑惟重:罪疑,有疑问的罪行。惟,但,只是。轻,从轻处罚。重,从重奖赏。 ⑰与其杀不辜,宁失不经:本句也见于《左传·襄公二十六年》。辜,罪。不经,不守常法者。经,常法。与其杀不辜,宁失不经,意思是宁可放过不守常法的人,也不要杀掉无辜者。 ⑱好生之德:好生,珍惜生命。德,美德。 ⑲洽:和谐。 ⑳兹用不犯于有司:兹用,因此。犯,干犯。有司,官府。 ㉑俾予从欲以治:俾,使。从欲,顺从愿望。以,来。治,治理。 ㉒四方风动:四方,天下。风动,风起而动,比喻天下群起响应。 ㉓惟乃之休:乃,你的。休,美德。

帝曰:"来,禹!降水儆予①,成允成功②,惟汝贤;克勤于邦,克俭于家,不自满假③,惟汝贤。汝惟不矜④,天下莫与汝争能;汝惟不伐⑤,天下莫与汝争功。予懋⑥乃德,嘉乃丕绩⑦。天之历数在汝躬⑧,汝终陟元后⑨。人心惟危⑩,道心惟微⑪,惟精惟一⑫,允执厥中⑬。无稽之言勿听⑭,弗询之谋勿庸⑮。可爱⑯,非君?可畏⑰,非民?众非元后,何戴⑱?后非众,罔与守邦⑲。钦⑳哉!慎乃有位,敬修其可愿㉑。四海困穷,天禄永终㉒。惟口出好兴戎㉓,朕言不再㉔。"禹曰:"枚卜㉕功臣,惟吉之从。"帝曰:"禹,官占㉖,惟先蔽㉗志,昆命于元龟㉘。朕志先定,询谋佥㉙同,鬼神其依㉚,龟筮协从㉛,卜不习㉜吉。"禹拜稽首,固辞㉝。帝曰:"毋!惟汝谐㉞。"

[注释]①降水儆予:降水,又作"洚水",洪水,大水。儆,音jǐng,戒,警惧、警告之意。予,我。 ②成允成功:成,成就。允,信。成功,取得治水成功。 ③假:大,夸大。 ④矜:自负,骄傲自大,音jīn。 ⑤伐:自夸。 ⑥懋:通楙,茂,光大,褒扬。 ⑦嘉乃丕绩:嘉,嘉美,赞美。丕,大。绩,功绩。 ⑧天之历数在汝躬:天之历数,天命。历数,命运。躬,身。这句话也见于《论语·尧曰篇》:"尧曰:'咨尔舜!天之历数在尔躬,允执其中。四海困穷,天禄永终。'舜亦以命禹。" ⑨汝终陟元后:终,最终。陟,登上。元,大。后,君王,这里指君位。 ⑩人心惟危:心,思想。危,危险自私。本句话与下一句也见于《荀子·解蔽篇》所引《道书》。 ⑪道心惟微:道心,大道之心。微,精微,微妙。 ⑫惟精惟一:精,精研,精心。一,专一。 ⑬允执厥中:允,果然。执,掌握。厥,它的。中,中道。 ⑭无稽之言勿听:稽,核实,验证。无稽之言,没有验证的话。勿听,不要听从。 ⑮弗询之谋勿庸:询,广泛征求意见。庸,通"用"。 ⑯爱:爱戴。 ⑰畏:畏惧。 ⑱众非元后,何戴:众,民众。戴,拥戴。元后,君王。这几句是通过倒装变成疑问句表示肯定的意思。 ⑲后非众,罔与守邦:《国语·周语上》有"后非众,无与守邦",与此句同意。非,没有。众,民众,百姓。 ⑳钦:恭敬。 ㉑敬修其可愿:修,施行。其,代词,指民众。可愿,所希望的好事。 ㉒天禄永终:天禄,上天所赐禄命。终,终结。 ㉓惟口出好兴戎:口,言出于口,话语。好,善。

兴,兴起。戎,战事。 ㉔再:重复。 ㉕枚卜:历卜,一一占卜。《伪孔传》说:"历卜而从吉曰枚。" ㉖官占:帝王立占卜之官。 ㉗蔽:决断。 ㉘昆命于元龟:昆,后。命,占卜。元龟,大龟甲,古人用龟甲占卜。 ㉙佥:皆,都,音 qiān。 ㉚鬼神其依:其,语气词,表强调。依,依顺。 ㉛龟筮协从:龟,龟甲,烧灼龟甲视其裂纹显示兆象来占卜吉凶,乃占卜所用之物。筮,筮卜,用蓍草分合计算后得卦,以卦来推断吉凶。协从,协合依从。 ㉜习:重复。 ㉝固辞:坚辞。 ㉞谐:合适。

正月朔旦①,受命于神宗②,率百官,若帝之初③。

[注释]①朔:月初吉日,每月初一。 ②神宗:《伪孔传》说:"文祖之宗庙,言'神'尊之。"文祖指帝舜。 ③若帝之初:帝,指舜。指像当初舜接受尧禅位一样。

帝曰:"咨,禹!惟时有苗弗率①,汝徂征②。"禹乃会群后③,誓于师曰:"济济④有众,咸听朕命。蠢兹有苗⑤,昏迷不恭⑥,侮慢自贤⑦,反道败德⑧。君子在野⑨,小人在位⑩。民弃不保,天降之咎⑪。肆予以尔众士⑫,奉辞伐罪⑬。尔尚一乃心力⑭,其克有勋⑮。"

[注释]①惟时有苗弗率:时,通"是",这。有苗,即三苗。弗,不。率,顺从。 ②徂征:往,音 cú。征,征伐。 ③群后:众部落首领。 ④济济:众多的样子。 ⑤蠢兹有苗:蠢,愚蠢。兹,此。《尚书正义》说:"今蠢蠢然动而不逊者,是此有苗之君。" ⑥昏迷不恭:昏,暗。迷,惑。不恭,不敬。这里指昏暗迷惑,不恭不敬。 ⑦侮慢自贤:侮慢,轻侮傲慢。自贤,妄自尊大。 ⑧反道败德:反道,违反正道。败德,败坏德行。 ⑨在野:在民间,指遗弃不用。 ⑩在位:当政。 ⑪咎:灾祸。 ⑫肆予以尔众士:肆,故,所以。以,率领。尔,你们。 ⑬奉辞伐罪:辞,命令。伐,讨伐。罪,罪人。 ⑭尔尚一乃心力:尔,你们。尚,庶几乎,尚且。一,专一。心力,思想力量。 ⑮其可

有勋:克,能。勋,取得功勋,成功。

三旬,苗民逆命①。益赞于禹曰②:"惟德动天③,无远弗届④。满招损,谦受益,时乃天道⑤。帝初于历山⑥,往于田,日号泣于旻天⑦,于父母,负罪引慝⑧,祗载见瞽瞍⑨,夔夔斋栗⑩,瞽亦允若⑪。至諴感神⑫,矧⑬兹有苗。"禹拜昌言⑭曰:"俞⑮!"班师振旅⑯。帝乃诞敷文德⑰,舞干羽于两阶⑱,七旬,有苗格⑲。

[注释]①三旬,苗民逆命:旬,十日,三旬为一个月。逆,违背。《孔疏》说:"经三旬,苗民逆帝命,不肯服罪。" ②益赞于禹曰:益,伯益,皋陶之子。夏启继位为夏王后,伯益借助于传统与启抗衡,"益干启位,启杀之"。赞,辅佐。 ③惟德动天:德,美德。动天,感动上天。 ④无远弗届:远方的异族没有不来归附的。届,至,意指归附。 ⑤时乃天道:时,这。乃,乃是。天道,自然法则。 ⑥帝初于历山:帝,指舜。历山,山名,传说是舜最初耕作的地方。其地望有多种说法,已不可确考。 ⑦往于田,日号泣于旻天:本句也见于《孟子·万章上》。往,前往。田,耕种。日,每天。号泣,大声哭泣。旻天,苍天。旻,音 mǐn。 ⑧负罪引慝:负罪,自负罪责。引慝:把过失归于自身。慝,恶,音 tè。 ⑨祗载见瞽瞍:祗,敬。载,事,服事。瞽瞍,舜的父亲。瞽,音 gǔ,盲人。 ⑩夔夔斋栗:夔夔,悚惧的样子。斋,恭敬。栗,战栗。 ⑪允若:信任。 ⑫至諴感神:至,最。諴,诚实,音 xián。感神,感动神明。 ⑬矧:况且,何况,音 shěn。有苗:三苗。 ⑭昌言:美言。 ⑮俞:感叹词。 ⑯班师振旅:班师,还师。振,整。振旅,凯旋。 ⑰帝乃诞敷文德:帝,指禹。诞,大。敷,布,施。文德,文明德政。 ⑱舞干羽于两阶:干,盾牌。羽,羽毛。干、羽都是舞蹈者所持的道具。两阶,主阶和宾阶。 ⑲格:来,这里是归顺的意思。

五子之歌

按照《书序》的讲法,"太康失邦,昆弟五人,须于洛汭,作《五子之歌》"。篇首略叙太康失国过程,引出五弟作歌由来,进而辑录了先秦典籍中的五首歌谣。其中"民惟邦本,本固邦宁"一句十分有名,对后世民本思想的发展具有重要的启迪作用。

太康尸位①,以逸豫②,灭厥德③,黎民咸贰④。乃盘游无度⑤,畋于有洛之表⑥,十旬弗反⑦。有穷后羿因民弗忍⑦,距于河⑧。厥弟五人御其母以从⑨,徯于洛之汭⑩。五子咸怨,述大禹之戒以作歌⑪。

[注释]①太康尸位:太康,夏启的儿子,大禹之孙。尸,主。古代祭祀,鬼神的神主叫做尸。尸位,比喻如尸居位,只享受不做事。 ②以逸豫:以,因为。逸,放纵。豫,安乐。 ③灭厥德:灭,丧失。厥,其。德,德行。 ④黎民咸贰:黎民,民众。咸,皆,都。贰,二心,背离。 ⑤盘游无度:盘,享乐。游,游逸,游猎。度,节制。 ⑥畋于有洛之表:畋,田猎,音 tián。有洛之表,洛水的南面。 ⑦十旬弗反:十旬,一百天,这里是虚指,言其时间长久。反,通"返",返回朝廷来。 ⑦有穷后羿因民弗忍:有穷,古代国名,活动在东方海岱地区。后羿,有穷国君。夏王太康荒淫,羿乘太康在外游乐之际,拒太康于黄河以北,使太康不得返国,废了夏王太康。弗忍,不能忍受。 ⑧距于

河:距,对抗,对垒。河,黄河。 ⑨厥弟五人御其母以从:厥,其,指太康。御,驾车,这里是护卫的意思。从,跟随。 ⑩徯于洛之汭:徯,等待,音 xī。洛之汭,洛河的转弯处。 ⑪述大禹之戒以作歌:述,叙述。戒,训诫。这是在叙述五子作歌的由来。

其一曰:"皇祖有训①:民可近②,不可下③。民惟邦本,本固邦宁④。予视天下⑤,愚夫愚妇一能胜予⑥。一人三失⑦,怨岂在明⑧?不见是图⑨。予临兆民,懔乎若朽索之驭六马⑩,为人上者,奈何不敬⑪?"

[注释]①皇祖有训:皇,大。皇祖指大禹,启的父亲,太康和五子的祖父。训,训诫。 ②近:亲近。 ③下:轻视,卑视。 ④民惟邦本,本固邦宁:人民是国家的根本;根本坚固,国家才会安宁。惟,为,是。邦,国家。本,根本。固,坚固。宁,安宁。 ⑤予视天下:予,我,指皇祖大禹。视,观察。 ⑥愚夫愚妇一能胜予:愚夫愚妇,一般民众。一,都。胜,胜过,超过。予,我。 ⑦三失:三,很多。三失,有很多失误。 ⑧怨岂在明:怨,仇恨。岂,难道。在,在于。明,明显。 ⑨不见是图:见,显现,音 xiàn。图,图度,谋划。"怨岂在明"、"不见是图"意思都是在事态发展尚未明显时就应该预先考虑。这两句话已先见于《左传·成公十六年》,《左传》标明引自《夏书》。 ⑩予临兆民,懔乎若朽索之驭六马:临,面临,治理。兆,十万曰亿,十亿曰兆,兆言其多。懔,音 lǐn,恐惧,惊恐。朽,腐烂。索,绳子。驭,驾驭。朽索之驭六马,指马多难驭,而索又朽,危险性更大。 ⑪奈何不敬:奈何,为什么。敬,恭敬,谨慎。

其二曰:"训有之:内作色荒①,外作禽荒②。甘酒嗜音③,峻宇雕墙④。有一于此,未或不亡⑤。"

[注释]①内作色荒:内,室内,宫内。作,为。色,女色。荒,精神迷乱。色荒,迷惑于女色。 ②外作禽荒:外,室外,朝廷之外。禽,田猎时鸟兽并

取,禽即指鸟兽。禽荒,沉湎于游猎。 ③甘酒嗜音:甘,甜,喜欢。嗜,嗜好。音,音乐。 ④峻宇雕墙:峻,高大。宇,屋檐。雕,绘饰。 ⑤有一于此,未或不亡:或,有。未或,没有不。该句是说以上六种行为沾染一条就没有不亡国的。

其三曰:"惟彼陶唐①,有此冀方②。今失厥道③,乱其纪纲④,乃底⑤灭亡。"

[注释]①惟彼陶唐:这段话也见于《左传·哀公六年》,《左传》标明引自《夏书》。惟,发语词,没有实际意义。陶唐,帝尧的氏,这里指尧。 ②冀方:冀州,今山西南部至河北西部一带,是帝尧的统治中心地带。 ③今失厥道:今,现在。失,丧失。厥,其。道,道义。 ④纪纲:法度。 ⑤底:音zhǐ,导致。

其四曰:"明明我祖①,万邦之君②。有典有则③,贻厥子孙④。关石和钧,王府则有⑤。荒坠厥绪⑥,覆宗绝祀⑦。"

[注释]①明明我祖:明明,明而又明,万分圣明。我祖,指大禹。 ②万邦之君:万邦,泛指天下诸侯。君,君主。 ③有典有则:典,典籍。则,法度。 ④贻厥子孙:贻,遗留。贻厥子孙指把典籍法度传给后世。 ⑤关石和钧,王府则有:本句话也见于《国语·周语下》。韦昭注释说:"关,门关之征也。石,今之斛也。言征赋调钧,则王之府藏常有也。" ⑥荒坠厥绪:荒,荒废。坠,坠落。绪,统绪。 ⑦覆宗绝祀:覆,覆灭。宗,宗族。绝,断绝。祀,祭祀。

其五曰:"呜呼!曷归①?予怀之悲②。万姓仇予③,予将畴依④?郁陶⑤乎予心,颜厚有忸怩⑥。弗慎厥德,虽悔可追⑦?"

[注释]①曷归:曷,音 hé,何。曷归,归向何方。 ②怀之悲:思而悲。怀,想,考虑。 ③万姓仇予:万姓,民众。仇,仇恨。予,我们。 ④予将畴依:我该靠谁来复国？畴,谁。依,依靠。 ⑤郁陶:忧愁。 ⑥颜厚有忸怩:颜厚,内心惭愧。忸怩,音 niǔ ní,内疚,惭愧于仁人贤士。 ⑦弗慎厥德,虽悔可追:厥,代词。慎,谨慎。追,补救。平时不谨慎自己的德行,即使后悔,难道还能补救吗？

胤　征

《书序》说:"羲、和湎淫,废时乱日,胤往征之,作《胤征》。"相传胤为夏代的一位诸侯,羲、和是尧舜以来世代掌管天文历法的官员。至夏代,历法时常不准,罪在羲、和,胤侯奉王命前往征讨。《胤征》是战前的誓词。今人已经不再相信这种说法。

惟仲康肇位四海①,胤侯命掌六师②。羲、和废厥职③,酒荒于厥邑④,胤后承王命徂征⑤。

[注释]①惟仲康肇位四海:仲康,夏启的儿子,太康的弟弟。肇,开始,音zhào。位,君位,居君位。肇位四海,即登上君位统治天下。　②胤侯命掌六师:胤,相传为夏朝诸侯国。胤侯,胤国之侯。命,受命。掌,掌管。六师,西周军队共十四师,其中的宗周六师,又称西六师。成周八师,又叫东八师。夏代有没有师这种军事编制,存疑待考。按照《周礼》的说法,大司马掌六师。③羲、和废厥职:羲,羲氏。和,和氏。重黎氏后人,相传世代掌管天地四时,自唐虞至三代,世职不绝。太康之后,他们沉湎于酒,废时乱日。废,废弃。职,职守。　④酒荒于厥邑:酒荒,酗酒。邑,封地。　⑤胤后承王命徂征:胤后,即胤侯。后,君主。承王命,遵照夏王之命。徂征,前往征讨。

告于众曰:"嗟!予有众①,圣有谟训②,明征定保③。

先王克谨天戒④,臣人克有常宪⑤,百官修辅⑥,厥后惟明明⑦。每岁孟春⑧,遒人以木铎徇于路⑨,官师相规⑩,工执艺事以谏⑪。其或不恭⑫,邦有常刑。

[注释]①有众:民众。 ②圣有谟训:圣,圣人。谟训,谋划训诫。③明征定保:征,验证。保,保有。定保,安定保有。 ④克谨天戒:克,能。谨,谨慎。天戒,上天的训诫。 ⑤常宪:常法。 ⑥修辅:修,美好。辅,辅佐。 ⑦厥后惟明明:其君英明。后,君主。明明,英明。 ⑧孟春:初春。⑨遒人以木铎徇于路:遒人,相传为古代宣令之官。遒,音 qiú。木铎,一种铃。金铃木舌,用以振文教。徇,巡行。 ⑩官师相规:官师,一说从多官员,一说官师有别,蔡沈曰:"官以职言,师以道言。"相规,相互规劝。 ⑪工执艺事以谏:工,百工,手工业工匠。百工各执其所掌握的技艺来规谏君主。《左传·襄公十四年》引《夏书》曰:"遒人以木铎徇于路。官师相规,工执艺事以谏。" ⑫其或不恭:或,有的。恭,恭敬。

"惟时羲、和,颠覆厥德,沈乱于酒①,畔官离次②,俶扰天纪③,遐弃厥司④。乃季秋月朔⑤,辰弗集于房⑥。瞽奏鼓⑦,啬夫驰⑧,庶人走⑨。羲、和尸厥官⑩,罔闻知⑪,昏迷于天象⑫,以干先王之诛⑬。政典曰⑭:'先时者杀无赦,不及时者杀无赦⑮。'

[注释]①沈乱于酒:沈,沉湎,音 chén。乱,昏乱。酒,饮酒。 ②畔官离次:畔,违背,背叛。离,背离。次,职位的次序。 ③俶扰天纪:俶,开始,音 chù。扰,扰乱。天纪,历法。 ④遐弃厥司:遐,远,音 xiá。弃,抛弃。司,职守。 ⑤乃季秋月朔:乃,从前,前些时。季秋月朔,农历九月初一。⑥辰弗集于房:辰,星名。房,相会的位置。集,会合。日月相会的位置不合,太阳被月亮所掩盖就发生日食。从"辰弗集于房"至"庶人走",见于《左传·昭公十七年》,《左传》标明引自《夏书》。 ⑦瞽奏鼓:瞽,盲人乐官。奏,演奏。鼓,鼓乐。 ⑧啬夫驰:啬夫,主管布币的小吏,一说为约束群吏的官员。

啬,音sè。驰,飞跑。啬夫驰走取币以祭天神。 ⑨庶人走:庶人,众人,这里指供救日食的杂役。走,奔跑。 ⑩羲、和尸厥官:尸,主。古代祭祀时,鬼神的神主叫做尸。尸厥官,比喻如尸居位,只居官位而不做事。 ⑪罔闻知:没有听到掌握日食的变异,所以罪重。 ⑫昏迷于天象:错观天象。 ⑬以干先王之诛:干,触犯。先王之诛,先王制定的诛杀刑典。 ⑭政典曰:政典,《伪孔传》:"夏后为政之典籍,若《周官》六卿之治典。"恐怕也是猜测之辞。 ⑮先时者杀无赦,不及时者杀无赦:制订历法与四时节气不相吻合,先天时和后天时都罪死不赦。先,早于。时,时间。及,赶上。赦,赦免。

"今予以尔有众①,奉将天罚②。尔众士同力王室,尚弼予钦承天子威命③。火炎昆冈④,玉石俱焚⑤。天吏逸德⑥,烈于猛火。歼厥渠魁,胁从罔治⑦。旧染污俗⑧,咸与惟新⑨。

[**注释**]①今予以尔有众:今,现在。以,用,率领。有众,诸位将士。 ②奉将天罚:奉,尊奉。将,行。天罚,上天的惩罚。 ③尚弼予钦承天子威命:尚,表希望、祈求副词。弼,辅佐。钦,恭敬。承,用。威命,严令。 ④火炎昆冈:火炎,烈火燃烧。昆,山名。昆山出玉。冈,山脊曰冈。 ⑤玉石俱焚:焚,焚烧。火逸而害玉。 ⑥天吏逸德:天吏,掌管天文历法的官员。逸,过。逸德,过失。 ⑦歼厥渠魁,胁从罔治:歼,灭。渠,大。魁,帅。指羲、和本人。胁从,指羲、和的帮凶。罔,不。治,治罪。 ⑧旧染污俗:过去的坏习俗。 ⑨咸与惟新:咸,都。与,一起,共同。新,革新。

"呜呼!威克厥爱①,允济②;爱克厥威,允罔功。其尔众士,懋戒哉③!"

[**注释**]①威克厥爱:威,威罚。克,战胜。爱,姑息,纵容。 ②允济:允,果然。济,成功。《伪孔传》说:"叹能以威胜所爱,则必有成功。以爱胜威,无以济众,信无功。" ③懋戒哉:懋,勉励,音mào。戒,戒惧,警戒。

仲虺之诰

《书序》说:"汤归自夏,至于大坰(音 jiōng),仲虺作诰。"仲虺,相传是汤的左相。据说商汤灭夏后心有不安,仲虺作诰以释其疑惑。诰词历数了夏桀的种种败德,列举了商汤的宗宗善行,从而得出结论说,商之代夏乃理所当然,顾虑大可不必。诰词最后劝告商汤要善始善终,"钦崇天道,永保天命"。

成汤放桀于南巢①,惟有惭德②,曰:"予恐来世以台为口实③。"

[注释]①成汤放桀于南巢:成汤,商朝开国君主。放,流放,放逐。桀,夏朝末代君主。南巢,古地名,今人多认为在今安徽巢县东北。 ②惟有惭德:惟,思虑。惭德,惭愧。 ③予恐来世以台为口实:来世,后世。台,我,音 yí。口实,话柄。

仲虺乃作诰①,曰:"呜呼!惟天生民有欲,无主乃乱,惟天生聪明时乂②。有夏昏德,民坠涂炭③。天乃锡王勇智④,表正万邦⑤,缵禹旧服⑥,兹率厥典⑦,奉若天命⑧。

[注释]①仲虺:相传是汤的左相,奚仲的后人。虺,音 huǐ。 ②惟天生

聪明时乂:惟,发语词。天生聪明,上天生出聪明人。时,是,指代民众。乂,治理。 ③民坠涂炭:坠,陷入。涂炭,比喻极为困顿的境地。涂,烂泥。炭,火。 ④天乃锡王勇智:锡,通赐。王,指商王汤。勇,勇敢。智,智慧。 ⑤表正万邦:表正,表率,起表率作用。万邦,天下。 ⑥缵禹旧服:缵,继承,音zuǎn。禹,大禹,这里指夏王朝。服,事。旧服,旧有的疆域。 ⑦兹率厥典:兹,此。率,遵循。典,法度。 ⑧奉若天命:奉,尊奉。若,顺从。天命,上天的命令。

"夏王有罪①,矫诬上天②,以布命于下。帝用不臧③,式商受命④,用爽厥师⑤。简贤附势⑥,寔繁有徒⑦。肇我邦予有夏⑧,若苗之有莠⑨,若粟之有秕⑩。小大战战⑪,罔不惧于非辜⑫。矧予之德⑬,言足听闻⑭。

[注释]①夏王有罪:夏王,指夏桀。罪,罪过。 ②矫诬上天:矫,伪讬,假托。诬,欺骗。 ③帝用不臧:帝,上帝。用,因此。臧,善,喜欢,音zāng。 ④式商受命:让商人代替夏朝接受天命。式,代替。 ⑤用爽厥师:爽,明,使之昭明。师,民众。 ⑥简贤附势:简,略,轻慢。简贤即怠慢贤人。附,依附。势,有势力的人。 ⑦寔繁有徒:寔,通"是"。繁,繁多。有徒,众人。 ⑧肇我邦予有夏:肇,开始。我邦,我国。予,通"于",在。有夏,夏朝。 ⑨若苗之有莠:若,像。苗,禾苗。莠,长在农作物中的杂草,音yǒu。 ⑩秕:空壳的谷物,音bǐ。 ⑪战战:恐惧不安。 ⑫罔不惧于非辜:非辜,无辜,无罪。指商国上下忧危,恐惧无罪而被诛。 ⑬矧予之德:矧,何况。予,我王,指商汤。德,德行。 ⑭言足听闻:足,能够。蔡沈《书集传》:"况汤之德,言则足人之听闻,尤桀所忌疾者乎!"

"惟王不迩声色①,不殖货利②。德懋懋官③,功懋懋赏。用人惟己,改过不吝④。克宽克仁⑤,彰信兆民⑥。

[注释]①惟王不迩声色:王,指商汤王。迩,近,音ěr。不近声乐,言其

清简。不近女色,言其贞固。 ②不殖货利:不聚敛财物。殖,生。货,财货。利,资利。 ③德懋懋官:众多美德激励着大小官员。前"懋"为繁多的意思,后"懋"是勉励的意思。 ④吝:悭吝。 ⑤克宽克仁:克,能。宽,宽厚。仁,仁慈。 ⑥彰信兆民:彰,昭明。信,信守。兆民,天下臣民。

"乃葛伯仇饷①,初征自葛。东征西夷怨,南征北狄怨,曰:'奚独后予②?'攸徂之民③,室家相庆④,曰:'徯予后⑤,后来其苏⑥。'民之戴商⑦,厥惟旧哉⑧!

[注释]①葛伯仇饷:葛伯,葛国之君。相传葛是夏朝的属国,与商为邻。葛伯荒淫不祭祀,汤问其原因,则以没有祭品相搪塞,汤就派人送来了牛羊。葛伯把这些牛羊吃掉后仍不祭祀,原因是没有粮食。汤又派人到葛国帮助耕种,馈赠给老弱许多粮食。"葛伯率其民,要(邀)其有酒食黍稻者夺之,不授者杀。有童子以黍肉饷,杀而夺之"。这就是所谓的"葛伯仇饷"。这段记载已见于《孟子·滕文公下》。 ②奚独后予:为什么把我放在后边。奚,何,为何。后,放在后边。 ③攸徂之民:攸,所。徂,音 cú,往。民,百姓。 ④室家相庆:室家,家家。庆,庆贺。 ⑤徯予后:徯,等待,音 xī。予,我们。后,君主。 ⑥后来其苏:后,君,王,指成汤。苏,复苏。 ⑦民之戴商:戴,爱戴,拥戴。商,商朝。 ⑧厥惟旧哉:旧,《伪孔传》说:"旧,谓初征自葛时。"一说为久,非一日。

"佑贤辅德①,显忠遂良②。兼弱攻昧③,取乱侮亡④。推亡固存⑤,邦乃其昌。

[注释]①佑贤辅德:佑,帮助。辅,辅佐。贤,贤人。德,有美德的人。 ②显忠遂良:显,显扬。遂,成就。《孔疏》说:"贤"是德盛之名,"德"是资贤之实,"忠"是尽心之事,"良"是为善之称,都是可用之人。 ③兼弱攻昧:兼,兼并。弱,弱小的诸侯。攻,进攻,攻击。昧,暗昧的国家。 ④取乱侮亡:取,夺取。乱,混乱。侮,《说文》:"伤也。"侮慢其人。《伪孔传》:"弱则兼

之,暗则攻之,乱则取之,有亡形则侮之,言正义。"　⑤推亡固存:推求灭亡之道,以巩固自己的生存。

"德日新①,万邦惟怀②。志自满③,九族乃离④。

[注释]①德日新:每天更新自己的品德。　②万邦惟怀:万邦,天下。怀,怀恋。　③志自满:志,志向。自满,自我满足,自大。　④九族乃离:九族,郑玄说:从高祖至玄孙共九辈为九族,同姓。夏侯、欧阳今文说,父族四、母族三、妻族二,共九族。这里的"九族"是亲近之人的意思。离,背叛,背离。

"王懋昭大德①,建中于民②,以义制事③,以礼制心,垂裕后昆④。予闻曰:'能自得师者王⑤,谓人莫己若者亡⑥。好问则裕⑦,自用则小⑧。'

[注释]①王懋昭大德:懋,努力。昭,彰显。德,美德。　②建中于民:建,建立。中,标准,准则。民,人民。　③以义制事:义,道义。制,裁夺。事,事务。　④垂裕后昆:传宽裕之道给后人。垂,流传。裕,宽容。后昆,后人。　⑤能自得师者王:能自得师者,《伪孔传》说:"求贤圣而事之。"师,老师。王,成为王者。　⑥谓人莫己若者亡:谓人莫己若,认为别人不如自己。亡,灭亡。　⑦裕:宽裕。　⑧自用则小:自用,自以为是,刚愎自用。《伪孔传》说:"问则有得,所以足;不问专固,所以小。"

"呜呼!慎厥终①,惟其始②。殖有礼③,覆昏暴④。钦崇天道⑥,永保天命⑦。"

[注释]①慎厥终:慎,谨慎。终,结尾。　②惟其始:始,开头。《伪孔传》说:"靡不有初,鲜克有终,故戒慎终如其始。"　③殖有礼:殖,扶植。礼,礼义。④覆昏暴:覆,覆灭。昏,昏乱。暴,残暴。"殖有礼,覆昏暴",《伪孔传》解释为:"有礼者封殖之,昏暴者覆亡之。"　⑥钦崇天道:钦,敬畏。崇,尊崇。天道,上天之道。　⑦永保天命:永,长久。保,保有。天命,上天赐予的大命。

汤 诰

《书序》说:"汤既黜夏命,复归于亳,作《汤诰》。"按照诰词的说法,这是商汤灭夏后大告万方之词。文中列举了夏王的种种罪行,说明灭夏的正当合理,要求万方"各守尔典,以承天休"。

王归自克夏,至于亳①,诞②告万方。

[**注释**]①亳:商人称都邑为亳。亳,音 bó。汤都亳,其地望当今何地,旧有北亳(今河南商丘北)、南亳(今河南商丘东南)、西亳(今河南偃师西)诸说。近年考古发现一些商城遗址,但亳都究竟在哪里,考古学界、历史学界仍然存在着不同意见。 ②诞:大,音 dàn。《伪孔传》说:"以天命大义告万方之众人。"

王曰:"嗟!尔万方有众,明听予一人诰①。惟皇上帝②,降衷于下民③。若有恒性④,克绥厥猷惟后⑤。夏王灭德作威⑥,以敷虐于尔万方百姓⑦。尔万方百姓,罹其凶害⑧,弗忍荼毒⑨,并告无辜于上下神祇⑩。天道福善祸淫⑪,降灾于夏⑫,以彰厥罪⑬。肆台小子将天命明威⑭,不敢赦。敢用玄牡⑮,敢昭告于上天神后⑯,请罪有夏⑰。

聿求元圣⑱,与之戮力⑲,以与尔有众请命⑳。

[注释]①明听予一人诰:明,明白。予一人,商汤王自谦的称呼。诰,命令。 ②惟皇上帝:皇,大,光明。上帝,上天。 ③降衷于下民:降,降下。衷,《伪孔传》:"善也。"下民,天下民众。 ④若有恒性:若,顺。有,语气词,没有实际意义。恒性,常性。 ⑤克绥厥猷惟后:克,能。能让人民安于教导者只有君主。绥,安定。厥,其。指示代词。猷,音yóu,教导。后,君王。 ⑥威:滥罚。 ⑦以敷虐于尔万方百姓:敷,广布。虐,暴虐。《伪孔传》:"夏桀灭道德,作威刑以布行虐政於天下百官。言残酷。"百姓,百官。 ⑧罹其凶害:罹,被,遭受。凶,凶恶。害,残害。 ⑨荼毒:荼,音tú,苦菜。此菜味苦,借以言人苦。毒,螫人害虫,蛇虺之类。荼毒,比喻痛苦。 ⑩并告无辜于上下神祇:辜,罪。神祇,天神称神,地神称祇。《伪孔传》:"言百姓兆民并告无罪,称冤诉天地。" ⑪天道福善祸淫:天道,上天之道。福,降福。福善,降福给善良的人。祸,降灾祸。祸淫,降灾祸给淫乱邪恶的人。 ⑫降灾于夏:《伪孔传》:"政善天福之,淫过天祸之,故下灾异以明桀罪恶,谴寤之而桀不改。" ⑬以彰厥罪:彰,彰显,昭示。厥,其。罪,罪过。 ⑭肆台小子将天命明威:肆,故。台,音yí。台小子,汤王自谦的称呼。将,奉行。天命,上天的命令。明威,公开惩罚。 ⑮玄牡:玄,黑色。牡,公牛。《尚书正义》:"《檀弓》云:'殷人尚白,牲用白。'今云'玄牡',夏家尚黑,于时未变夏礼,故不用白也。故安国注《论语》'敢用玄牡'之文云,'殷家尚白,未变夏礼,故用玄牡',是其义也。" ⑯神后:后土,即土地神。 ⑰请罪有夏:请,请求。罪,降罪,处罚。夏,夏桀。 ⑱聿求元圣:聿,于是。求,寻求。元圣,大圣人,《伪孔传》认为指伊尹。 ⑲戮力:努力。戮,音lù。 ⑳请命:从上天那里请回寿命。《伪孔传》:"放桀除民之秽,是请命。"

"上天孚佑下民①,罪人黜伏②。天命弗僭③,贲若草木④,兆民允殖⑤。俾予一人辑宁尔邦家⑥,兹朕未知获戾于上下⑦,栗栗危惧⑧,若将陨于深渊⑨。

[注释]①上天孚佑下民：孚，音fú。《伪孔传》："孚，信也。"佑，辅助。下民，民众。　②罪人黜伏：罪人，指夏桀。黜伏，罢斥。《伪孔传》："桀知其罪，退伏远屏。"黜，音chù。　③僭：音jiàn，差错。　④贲若草木：贲，音bì，文饰。若，好像。　⑤允殖：允，果然。殖，生活。"天命弗僭，贲若草木，兆民允殖"，《伪孔传》曰："言福善祸淫之道不差，天下恶除，焕然咸饰，若草木同华，民信乐生。"　⑥俾予一人辑宁尔邦家：俾，音bǐ，使。予一人，商汤自谦的称呼。辑，和睦。宁，安宁。尔邦家，《伪孔传》说："言天使我辑安汝国家。国，诸侯。家，卿大夫。"　⑦兹朕未知获戾于上下：兹，此，指示代词。戾，音lì，罪。上下，指天地。　⑧栗栗危惧：栗栗，危惧的样子。危惧，害怕。　⑨若将陨于深渊：若，好像。陨，坠落。《伪孔传》："慄慄危心，若坠深渊。危惧之甚。"渊，深潭。

"凡我造邦①，无从匪彝②，无即慆淫③，各守尔典④，以承天休⑤。尔有善，朕弗敢蔽⑥；罪当朕躬⑦，弗敢自赦，惟简在上帝之心⑧。

[注释]①造邦：建立的国家。　②匪彝：匪，通非。彝，常法。蔡沈《书集传》："彝，指法度言。"　③无即慆淫：即，接近。慆，音tāo，怠慢。淫，过份，过度。蔡沈《书集传》："慆淫，指逸乐言。"　④典：常法。　⑤休：美好。《伪孔传》说："守其常法，承大美道。"　⑥蔽：掩盖。　⑦躬：自身。　⑧惟简在上帝之心：简，考察。《孔疏》："郑玄注《论语》云：'简阅在天心，言天简阅其善恶也。'"

"其尔万方有罪，在予一人；予一人有罪，无以尔万方①。

[注释]①无以尔万方：以，用，连累。《伪孔传》："无用尔万方，言非所及。"万方，天下万邦。

"呜呼! 尚克时忱①,乃亦有终②。"

[注释]①尚克时忱:尚,庶几。克,能。时,此,这。忱,诚,信,音 chén。时忱,这样诚实。　②乃亦有终:《伪孔传》说:"庶几能是诚道,乃亦有终世之美。"

伊 训

《书序》说:"成汤既没,太甲元年,伊尹作《伊训》。"按照训词的讲法,"伊尹乃明言烈祖之成德,以训于王"。他要求太甲力戒"巫风"、"淫风"和"乱风",避免十种过失,恪尽职守,"尔惟不德罔大,坠厥宗"。

惟元祀十有二月乙丑①,伊尹祠于先王②。奉嗣王祗见厥祖③,侯甸群后咸在④,百官总己以听冢宰⑤。伊尹乃明言烈祖之成德⑥,以训于王⑦。

[注释]①惟元祀十有二月乙丑:元祀,即元年。《伪孔传》:"祀,年也。夏曰岁,商曰祀,周曰年,唐虞曰载。"有,又。乙丑,日名。 ②伊尹祠于先王:伊尹,商初贤人,在商汤灭夏和建立商朝的过程中立下大功。汤去世,历外丙、中壬,伊尹秉政。中壬去世,伊尹乃立太丁之子太甲。"帝太甲既立三年,不明,暴虐,不遵汤法,乱德,于是伊尹放之于桐宫。三年,伊尹摄行政当国,以朝诸侯。帝太甲居桐宫三年,悔过自责,反善,于是伊尹乃迎帝太甲而授之政。"伊尹死于太甲子沃丁时,一说太甲复位后杀伊尹。祠,祭祀,告祭于庙。先王,指成汤。 ③奉嗣王祗见厥祖:奉,侍奉。嗣王,继位之王,此处指太甲。祗,音 zhī,恭敬。见,拜见。祖,先祖。《尚书正义》说:"'嗣王祗见厥祖'是始见祖也。特设祀礼而王始见祖,明是初即王位,告殡为丧主也。"

④侯甸群后咸在：四方诸侯各就各位。侯，侯服。甸，甸服。注释已见《皋陶谟》。侯甸群后，泛指四方诸侯。咸，都。在，《伪孔传》："在位次。" ⑤百官总己以听冢宰：总己，统领自己的属员。冢宰，又称大宰、太宰。据《周礼》讲为百官之长，此处指伊尹。《伪孔传》说："伊尹制百官，以三公摄冢宰。" ⑥伊尹乃明言烈祖之成德：烈，光烈。祖，先祖。烈祖指成汤。《孔疏》说："汤有定天下之功业，为商家一代之大祖，故以'烈祖'称焉。"成德，盛德。 ⑦以训于王：以，以此。训，训告。王，指太甲。

曰："呜呼！古有夏先后①，方懋厥德②，罔有天灾。山川鬼神③，亦莫不宁④，暨鸟兽鱼鳖咸若⑤。于其子孙弗率⑥，皇天降灾，假手于我有命⑦，造攻自鸣条⑧，朕哉自亳⑨。

[注释]①有夏先后：夏朝的先王。《尚书正义》说："有夏先君，总指桀之上世，有德之王皆是也。" ②方懋厥德：方，正在，正当。懋，茂盛。德，德政。 ③山川鬼神：《尚书正义》："山川鬼神，谓山川之鬼神也。"商代万物有灵，所以敬祭山川。 ④亦莫不宁：莫，无。宁，安宁。《尚书正义》："'亦莫不宁'者，谓鬼神安人君之政。政善则神安之，神安之则降福人君，无妖孽也。" ⑤暨鸟兽鱼鳖咸若：暨，连词，及，和。咸，都。若，顺。《尚书正义》说："鸟兽鱼鳖咸若者，谓人君顺禽鱼，君政善而顺彼性，取之有时，不夭杀也。鸟兽在陆，鱼鳖在水，水陆所生微细之物，人君为政皆顺之，明其馀无不顺也。" ⑥于其子孙弗率：《尚书正义》："于其子孙，于有夏先君之子孙，谓桀也。"率，遵循，遵守。 ⑦假手于我有命：假，借。假手于我，借我之手。有命，有命令。指下文"造攻自鸣条"。 ⑧造攻自鸣条：造，《伪孔传》说："造、哉，皆始也。"攻，讨伐。自，从。鸣条，地名，一般认为在今山西省夏县境内。《尚书正义》说："言汤有天命，将为天子，就汤借手使诛桀也。既受天命诛桀，始攻从鸣条之地而败之。" ⑨朕哉自亳：哉，开始。自，从。亳，汤都。

"惟我商王，布昭圣武①，代虐以宽，兆民允怀②。今王嗣厥德,罔不在初③。立爱惟亲,立敬惟长④,始于家邦,终于四海⑤。

[注释]①布昭圣武:布,展示。昭,明示。圣,圣明。武,威武。 ②代虐以宽,兆民允怀:允,信。《伪孔传》说:"言汤布明武德,以宽政代桀虐政,兆民以此皆信怀我商王之德。" ③罔不在初:在,在于。初,开始。《伪孔传》说:"言善恶之由无不在初,欲其慎始。" ④立爱惟亲,立敬惟长:立,确立。爱,友爱。亲,亲近的人。《尚书正义》说:"王者之驭天下,抚兆人,惟爱、敬二事而已。《孝经·天子之章》盛论爱、敬之事,言天子当用爱、敬以接物也。行之所立,自近为始。立爱惟亲,先爱其亲,推之以及疏。立敬惟长,先敬其长,推之以及幼。" ⑤始于家邦,终于四海:《伪孔传》说:"言立爱、敬之道,始于亲长,则家国并化,终洽四海。"

"呜呼!先王肇修人纪①,从谏弗咈②,先民时若③。居上克明④,为下克忠⑤,与人不求备⑥,检身若不及⑦,以至于有万邦⑧,兹惟艰哉⑨!

[注释]①先王肇修人纪:先王,指商汤。肇,开始。修,制订。人纪,为人的准则。 ②从谏弗咈:从,听从。谏,劝谏。弗,不。咈,逆,违背,音 fú。 ③先民时若:先民,前辈有德之人。《尚书正义》说:"贾逵注《周语》云:'先民,古贤人也。'"时,是,表示宾语前置的结构助词。若,顺从。先民时若,《伪孔传》:"言汤始修为人纲纪,有过则改,从谏如流,必先民之言是顺。" ④居上克明:居上,居上位者,指官员。克,能。明,明察。 ⑤忠:忠心。 ⑥与人不求备:与人,对待他人。备,完备。 ⑦检身若不及:检身,约束自己。若不及,《伪孔传》:"常如不及,恐有过。" ⑧有万邦:拥有天下,继嗣为王。 ⑨兹惟艰哉:艰,艰难。《伪孔传》说:"言汤操心常危惧,动而无过,以至为天子,此自立之难。"

"敷求哲人①,俾辅于尔后嗣②,制官刑③,儆于有位④。曰:'敢有恒舞于宫⑤,酣歌于室⑥,时谓巫风⑦。敢有殉于货色⑧,恒于游畋⑨,时谓淫风⑩。敢有侮圣言⑪、逆忠直⑫、远耆德⑬、比顽童⑭,时谓乱风⑮。惟兹三风十愆⑯,卿士有一于身,家必丧;邦君有一于身,国必亡⑰。臣下不匡⑱,其刑墨⑲,具训于蒙士⑳。'

[注释]①敷求哲人:敷,广泛。求,寻求。哲人,德才兼备的人。 ②俾辅于尔后嗣:俾,使。辅,辅佐。尔,你们。后嗣,后代继位君主,这里指太甲。 ③制官刑:制,制订。官刑,国家法度。刑,法度。 ④儆于有位:儆,警告,音jǐng。有位,居官位者。 ⑤敢有恒舞于宫:敢,胆敢。恒,经常。宫,宫室。《伪孔传》:"常舞则荒淫。" ⑥酣歌于室:《伪孔传》:"乐酒曰酣,酣歌则废德。"酣歌,尽情喝酒唱歌。酣,音hān。 ⑦时谓巫风:时,是,这。谓,叫作。巫,《伪孔传》:"事鬼神曰巫。言无政。"《尚书正义》:"巫以歌舞事神,故歌舞为巫觋之风俗也。"风,风俗。 ⑧殉于货色:殉,贪求。货,财物。色,女色。 ⑨游畋:游,游乐。畋,音tián,田猎。 ⑩淫风:淫,过度。《伪孔传》:"昧求财货美色,常游戏畋猎,是淫过之风俗。" ⑪侮圣言:侮,轻慢。圣言,圣人的话。 ⑫逆忠直:逆,违背。忠直,忠心正直的人。 ⑬远耆德:远,疏远。耆,老年人,音qí。耆德,年老而有德行的人。 ⑭比顽童:比,亲近。顽,愚钝。童,幼稚。 ⑮乱风:《伪孔传》说:"狎侮圣人之言而不行,拒逆忠直之规而不纳,耆年有德疏远之,童稚顽嚚亲比之,是荒乱之风俗。" ⑯三风十愆:愆,音qiān,过失。《尚书正义》:"'三风十愆',谓巫风二,舞也,歌也;淫风四,货也,色也,游也,畋也;与乱风四为十愆也。" ⑰卿士有一于身,家必丧;邦君有一于身,国必亡:一,一条,一种。《伪孔传》:"有一过则德义废,失位亡家之道。""诸侯犯此,国亡之道。" ⑱匡:匡正,纠正。 ⑲墨:墨刑,五刑之一。凿其额,涅以墨,即黥刑。 ⑳具训于蒙士:具,详悉。蒙士,一说为下士。一说为稚童。

"呜呼!嗣王祗厥身①,念②哉!圣谟洋洋③,嘉言孔彰④。惟上帝不常,作善,降之百祥⑤;作不善,降之百殃⑥。尔惟德罔小⑦,万邦惟庆。尔惟不德罔大,坠厥宗⑧。"

[注释]①嗣王祗厥身:嗣王,继位之王。这里指太甲。祗,恭敬。身,自身。 ②念:思考。 ③圣谟洋洋:谟,谋划。洋洋,完美。 ④嘉言孔彰:嘉言,美言。孔,很。彰,显明。《伪孔传》:"言甚明可法。" ⑤祥:吉祥。 ⑥殃:殃,灾祸。《伪孔传》说:"天之祸福,惟善恶所在,不常在一家。" ⑦尔惟德罔小:尔,你。惟,为。德,积善行德。小,微小。 ⑧坠厥宗:坠,丧失。宗,宗庙,代指国家。《伪孔传》:"苟为不德无大,言恶有类,以类相致,必坠失宗庙。此伊尹至忠之训。"

太 甲 上

《书序》说:"太甲既立,不明,伊尹放诸桐。三年,复归于亳,思庸,伊尹作《太甲》三篇。"上篇记叙伊尹对太甲的训诫,太甲不听,伊尹于是把他流放到桐宫。中篇记述三年之后,伊尹迎太甲回亳都,太甲深刻反省,伊尹勉励太甲。下篇记述伊尹再次告诫太甲,鼓励他依仁德行事。这也是《伪古文尚书》25篇中比较重要的一篇。

惟嗣王不惠于阿衡①,伊尹作书曰:"先王顾諟天之明命②,以承上下神祇③。社稷宗庙,罔不祇肃④。天监厥德⑤,用集大命⑥,抚绥万方⑦。惟尹躬克左右厥辟⑧,宅师⑨,肆嗣王丕承基绪⑩。惟尹躬先见于西邑夏⑪,自周有终⑫,相亦惟终⑬;其后嗣王⑭,罔克有终,相亦罔终。嗣王戒哉!祇尔厥辟⑮,辟不辟⑯,忝厥祖⑰。"

[注释]①惟嗣王不惠于阿衡:嗣王,指商王太甲。惠,顺从。阿衡,伊尹。郑玄说:"阿,倚。衡,平也。伊尹,汤倚而取平,故以为官名。" ②先王顾諟天之明命:先王,指成汤。顾,顾念。諟,古"是"字,这个,音shì。明命,天命。③上下神祇:上,天神。下,地祇。 ④社稷宗庙,罔不祇肃:社,土地神。稷,

谷神。宗庙,祖先神。罔不,没有不。祗,恭敬。肃,庄严。 ⑤天监厥德:天,上天。监,视,观察。德,德政。 ⑥用集大命:用,以。集,降下。《淮南子·说山》:"集,下也。"大命,天命。 ⑦抚绥万方:抚,安抚。绥,安定。万方,天下。 ⑧惟尹躬克左右厥辟:尹,伊尹。躬,亲身。克,能。左右,辅佐。厥,代词,他的。辟,君主,指成汤,音 bì。 ⑨宅师:安定民众。 ⑩肆嗣王丕承基绪:肆,所以。嗣王,指太甲。丕,大,音 pī。基绪,基业。 ⑪西邑夏:蔡沈《书集传》:"夏都安邑,在亳之西,故曰西邑夏。"夏人活动在今山西南部、河南西部一带,这一带在商人活动中心的西面,故商人称夏为"西邑夏"。 ⑫自周有终:自,用。周,忠信。终,成。有终,善终。 ⑬相亦惟终:相,辅助的大臣。终,善终。 ⑭其后嗣王:后世继位君主。 ⑮祗尔厥辟:祗,恭敬。辟,君主。 ⑯辟不辟:为君不尽君道。前"辟"为名词,君主。后"辟"为动词,尽君道。 ⑰忝厥祖:忝,辱。为君不君,则辱其祖。祖,祖先。

王惟庸①,罔念闻②。伊尹乃言曰:"先王昧爽丕显③,坐以待旦④。旁求俊彦⑤,启迪后人⑥,无越厥命以自覆⑦。慎乃俭德⑧,惟怀永图⑨。若虞机张⑩,往省括于度⑪,则释⑫;钦厥止⑬,率乃祖攸行⑭。惟朕以怿⑮,万世有辞⑯!"

[注释]①王惟庸:王,太甲。惟,只。庸,常,一如既往。 ②罔念闻:念,思考。闻,听。《伪孔传》:"言太甲守常不改,无念闻伊尹之戒。" ③昧爽丕显:昧爽,天将明未明的时候。丕,乃。显,明。 ④坐以待旦:静坐等待天亮。言其勤政。 ⑤旁求俊彦:旁,广泛,普遍。《伪孔传》:"旁,非一方。美士曰彦。"俊彦,才智出色的人。 ⑥启迪后人:启,开。迪,训导。后人,后世子孙。 ⑦无越厥命以自覆:无,不。越,坠失。命,天命。覆,灭亡,颠覆。《伪孔传》:"无失亡祖命而不勤德,以自颠覆。" ⑧慎乃俭德:慎,谨慎。俭,节俭。德,美德。 ⑨惟怀永图:怀,思考。永,长久。图,谋划。《伪孔传》:"言当以俭为德,思长世之谋。" ⑩若虞机张:虞,度,忖度。机,机弩。张,张开。 ⑪往省括于度:省,察看,音 xǐng。括,矢括,箭杆末端扣弦的地方。

于,连词,与。度,法度,这里指准星。 ⑫释:发,把箭射出去。《伪孔传》:"机有度以准望,言修德夙夜思之,明旦行之,如射先省矢括于度,释则中。" ⑬钦厥止:钦,恭敬。止,至,归宿。 ⑭率乃祖攸行:率,遵循。乃,你的。祖,先祖。攸,所。行,作为。 ⑮惟朕以怿:朕,我。怿,喜悦,音yì。 ⑯万世有辞:千秋万代都会受到赞美。辞,赞誉之辞。

王未克变①。伊尹曰:"兹乃不义②,习与性成③。予弗狎于弗顺④,营于桐宫⑤,密迩先王其训⑥,无俾世迷⑦。"

[注释]①王未克变:王,太甲。变,改变。《伪孔传》说:"未能变,不用训。太甲性轻脱,伊尹至忠,所以不已。" ②兹乃不义:兹,这。乃,你的。不义,不合道义。 ③习与性成:习,习惯。性,本性。《伪孔传》说:"言习行不义,将成其性。" ④予弗狎于弗顺:弗,不能。狎,近,音xiá。弗顺,不顺义理。 ⑤营于桐宫:营,营造。桐宫,《史记·殷本纪·集解》:"孔安国曰:'汤葬地。'郑玄曰:'地名也,有王离宫焉。'"《史记正义》说:"《晋太康地记》云:'尸乡南有亳阪,东有城,太甲所放处也。'按尸乡在洛州偃师县西南五里也。"近年在河南偃师尸乡沟发现商代城址,有人认为该城址就是安顿太甲的桐宫。 ⑥密迩先王其训:密,亲密。迩,近。其,相当于"之"。训,训导。 ⑦无俾世迷:俾,使。世,终生。迷,迷惑。《伪孔传》说:"经营桐墓立宫,令太甲居之。近先王,则训於义,无成其过,不使世人迷惑怪之。"

王徂桐宫①,居忧②,克终允德③。

[注释]①王徂桐宫:王,商王太甲。徂,往。 ②居忧:行丧礼,一说为居于忧患的环境。 ③克终允德:克,能。终,成。允,诚。允德,诚实之德。

太 甲 中

惟三祀十有二月朔①,伊尹以冕服奉嗣王归于亳②。作书曰:"民非后③,罔克胥匡以生④;后非民,罔以辟四方⑤。皇天眷佑有商⑥,俾嗣王克终厥德⑦,实万世无疆之休⑧。"

[注释]①惟三祀十有二月朔:三祀,三年。有,又。朔,农历每月初一。《尚书正义》:"惟三祀者,太甲即位之三年也。" ②伊尹以冕服奉嗣王归于亳:冕服,古代举行吉礼时穿戴的礼服礼帽。冕,冠。奉,迎接。嗣王,商王太甲。亳,亳都。商汤去世已经三年,太甲除丧服,换吉服。 ③后:君主。 ④罔克胥匡以生:罔,不。克,能。胥,相互。匡,救助。生,生存。 ⑤罔以辟四方:辟,音 bì,动词,统治。四方,天下。 ⑥皇天眷佑有商:皇,大,光明。眷,眷顾。佑,保佑。有商,商王朝。 ⑦俾嗣王克终厥德:俾,使。嗣王,指太甲。克,能。终,成就。厥,其。德,美德。 ⑧休:美好。

王拜手稽首,曰:"予小子不明于德①,自底不类②。欲败度③,纵败礼④,以速戾于厥躬⑤。天作孽,犹可违⑥;自作孽,不可逭⑦。既往背师保之训⑧,弗克于厥初⑨,尚赖匡救之德⑩,图惟厥终⑪。"

[注释]①予小子不明于德:予小子,太甲谦称。明,知晓。德,君德。②自厎不类:厎,音 zhǐ,致。类,善。不类即不善。 ③欲败度:欲,贪欲。败,败坏。度,法度。 ④纵败礼:纵,放纵。礼,礼制。 ⑤以速戾于厥躬:速,招致。戾,音 lì,过失。躬,自身。《伪孔传》:"言己放纵情欲,毁败礼仪法度,以召罪於其身。" ⑥天作孽,犹可违:孽,灾祸。犹,还。违,避免。⑦逭:音 huàn,《伪孔传》:"逭,逃也。言天灾可避,自作灾不可逃。" ⑧既往背师保之训:既往,以往,先前。背,违背。师,太师。保,太保。太师、太保都是商周时代的大官。此处"师保"指伊尹。训,训导。 ⑨弗克于厥初:即位前三年不行正道。克,能。初,开始。 ⑩尚赖匡救之德:尚,尚且。赖,依赖。匡,匡正。救,救助。德,恩德。 ⑪图惟厥终:图,图谋。终,善终。

伊尹拜手稽首,曰:"修厥身,允德协于下①,惟明后②。先王子惠困穷③,民服厥命,罔有不悦④。并其有邦⑤,厥邻乃曰⑥:'徯我后⑦,后来无罚⑧。'王懋乃德⑨,视乃厥祖⑩,无时豫怠⑪。奉先思孝⑫,接下思恭⑬。视远惟明⑭,听德惟聪。朕承王之休无斁⑮。"

[注释]①允德协于下:允,信。允德,诚实之德。协,谐,和洽。下,臣下。②惟明后:惟,为。明后,英明君主。《伪孔传》:"言修其身,使信德合於群下,惟乃明君。" ③先王子惠困穷:先王,指成汤。子惠,慈爱。蔡沈《书集传》:"惠之若子,则心之爱者诚矣。"困穷,穷困潦倒的人。 ④悦:欢喜。⑤并其有邦:并,连同。有邦,即友邦。 ⑥厥邻乃曰:厥,其。邻,邻邦。乃,这样,如此。 ⑦徯我后:徯,音 xī,等待。后,君王。 ⑧罚:惩罚,处罚。⑨王懋乃德:懋,音 mào,努力。德,德行。 ⑩视乃厥祖:视,效法。厥祖,其先祖。 ⑪无时豫怠:无,不要。时,时时刻刻。豫,安乐。怠,懈怠。 ⑫奉先思孝:奉,遵奉。先,先祖。思,想。孝,孝道。 ⑬接下思恭:接,接待。下,臣下。恭,恭敬。 ⑭惟明:惟,则,思。明,明察。 ⑮朕承王之休无斁:朕,我。承,侍奉。王,指太甲。休,美。斁,败坏。

太 甲 下

伊尹申诰于王曰①:"呜呼!惟天无亲,克敬惟亲②;民罔常怀,怀于有仁③;鬼神无常享,享于克诚④。天位艰哉⑤!

[**注释**]①伊尹申诰于王曰:申,再次。诰,告诫。王,太甲。 ②惟天无亲,克敬惟亲:克,能。敬,恭敬。《伪孔传》说:"言天于人无有亲疏,惟亲能敬身者。" ③怀于有仁:怀,归。仁,仁政。《伪孔传》说:"民所归无常,以仁政为常。" ④鬼神无常享,享于克诚:享,享受。《伪孔传》说:"言鬼神不保一人,能诚信者则享其祀。" ⑤天位艰哉:天位,大位,指保有天子之位。艰,艰难。

"德惟治①,否德乱②。与治同道,罔不兴;与乱同事,罔不亡③。终始慎厥与④,惟明明后⑤。

[**注释**]①治:治理,有序。 ②否德乱:否,音 pǐ,恶、坏。否德,恶德。《伪孔传》:"为政以德则治,不以德则乱。"乱,荒乱。 ③与治同道,罔不兴;与乱同事,罔不亡:治,治理。道,道理。兴,兴盛。乱,乱政。事,做法。亡,失败。 ④终始慎厥与:终始,自始至终。与,同事,一起共事的人。 ⑤明明:英明。《伪孔传》:"重言'明明',言其为大明耳。"后,君主。

"先王惟时懋敬厥德①,克配上帝②。今王嗣,有令绪③,尚监兹哉④!

[注释]①先王惟时懋敬厥德:先王,指成汤。惟时,就是这样。懋,勉力。敬,恭敬。厥,其。德,德行。 ②克配上帝:克,能够。配,匹配。《伪孔传》说:"言汤惟是终始所与之难,勉修其德,能配天而行之。" ③今王嗣,有令绪:今,现在。王,指太甲。嗣,继位。令,善。绪,业。《伪孔传》说:"继祖善业,当夙夜庶几视祖此配天之德而法之。" ④尚监兹哉:尚,尚且。监,视,借鉴。兹,此。指商汤懋敬厥德的行为。

"若升高,必自下;若陟遐①,必自迩②。无轻民事③,惟难④;无安厥位⑤,惟危⑥。慎终于始⑦。有言逆于汝心,必求诸道⑧;有言逊于汝志,必求诸非道⑨。呜呼!弗虑胡获⑩?弗为胡成⑪?一人元良⑫,万邦以贞⑬。君罔以辩言乱旧政⑭,臣罔以宠利居成功⑮。邦其永孚于休⑯。"

[注释]①陟遐:陟,音zhì,升,登,行走。遐,音xiá,远方。 ②迩:近处。《伪孔传》说:"言善政有渐,如登高升远必用下近为始,然后终致高远。" ③无轻民事:无,通毋。轻,轻视。民事,民众之事。 ④惟难:惟,思。难,艰难。 ⑤无安厥位:安,安居。位,王位。 ⑥危:危险。《伪孔传》说:"言当常自危惧,以保其位。" ⑦慎终于始:《伪孔传》说:"於始虑终,於终思始。" ⑧有言逆于汝心,必求诸道:言,言语。逆,违背。汝,你的。心,心愿。必,一定。求,考求。诸,"之于"的合音字。道,道义。 ⑨有言逊于汝志,必求诸非道:逊,顺从。志,心愿。《伪孔传》说:"言顺汝心,必以非道察之,勿以自臧。" ⑩弗虑胡获:弗,不。虑,思考。胡,何。获,收获。 ⑪弗为胡成:为,行动。成,成功,成就。 ⑫一人元良:一人,君主。《尚书正义》:"谓天子为'一人'者,其义有二。一则天子自称'一人',是为谦辞,言己是人中之一耳。一则臣下谓天子为'一人',是为尊称,言天下惟一人而已。"元,大。良,善。

⑬贞:正,端正。　⑭君罔以辩言乱旧政:君,君主。以,因为。辩言,雄辩之言。乱,扰乱。旧政,先王之善政。　⑮臣罔以宠利居成功:臣,臣下。宠,宠爱。利,利禄。居,安居。成功,功成名就。《尚书正义》说:"四时之序,成功者退。臣既成功,不知退谢,其志贪欲无限,其君不堪所求,或有怨恨之心,君惧其谋,必生诛杀之计,自古以来,人臣有功不退者皆丧家灭族者众矣。经称臣无以宠利居成功者,为之限极以安之也。"　⑯邦其永孚于休:邦,国家。其,将。永,长久。孚,保持。休,美好。

咸 有 一 德

伊尹还政太甲后,"将告归,乃陈戒于德",作《咸有一德》。文章从夏亡商兴的历史教训中得出结论说,"非天私我有商,惟天佑于一德",告诫太甲要敬修德行,进而讲述怎样修炼自己的品德。

伊尹既复政厥辟①**,将告归**②**,乃陈戒于德**③**。**

[**注释**]①伊尹既复政厥辟:既,已经。复,归还。政,政权。厥,其。辟,君主,指太甲。 ②将告归:将,将要。告,告老,告退。归,归家。 ③乃陈戒于德:陈,陈述。戒,告诫。于,以。德,美德。

曰:"呜呼!天难谌①**,命靡常**②**。常厥德,保厥位**③**。厥德匪常,九有以亡**④**。**

[**注释**]①谌:相信,音 chén。 ②命靡常:命,天命。靡,没有。常,恒常。《伪孔传》:"以其无常,故难信。" ③保厥位:保,保有。厥,他的。位,王位。 ④九有以亡:九有,九州,指代天下,这里是统治天下的意思。亡,灭亡。

"夏王弗克庸德①**,慢神虐民**②**。皇天弗保**③**,监于万**

方④,启迪有命⑤,眷求一德⑥,俾作神主⑦。惟尹躬暨汤⑧,咸有一德⑨,克享天心⑩,受天明命⑪,以有九有之师⑫,爰革夏正⑬。

[注释]①夏王弗克庸德:夏王,指夏桀。弗,不。克,能。庸,用。 ②慢神虐民:慢,轻慢,怠慢。神,神明。虐,虐待。《伪孔传》:"言桀不能常其德,不敬神明,不恤下民。" ③皇天弗保:皇天,上天。保,保佑。 ④监于万方:监,监视。万方,天下。 ⑤启迪有命:启,开。迪,导。有,一说通佑,佑助的意思。有命即帮助有天命的人。《伪孔传》说:"言天不安桀所为,广视万方,有天命者开道之。" ⑥眷求一德:眷,眷顾。求,寻找。一德,蔡沈《书集传》说:"纯一之德。" ⑦俾作神主:俾,使。神主,万神之主祭,即君主。 ⑧惟尹躬暨汤:躬,自身,指代自己。暨,与。汤,商汤王。 ⑨咸有一德:咸,都。一,纯一。德,德行。 ⑩克享天心:克,能。享,《伪孔传》:"当也。所征无敌,谓之受天命。"当即符合的意思。天心,上帝的心意。 ⑪受天明命:受,接受。明命,明确的命令。 ⑫以有九有之师:以,因有。有,拥有。九有,九州,指代天下。师,民众。 ⑬爰革夏正:爰,于是。革,变革。正,正朔,即统治。革夏政即取代夏王朝的统治。《伪孔传》说:"爰,于也。于得九有之众,遂伐夏胜之,改其正。"

"非天私我有商①,惟天佑于一德②。非商求于下民③,惟民归于一德④。德惟一,动罔不吉⑤。德二三⑥,动罔不凶⑦。惟吉凶不僭,在人⑧;惟天降灾祥,在德⑨!

[注释]①非天私我有商:非,不是。天,上天。私,偏爱。 ②惟天佑于一德:惟,只是。佑,帮助。 ③非商求于下民:求,请求。下民,小民。 ④惟民归于一德:惟,只是。归,归顺,归附。 ⑤动罔不吉:动,行动。罔不,没有不。吉,吉利。 ⑥二三:《伪孔传》说:"二三,言不一。" ⑦凶:凶险。 ⑧惟吉凶不僭,在人:吉凶,《伪孔传》说:"行善则吉,行恶则凶,是不差。德一,天降之善;不一,天降之火:是在德。"僭,差错,音 jiàn。 ⑨惟天降灾祥,在

德:灾,灾祸。祥,吉祥。在德,在,在于。《尚书正义》说:"吉凶已成之事,指人言之,故曰'在人'。灾祥未至之征,行之所招,故言'在德'。'在德'谓为德有一与不一,'在人'谓人行有善与不善也。"

"今嗣王新服厥命①,惟新厥德②。终始惟一③,时乃日新④。任官惟贤材⑤,左右惟其人⑥。臣为上为德⑦,为下为民⑧。其难其慎⑨,惟和惟一⑩。

[注释]①今嗣王新服厥命:今,现在。嗣王,太甲。新,刚刚。服,接受。厥,其。命,天命。新服厥命,指恢复王位。 ②惟新厥德:更新其德。《伪孔传》:"新其德,戒勿怠。" ③终始惟一:始终如一,不间断。惟,只。一,专一于德。 ④时乃日新:时,是,代词,指厥德。日新,日日更新。《伪孔传》说:"言德行终始不衰杀,是乃日新之义。" ⑤任官惟贤材:任,任用。官,官员。惟,只。贤材,贤能,贤才。 ⑥左右惟其人:左右,王的左右大臣。惟其人,要选拔合适的人。《伪孔传》:"官贤才而任之,非贤材不可任。选左右,必忠良。不忠良,非其人。" ⑦臣为上为德:为上,帮助君主。为德,施行德政。 ⑧为下为民:为下,帮助下属。为民,治理民众。 ⑨其难其慎:太难了,要慎重。其,庶几乎。难,艰难。慎,谨慎。 ⑩惟和惟一:和,和洽。一,专一。《伪孔传》:"其难无以为易,其慎无以轻之,群臣当和一心以事君,政乃善。"

"德无常师①,主善为师②;善无常主,协于克一③。俾万姓咸曰④:'大哉!王言。'又曰:'一哉!王心。'克绥先王之禄⑤,永底烝民之生⑥。

[注释]①德无常师:常,固定不变。师,效法,榜样。 ②主善为师:主,最重要的。善,好。《伪孔传》:"德非一方,以善为主,乃可师。" ③善无常主,协于克一:主,准则。协,合。克,能。一,纯一。《伪孔传》说:"言以合于能一为常德。" ④俾万姓咸曰:俾,使。万姓,民众。咸,都。曰,说。 ⑤克绥先王之禄:克,能。绥,安。先王,成汤。禄,福禄。 ⑥永底烝民之生:永,

永远。厎,致,安定,音 zhǐ。烝民,民众。烝,音 zhēng。生,生活。

"呜呼!七世之庙,可以观德①;万夫之长,可以观政②。后非民,罔使③;民非后,罔事④。无自广以狭人⑤,匹夫匹妇⑥,不获自尽⑦,民主罔与成厥功⑧。"

[注释]①七世之庙,可以观德:《伪孔传》:"天子立七庙,有德之王则为祖宗,其庙不毁,故可观德。"世,父子相继。庙,宗庙,祭祀祖先的地方。《尚书正义》:"《王制》云:'天子七庙,三昭三穆,与太祖之庙而七。'《祭法》云:'王立七庙,曰考庙,曰王考庙,曰皇考庙,曰显考庙,曰祖考庙,皆月祭之。远庙为祧,有二祧,享尝乃止。'《汉书》韦玄成议曰:'周之所以七庙者,后稷始封,文王、武王受命而王,是以三庙不毁,与亲庙四而七也。'郑玄用此为说。惟周有七庙,二祧为文王、武王庙也,故郑玄《王制》注云:'此周制。七者,太祖及文王、武王二祧,与亲庙四。太祖,后稷也。殷则六庙,契及汤与二昭二穆。夏则五庙,无太祖,禹与二昭二穆而已。'" ②万夫之长,可以观政:夫,成年男子的统称。万夫,民众。长,音 zhǎng,首领。《伪孔传》:"能整齐万夫,其政可知。" ③使:役使。 ④事:服侍,侍奉。 ⑤无自广以狭人:无,通毋,不要。自,自我。广,夸大。狭,狭小,小看。人,他人。 ⑥匹夫匹妇:普通民众。 ⑦不获自尽:不获,不能。自尽,尽自己的全力。 ⑧民主罔与成厥功:民主,民之主,即君主。罔,不。与,帮助。成,成就。功,功业。《伪孔传》:"上有狭人之心,则下无所自尽矣。言先尽其心,然後乃能尽其力,人君所以成功。"

说　命　上

《书序》写道:"高宗梦得说,使百工营求诸野,得诸傅岩,作《说命》三篇。"说命,即命令傅说的意思。说,读作 yuè。上篇记叙殷高宗三年不言,梦得贤人,终于在傅岩得到傅说,遂命其为相,大加勉励。中篇和下篇记述高宗与傅说君臣间的互相勉励。这是《伪古文尚书》25 篇中的一个长篇,其内容也比较重要,它为封建时代的君臣关系提供了一个基本范式。

王宅忧①,亮阴三祀②。既免丧③,其惟弗言④。群臣咸谏于王曰⑤:"呜呼! 知之曰明哲⑥,明哲实作则⑦。天子惟君万邦⑧,百官承式⑨,王言惟作命⑩,不言,臣下罔攸禀令⑪。"

[注释]①王宅忧:王,武丁。宅,居。忧,丧。居忧,居父母之丧,后世称为丁忧。　②亮阴三祀:亮阴,今人解为失语症,注释已见《无逸》篇。三祀,三年。　③免丧:父死,儿子守丧三年,期满免除守丧之礼。　④其惟弗言:其,人称代词,指武丁。弗言,不讲话。《伪孔传》:"除丧,犹不言政。"　⑤群臣咸谏于王曰:群,众。咸,都。谏,用言语规劝君王或尊长改正错误。　⑥明哲:明智。　⑦则:榜样,准则。　⑧天子惟君万邦:君,动词,统治。万邦,天下。　⑨承式:承,尊奉。式,准则,法则。　⑩命:命令。　⑪臣下罔

攸禀令：攸，所。禀令，《伪孔传》："禀，受。令亦命也。"

王庸作书以诰曰①："以台正于四方②，台恐德弗类③，兹故弗言④。恭默思道⑤，梦帝赍予良弼⑥，其代予言⑦。"乃审厥象⑧，俾以形旁求于天下⑨。说筑傅岩之野⑩，惟肖⑪。爰立作相⑫，王置诸其左右⑬。

[**注释**]①王庸作书以诰曰：王，武丁。庸，以，因此。诰，告诉。　②以台正于四方：台，我，音yí。正于四方，统治天下。正，为正，为准则，统治。　③类：善。　④兹故弗言：兹故，因此。弗，不。言，说话。　⑤恭默思道：恭，敬。默，沉默。思，思考。道，道理。　⑥梦帝赍予良弼：梦，梦见。帝，上帝。赍，给，音lài。予，我。良弼，贤良的辅佐。　⑦其代予言：其，他。代，代表。予，我。言，发言。　⑧乃审厥象：乃，于是。审，仔细端详。厥，其。象，形象。　⑨俾以形旁求于天下：形，形象。旁，普遍，广泛。求，寻求，寻找。　⑩说筑傅岩之野：说，人名，即傅说。说，音yuè。筑，修筑，建筑。傅岩，地名。《伪孔传》："傅氏之岩，在虞虢之界，通道所经，有涧水坏道，常使胥靡刑人筑护此道。说贤而隐，代胥靡筑之以供食。"　⑪肖：《伪孔传》："肖，似。似所梦之形。"　⑫爰立作相：爰，于是。立，任命。相，辅佐。　⑬王置诸其左右：王，武丁。诸，"之于"的合音字。左右，身边。

命之曰："朝夕纳诲①，以辅台德②。若金③，用汝作砺④；若济巨川⑤，用汝作舟楫⑥。若岁大旱，用汝作霖雨⑦。启乃心⑧，沃朕心⑨。若药弗瞑眩⑩，厥疾弗瘳⑪；若跣弗视地，厥足用伤⑫。惟暨乃僚⑬，罔不同心以匡乃辟⑭。俾率先王⑮，迪我高后⑯，以康兆民⑰。

[**注释**]①纳诲：呈献教诲。　②以辅台德：以，用来。辅，辅助。台，我。德，德政。　③若金：若，好像。金，金属。从"若金"至"厥足用伤"，这段话最早见于《国语·楚语上》。　④用汝作砺：用，使用。汝，你。砺，磨刀石。

⑤若济巨川:济,渡过。巨川,大河。 ⑥舟楫:舟,船。楫,桨。 ⑦霖雨:连下几天的大雨。《伪孔传》:"霖,三日雨。霖以救旱。" ⑧启乃心:启,敞开。乃,你的。心,心扉。 ⑨沃朕心:沃,灌溉,滋润。朕,我,武丁自称。 ⑩瞑眩:眼睛昏花,音 miàn xuàn。 ⑪厥疾弗瘳:疾,病。瘳,音 chōu,病愈。《伪孔传》:"如服药必瞑眩极,其病乃除。欲其出切言以自警。"《尚书正义》说:"药之攻病,先使人瞑眩愦乱,病乃得瘳。传言'瞑眩极'者,言闷极药乃行也。" ⑫若跣弗视地,厥足用伤:跣,赤脚,音 xiǎn。视,看。地,地面。视地,着地,踏在地上。足,脚。用,因此。伤,受伤。 ⑬惟暨乃僚:暨,和。乃,你的。僚,僚属。 ⑭罔不同心以匡乃辟:罔,没有。匡,纠正。辟,君主。 ⑮俾率先王:俾,使。率,遵循。先王,前代贤王。 ⑯迪我高后:迪,追随。高后,成汤。后,君主。 ⑰以康兆民:以,用。康,安定。兆民,民众。

"呜呼!钦予时命①,其惟有终②。"

[注释]①钦予时命:钦,敬。予,我。时,代词,这些。命,命令。 ②其惟有终:其,表祈求的语气助词。惟,思,考虑。有,取得。终,善终,好结果。

说复于王曰①:"惟木从绳则正②,后从谏则圣③。后克圣,臣不命其承④,畴敢不祗若王之休命⑤?"

[注释]①说复于王曰:说,傅说。复,回答。王,武丁。 ②惟木从绳则正:经过墨线校正过的树木才端直。绳,木工下料用的墨线。正,直。 ③后从谏则圣:后,君王。从,听从。谏,劝谏。圣,圣明。《伪孔传》说:"言木以绳直,君以谏明。" ④臣不命其承:臣,臣下。命,命令。承,承意。不等待命令就会承意进行。 ⑤畴敢不祗若王之休命:畴,谁。祗,恭敬。若,顺从,遵循。休,美好。命,命令。

说　命　中

　　惟说命总百官①,乃进于王曰②:"呜呼! 明王奉若天道③,建邦设都,树后王君公④,承以大夫师长⑤,不惟逸豫⑥,惟以乱民⑦。惟天聪明,惟圣时宪⑧,惟臣钦若⑨,惟民从乂⑩。惟口起羞⑪,惟甲胄起戎⑫,惟衣裳在笥⑬,惟干戈省厥躬⑭。王惟戒兹⑮,允兹克明⑯,乃罔不休⑰。

　　[注释]①惟说命总百官:说,傅说。命,受命。总,统领,统管。总百官,总理百官之职,指在冢宰之位。　②乃进于王曰:乃,于是。进,进谏言。王,武丁。　③明王奉若天道:明,明智。奉,奉行。若,顺从。　④建邦设都,树后王君公:建邦,建立城邦。设都,设立都城。树,建立。后王,天子。君公,诸侯。　⑤承以大夫师长:承,奉行。大夫,卿大夫。师,众。师长,众官员。《尚书正义》说:"《周礼》立官多以'师'为名,'师'者众所法,亦是长之义也。大夫已下,分职不同,每官各有其长,故以'师长'言之。三公则'君公'之内包之,卿则'大夫'之文兼之,'师长'之言亦通有士。将陈为治之本,故先举其始,略言设官,故辞不详备。"　⑥不惟逸豫:惟,思。逸豫,安逸放纵。　⑦惟以乱民:惟,只是。乱,理乱,治理。民,民众。　⑧惟圣时宪:圣,圣王,指武丁。时,复指圣王。宪,效法。　⑨钦若:钦,恭敬。若,顺从。　⑩从乂:从,服从。乂,治理。　⑪惟口起羞:口,嘴巴,言语政令之所出。起,招致。羞,羞辱。　⑫甲胄起戎:甲,铠甲。胄,首铠。戎,兵戎,指用兵打仗。

⑬惟衣裳在笥：衣裳，衣服，此处特指官服，引申为加官服于人身的意思。笥，装衣裳用的方形竹器，音 sì。《尚书正义》说："惟衣裳在篋笥，不可加非其人，观其能足称职，然后赐之。" ⑭惟干戈省厥躬：乱用干戈将伤害自身。干，盾牌。戈，古代攻击性兵器，横刃，装有长柄。省，通"眚"，灾祸，伤害。躬，自己。 ⑮兹：这些，指以上所讲的四个方面。 ⑯允兹克明：允，诚然，果然。兹，这些。克，能。明，明智。 ⑰乃罔不休：乃，则。罔，没有。休，美好。

"惟治乱在庶官①。官不及私昵②，惟其能③。爵罔及恶德④，惟其贤⑤。虑善以动⑥，动惟厥时⑦。有其善，丧厥善；矜其能，丧厥功⑧。惟事事⑨，乃其有备，有备无患。无启宠纳侮⑩，无耻过作非⑪。惟厥攸居⑫，政事惟醇⑬。

[注释]①惟治乱在庶官：治，治理。乱，混乱。在，在于。庶官，众官员。②官不及私昵：官，选官，任用官员。不，不能。及，顾及。昵，亲近，音 nì。③惟其能：《伪孔传》："不加私昵，惟能是官。" ④爵罔及恶德：爵，加封爵位。罔，不要。恶德，道德败坏。 ⑤贤：品德高尚。《尚书正义》说："'贤'谓德行，'能'谓才用；治事必用能，故'官'云'惟其能'；受位宜得贤，故'爵'云'惟其贤'。" ⑥虑善以动：虑，考虑。善，好时机。 ⑦动惟厥时：《伪孔传》："非善非时不可动。"时，时机。 ⑧有其善，丧厥善；矜其能，丧厥功：《尚书正义》："人生尚谦让而憎自取，自有其善，则人不以为善，故实善而丧其善。自夸其能，则人不以为能，故实能而丧其能。由其自取，故人不与之。"矜，自夸。 ⑨事事：干事情。前"事"为动词，后"事"为名词。 ⑩无启宠纳侮：无，通毋，不要。启，开。宠，宠幸。纳，招致。侮，侮辱，羞辱。 ⑪耻过作非：耻过，以过错为耻辱而加以掩饰。作非，有意作恶。 ⑫攸居：攸，所。居，行为举止。 ⑬醇：纯粹，纯一。

"黩于祭祀①，时谓弗钦②。礼烦则乱，事神则难。"

[注释]①黩于祭祀:《伪孔传》:"祭不欲数,数则黩,黩则不敬。"黩,滥,亵渎,音dú。 ②钦:敬。

王曰:"旨哉①,说! 乃言惟服②。乃不良于言③,予罔闻于行④。"

[注释]①旨:甜美。 ②乃言惟服:乃言,你的话。服,实行。《伪孔传》:"美其所言皆可服行。" ③乃不良于言:《伪孔传》说:"汝若不善於所言,则我无闻於所行之事。"良,善于。言,进言。 ④行:行动。

说拜稽首,曰:"非知之艰,行之惟艰①。王忱不艰②,允协于先王成德③,惟说不言有厥咎④。"

[注释]①非知之艰,行之惟艰:知,懂得。艰,艰难。行,行动。"知"、"行"关系,古代中国很早就有两说:"知难行易"和"知易行难",《说命》持后一说。 ②王忱不艰:忱,诚,果然。艰,困难。 ③允协于先王成德:允,的确。协,符合。成,盛。 ④咎:罪,过。《伪孔传》:"王能行善,而说不言,则有其咎罪。"

说　命　下

　　王曰:"来,汝说!台小子旧学于甘盘①,既乃遁于荒野②,入宅于河③。自河徂亳④,暨厥终罔显⑤。尔惟训于朕志⑥,若作酒醴⑦,尔惟麹糵⑧;若作和羹⑨,尔惟盐梅⑩。尔交修予⑪,罔予弃⑫,予惟克迈乃训⑬。"

　　[注释]①台小子旧学于甘盘:台小子,武丁自称。旧,过去。学,学习。甘盘,武丁朝贤臣,其事迹已见于《无逸》篇。　②既乃遁于荒野:既,不久。遁,逃避。荒,荒郊。野,野外。　③入宅于河:入,返朝。宅,居住。河,黄河,这里是黄河边的意思。　④自河徂亳:自,从。河,黄河。徂,往。亳,亳都。　⑤暨厥终罔显:暨,到。终,始终。显,明显。《伪孔传》:"自河往居亳,与今其终,故遂无显明之德。"　⑥尔惟训于朕志:训,训导,一说为顺。朕志,我的志向。　⑦若作酒醴:若,好像。作,制作。酒醴,甜酒。醴,音lǐ。⑧尔惟麹糵:尔,你。惟,为。麹糵,音 qū niè,酿酒时用的发酵剂,主要用大麦、大豆、麸皮等与霉菌制成。　⑨和羹:和,调和。羹,上古时代专指肉汤,后世也可指菜汤。和羹,指多种原料在一起熬成的汤。　⑩盐梅:《伪孔传》:"盐,咸。梅,醋。羹须咸醋以和之。"　⑪尔交修予:交,反复。修,治,这里是教导的意思。予,我。　⑫罔予弃:倒装句,即"罔弃予",不要抛弃我。⑬予惟克迈乃训:克,能。迈,履行。训,教导。

说曰:"王!人求多闻,时惟建事①。学于古训乃有获②;事不师古③,以克永世④,匪说攸闻⑤。惟学逊志⑥,务时敏⑦,厥修乃来。允怀于兹⑧,道积于厥躬⑨。惟敩学半⑩,念终始典于学⑪,厥德修罔觉⑫。监于先王成宪⑬,其永无愆⑭。惟说式克钦承⑮,旁招俊乂⑯,列于庶位⑰。"

[注释]①时惟建事:时,是,这样。建事,建功立业。《伪孔传》说:"王者求多闻以立事。" ②学于古训乃有获:学,学习。古训,古代的训诫。乃,才。获,收获。 ③事不师古:事,做事,干事。师,效法。古,前人的经验。 ④以克永世:克,能。永,长。永世,长远。 ⑤匪说攸闻:匪,非。说,傅说自称。攸,所。闻,知。《史记·秦始皇本纪》记载博士齐人淳于越的话说:"事不师古而能长久者,非所闻也。" ⑥惟学逊志:学,学习。逊,谦逊。逊志,谦逊志向。 ⑦务时敏:务,努力从事。时,时刻。敏,敏捷。务时敏,时时努力。 ⑧允怀于兹:允,果然。怀,念。兹,此。 ⑨躬:身。 ⑩惟敩学半:敩,音xiào,教,教导。学半,《伪孔传》说:"教然后知所困,是学之半。" ⑪念终始典于学:典,经常。念终始典于学,《尚书正义》说:"教人然后知困,知困必将自强,惟教人乃是学之半,言其功半于学也。于学之法,念终念始,常在于学,则其德之脩渐渐进益,无能自觉其进。言日有所益,不能自知也。" ⑫厥德修罔觉:德修,美德的增长。罔觉,不知不觉。 ⑬监于先王成宪:监,借鉴。宪,法度。成宪,旧有的法度、准则。 ⑭愆:过失。 ⑮惟说式克钦承:说,傅说。式,用,效法。克,能。钦,敬。承,承奉。 ⑯旁招俊乂:旁,溥,广泛。招,招徕。俊乂,杰出人才。 ⑰列于庶位:列,安排。于,在。庶,众。位,职位,官位。

王曰:"呜呼!说!四海之内咸仰朕德①,时乃风②。股肱惟人③,良臣惟圣④。昔先正保衡作我先王⑤,乃曰:'予弗克俾厥后惟尧舜⑥,其心愧耻,若挞于市⑦。'一夫不获⑧,则曰:'时予之辜⑨。'佑我烈祖⑩,格于皇天⑪。尔尚明保予⑫,罔俾阿衡专美有商⑬。惟后非贤不乂⑭,惟贤非后不食⑮。其尔克绍乃辟于先王⑯,永绥民⑰。"

[注释]①四海之内咸仰朕德:四海之内,泛指天下。咸,都。仰,敬仰。朕,我。德,德行。 ②时乃风:时,是。乃,你的。风,《伪孔传》说:"风,教也。使天下皆仰我德,是汝教。" ③股肱惟人:股,大腿。肱,胳膊。古人常以股肱比喻得力的辅佐之臣。惟人,惟得其人。 ④良臣惟圣:惟圣,惟能成圣。《伪孔传》说:"手足具,乃成人。有良臣,乃成圣。" ⑤昔先正保衡作我先王:先正,已故去的百官之长。正,长。保衡,指伊尹。作,兴。先王,指成汤、太甲。 ⑥予弗克俾厥后惟尧舜:予,我。弗,不。克,能。俾,使。厥,其。后,君王。惟,如。尧舜,唐尧虞舜,战国以后成为圣王的化身和代名词。⑦若挞于市:若,好像。挞,音tà,鞭打。市,市场。 ⑧一夫不获:一夫,一个人。获,得。不获,不得其所,安置不当。 ⑨辜:过错。 ⑩佑我烈祖:佑,辅助。烈,光烈。烈祖,成就巨大功业的先祖。 ⑪格于皇天:格,至,通达。皇天,上天。 ⑫尚明保予:尚,庶几。明,勉力。保,辅佐。 ⑬罔俾阿衡专美有商:罔,不要。俾,使。阿衡,伊尹。专,独有。美,美名。 ⑭惟后非贤不乂:后,君主。非,没有。贤,贤臣。乂,治理。 ⑮食:食禄。 ⑯其尔克绍乃辟于先王:克,能。绍,继续。乃,你。辟,君王。 ⑰永绥民:永,永远。绥,安定。民,民众。

说拜稽首,曰:"敢对扬天子之休命①。"

[注释]①敢对扬天子之休命:敢,自谦之辞。对扬天子之休命,上古时代习语,屡见于西周金文中,即弘扬天子美命的意思。对,答。扬,发扬光大。休,美。命,教命。

泰誓上

《书序》说:"惟十有一年,武王伐殷。一月戊午,师渡孟津,作《泰誓》三篇。"上篇记述武王在孟津的誓词,中篇是武王行军至河朔时的誓词。誓词历数殷纣王的种种罪恶,宣称伐纣乃顺从天意民心的正义之举。下篇记述了天亮后武王大巡六师时的训话,除了继续数说殷纣王的罪恶外,又申明了战场纪律。存世《泰誓》三篇,虽系伪中又伪之作,其中倒也辑录了古本《泰誓》的一些内容。这也是《伪古文尚书》25篇中的重要篇章。

惟十有三年春①,大会于孟津②。

[注释]①惟十有三年春:《书序》说伐纣在"十有一年",与《泰誓》正文所说十三年不同。　②孟津:黄河著名的大渡口,现已堙没不存,其地在今河南孟津境内。武王伐纣从这里渡过黄河。

王曰:"嗟①!我友邦冢君②,越我御事庶士③,明听誓④。惟天地万物父母⑤,惟人万物之灵⑥。亶聪明作元后⑦,元后作民父母⑧。今商王受⑨,弗敬上天,降灾下民,沈湎冒色⑩,敢行暴虐,罪人以族⑪,官人以世⑫。惟宫室、台榭[13]、陂池[14]、侈服[15],以残害于尔万姓[16]。焚炙忠良[17],刳剔孕妇[18]。皇天震怒,命我文考[19],肃将天威[20],大勋未集[21]。肆予小子发[22],以[23]尔友邦冢君,观政于商[24],惟受罔有悛心[25],乃夷居[26],弗事上帝神祇,遗厥先宗庙弗祀[27],牺牲粢盛[28],既于凶盗[29]。乃曰:'吾有民有命[30]!'罔惩其侮[31]。

[注释]①嗟:叹词,音jiē。 ②我友邦冢君:冢,大。冢君即大君,指跟随武王伐纣的诸侯国君。《伪孔传》:"友诸侯,亲之。称大君,尊之。" ③越我御事庶士:越,与。御事,治事大臣。庶,众。庶士,众官员。 ④明听誓:明,明白。誓,誓词。 ⑤惟天地万物父母:《尚书正义》:"万物皆天地生之,故谓天地为父母也。" ⑥惟人万物之灵:灵,灵透,灵性。《伪孔传》说:"天地所生,惟人为贵。" ⑦亶聪明作元后:亶,诚实,音dǎn。元,大。后,君。元后即君主。 ⑧元后作民父母:《伪孔传》:"人诚聪明,则为大君,而为众民父母。" ⑨商王受:即商纣王,"受"、"纣"一音之转。 ⑩沈湎冒色:沈湎即沉湎,沉溺于饮酒。冒色,贪于女色。 ⑪罪人以族:《伪孔传》说:"一人有罪,刑及父母、兄弟、妻子。"族,族诛。 ⑫官人以世:官人,任用官员。世,父死子继,世袭。《伪孔传》:"官人不以贤才,而以父兄,所以政乱。" ⑬台榭:台,高台。榭,台上的厅屋,音xiè。 ⑭陂池:陂,音pō,堵住泽水的堤障。池,停水之处。 ⑮侈服:服饰奢侈。 ⑯万姓:万民,民众。 ⑰焚炙忠良:焚炙,焚烧。指炮烙之类的酷刑。忠良,比干等忠臣。 ⑱刳剔孕妇:刳,割剥,解剖,音kū。传说纣王解剖孕妇的腹部以观胎。剔,去人肉至骨。 ⑲我文考:指周文王。 ⑳肃将天威:肃,庄重。将,行。天威,上天的威罚。 ㉑大勋未集:勋,功业。集,完成。 ㉒肆予小子发:肆,因此。予小子发,武王自称。发,武王名。周代没有姓、名相连来称呼人的习惯。 ㉓以:率领。 ㉔观政于商:观政,考察政事,这是对伐商的委婉说法。 ㉕惟受罔有悛心:受,纣。悛,悔改,音quān。心,意向。 ㉖夷居:傲慢不恭的样子。 ㉗遗厥先宗庙弗祀:遗,废弃。厥,其。祀,祭祀。 ㉘牺牲粢盛:牺牲,祭祀时所用的牛羊类牲畜。粢盛,《伪孔传》说:"黍稷曰粢……在器曰盛。"粢盛,音zī chéng。 ㉙既于凶盗:既,尽,吃尽。凶盗,凶恶盗窃的人。《伪孔传》:"凶人尽盗食之,而纣不罪。" ㉚有命:有天命。 ㉛罔惩其侮:惩,惩戒。侮,侮慢,轻慢。

"天佑下民①,作之君,作之师②,惟其克相上帝③,宠绥四方④。有罪无罪⑤,予曷敢有越厥志⑥?同力度德⑦,同德度义⑧。受有臣亿万⑨,惟亿万心⑩;予有臣三千,惟一心⑪。商罪贯盈⑫,天命诛之⑬。予弗顺天⑭,厥罪惟钧⑮。

[注释]①天佑下民:天,上帝。佑,辅助。下民,民众。 ②作之君,作之师:作,选立。君,君王。师,老师,师法。 ③惟其克相上帝:克,能。相,辅助。上帝,上天。 ④宠绥四方:宠,爱护。绥,安定。四方,天下。 ⑤有罪无罪:有罪或是没有罪。 ⑥予曷敢有越厥志:曷,何。越,超过。厥,上天。志,意志。 ⑦同力度德:同力,共同努力。度,忖度。德,德行。 ⑧义:适宜。 ⑨亿万:众多。《伪孔传》说:"十万曰亿。"蔡沈《书集传》说:"百万曰亿。" ⑩惟亿万心:人多心杂,离心离德。 ⑪一心:同心协力。 ⑫贯盈:贯,串。盈,满。贯盈,象串之满,形容极多。 ⑬天命诛之:诛,杀。之,指商纣王。 ⑭予弗顺天:予,武王自称。顺,顺从。 ⑮厥罪惟钧:其罪过与纣相同。钧,相同。

"予小子夙夜祇惧①,受命文考②,类于上帝③,宜于冢土④,以尔有众,厎天之罚⑤。天矜于民⑥,民之所欲,天必从之⑦。尔尚弼予一人,永清四海⑧,时哉弗可失⑨!"

[注释]①夙夜祇惧:夙,早。夙夜,从早至夜。祇,敬。惧,畏惧。 ②受命文考:受命,接受天命。文考,文王。 ③类:类祭,以事类祭天。 ④宜于冢土:宜,《尚书正义》说:"祭社曰宜……天子将出,类乎上帝,宜乎社。"冢,大。土,社庙。 ⑤厎天之罚:厎,致,奉行。罚,惩罚。 ⑥天矜于民:矜,怜

悯。民,民众。　⑦民之所欲,天必从之:上天必然会跟随人民的希望走。这句话一见于《左传·襄公三十一年》,一见于《左传·昭公元年》,两次引文都标明引自《大誓》。大就是太,《大誓》就是《泰誓》。　⑧尔尚弼予一人,永清四海:尔,你们。尚,庶几,表希望。弼,辅佐。予一人,周武王自称。永清四海,永远清净天下。　⑨时哉弗可失:时,时机。失,失去。

泰誓中

惟戊午，王次于河朔①，群后以师毕会②。王乃徇师而誓③。

[**注释**]①王次于河朔：王，周武王。次，停留，驻扎。古代行军，中途停留，一宿为舍，再宿为信，过信为次。河朔，黄河北。 ②群后以师毕会：群后，随同周武王伐商的各部落首领。以，率领。师，军队。毕，全部。会，会合。 ③王乃徇师而誓：徇，巡行，巡视。师，军队。誓，盟誓。

曰："呜呼！西土有众①，咸听朕言②。我闻吉人为善③，惟日不足④；凶人为不善⑤，亦惟日不足。今商王受，力行无度⑥，播弃犁老⑦，昵比罪人⑧，淫酗肆虐⑨。臣下化之⑩，朋家作仇⑪，胁权相灭⑫。无辜吁天⑬，秽德彰闻⑭。

[**注释**]①西土有众：西方诸侯国的军队。西土，注释已见《牧誓》篇。 ②咸听朕言：咸，都。听，听从。 ③我闻吉人为善：我，周武王。闻，听说。吉人，善良的人。为善，做好事。 ④惟日不足：蔡沈《书集传》："言将终日为之而犹为不足也。" ⑤凶人为不善：凶人，坏人。为不善，干坏事。 ⑥无度：无法度。 ⑦播弃犁老：播，放。犁，一作黎，通"耇"。犁老，即耇老，老成

人,与寿耇同义。 ⑧昵比罪人:昵,亲近。比,勾结。 ⑨淫酗肆虐:淫,过度。酗,醉酒。肆,放纵。虐,施虐。 ⑩化之:化,受同化。之,指社会风俗。 ⑪朋家作仇:朋,朋党。仇,仇恨。 ⑫胁权相灭:胁,挟。权,权力。胁权,挟持权柄。相,互相。灭,诛杀。 ⑬无辜吁天:无辜,无罪的人。吁,呼吁。 ⑭秽德彰闻:秽,腥臭。德,行为。彰,显著。闻,听闻。

"惟天惠民①,惟辟奉天②。有夏桀弗克若天③,流毒下国④。天乃佑命成汤,降黜夏命⑤。惟受罪浮于桀⑥,剥丧元良⑦,贼虐谏辅⑧。谓己有天命,谓敬不足行⑨,谓祭无益,谓暴无伤⑩。厥监惟不远,在彼夏王⑪。天其以予乂民⑫,朕梦协朕卜⑬,袭于休祥⑭,戎商必克⑮。受有亿兆夷人⑯,离心离德;予有乱臣十人⑰,同心同德。虽有周亲⑱,不如仁人。

[注释]①惟天惠民:天,天帝。惠,爱护。民,民众。 ②惟辟奉天:辟,君王。奉,遵奉。天,天道。 ③弗克若天:弗,不。克,能。若,顺。天,天道。 ④流毒下国:流,传播。毒,邪恶。下国,天下。 ⑤降黜夏命:降,降下。黜,废除。夏命,夏朝的国运。 ⑥惟受罪浮于桀:受,纣。罪,罪恶。浮,超过。 ⑦剥丧元良:剥,伤害。元,大。良,善人。 ⑧贼虐谏辅:贼,残杀。虐,虐待。谏辅,献谏言的辅臣。 ⑨谓敬不足行:敬,恭敬。足,值得。行,施行。 ⑩谓暴无伤:暴,暴虐。无伤,无害,不要紧。 ⑪夏王:指夏桀。 ⑫天其以予乂民:其,表揣测的语气副词。以,用。予,我。乂,治理。民,民众。 ⑬朕梦协朕卜:协,符合。卜,占卜。 ⑭袭于休祥:袭,重复。休,美。祥,吉,善。休祥,吉庆。 ⑮戎商必克:戎,兵,引申为征伐。戎商,讨伐殷商。必,必定。克,胜利。 ⑯受有亿兆夷人:受,商纣王。有,拥有。亿兆,表示极多。夷人,平人,凡人。《左传·昭公二十四年》引《大誓》曰:"纣有亿兆夷人,亦有离德。余有乱臣十人,同心同德。" ⑰乱臣十人:乱,理乱,治理。乱臣,治臣,理乱之臣。十人,《伪孔传》说:"十人,周公旦、召公奭、太公

望、毕公、荣公、太颠、闳夭、散宜生、南宫适及文母。"⑱周亲:至亲。《伪孔传》说:"周,至也。言纣至亲虽多,不如周家之少,仁人。"

"天视自我民视,天听自我民听①。百姓有过②,在予一人。

[注释]①天视自我民视,天听自我民听:上帝目光所及,来自于民众所见;上帝耳朵所听到的,来自子民众的声音。自,来自。视,见。听,听闻。这两句话已见于《孟子·万章上》所引《泰誓》。 ②过:罪过,过失。

"今朕必往,我武惟扬①,侵于之疆②,取彼凶残③;我伐用张④,于汤有光⑤。

[注释]①我武惟扬:武,武力。扬,张扬,举起。 ②疆:商王畿。 ③取彼凶残:取,抓获。凶残,这里指殷纣王。 ④张:实施。 ⑤于汤有光:汤,商王汤。光,光明,光辉。

"勖哉!夫子!罔或无畏①,宁执非敌。百姓懔懔②,若崩厥角③。呜呼!乃一德一心,立定厥功④,惟克永世⑤。"

[注释]①罔或无畏:不要存有轻敌之心。无畏,不害怕,这里意为轻敌。②懔懔:畏惧不安的样子。 ③若崩厥角:若,好象。崩,打击。角,额头。《伪孔传》:"言民畏纣之虐,危惧不安,若崩摧其角,无所容头。" ④立定厥功:立,建立。定,安定。功,功业。 ⑤惟克永世:克,能。永世,长久,永远。

泰誓下

时厥明①,王乃大巡六师②,明誓众士③。

[注释]①时厥明:《伪孔传》:"是其戊午明日。"即戊午日后的第二天。②六师:此处指会合,河北的讨伐大军。 ③众士:《伪孔传》:"众士,百夫长已上。"

王曰:"呜呼!我西土君子,天有显道①,厥类惟彰②。今商王受,狎侮五常③,荒怠弗敬④。自绝于天,结怨于民⑤。斫朝涉之胫⑥,剖贤人之心⑦,作威杀戮,毒痡四海⑧。崇信奸回⑨,放黜师保⑩,屏弃典刑⑪,囚奴正士⑫。郊社不修⑬,宗庙不享,作奇技淫巧以悦妇人⑭。上帝弗顺,祝降时丧⑮。尔其孜孜奉予一人⑯,恭行天罚。

[注释]①显道:显,明白。道,道理。 ②厥类惟彰:类,法则。惟,当。彰,显扬。 ③狎侮五常:狎侮,亵渎。五常,父义、母慈、兄友、弟恭、子孝。 ④荒怠弗敬:荒怠,荒废怠慢。敬,恭敬。 ⑤自绝于天,结怨于民:《伪孔传》:"不敬天,自绝之。酷虐民,结怨之。" ⑥斫朝涉之胫:斫,砍,音 zhuó。朝,早上。涉,徒步涉水。胫,音 jìng,小腿。 ⑦剖贤人之心:《伪孔传》说:"冬月见朝涉水者,谓其胫耐寒,斩而视之。比干忠谏,谓其心异於人,剖而观

之。酷虐之甚。" ⑧毒痛四海:痛,病,伤害,音pū。四海,天下。 ⑨崇信奸回:崇,推崇。信,信任。奸回,邪恶。 ⑩放黜师保:放,放逐。黜,罢斥。师保,官名,太师太保之类的职官。 ⑪屏弃典刑:屏,音bǐng,除去。弃,废弃。典,常。刑,法度。 ⑫囚奴正士:囚奴,囚禁奴役。正士,端士,正直的人。 ⑬郊社不修:郊,郊祭,祭天。社,社祭,祭地。不修,不治。 ⑭作奇技淫巧以悦妇人:作,制作。奇技,奇异技能。淫巧,过度工巧。悦,取悦。妇人,指妲己。 ⑮祝降时丧:祝,断。降,降下。丧,丧亡之诛。 ⑯尔其孜孜奉予一人:其,表祈使的语气助词。孜孜,勤勉。奉,辅助。予一人,武王自称。

"古人有言曰:'抚我则后①,虐我则雠②。'独夫受洪惟作威③,乃汝世雠④。树德务滋⑤,除恶务本⑥,肆予小子,诞以尔众士殄歼乃雠⑦。尔众士其尚迪果毅⑧,以登⑨乃辟。功多有厚赏,不迪有显戮⑩。

[注释]①抚我则后:抚,抚爱。则,就。后,君主,这里是为君主的意思。 ②虐我则雠:虐,虐待。雠,仇敌,这里是为仇敌的意思。 ③独夫受洪惟作威:独夫,众叛亲离,孤独一人。洪惟,发语词。作威,施虐。 ④世雠:世代仇敌。 ⑤树德务滋:树,树立。德,美德。务,致力。滋,滋长。 ⑥除恶务本:除,除掉。恶,邪恶。本,根本。 ⑦诞以尔众士殄歼乃雠:诞,音dàn,大。殄歼,消灭。仇,仇敌。 ⑧其尚迪果毅:其尚,庶几乎。迪,进。果,果敢。毅,坚毅。 ⑨登:成就。 ⑩不迪有显戮:迪,前进。显,公开。戮,刑杀。

"呜呼!惟我文考①,若日月之照临②,光于四方③,显④于西土。惟我有周,诞受多方⑤。予克受⑥,非予武⑦,惟朕文考无罪⑧;受克予,非朕文考有罪,惟予小子无良⑨。"

[**注释**]①文考:周文王。 ②若日月之照临:若,好像。照临,照耀。 ③光于四方:光,光辉。四方,天下。 ④显:地位突出。 ⑤诞受多方:诞,大。受,接受。多方,众多方国。 ⑥予克受:予,武王自称。克,战胜。受,商纣王。 ⑦武:勇敢。 ⑧无罪:无辜。《伪孔传》说:"推功於父,言文王无罪於天下,故天佑之,人尽其用。" ⑨无良:不善,不好。《伪孔传》说:"若纣克我,非我父罪,我之无善之致。"

武　成

　　《书序》说:"武王伐殷,往伐归兽,识其政事,作《武成》。"伐纣之后武王向先公先王报告自己成就的功业,所以叫做《武成》。文中除了述说周人先公先王的功德和殷纣王的种种罪恶外,更详细汇报了伐纣的经过。这一部分内容是从《史记》中抄来的。对于先秦时代流行的《武成》,孟子就曾产生怀疑,讲过一段有名的话:"尽信《书》,则不如无《书》。吾于《武成》,取二三策而已矣。仁人无敌于天下,以至仁伐至不仁,而何其血之流杵也?"(《孟子·尽心下》)

　　惟一月壬辰,旁死魄①。越翼日②癸巳,王朝步自周③,于征伐商④。

　　[**注释**]①旁死魄:十日。注释已见《康诰》篇。　②越翼日:越,到。翼日,明天。　③王朝步自周:朝,早晨。步,步行。周,周都镐京。　④于:往。

　　厥四月哉生明①,王来自商,至于丰②。乃偃武修文③,归马于华山之阳④,放牛于桃林⑤之野,示天下弗服⑥。

[注释]①哉生明:即哉生魄,农历每月的二日或三日。注释已见《康诰》篇。 ②丰:文王时周人的都城。 ③偃武修文:偃,放倒,停止。修,修治。偃武修文,停止武备,修治文德。 ④华山之阳:华山,旧说西岳华山。阳,山之南,阎若璩认为华山指阳华山,在商州洛南县东北。 ⑤桃林:地名,《伪孔传》认为在华山之东,阎若璩认为在灵宝县西至潼关方圆三百里的地方。 ⑥示天下弗服:向天下宣示这些东西以后都不用了。服,用。

丁未,祀于周庙,邦甸、侯、卫骏奔走①,执豆、笾②。越三日庚戌,柴望③,大告武成④。

[注释]①邦甸、侯、卫骏奔走:邦,邦国。甸、侯、卫,泛指邦国。注释已见《禹贡》篇。骏,速,音 xùn。奔走,奔忙。 ②豆、笾:豆、笾,古代祭祀用的器物。笾,音 biān。 ③柴望:柴,烧柴祭天。望,望祭山川。遥望而致祭,所以叫望祭。 ④大告武成:大告,遍告。武成,伐商成功。

既生魄①,庶邦冢君暨百工②,受命于周③。

[注释]①既生魄:农历每月从八、九日到十四、五日之间。注释已见《康诰》篇。 ②庶邦冢君暨百工:庶,众多。邦,邦国。暨,与。冢君,邦国之君。百工,百官。 ③受命于周:接受周王的政令、册命。

王若曰:"呜呼!群后。惟先王建邦启土①,公刘克笃前烈②。至于大王,肇基王迹,王季其勤王家③。我文考文王,克成厥勋,诞膺天命,以抚方夏④。大邦畏其力,小邦怀其德。惟九年,大统未集⑤,予小子其承厥志。厎⑥商之罪,告于皇天后土⑦、所过名山大川。

[注释]①惟先王建邦启土:先王,这里指周人的先祖后稷。启土,开辟疆土。 ②公刘克笃前烈:公刘,后稷曾孙,周族首领。在他的带领下,周族来

到豳地,在这里获得了大发展。《诗经·大雅·公刘篇》颂其功业。克,能。笃,深厚。前烈,前人的功业。　③至于大王,肇基王迹,王季其勤王家:大王,即太王,古公亶父,文王的祖父。肇基王迹,指古公亶父率民迁居周原。肇,开始。基,经营。王迹,称王的迹象。王季,文王的父亲。太王、王季注释已见《金縢》篇。　④以抚方夏:抚,安抚。方夏,也叫"区夏",即华夏地区。⑤惟九年,大统未集:《伪孔传》:"言诸侯归之,九年而卒,故大业未就。"⑥厎:音 zhǐ,致,揭露。　⑦皇天后土:皇天,上天,天神。后土,社神,土地神。

"曰:惟有道曾孙周王发①,将有大正②于商。今商王受无道,暴殄天物③,害虐烝民④。为天下逋逃主,萃渊薮⑤。予小子既获仁人⑥,敢祗承上帝,以遏乱略⑦。华夏蛮貊⑧,罔不率俾⑨。恭天成命⑩,肆予东征⑪,绥厥士女⑫。惟其士女,篚厥玄、黄⑬,昭⑭我周王。天休震动⑮,用附我大邑周⑯。惟尔有神,尚克相予以济兆民⑰,无作神羞⑱。"

[注释]①惟有道曾孙周王发:有道,纣王无道,伐纣为有道。曾孙,《曲礼》解释为诸侯自称之辞:"临祭祀,内事曰孝子某侯某,外事曰曾孙某侯某。"发,武王名。　②正:征讨,征伐。　③暴殄天物:灭殄,绝,音 tiǎn。天物,天下万物。　④烝民:民众。　⑤为天下逋逃主,萃渊薮:收留、任用逃亡的罪人。逋,音 bū,逃亡。萃,聚集。渊,深水。薮,音 sǒu,水少草多的湖泽。本句话见于《左传·昭公七年》。《牧誓》也说纣:"乃惟四方之多罪逋逃,是崇是长。"　⑥仁人:指姜太公、周公、召公等贤人。　⑦以遏乱略:遏,制止。略,路。　⑧华夏蛮貊:华夏,指中原地区。蛮,泛指南方少数民族。貊,音 mò,泛指北方少数民族。"华夏"与"蛮貊"、"蛮夷戎狄"对举,这是战国中期以后的说法。　⑨罔不率俾:罔,无。率,遵循。俾,服从,音 bǐ。　⑩恭天成命:恭,恭敬。成命,完成天命。　⑪肆予东征:肆,故。东征,来到东方讨伐殷商。　⑫绥厥士女:绥,安抚。厥,其。士女,民众。　⑬篚厥玄、黄:篚,竹

筐类家具,这里用作动词,装进筐里,音 fěi。玄、黄,玄、黄二色的丝织品。玄,黑色。 ⑭昭:显明。 ⑮天休震动:休,美、善。天休,上天的善德。震动,感动天下民心。 ⑯用附我大邑周:用,因此。附,归附。大邑周,今文周初诸诰称商为"大邑商"、"天邑商",自称为"小邦周",没有自谓"大邑"者。 ⑰尚克相予以济兆民:克,能。相,帮助。济,救助。兆民,万民。 ⑱无作神羞:不要使神灵蒙羞。《伪孔传》说:"神庶几助我渡民危害,无为神羞辱。"

既戊午,师逾孟津①。癸亥,陈于商郊②,俟天休命③。甲子昧爽,受率其旅若林④,会于牧野⑤。罔有敌于我师,前徒倒戈⑥,攻于后以北⑦,血流漂杵⑧。一戎衣⑨,天下大定。乃反商政⑩,政由旧⑪。释箕子⑫囚,封比干墓⑬,式商容闾⑭。散鹿台⑮之财,发钜桥之粟⑯,大赉⑰于四海,而万姓悦服。

[注释]①师逾孟津:师,军队。逾,渡过。孟津,渡口名。 ②陈于商郊:陈,布阵,音 zhèn。商郊,商都郊外。 ③俟天休命:俟,等待。休命,美好的天命。 ④甲子昧爽,受率其旅若林:甲子昧爽,注释已见《牧誓》篇。受,商纣王。旅,众,指军队。若林,如林,形容极多。 ⑤会于牧野:会,会战。牧野,注释已见《牧誓》篇。 ⑥前徒倒戈:前面的军队。倒戈,掉转戈头,意思为投降。戈,攻击性兵器,横刃,装有长柄。 ⑦攻于后以北:后,后面的军队。以,因此。北,失败,败北。 ⑧血流漂杵:形容血流得多。杵,用来舂米的木棒,音 chǔ。 ⑨一戎衣:即"殪戎殷",用武力消灭了殷商王朝。殪,杀死。戎,兵器。"殪戎殷"见于《左传·宣公六年》所引《周书》。 ⑩乃反商政:反,反其道而行之。商政,指商纣王的暴政。 ⑪政由旧:由,用。旧,商先王的善政。 ⑫箕子:纣王的叔父,因劝谏纣王不听而装疯,被降为奴隶。箕子事迹已见《洪范》篇注释。 ⑬封比干墓:给比干的墓培土。比干,纣王的叔父,相传因劝谏纣王被剖心而死。 ⑭式商容闾:在里门前扶轼向商容致敬。式,通轼,车前的横木,在此用作动词,站在车上扶轼俯身以致敬。商容,商朝贤人。闾,里门,音 lǘ。 ⑮鹿台:藏财物的府库。 ⑯发钜桥之粟:

发,散发。钜桥,粮仓名。粟,粮食。 ⑰赉:音 lài,赏赐。

列爵惟五①,分土惟三②。建官惟贤③,位事惟能④。重民五教⑤,惟食丧祭⑥。惇⑦信明义,崇德报功⑧。垂拱而天下治⑨。

[**注释**]①列爵惟五:列,陈列。列爵,班爵。惟,为。五,指公、侯、伯、子、男五等爵位。 ②分土惟三:分土,分封,分封诸侯。三,《伪孔传》说:"列地封国,公侯方百里,伯七十里,子男五十里,为三品。"③建官惟贤:建官,任用官员。惟,仅。贤,贤人。 ④位事惟能:位事,在位治事。能,有才能的人。 ⑤五教:君臣、父子、夫妇、兄弟、长幼之间的五种道德。 ⑥惟食丧祭:指民食、丧葬、祭祀三事。古人重视丧葬和祭祀,认为这和衣食住行同样重要。 ⑦惇:崇尚,重视,音 dūn。 ⑧崇德报功:崇,尊崇。德,有德之人。报,报答。功,有功之人。 ⑨垂拱而天下治:垂衣拱手,比喻轻松,即无为而治。治,治理,安定。

旅獒

按照文中弁言的说法,"惟克商,遂通道于九夷八蛮。西旅厎贡厥獒,太保乃作《旅獒》,用训于王"。据说这是召公训诫成王之词。训词劝告成王要敬修自己的德行,千万不要玩物丧志。

惟克商,遂通道于九夷八蛮①。西旅厎贡厥獒②,太保③乃作《旅獒》,用训于王④。

[注释]①惟克商,遂通道于九夷八蛮:克商,周人灭商。遂,于是。通道,打通道路。九夷八蛮,泛指周边少数民族。八、九为虚数,形容数量众多。②西旅厎贡厥獒:西,西方。旅,国名。厎,至,来。贡,贡献。厥,其。獒,犬高四尺曰獒,音 áo。 ③太保:官名,指召公奭。 ④用训于王:用,用来。训,训诫。王,指周武王。

曰:"呜呼!明王慎德,四夷咸宾①。无有远迩②,毕献方物③。惟服食器用④,王乃昭德之致于异姓之邦⑤,无替厥服⑥。分宝玉于伯叔之国⑦,时庸展亲⑧。人不易物⑨,惟德其物⑩。

[注释]①四夷咸宾:四夷,四方少数民族。咸,都。宾,敬服。

②无有远迩:不论远近。 ③毕献方物:毕,全部。方物,地方特产。 ④惟服食器用:惟,仅。服食器用,衣食以及日常用品。 ⑤王乃昭德之致于异姓之邦:昭,昭示。德,德政。致,分给。异姓之邦,和周不同姓的封国。《伪孔传》:"德之所致,谓远夷之贡,以分赐异姓诸侯,使无废其职。" ⑥无替厥服:替,废。服,职事。 ⑦伯叔之国:和周同姓的封国。 ⑧时庸展亲:时,是,指代宝玉。庸,用。展亲,展示亲爱之情。 ⑨人不易物:人,受赏赐的各国。易,轻视。 ⑩惟德其物:因为有德得到赏赐,贵德不贵物。

"德盛不狎侮①。狎侮君子②,罔以尽人心。狎侮小人,罔以尽其力。不役耳目③,百度惟贞④。玩人丧德,玩物丧志。志以道宁⑤,言以道接⑥。不作无益害有益⑦,功乃成。不贵异物贱用物⑧,民乃足⑨。犬马非其土性不畜⑩,珍禽奇兽不育⑪于国。不宝远物⑫,则远人格⑬。所宝惟贤,则迩人安⑭。

[注释]①德盛不狎侮:德盛,即盛德,集各种美德于一身。轻慢。狎,音xiá。 ②君子:和小人相对。君子指有地位的人,即统治者。小人,被统治的下层小民。 ③不役耳目:役,被役使。耳目,感官诱惑。 ④百度惟贞:百度,各种事情的分寸。贞,正。 ⑤志以道宁:志,志趣。道,引导。宁,安定。 ⑥言以道接:言语是用来接受道义的。这是一个倒装句。言,言语。接,接受。 ⑦不作无益害有益:无益,无益之事。害,妨害。 ⑧不贵异物贱用物:异物,珍奇物品。贱,鄙视。用物,日常生活用品。 ⑨足:富足。 ⑩非其土性不畜:土性,土生土长。性,通生。蓄,蓄养。 ⑪育:蓄养。 ⑫不宝远物:不以远方之物为宝。 ⑬格:来。 ⑭迩人安:身边的人心安顺伏。

"呜呼!夙夜罔或不勤①。不矜细行②,终累③大德。为山九仞④,功亏一篑⑤。允迪兹⑥,生民保厥居⑦,惟乃世王⑧。"

[**注释**]①夙夜罔或不勤:夙夜,早晚。或,有。勤,勤勉。 ②不矜细行:矜,慎重。细行,小事。 ③累:损害。 ④仞:长度单位,八尺为一仞,一说七尺。 ⑤篑:盛土的竹筐,音 kuì。 ⑥允迪兹:允,果然。迪,施行。兹,此,代指前面的训诫。 ⑦生民保厥居:生民,人民。保厥居,安其居。 ⑧惟乃世王:乃,你,指周武王。世王,世代为王。

微 子 之 命

《书序》说:"成王既黜殷命,杀武庚,命微子启代殷后,作《微子之命》。"相传这是成王对分封于宋的微子的命词。成王要求微子发扬成汤的美德,治理好自己的封国。

王若曰:"猷①!殷王元子②。惟稽古,崇德象贤③。统承先王④,修其礼物,作宾于王家⑤,与国咸休,永世无穷。呜呼!乃祖成汤,克齐圣广渊⑥,皇天眷佑,诞受厥命。抚民以宽,除其邪虐,功加于时,德垂后裔⑦。尔惟践修厥猷⑧,旧有令闻⑨,恪慎克孝⑩,肃恭神人⑪。予嘉乃德⑫,曰笃不忘⑬。上帝时歆⑭,下民祗协⑮,庸建尔于上公⑯,尹兹东夏⑰。

[注释]①猷:语气词,音yóu。 ②元子:长子,微子是纣王长兄,帝乙的长子。 ③崇德象贤:崇德,尊崇有德者。象贤,效法先贤。 ④统承先王:统承,继承。先王,商朝前代贤王。 ⑤作宾于王家:宾,贵宾。王家,指周王室。周人封微子于宋,待之以宾礼,以示安抚。 ⑥克齐圣广渊:克,能。齐,肃敬。圣,圣明。广,广大。渊,深远。 ⑦德垂后裔:德,德泽。垂,流传。后裔,后世。 ⑧尔惟践修厥猷:尔,你,指微子。践,实践。修,施行。厥,指

代成汤。猷,道。 ⑨旧有令闻:旧,过去。令,美好。令闻,美名。 ⑩恪慎克孝:恪,谨慎而恭敬。慎,谨慎。克,能。孝,守孝道。 ⑪肃恭神人:肃,庄重。恭,敬。神人,神灵和人类。 ⑫予嘉乃德:予,我。嘉,赞美。乃,你。德,美德。 ⑬曰笃不忘:曰,说。笃,厚,深刻。不忘,不忘记。 ⑭上帝时歆:时,是,指代上述美德。歆,《说文解字》:"神食气也。"祭祀的食品,神实际上没有吃,人们认为神只是闻了气味而已,所以叫作"歆"。 ⑮下民祗协:下民,小民。祗,恭敬。协,和睦。 ⑯庸建尔于上公:庸,乃。建,立,分封。上公,宋为公爵,春秋时代发展成为一个大国,所以《旅獒》称其为"上公"。 ⑰尹兹东夏:尹,治理。兹,此。东夏,微子被封于宋,其地在今河南商丘一带,位于周都镐京的东方。这里属于华夏地区,故称"东夏"。

"钦哉①!往敷乃训②,慎乃服命③,率由典常④,以蕃⑤王室。弘乃烈祖⑥,律乃有民⑦,永绥⑧厥位,毗予一人⑨。世世享德,万邦作式⑩,俾我有周无斁⑪。呜呼!往哉惟休⑫!无替朕命⑬。"

[注释]①钦哉:钦,敬。哉,语气词。 ②往敷乃训:往,前往。敷,布,传播。乃,你。训,训诫。 ③慎乃服命:慎,谨慎。服,职事。命,使命。 ④率由典常:率,遵循。由,自,从。典常,常法。 ⑤蕃:通"藩",藩屏,保卫。 ⑥弘乃烈祖:弘,光大。烈祖,有功绩的先王。 ⑦律乃有民:规范你的人民。律,整齐,齐一。有民,民众。 ⑧绥:安居。 ⑨毗予一人:毗,辅助,音 pí。予一人,成王自我谦称。 ⑩式:榜样。 ⑪俾我有周无斁:俾,使,音 bǐ。斁,音 dù,败坏。 ⑫往哉惟休:往,前往封国。休,美好。 ⑬无替朕命:无,通"毋",不要。替,废弃。朕,我。命,教导。

蔡仲之命

《书序》说:"蔡叔既没,王命蔡仲践诸侯位,作《蔡仲之命》。"这是周公代成王发布的策命之词。文中告诫蔡仲前往封地后,要谨慎从事,善始善终,"以蕃王室,以和兄弟,康济小民","无荒弃朕命"。

惟周公位冢宰①,正百工②,群叔流言③。乃致辟管叔于商④,囚蔡叔于郭邻⑤,以车七乘⑥;降霍叔于庶人⑦,三年不齿⑧。蔡仲克庸祗德⑨,周公以为卿士。叔卒,乃命诸王邦之蔡⑩。

[注释]①惟周公位冢宰:周公,名旦,文王少子,武王末弟,其事迹已见《大诰》、《金縢》诸篇。位,居于。冢宰,《周礼》中的官名,百官之长,"帅其属而掌邦治,以佐王均邦国,治官之属"。 ②正百工:正,统帅。百工,百官。 ③群叔流言:群叔,指管叔、蔡叔等。二位是周武王的弟弟,故称"叔"。流言,成王即位时年幼,周公旦摄政,管叔、蔡叔等散布谣言,说周公"将不利于孺子",遂与纣子武庚一起发动叛乱,史称"三监之乱"。后来周公率军平定了叛乱,"伐诛武庚、管叔,放蔡叔。以微子开(启,司马迁避汉武帝讳而改为开)代殷后,国于宋。颇收殷余民,以封武王少弟封为卫康叔"。 ④乃致辟管叔于商:致,给了,实施。辟,处罚。商,管叔封地,在今河南郑州巾内,这里

原属商人故地。 ⑤囚蔡叔于郭邻:囚,囚禁。蔡叔,名度,武王之弟,周公之兄。武王克商后封于蔡(今河南上蔡西南)。郭邻,《伪孔传》说为"中国之外地名",当今何地不详。 ⑥乘:音shèng,辆,一车四马为一乘。 ⑦降霍叔于庶人:降,贬。霍叔,武王的弟弟,名处。霍叔是否参加了叛乱,史家说法不一。庶人,没有爵位的平民。 ⑧齿:录用。 ⑨蔡仲克庸祗德:蔡仲,蔡叔之子,名胡。克,能。庸,用。祗,敬。《伪孔传》说:"明王之法,诛父用子,言至公。" ⑩叔卒,乃命诸王邦之蔡:叔,蔡叔度。卒,死。命,请命。诸,之于的合音字。王,周成王。邦,分封。邦之蔡,《伪孔传》说:"叔之所封,圻内之蔡。仲之所封,淮汝之间。圻内之蔡名已灭,故取其名以名新国,欲其戒之。"

王若曰:"小子胡①!惟尔率德改行②,克慎厥猷③,肆予命尔侯于东土④。往即乃封⑤,敬哉!尔尚盖前人之愆⑥,惟忠惟孝。尔乃迈迹自身⑦,克勤无怠⑧,以垂宪乃后⑨。率乃祖文王之彝训⑩,无若尔考之违王命⑪。

[注释]①胡:蔡仲名。 ②惟尔率德改行:尔,你。率,遵循。率德,循祖之德。改行,改父之行。 ③克慎厥猷:克,能够。慎,谨慎。厥,其。猷,道。 ④肆予命尔侯于东土:肆,因此。予,我。侯,封为诸侯。东土,蔡仲的封地在周都镐京的东方。 ⑤往即乃封:往,前往。即,就,到……去。封,封国。 ⑥尔尚盖前人之愆:尔,你。尚,副词,表示希望的口气。盖,掩盖。前人,指其父亲蔡叔度。愆,罪过。 ⑦迈迹自身:迈迹,迈步前进。自,从。身,自身。 ⑧克勤无怠:勤,勤勉。怠,懈怠。 ⑨以垂宪乃后:垂,流传。宪,榜样。乃后,你的后代。 ⑩率乃祖文王之彝训:率,遵循。乃祖,你的祖先。彝,法度。训,训导。 ⑪无若尔考之违王命:无,毋,不要。若,像。尔,你。考,死去的父亲。

"皇天无亲①,惟德是辅②;民心无常③,惟惠之怀④。为善不同,同归于治⑤;为恶不同,同归于乱。尔其戒哉⑥!慎厥初,惟厥终,终以不困⑦;不惟厥终,终以困穷。懋乃攸绩⑧,睦乃四邻,以蕃王室,以和兄弟,康济小民。率自中⑨,无作聪明乱旧章⑩;详乃视听,罔以侧言改厥度⑪。则予一人汝嘉⑫。"王曰:"呜呼!小子胡,汝往哉!无荒弃朕命⑬。"

[注释]①亲:亲近。 ②辅:辅助,帮助。 ③无常:无常主。 ④惟惠之怀:惠,爱。怀,怀恋,怀念。 ⑤治:安定,太平。 ⑥尔其戒哉:尔,你。其,表示祈使的语气词。戒,警戒。 ⑦慎厥初,惟厥终,终以不困:厥,其。初,开始。惟,思考。终,结局。困,困窘。 ⑧懋乃攸绩:懋,勉力。乃,你的。攸,所。绩,行。 ⑨率自中:率,遵循。自,用。中,中道。 ⑩旧章:旧有的制度。 ⑪罔以侧言改厥度:侧言,片面之语。改,改变。度,法度。 ⑫则予一人汝嘉:则,就。予一人,周成王的谦称。汝嘉,嘉汝的倒装,赞扬你。 ⑬无荒弃朕命:荒弃,荒废。朕命,我的教导。

周　官

　　《书序》说："成王既黜殷命，灭淮夷，还归在丰，作《周官》。"这是讲述周代三公、三孤和六卿官制体系的篇章。综合历史文献和出土金文材料看，这一体系与周初官制的实际情况并不吻合。文章强调官得其人——"官不必备，惟其人"，号召所有官员恭敬从事，认真履行职责，"以公灭私"，这对后世则有指导意义。

　　惟周王抚万邦①，巡侯甸②，四征弗庭③，绥厥兆民④。六服群辟⑤，罔不承德。归于宗周⑥，董正治官⑦。

　　[注释]①惟周王抚万邦：周王，指成王。抚，抚有，统治。万邦，泛指天下邦国。　②巡侯甸：巡，巡视。侯甸，侯服、甸服，注释已见《禹贡》篇。　③四征弗庭：四征，四面征讨。弗庭，不来朝见，引申为不服从朝廷。庭，通廷，朝廷，这里用作动词，意为朝见。　④绥厥兆民：绥，安。兆民，民众。　⑤六服群辟：六服，侯、甸、男、采、卫、蛮六服。注释已见《禹贡》篇。群辟，众多诸侯。辟，音 bì。　⑥宗周：镐京。　⑦董正治官：董，督察。正，官长。治官，治理官员。

　　王曰："若昔大猷①，制治于未乱②，保邦于未危③。"曰："唐虞稽古④，建官惟百。内有百揆四岳⑤，外有州牧侯伯⑥。庶政惟和⑦,万国咸宁。夏商官倍⑧,亦克用乂⑨。明王立政⑩,不惟其官,惟其人⑪。今予小子,祗勤于德,夙夜不逮⑫。仰惟前代时若⑬,训迪⑭厥官。

[注释]①若昔大猷:若,顺从。昔,昔日。猷,道。 ②制治于未乱:制,制定。治,治理。未乱,乱之前。 ③保邦于未危:安定国家于危机之前。 ④唐虞稽古:唐虞,唐尧虞舜。稽古,考察古代。 ⑤内有百揆四岳:内,指朝廷。百揆,百官之首。揆,音kuí。四岳,尧舜时四方部落首领。 ⑥外有州牧侯伯:外,指地方。州牧侯伯,泛指各部落首领。 ⑦庶政惟和:庶,众多。和,和顺。 ⑧倍:比尧舜时代增加一倍。 ⑨亦克用乂:克,能。乂,治理。 ⑩立政:设立官长。 ⑪不惟其官,惟其人:不仅注重选拔官员,更加注重选拔贤人。 ⑫夙夜不逮:夙夜,早晚。逮,及。 ⑬仰惟前代时若:仰,追思。时,是。若,顺从。 ⑭训迪:训导。

"立太师、太傅、太保,兹惟三公①。论道经邦②,燮理③阴阳。官不必备,惟其人④。少师、少傅、少保,曰三孤。贰公弘化⑤,寅亮天地⑥,弼⑦予一人。冢宰掌邦治⑧,统百官,均四海⑨。司徒掌邦教⑩,敷五典⑪,扰⑫兆民。宗伯掌邦礼⑬,治神人,和上下。司马掌邦政⑭,统六师,平邦国。司寇掌邦禁⑮,诘奸慝⑯,刑暴乱。司空掌邦土⑰,居四民⑱,时地利⑲。六卿分职,各率其属,以倡九牧⑳,阜成兆民㉑。六年,五服一朝㉒。又六年,王乃时巡㉓,考制度于四岳㉔。诸侯各朝于方岳㉕,大明黜陟㉖。"

[注释]①兹惟三公:此为三公。 ②论道经邦:论,阐明。经,治理。邦,国家。 ③燮理:调和。燮,音xiè。 ④官不必备,惟其人:三公不必齐备,任命必须称职。官,指三公。备,齐备。 ⑤贰公弘化:贰,副手,协助。公,三公。弘,弘扬。化,教化。 ⑥寅亮天地:寅,敬,音yín。亮,明。 ⑦弼:

辅佐,音bì。 ⑧冢宰掌邦治:冢,大,音zhǒng。冢宰,百官之长。掌,掌管。邦治,治国。 ⑨均:协调。 ⑩邦教:国家教化。 ⑪敷五典:敷,布。五典,五常,指君臣、父子、夫妇、长幼、朋友之教。 ⑫扰:安定。 ⑬邦礼:国家礼仪。 ⑭邦政:国家军事事务。 ⑮邦禁:国家禁令。 ⑯诘奸慝:诘,盘问,音jié。慝,邪恶的人,音tè。 ⑰邦土:国家土地建设事务。 ⑱居四民:居,安置。四民,秦汉时代,士、农、工、商,民分四类,禁民二业。西周时代没有严格的户籍制度,也就没有四民之分。 ⑲时地利:时,顺应天时。地利,尽土地之利。冢宰、宗伯、司徒、司马、司寇、司空六官系统见于《周礼》,但此处所言,并不符合西周官制的实际情况。 ⑳以倡九牧:倡,倡导。九牧,九州长官。 ㉑阜成兆民:阜,大,fù。成,定。 ㉒五服一朝:五服,侯、甸、男、采、卫。朝,朝见天子。 ㉓时巡:按照不同季节巡视四方。 ㉔四岳:位于东、西、南、北四方的四座大山,代指四方。 ㉕方岳:即四岳。 ㉖大明黜陟:明,公开。黜,降职,音chù。陟,升职,音zhì。

王曰:"呜呼!凡我有官君子①,钦乃攸司②,慎乃出令③,令出惟行④,弗惟反⑤。以公灭私,民其允怀⑥。学古入官⑦,议事以制⑧,政乃不迷⑨。其尔典常作之师⑩,无以利口乱厥官⑪。蓄疑败谋⑫,怠忽荒政⑬。不学墙面⑭,莅事惟烦⑮。

[注释]①有官君子:大夫以上官员。 ②钦乃攸司:钦,敬。乃,你。攸,所,音yōu。司,主管的工作。 ③慎乃出令:慎,慎重。乃,你。出令,发布的政令。 ④惟行:必行。 ⑤反:违背。 ⑥民其允怀:允,信赖。其,语气词。怀,归服。 ⑦学古入官:学古,学习古训。入官,为官。 ⑧制:决断。 ⑨迷:错误。 ⑩其尔典常作之师:其,表示祈使的语气词。尔,你。典常,旧制。作之师,作为师法。 ⑪无以利口乱厥官:无以,不要因为。利口,花言巧语。乱,扰乱。厥,其。官,官员。 ⑫蓄疑败谋:蓄,积。谋,谋划。 ⑬怠忽荒政:怠,懈怠。忽,轻慢。荒,荒废。 ⑭不学墙面:人如果不学习,就好像面墙而立,见识浅薄。 ⑮莅事惟烦:遇事就会烦乱。莅,到,遇到,音lì。

"戒尔卿士①：功崇惟志②，业广③惟勤。惟克④果断，乃罔后艰⑤。位不期骄⑥，禄不期侈⑦，恭俭惟德⑧！无载尔伪⑨。作德心逸日休⑩，作伪心劳日拙⑪。居宠⑫思危，罔不惟畏，弗畏入畏⑬。推贤让能，庶官乃和⑭，不和政厖⑮。举能其官⑯，惟尔之能。称匪其人⑰，惟尔不任⑱。"

[**注释**]①戒尔卿士：戒，告诫。尔，你们。卿士，执政大臣。 ②功崇惟志：崇，高。志，志向。 ③广：大。 ④克：能够。 ⑤乃罔后艰：罔，无。后艰，后来的艰难。 ⑥位不期骄：位，居官位。期，期望。骄，骄傲。 ⑦禄不期侈：禄，享有禄位。侈，多。 ⑧恭俭惟德：恭敬、俭朴是美德。 ⑨无载尔伪：载，行。伪，诈伪。 ⑩作德心逸日休：作德，行事符合道义。逸，安逸。日，天天。休，美好。 ⑪作伪心劳日拙：作伪，干事虑伪。劳，劳苦。拙，笨拙。 ⑫宠：尊崇。 ⑬弗畏入畏：如不敬畏就会陷入可怕的境地。 ⑭庶官乃和：庶，众。和，和谐。 ⑮厖：杂乱，音 máng。 ⑯举能其官：推举的人能胜任其职。 ⑰称匪其人：称，推举。匪其人，人选不合适。匪，非。 ⑱惟尔不任：惟，表示判断的语气。不任，不胜任。

王曰："呜呼！三事暨大夫①：敬尔有官②，乱尔有政③，以佑乃辟④。永康兆民⑤，万邦惟无斁⑥。"

[**注释**]①三事暨大夫：三事，《左传·文公七年》："正德、利用、厚生，谓之三事。"《大禹谟》采用《左传》的说法。这里的"三事"就是这个意思。暨，和。 ②敬尔有官：敬，恭敬。有，词头，无实际意义。官，职事。 ③乱尔有政：乱，理乱，治理。政，政事。 ④以佑乃辟：佑，辅佐。乃辟，你的君主。 ⑤永康兆民：康，安。兆民，民众。 ⑥万邦惟无斁：万邦，天下万国。斁，败坏，音 dù。

君　陈

　　《书序》说:"周公既没,命君陈分正东郊成周,作《君陈》。"据说这是周成王对管理成周洛邑事务的地方长官君陈的训词。训词告诫君陈发扬周公的美德,兢兢业业做好本职工作,推行德政,使人民安居乐业。

　　王若曰:"君陈①,惟尔令德孝恭②。惟孝友③于兄弟,克施有政④。命汝尹兹东郊⑤,敬哉! 昔周公师保万民,民怀其德。往慎乃司⑥,兹率厥常⑦。懋昭周公之训⑧,惟民其乂⑨。

　　[注释]①君陈:据说为周公之子成王大臣,受命继承周公在洛邑监督殷遗民。　②惟尔令德孝恭:令,美。孝恭,孝顺、恭敬。　③孝友:孝顺,友爱。　④克施有政:能把孝友拿来治理政事。施,转移。　⑤命汝尹兹东郊:尹,治理。兹,此。东郊,指洛邑。　⑥往慎乃司:往,前往。慎,谨慎。司,职事。　⑦兹率厥常:兹,此。率,循。厥,其。常,常度,恒常。　⑧懋昭周公之训:懋,勉力,音 mào。昭,宣扬。　⑨乂:治理,音 yì。

　　"我闻曰:至治馨香①,感于神明。黍稷非馨②,明德惟馨。尔尚式时周公之猷训③,惟日孜孜④,无敢逸豫⑤。凡人未见圣⑥,若不克见;既见圣,亦不克由圣⑦。尔其戒哉!尔惟风⑧,下民惟草。图⑨厥政,莫或不艰⑩;有废有兴,出入自尔师虞⑪,庶言同则绎⑫。尔有嘉谋嘉猷⑬,则入告尔后⑭于内,尔乃顺⑮之于外,曰:'斯⑯谋斯猷,惟⑰我后之德。'呜呼!臣人咸若时⑱,惟良显哉⑲!"

[注释]①至治馨香:治理达到顶点发出香气。馨,香气。 ②黍稷非馨:这不是黍稷这两种粮食作物发出的香气。 ③尔尚式时周公之猷训:尔,你。尚,表示祈使的语气副词。式,遵循。时,这。猷,道。 ④惟日孜孜:惟,发语词。日,每天。孜孜,勤勉。 ⑤逸豫:安逸享乐。 ⑥圣:圣道。 ⑦既见圣,亦不克由圣:既,已经。克,能。由,用。 ⑧尔惟风:你是风。孔子说:"君子之德风,小人之德草。草上之风,必偃。"(《论语·颜渊》) ⑨图:谋划。 ⑩莫或不艰:莫,无。或,有。艰,难。 ⑪出入自尔师虞:出入,反复。师,众人。虞,商讨。 ⑫庶言同则绎:庶,众。绎,陈列,这里是施行的意思。 ⑬尔有嘉谋嘉猷:嘉,好。猷,计谋。 ⑭后:君主。 ⑮顺:顺从。 ⑯斯:这。 ⑰惟:是。 ⑱臣人咸若时:臣人,人臣。咸,都。若,顺从。时,是。 ⑲惟良显哉:大臣贤良,君主显扬。

王曰:"君陈!尔惟弘周公丕训①!无依势作威,无倚法以削②。宽而有制③,从容以和④。殷民在辟⑤,予曰辟⑥,尔惟勿辟;予曰宥⑦,尔惟勿宥;惟厥中⑧。有弗若⑨于汝政,弗化⑩于汝训,辟以止辟,乃辟⑪。狃于奸宄⑫,败常乱俗⑬,三细⑭不宥。

[注释]①尔惟弘周公丕训:弘,弘扬,光大。丕,大。 ②无倚法以削:《伪孔传》:"无倚法制以行刻削之政。"倚,斜靠,引申为依靠。 ③宽而有制:宽,宽容。制,制度。 ④和:和谐。 ⑤殷民在辟:殷人有罪当受处罚

者。辟,惩罚。 ⑥辟:动词,惩罚。 ⑦宥:赦免,音 yòu。 ⑧惟厥中:惟,思考。中,适中。 ⑨若:顺从。 ⑩化:接受教化。 ⑪辟以止辟,乃辟:第一个和第三个"辟"作动词,施加刑罚的意思。第二个"辟"为名词,犯罪。 ⑫狃于奸宄:狃,习惯,音 niǔ。奸宄,作乱。 ⑬败常乱俗:常,常道。俗,风俗。 ⑭三细:奸宄、败常、乱俗三类罪过中的小罪。

"尔无忿疾于顽①,无求备于一夫②。必有忍③,其乃有济④;有容⑤,德乃大。简厥修⑥,亦简其或不修;进厥良⑦,以率⑧其或不良。

[注释]①尔无忿疾于顽:你不要对于愚钝的人感到忿恨。忿疾,忿恨。顽,愚钝。 ②无求备于一夫:不要对每个人都求全责备。求备,求全责备。夫,成年男子的通称。 ③忍:忍耐。 ④济:成功。 ⑤容:包容。 ⑥简厥修:简,选择。厥,其。修,善。 ⑦进厥良:进,举荐。良,贤良。 ⑧率:带领,带动。

"惟民生厚①,因物有迁②,违上所命,从厥攸好③。尔克敬典在德④,时⑤乃罔不变。允升于大猷⑥,惟予一人膺⑦受多福,其尔之休⑧,终有辞⑨于永世。"

[注释]①惟民生厚:生,通性。厚,敦厚。 ②因物有迁:因,依。物,外物。有迁,变迁。 ③从厥攸好:攸,所。好,喜好。 ④尔克敬典在德:敬,重视。典,常法。在,居于。 ⑤时:是,指民众,民风。 ⑥允升于大猷:允,信。猷,道。 ⑦膺:接受。 ⑧休:美名。 ⑨辞:赞扬之辞。

毕　命

　　《书序》说:"康王命作册毕,分居里,成周郊,作《毕命》。"据说作册毕公继君陈之后治理成周,康王命他像周公和君陈那样尽心尽力做好工作,"罔曰弗克,惟既厥心;罔曰民寡,惟慎厥事"。

　　惟十有二年六月庚午①,朏②。越三日③壬申,王朝步自宗周④,至于丰。以成周之众⑤,命毕公保厘东郊⑥。

　　[注释]①惟十有二年六月庚午:十有二年六月庚午,周康王即位十二年六月三日庚午日。按照夏商周断代工程推断,周康王在位时间为公元前1020年~公元前996年,康王十二年为公元前1009年。有,又。　②朏:新月初放光明,音fěi。　③越三日:过了三天为壬申日。　④王朝步自宗周:朝,早晨。步,出发。宗周,镐京。　⑤成周之众:东都洛邑有王城、成周两城,成周在王城之东,下文东郊指成周。众,民众。　⑥命毕公保厘东郊:毕公,康王大臣。保,安定。厘,治理。东郊,成周洛邑。

　　王若曰:"呜呼!父师①。惟文王、武王敷②大德于天下,用克受殷命③。惟周公左右先王④,绥定厥家⑤,毖⑥殷顽民,迁于洛邑,密迩⑦王室,式化厥训⑧。既历三纪⑨,

世变风移⑩,四方无虞⑪,予一人以宁⑫。

[注释]①父师:指毕公,《尚书正义》:"毕公代周公为太师,故曰呼为父师。率东方诸侯,是为东伯也。盖君陈卒,命之使代君陈也。" ②敷:布。 ③用克受殷命:用,因此。克,能。受殷命,代殷接受天命。 ④左右先王:左右,在王左右,意为辅佐。王,成王。 ⑤绥定厥家:绥,安。家,周王朝。 ⑥毖:告诫,音 bì。 ⑦密迩:接近。 ⑧式化厥训:式,用。化,教化。厥,其。训,教训。 ⑨既历三纪:既,已经。历,经过,过去。纪,十二年为一纪。 ⑩世变风移:世道风俗都发生了变化。 ⑪虞:忧虑。 ⑫宁:安宁。

"道有升降①,政由俗革②,不臧厥臧③,民罔攸劝④。惟公懋德⑤,克勤小物⑥,弼亮四世⑦,正色率下⑧,罔不祗师言⑨。嘉绩多于先王⑩,予小子垂拱仰成⑪。"

[注释]①道有升降:道,世道。升降,盛衰,变迁。 ②政由俗革:由,因为。俗,风俗。革,变革。 ③不臧厥臧:不善其善。臧,善。第一个"臧"为意动用法,以……为善。第二个"臧"用作名词。 ④民罔攸劝:攸,所。劝,劝勉。 ⑤懋德:盛德。懋,音 mào。 ⑥小物:小事。 ⑦弼亮四世:弼亮,辅佐。四世,文、武、成、康四世。 ⑧正色率下:正色,神态庄严。率下,统领属下。 ⑨罔不祗师言:祗,敬。师,指毕公。 ⑩嘉绩多于先王:嘉绩,美好的功绩。多,增多。 ⑪垂拱仰成:无所事事,坐享其成。垂拱,垂衣拱手,比喻容易。仰,仰视。成,成功。

王曰:"呜呼!父师。今予祗命公以周公之事①,往②哉!旌别淑慝③,表厥宅里④,彰善瘅恶⑤,树之风声⑥。弗率训典⑦,殊厥井疆⑧,俾克畏慕⑨。申画郊圻⑩,慎固封守⑪,以康四海⑫。政贵有恒⑬,辞尚体要⑭,不惟好异⑮。商俗靡靡⑯,利口惟贤⑰,馀风未殄⑱,公其念哉⑲!

[注释]①今予祗命公以周公之事:祗,敬。周公之事,指代统治洛邑。②往:前往。 ③旌别淑慝:区别,识别。淑,善。慝,恶,音 tè。 ④表厥宅里:表,标记。厥,其。宅,居。宅里,居住的地方,古代里是最基层的行政区划。 ⑤彰善瘅恶:彰,表彰。瘅,憎恨,音 dàn。 ⑥树之风声:树,树立。风,风气。声,名声。 ⑦弗率训典:率,遵循。训典,教诲,训诫。 ⑧殊厥井疆:殊,区别。井,井田。疆,边界。 ⑨俾克畏慕:俾,使,音 bǐ。克,能。畏,畏惧。慕,羡慕。 ⑩申画郊圻:申,申明。画,划分。郊,城市周围的地方。圻,音 qí,通畿,天子都城周围千里之地。 ⑪慎固封守:慎,谨慎。固,坚固。封守,边疆守备。封,封疆。守,守备。 ⑫康:安定。 ⑬恒:常。 ⑭辞尚体要:辞,言辞。尚,崇尚。体要,表达简要。 ⑮不惟好异:不惟,不是。好,喜好。异,奇异。 ⑯靡靡:奢靡,奢侈。 ⑰利口惟贤:利口,花言巧语。惟贤,以为贤良。 ⑱殄:灭绝,音 tiǎn。 ⑲公其念哉:公,毕公。其,语气词,表祈使。念,考虑。哉,语气词。

"我闻曰:'世禄之家①,鲜克由礼②,以荡陵德③,实悖④天道。敝化奢丽⑤,万世同流。'兹殷庶士⑥,席宠惟旧⑦,怙侈灭义⑧,服美于人⑨,骄淫矜侉⑩,将由恶终⑪。虽收放心⑫,闲⑬之惟艰。资富能训⑭,惟以永年⑮。惟⑯德惟义,时乃大训⑰。不由古训⑱,于何其训⑲?"

[注释]①世禄之家:世代享有禄位的贵族之家。 ②鲜克由礼:鲜,少。克,能。由,用。 ③以荡陵德:荡,放荡。陵,蔑视。 ④悖:违背。 ⑤敝化奢丽:敝,鄙陋。化,风俗。奢丽:奢侈华丽。 ⑥兹殷庶士:兹,此。庶,众。 ⑦席宠惟旧:席,居。旧,久。 ⑧怙侈灭义:怙,凭借,音 hù。侈,奢侈。 ⑨服美于人:服饰过于华美。人,他人。 ⑩骄淫矜侉:骄淫,骄奢过制。矜侉,自负,自夸。侉,夸大,音 kuā。 ⑪将由恶终:以恶自终。由,以。 ⑫虽收放心:收,收敛。放心,放荡之心。 ⑬闲:约束。 ⑭资富能训:资富,资财富足。训,顺从道义。 ⑮永年:长久。 ⑯惟:唯有。 ⑰时乃大训:时,是。训,遵循,顺从。 ⑱不由古训:由,用。训,教诲。 ⑲训:遵循,

顺从。

王曰:"呜呼!父师。邦之安危,惟兹殷士①。不刚不柔,厥德允修②。惟周公克慎厥始③,惟君陈克和厥中④,惟公克成厥终⑤。三后协心⑥,同厎⑦于道,道洽政治⑧,泽润生民。四夷左衽⑨,罔不咸赖⑩,予小子永膺多福⑪。公其惟时⑫成周,建无穷之基⑬,亦有无穷之闻⑭。子孙训其成式⑮,惟乂⑯。呜呼!罔曰弗克⑰,惟既厥心⑱;罔曰民寡⑲,惟慎厥事。钦若先王成烈⑳,以休于前政㉑。"

[注释]①惟兹殷士:惟,只,仅。兹,此。殷士,殷遗民。 ②厥德允修:厥,其。允,的确。修,修养,修炼。 ③惟周公克慎厥始:克,能。慎,谨慎。厥,其。始,开始。周公营洛邑,迁殷顽民,这是治理洛邑的开端。 ④惟君陈克和厥中:和,使之和谐。中,君陈继周公之后,在毕公之前治理洛邑,所以为"和厥中"。中,中间。 ⑤惟公克成厥终:克,能。成,完成对洛邑的治理。终,最终。 ⑥三后协心:三后,周公、君陈、毕公。协心,同心协力。 ⑦厎:致。 ⑧道洽政治:洽,普遍。政,政治。治,治理得好。 ⑨四夷左衽:四夷,泛指周边少数民族。左衽,衽,衣襟,音 rèn。左衽,中国古代少数民族衣襟向左开,汉族衣襟向右开,左衽指代少数民族。 ⑩罔不咸赖:咸,都。赖,依赖。 ⑪予小子永膺多福:予小子,周康王的谦称。膺,受。 ⑫惟时:以此。 ⑬基:基业。 ⑭闻:名声。 ⑮子孙训其成式:训,遵循。成式,惯例,旧例。 ⑯乂:治理。 ⑰克:能。 ⑱既厥心:尽其心。 ⑲寡:少。 ⑳钦若先王成烈:钦,敬。若,顺。成,旧有。业,功业。 ㉑以休于前政:休,美,媲美。前,前人,指周公和君陈。政,政治,治理的状况。

君　牙

《书序》说:"穆王命君牙为周大司徒,作《君牙》。"这也是一篇策命之词。它述说了君牙先祖的功绩,要求君牙效法先祖,忠于职守,尽职尽责,"对扬文、武之光命,追配于前人"。

王若曰①:"呜呼！君牙②。惟乃祖乃③父,世笃忠贞④,服劳王家⑤,厥⑥有成绩,纪于太常⑦。惟予小子⑧,嗣守文、武、成、康遗绪⑨,亦惟先王之臣克左右乱四方⑩。心之忧危⑪,若蹈⑫虎尾,涉于春冰⑬。

[注释]①王:指周穆王。　②君牙:据说是穆王时代的大臣。　③乃:你的。　④世笃忠贞:世,世代。笃,厚道。贞,正。　⑤服劳王家:服,服事。劳,勤劳。王家,王室。　⑥厥:其,代指君牙祖先。　⑦纪于太常:纪,记录。太常,王旗的一种。《伪孔传》:"王之旌旗画日月曰太常。"　⑧予小子:周穆王的谦称。　⑨嗣守文、武、成、康遗绪:嗣,继承。绪,前人遗留的事业。　⑩亦惟先王之臣克左右乱四方:亦,也。惟,思。克,能。左右,帮助。乱,理乱,治理。四方,天下。　⑪忧危:忧愁、恐惧。　⑫蹈:踩上。　⑬涉于春冰:春天冰薄,比喻小心翼翼。

"今命尔予翼①,作股肱心膂②,缵乃旧服③,无忝祖考④！弘敷五典⑤，式和民则⑥。尔身克正⑦，罔敢弗正：民心罔中⑧，惟⑨尔之中。夏暑雨⑩，小民惟曰怨咨⑪；冬祁⑫寒，小民亦惟曰怨咨。厥惟艰哉⑬！思其艰以图其易⑭，民乃宁。

[**注释**]①今命尔予翼：尔，你。予翼即翼予，辅助我。予，我。翼，辅助。②作股肱心膂：股肱心膂，心腹大臣。肱，胳膊，音 gōng。股，大腿。膂，脊骨，音 lǚ。 ③缵乃旧服：缵，继续，音 zuǎn。旧服，先辈的职事。 ④无忝祖考：忝，辱没，音 tiǎn。祖考，指君牙的祖先。 ⑤弘敷五典：弘，光大。敷，广布。五典，五常之教。 ⑥式和民则：式，用。和，和谐。则，法则。 ⑦尔身克正：身，自身。克，能。正，端正。 ⑧中：中正，适中。 ⑨惟：思。 ⑩暑雨：炎热多雨。 ⑪怨咨：怨恨咒骂。 ⑫祁：大。 ⑬厥惟艰哉：厥，其，指人民。惟，表判断的语气助词。艰，艰难。 ⑭思其艰以图其易：图，谋求。易，容易。

"呜呼！丕显哉①！文王谟②。丕承③哉！武王烈④。启佑我后人⑤，咸以正罔缺⑥。尔惟敬明乃训⑦，用奉若于先王⑧，对扬文武之光命⑨，追配于前人⑩。"

[**注释**]①丕显哉：丕，大。显，光明。 ②谟：谋略，音 mó。 ③承：继承，指武王继续文王未完大业。 ④烈：功业。 ⑤启佑我后人：启，启示。佑，帮助。后人，今人。 ⑥咸以正罔缺：咸，都。正，正道。缺，残缺。 ⑦乃训：上文的五典。 ⑧用奉若于先王：用，以。若，顺。 ⑨对扬文武之光命：对，报答。扬，颂扬。文、武，文王、武王。光，光明。 ⑩追配于前人：追，追求。配，匹配。

王若曰："君牙！乃惟由先正旧典时式①，民之治乱在兹②。率乃祖考之攸行③，昭乃辟之有乂④。"

[**注释**]①乃惟由先正旧典时式:由,用。先正,指君牙的先辈。时,是,复指先正旧典。式,效法。 ②民之治乱在兹:治理的关键在此,用此法则治,不用乱。兹,此。 ③率乃祖考之攸行:率,遵循。攸,所。 ④昭乃辟之有乂:昭,显明。乃辟,你的君主。有,词头,没有实际意义。乂,治理。

冏　命

《书序》说:"穆王命伯冏为周太仆正,作《冏命》。"这也是一篇策命词。它述说了周文王与武王时代君圣臣贤的光荣历史,阐明了近臣对君王的重要作用:"仆臣正,厥后克正。仆臣谀,厥后自圣——后德惟臣,不德惟臣。"因此,穆王警告伯冏:"钦哉! 永弼乃后于彝宪。"这既是对近臣的训诫,又为君主任用近臣提供了准则和借鉴,所以在《伪古文尚书》25 篇中,这也是比较重要的一篇文献。

王若曰:"伯冏①! 惟予弗克于德②,嗣先人宅丕后③,怵惕惟厉④,中夜以兴⑤,思免厥愆⑥。

[注释]①伯冏:据说为周穆王时代的太仆正。冏,音 jiǒng。　②惟予弗克于德:克,能。于,在。德,德行。　③嗣先人宅丕后:嗣,继承。宅,居。丕,大。后,君位。　④怵惕惟厉:怵,恐惧,音 chù。惕,警惕,音 tì。惟,思虑。厉,危,倾危。　⑤中夜以兴:中夜,半夜。以,因此。兴,起来。　⑥思免厥愆:思,思考。免,避免。愆,过失,音 qiān。

"昔在文、武①,聪明齐圣②,小大之臣,咸怀忠良③。

其侍御仆从④,罔匪正人⑤。以旦夕承弼厥辟⑥,出入起居,罔有不钦⑦,发号施令,罔有不臧⑧。下民祗若⑨,万邦咸休⑩。

[注释]①昔在文、武:昔,昔日。文武,文王、武王。 ②聪明齐圣:聪,听力好。明,视力好。齐,中,相等。圣,通达。 ③咸怀忠良:都怀有忠良之心。 ④侍御仆从:身边近臣。侍,侍奉者。御,驾车者。仆,奴仆。从,随从。 ⑤罔匪正人:匪,非。正人,品行端正的人。 ⑥以旦夕承弼厥辟:旦夕,早晚。承,侍奉。弼,辅助。辟,君主。 ⑦钦:敬。 ⑧臧:善。 ⑨下民祗若:下民,民众。祗,敬。若,顺。 ⑩万邦咸休:万邦,天下。咸,皆。休,美好。

"惟予一人无良①,实赖左右前后有位之士②,匡其不及③,绳愆纠谬④,格其非心⑤,俾克绍先烈⑥。

[注释]①无良:不善。 ②实赖左右前后有位之士:左右前后,身边近臣。有位之臣,在位的官员。 ③匡其不及:匡,匡正。不及,过失。 ④绳愆纠谬:绳,指木工下料用的墨线。经过墨线画线之后,木材才可以取直。引申为纠正的意思。愆,过失。谬,错误。 ⑤格其非心:格,端正。非心,非分之心。 ⑥俾克绍先烈:俾,使。绍,继承。先,先王。烈,功业。

"今予命汝作大正①,正②于群仆侍御之臣。懋乃后德③,交修不逮④。慎简乃僚⑤,无以巧言令色、便辟侧媚⑥,其惟吉士⑦。

[注释]①大正:即太仆正。 ②正:统领,纠正。 ③懋乃后德:懋,劝勉,音mào。乃,你的。后,君主。 ④交修不逮:交,共同,互相。修,弥补。不逮,不及,达不到。 ⑤慎简乃僚:简,选择。僚,属员。 ⑥无以巧言令色、便辟侧媚:无,不要。以,用,任用。巧言,花言巧语以顺从上意。令色,善

为谄媚之色以取悦上司。便僻,逢迎阿谀。侧媚,用不正当的方法取悦上司。⑦其惟吉士:其,表祈使的语气词。惟,是。吉,善。

"仆臣正,厥后克正①。仆臣谀②,厥后自圣③。后德惟臣④,不德惟臣⑤。尔无昵于憸人⑥,充耳目之官⑦,迪上以非先王之典⑧。非人其吉⑨,惟货⑩其吉。若时⑪,瘝厥官⑫,惟尔大弗克祗厥辟⑬;惟予汝辜⑭。"王曰:"呜呼!钦⑮哉!永弼乃后于彝宪⑯。"

[注释]①厥后克正:厥,其。后,君主。克,能。正,端正。 ②谀:阿谀。 ③自圣:自以为圣明。 ④后德惟臣:君主有德依靠臣下成就。 ⑤不德惟臣:君主失德是因为臣下误导。 ⑥尔无昵于憸人:昵,亲近。憸,奸邪,音xiān。 ⑦充耳目之官:充,充当。耳目之官,心腹近臣。 ⑧迪上以非先王之典:迪,导,引导。非,违背。典,常法,法度。 ⑨非人其吉:其,语气词,没有实际意义。吉,善。 ⑩货:财货。 ⑪若时:像这样。时,是,这样。 ⑫瘝厥官:瘝,病,败坏,音 guān。官,官职。 ⑬惟尔大弗克祗厥辟:尔,你。弗克,不能。祗,尊敬。厥,你的。辟,君主。 ⑭惟予汝辜:汝辜,辜汝的倒装。辜汝,惩罚你。 ⑮钦:恭敬。 ⑯永弼乃后于彝宪:弼,辅佐。乃,你。后,君王。于,以。彝,恒常。宪,法度。

尚 书 序

按照唐人陆德明《经典释文》的说法，《尚书》序为孔安国所作，"述《尚书》起之时代，并叙为注之由"。唐宋以前，《书序》是人们理解《尚书》的一把钥匙，宋元以后则成为《古文尚书》作伪的证据和把柄。内容可以分为两部分：第一部分叙述《尚书》的由来，第二部分讲述孔传的志趣与缘起。对于今人了解《尚书》的传播，伪《书序》还是有一定参考价值的。

古者伏羲氏之王天下也①，始画八卦②、造书契③，以代结绳之政④，由是文籍生焉⑤。伏羲、神农、黄帝之书，谓之"三坟"，言大道也⑥。少昊、颛顼、高辛、唐、虞之书，谓之"五典"，言常道也⑦。至于夏、商、周之书，虽设教不伦⑧，雅诰奥义⑨，其归一揆⑩，是故历代宝之⑪，以为大训。八卦之说，谓之"八索"，求其义也⑫。九州之志，谓之"九丘"⑬——丘，聚也⑭，言九州所有，土地所生，风气所宜，皆聚此书也。《春秋左氏传》曰："楚左史倚相，能读三坟、五典、八索、九丘"⑮，即谓上世帝王遗书⑯也。

[注释]①古者伏羲氏之王天下也：古代伏羲氏统治天下的时候。伏羲又

作宓羲、庖牺、包牺、伏戏、伏牺,据说曾经是东夷部落首领,被后人奉为三皇之首。相传他人首蛇身,与妹妹女娲成婚,生儿育女,成为人类始祖。王,称王,为王,统治。　②始画八卦:开始画出八卦。八卦,我国古代一套有象征意义的符号。用"—"代表阳,用"--"代表阴,用三个这样的符号组成八种形式,叫做八卦。每一卦表示一定的事物。乾为天,坤为地,坎为水,离为火,震为雷,艮为山,巽为风,兑为泽。八卦相叠可得六十四卦,用来象征各种自然现象和人事。《易经》就是阐述六十四卦的专书。相传八卦为伏羲所画,后来用于占卜。　③造书契:创造文字。书,文字。契,刻画。　④以代结绳之政:用来替代结绳记事的治理方法。结绳,相传古人在文字发明之前,是用给绳子打结的办法来记事的:大事打大结,小事打小结。政,治理。　⑤由是文籍生焉:书籍由此产生。文籍,书籍。　⑥伏羲、神农、黄帝之书,谓之"三坟",言大道也:神农,上古时代的部落首领,据说他发明了原始农业。黄帝,按照《史记·五帝本纪》的说法:"黄帝者,少典之子,姓公孙,名曰轩辕。轩辕之时,神农氏世衰。诸侯相侵伐。暴虐百姓,而神农氏弗能征。于是轩辕乃习用干戈,以征不享,诸侯咸来宾从。……诸侯咸尊轩辕为天子,代神农氏,是为黄帝。"黄帝是古代中国文明前夜活动在中原地区的部落首领。三坟,相传是伏羲、神农、黄帝时代的书籍。　⑦少昊、颛顼、高辛、唐、虞之书,谓之"五典",言常道也:少昊,金天氏,相传名挚,字青阳,一曰玄器,已姓,黄帝之子。颛顼,高阳氏,姬姓,据说为黄帝之孙,昌意之子。颛顼,音 zhuān xū。高辛,即帝喾,姬姓,据说为黄帝曾孙。喾,音 kù。三位都是上古时代的部落首领。唐,陶唐氏,即尧。虞,有虞氏,即舜。尧舜事迹已见于《尧典》、《皋陶谟》诸篇。五典,相传为五帝时代的书籍。常道,与大道相对,指常规之道。　⑧设教不伦:设立教化有不同。伦,类似,相同。　⑨雅诰奥义:告示典雅,寓意深刻。诰,告示。奥,深奥。　⑩其归一揆:它们的归宿是一致的。一揆,一致。揆,忖度,音 kuí,这里是汇总的意思。　⑪历代宝之:历代珍视它们。宝,意动用法,以……为宝。《尚书正义》说:"既皇书称'坟',帝书称'典',除皇与坟、典之外,以次累陈,故言'至于'。夏、商、周三代之书,虽复当时所设之教,与皇及帝坟、典之等不相伦类,要其言皆是雅正辞诰,有深奥之义,其所归趣与坟、典一揆。明虽事异坟、典而理趣终同,故所以同入《尚书》,共为世教也。" ⑫八卦之说,谓之"八索",求其义也:八卦学说叫做"八索",索是求索的意思。八索,相传为讲述八卦的书籍。 ⑬九州之志,谓之"九丘":记载九州的书籍叫做"九丘"。九州,产生于战国时代的一种地理学说,有大九州和小九州之分。邹衍认为:"儒者所谓中国者,于天下乃八十一分居其一分耳。中国名曰赤县神州。赤县神州内自有九州,禹之序九州是也,不得为州数。中国外如赤县神州者九,乃所谓九州也。于是有裨海环之,人民禽兽莫能相通者,如一区中者,乃为一州。如此者九,乃有大瀛海环其外,天地之际焉。"(《史记·孟荀列传》)这是"大九州"。《禹贡》所谓"冀、兖、青、徐、扬、荆、豫、梁、雍",是为小九州。志,记。 ⑭丘,聚也:丘是聚集的意思。 ⑮《春秋左氏传》曰:"楚左史倚相,能读三坟、五典、八索、九丘":《春秋左氏传》,即《左传》,一部记载春秋历史的著作,相传为鲁君子左丘明所作。《左传》记事起于鲁隐公元年(公元前722年),终于鲁哀公二十七年(公元前468年),系统而详尽地记述了这一时期发生在各国的重大历史事件,是后世研究春秋史的基本典籍。楚左史倚相能读三坟、五典、八索、九丘,见于《左传·昭公十二年》。楚,楚国。左史,史官名。上古时代史官分左、右,相传"左史记言,右史记事,帝王靡不同之"。倚相,楚国贤人,楚灵王时代的史官。三坟、五典、八索、九丘,据说都是上古时代的书籍名称,前人对此众说纷纭,莫衷一是。 ⑯遗书:遗留下来的书籍。

　　先君孔子①,生于周末,睹史籍之烦文②,惧览之者不一③,遂乃定礼乐、明旧章,删《诗》为三百篇④,约史记而修《春秋》⑤,赞《易》道以黜八索⑥,述职方以除九丘⑦。讨论坟典⑧,断自唐虞以下,迄于周,夋夷烦乱⑨,剪截浮辞⑩,举其宏纲⑪,撮其机要⑫,足以垂世立教⑬,典、谟、训、诂、誓、命之文,凡百篇,所以恢弘至道,示人主以轨范也⑭。帝王之制,坦然明白,可举而行,三千之徒,并受其义⑮。

[注释]①先君孔子:先君,孔安国对先祖的敬称。《尚书正义》说:"安国是孔子十一世孙,而上尊先祖,故曰'先君'。"孔子(公元前551年~公元前479年),名丘,字仲尼,春秋末年著名的思想家和教育家。先祖为宋国贵族,逃难至鲁国,后没落。孔子年轻时做过几任小官,一生大部分时间在从事教育活动,相传弟子多达三千人。创立儒家学派,其思想学说对后世产生了深远影响。 ②睹史籍之烦文:看到典籍的烦琐。烦文,文字烦琐。 ③惧览之者不一:害怕阅读者理解不一致。览,观览,阅读。不一,不一致。 ④删《诗》为三百篇:删定《诗经》为三百零五篇。孔子曾经说过:"吾自卫反鲁,然后乐正,《雅》、《颂》各得其所。"(《论语·子罕》按照《史记·孔子世家》的说法:"孔子之时,周室微而礼乐废,诗书缺。""古者诗三千余篇,及至孔子,去其重,取可施于礼义,上采契、后稷,中述殷、周之盛,至幽、厉之缺,始于衽席,故曰:'《关雎》之乱以为《风》始,《鹿鸣》为《小雅》始,《文王》为《大雅》始,《清庙》为《颂》始。三百五篇,孔子皆弦歌之,以求合韶、武、雅、颂之音。礼乐自此可得而述,以备王道,成六艺。"然而据后人研究,三百零五篇的规模在孔子之前已经确立下来,孔子删《诗》说靠不住。 ⑤约史记而修《春秋》:删简史籍而修定《春秋》。按照《史记·孔子世家》的说法:孔子"因史记作《春秋》,上至隐公,下讫哀公十四年,十二公。据鲁,亲周,故殷,运之三代,约其文辞而指博。故吴楚之君自称王,而《春秋》贬之曰'子';践土之会实召周天子,而《春秋》讳之曰'天王狩于河阳':推此类以绳当世。贬损之义,后有王者举而开之,《春秋》之义行,则天下乱臣贼子惧焉"。据后人研究,《春秋》是鲁国的一部国史,孔子曾经拿它当教材,在使用过程加以删削,仅此而已,孔子作《春秋》的说法也是靠不住的。约,删简。修,写作。 ⑥赞《易》道以黜八索:助成《易》道而贬斥八索。按照《史记·孔子世家》的说法:"孔子晚而喜《易》,序《彖》、《系》、《象》、《说卦》、《文言》。读《易》,韦编三绝。曰:'假我数年,若是,我于《易》则彬彬矣。'"《易》本是一部占卜的书,成书于商周之际,孔子定《易》的说法同样是靠不住的。黜,黜退不用。 ⑦述职方以除九丘:讲述《职方》,除去九丘而不用。《职方》指《周礼》。《周礼》是一部讲述古代职官制度的著作,一般认为成书于战国时代,与孔子无涉。除,除去。 ⑧讨论坟典:研究三坟五典。 ⑨芟夷烦乱:删除繁杂纷乱的内容。芟,删

除,音shū。夷,裁定。　⑩剪截浮辞:剪裁浮夸之辞。　⑪举其宏纲:举出思想主旨。宏,大。　⑫撮其机要:摘取要旨。撮,摘取。　⑬垂世立教:流传后世,确立教化。　⑭示人主以轨范也:向君主显示规范。轨范,规范。　⑮三千之徒,并受其义:孔门弟子,全都接受其中的思想。按照《史记·孔子世家》的说法:"孔子以《诗》、《书》、礼、乐教,弟子盖三千焉,身通'六艺'者七十有二人。如颜浊邹之徒,颇受业者甚众。"

及秦始皇灭先代典籍,焚书坑儒①,天下学士,逃难解散,我先人用藏其书于屋壁②。汉室龙兴③,开设学校,旁求儒雅④,以阐大猷⑤,济南伏生,年过九十,失其本经,口以传授,裁二十馀篇⑥,以其上古之书,谓之《尚书》。百篇之义,世莫得闻。

[注释]①灭先代典籍,焚书坑儒:焚书发生在秦始皇三十四年。李斯奏请皇上:"臣请史官非《秦记》皆烧之。非博士官所职,天下敢有藏《诗》、《书》、百家语者,悉诣守、尉杂烧之。有敢偶语《诗》、《书》者弃市。以古非今者族。吏见知不举者与同罪。令下三十日不烧,黥为城旦。所不去者,医药卜筮种树之书。"秦始皇批准了这一奏请。坑儒发生在秦始皇三十五年:"使御史悉案问诸生。诸生传相告引,乃自除。犯禁者四百六十余人,皆坑之咸阳,使天下知之,以惩后。"　②我先人用藏其书于屋壁:我先祖因此把他的书籍藏在屋壁中。我先祖,按照《孔子家语序》的说法,孔子六世孙"子襄以秦法峻急,壁中藏其家书"。子襄为安国先祖。　③龙兴:兴起。龙,汉朝天子往往标榜为真龙天子,故其兴起为"龙兴"。　④旁求儒雅:广泛寻求儒雅之士。旁,普遍,广泛。　⑤以阐大猷:用来发扬光大大道。阐,《伪孔传》:"大也,明也。"猷,道。　⑥济南伏生,年过九十,失其本经,口以传授,裁二十馀篇:《史记·儒林列传》记载说:"伏生者,济南人也。故为秦博士。孝文帝时,欲求能治《尚书》者,天下无有,乃闻伏生能治,欲召之。是时伏生年九十余,老,不能行,于是乃诏太常使掌故朝错往受之。秦时焚书,伏生壁藏之。其后兵大起,流亡。汉定,伏生求其书,亡数十篇,独得二十九篇,即以教于齐

鲁之间。学者由是颇能言《尚书》,诸山东大师无不涉《尚书》以教矣。"

　　至鲁共王好治宫室①,坏孔子旧宅以广其居②,于壁中得先人所藏古文虞、夏、商、周之书及传《论语》、《孝经》③,皆科斗文字④。王又升孔子堂⑤,闻金石丝竹之音⑥,乃不坏宅,悉以书还孔氏。科斗书废已久⑦,时人无能知者,以所闻伏生之书考论文义,定其可知者,为隶古定⑧,更以竹简写之⑨,增多伏生二十五篇。伏生又以《舜典》合于《尧典》,《益稷》合于《皋陶谟》,《盘庚》三篇合为一,《康王之诰》合于《顾命》,复出此篇⑩,并序⑪,凡五十九篇,为四十六卷⑫。其馀错乱磨灭,弗可复知,悉上送官,藏之书府⑬,以待能者。

[**注释**]①至鲁共王好治宫室:鲁共(恭)王,名馀,汉景帝刘启之子,"以孝景前二年(公元前155年)立为淮阳王。吴、楚反破后,以孝景前三年徙王鲁。""恭王初好治宫室,坏孔子旧宅以广其宫,闻钟磬琴瑟之声,遂不敢复坏,于其壁中得古文经传。"好治宫室,喜欢修建宫殿。　②坏孔子旧宅以广其居:拆毁孔子旧宅以扩大自己的宫殿。坏,毁坏。广,扩大。　③传《论语》、《孝经》:传,《尚书正义》说:"汉世通谓《论语》、《孝经》为传也。以《论语》、《孝经》非先王之书,是孔子所传说,故谓之传,所以异於先王之书也。"《论语》,一部记载孔子及其弟子语录的著作,共20章,成书于战国初年,是研究孔子思想和早期儒家学说的基本材料。《孝经》,一部儒家学派论述孝道的专书,全书共1800余字,系统阐述了孝道的内涵及其实施问题,大约成书在战国末年至秦汉之际。　④科斗文字:战国时代通行于东方六国的文字,以其形似蝌蚪,故汉人称之为"蝌蚪文"。科斗,即蝌蚪。　⑤王又升孔子堂:鲁恭王又登上孔子堂。升,登上。堂,庙堂。　⑥闻金石丝竹之音:听到音乐声。金,金属乐器,如锣。石,石质乐器,如磬。丝,弦乐器。竹,竹制乐器,如笙。⑦科斗书废已久:录书产生于战国晚年,西汉前期已十分流行。隶书行而蝌

蝌文废,至安国所处的武帝时代已经百年,故曰"已久"。 ⑧隶古定:用汉代通行的隶书写定古文。 ⑨更以竹简写之:用竹简重新抄录下来。写,抄写。 ⑩复出此篇:把这三篇文献重新分出来。 ⑪并序:连同序言。并,连同。 ⑫凡五十九篇,为四十六卷:共五十九篇,分为四十六卷。汉代文献,写于简牍者称"篇",写于绢帛者称"卷",一卷内容往往多于一篇。 ⑬藏之书府:藏在秘府。秘府,汉代皇家藏书的地方。

承诏为五十九篇作传①,于是遂研精覃思②,博考经籍③,采摭群言④,以立训传⑤,约文申义⑥,敷畅厥旨⑦,庶几有补于将来⑧。

[注释]①承诏为五十九篇作传:受皇上指令为五十九篇《尚书》作注解,这是在解说《伪孔传》的由来。 ②研精覃思:殚精竭虑,精心研究。覃,深,音tán。 ③博考经籍:广泛考证经典。经籍,经典。 ④采摭群言:采摘众家学说。摭,摘取,音zhí。《尚书正义》:"既云'经籍',又称'群言'者,'经籍',五经是也;'群言',子史是也。以《书》与经籍理相因通,故云'博考';子史时有所须,故云'采摭'耳。" ⑤训传:解说,训解,这里指《伪孔传》。 ⑥约文申义:文字简练而意义深远。 ⑦敷畅厥旨:铺叙发挥其思想旨趣。 ⑧庶几有补于将来:希望对将来有所弥补。庶几,希望。补,弥补。

《书序》,序所以为作者之意,昭然义见,宜相附近,故引之各冠其篇首①,定五十八篇②。既毕,会国有巫蛊事③,经籍道息,用不复以闻④。传之子孙,以贻后代⑤,若好古博雅君子,与我同志⑥,亦所不隐也⑦。

[注释]①引之各冠其篇首:把《书序》内容分开放在各篇的篇首。 ②定五十八篇:最终确定为五十八篇。 ③会国有巫蛊事:正赶上国家发生了巫蛊之乱。古人把巫师使用邪术加害于人叫作"巫蛊"。汉武帝晚年迷信,女巫出入宫中,教宫女埋木偶祭祀以免灾。武帝生病,使者江充说祟在巫蛊,

因于宫中掘地搜查。江充与太子刘据有矛盾,遂诬陷在太子宫中掘得很多木偶。太子惧,发兵捕杀江充。武帝下令镇压,太子兵败被杀。长安扰乱,死者数万。国有巫蛊事即指此。　④用不复以闻:(《古文尚书》)因此不再在社会上流传。闻,听到。　⑤以贻后代:传给后代。贻,传给。　⑥同志:志向相同。　⑦亦所不隐也:《尚书正义》说:"言不隐者,不谓恐隐藏己道,以己道人所不知,惧其幽隐,人能行之使显,为不隐蔽耳。"

参 考 文 献

孔颖达:《尚书正义》,《十三经注疏》本,中华书局,1980年版。
孙星衍:《尚书今古文注疏》,中华书局,1986年版。
皮锡瑞:《今文尚书考证》,中华书局,1989年版。
杨筠如:《尚书覈诂》,陕西人民出版社,1959年版。
曾运乾:《尚书正读》,中华书局,1964年版。
周秉均:《尚书易解》,岳麓书社,1984年版。
王世舜:《尚书译注》,四川人民出版社,1982年版。
屈万里:《尚书今注今译》,台湾商务印书馆,1969年版。
顾颉刚:《〈尚书·大诰〉今译》,《历史研究》1962年第4期。
李民、王健:《尚书译注》,上海古籍出版社,2004年版。
刘节:《洪范疏证》,见《古史辨》第5册,上海古籍出版社,1982年版。
阎若璩:《尚书古文疏证》,上海古籍出版社,1987年版。
皮锡瑞:《经学历史》,中华书局,1954年版。
皮锡瑞:《经学通论》,中华书局,1959年版。
张西堂:《尚书引论》,陕西人民出版社,1958年版。
陈梦家:《尚书通论》,中华书局,1985年版。
蒋伯潜:《十三经概论》,上海古籍出版社,1983年版。

刘起釪:《尚书学史》,中华书局,1989年版。

司马迁:《史记》,中华书局标点本,1959年版。

班固:《汉书》,中华书局标点本,1962年版。

范晔:《后汉书》,中华书局标点本,1965年版。

刘知几撰,浦起龙释:《史通通释》,上海古籍出版社,1978年版。

刘泽华主编:《中国古代政治思想史》,南开大学出版社,1992年版。

张亚初、刘雨:《西周金文官制研究》,中华书局,1986年版。

近期国学读物要目

国学新读本
诗经　梁锡锋　注说
论语　臧知非　注说
尚书　姜建设　注说
国语　曹建国　张玖青　注说
孔子家语　杨朝明　注说
山海经　郑慧生　注说
墨子　苏凤捷　程梅花　注说
孟子　何晓明　周春健　注说
庄子　曹础基　注说
荀子　杨朝明　注说
韩非子　赵沛　注说
孙子兵法　赵国华　注说
楚辞　李中华　邹福清　注说
潜夫论　王健　注说
文心雕龙　戚良德　注说
商君书　徐莹　注说
战国策　张彦修　注说
淮南子　杨有礼　注说
老子　曹峰　注说
礼记　杨天宇　注说
吕氏春秋　张福祥　注说
世说新语　赵成林　陈艳　注说
史通　李振宏　注说
春秋繁露　曾振宇　注说

百年河大国学旧著新刊
河洛方言诠诂　王广庆　著
三统历表　邵瑞彭　著
中国戏剧概论　卢前　著
晚明思想史论　嵇文甫　著
论语新探　赵纪彬　著

天问研究　孙作云　著
汉魏六朝文学史　李嘉言　著
金艺文志　金登科记考　万曼　著
唐集叙录　万曼　著
中国文学史新编　张长弓　著
汉碑集释　高文　著
袁中郎研究　任访秋　著
东夷杂考　李白凤　著
宋会要辑稿考校　王云海　著
长江集新校　李嘉言　著
高适岑参选集　高文　王刘纯　选著
花间集注　华锺彦　著
庆湖遗老诗集校注　王梦隐　著
曾瑞散曲集校注　李春祥　著
辛弃疾选集　佟培基　选著

于安澜书画学四种
画论丛刊
画史丛书
画品丛书
书学名著选

元典文化丛书
中华第一经——《周易》与中国文化　宋会群　苗雪兰　著
教化百科——《诗经》与中国文化　孙克强　张小平　著
经国治民之典——《周礼》与中国文化　郝铁川　著
哲人的智慧——《老子》与中国文化　高秀昌　龚力　著
圣人箴言录——《论语》与中国文化　李振宏　著
武学圣典——《孙子兵法》与中国文化　龚留柱　著
亚圣思辨录——《孟子》与中国文化　何晓明　著
逍遥之祖——《庄子》与中国文化　白本松　王利锁　著
外王之学——《荀子》与中国文化　张曙光　著
中国帝王术——《韩非子》与中国文化　王宏斌　著
史家绝唱——《史记》与中国文化　邓鸿光　著
诸经总龟——《春秋》与中国文化　涂文学　周德钧　著
管理宝典——《管子》与中国文化　袁闯　著
纵横家书——《战国策》与中国文化　张彦修　著
人仙之间——《抱朴子》与中国文化　徐仪明　冷天吉　著

医学圣典——《黄帝内经》与中国文化　王庆宪　梁晓珍　著
礼乐渊薮——《礼记》与中国文化　黄宛峰　著
词章之祖——《楚辞》与中国文化　李中华　著
星学宝典——《历书天官书》与中国文化　郑慧生　著
天人衡中——《春秋繁露》与中国文化　曾振宇　范学辉　著
王政全书——《吕氏春秋》与中国文化　张富祥　著
神话之源——《山海经》与中国文化　高有鹏　孟芳　著
新道鸿烈——《淮南子》与中国文化　杨有礼　著
史家龟鉴——《史通》与中国文化　曾凡英　著
政事纲纪——《尚书》与中国文化　姜建设　著
春秋弦歌——《左传》与中国文化　龚留柱　著
平民理想——《墨子》与中国文化　苏凤捷　程梅花　著
人伦本原——《孝经》与中国文化　臧知非　著
法典之王——《唐律疏议》与中国文化　徐永康　吉霁光　郑取　著
文论巨典——《文心雕龙》与中国文化　戚良德　著

宋代研究丛书

北宋诗学　张海鸥　著
宋代东京研究　周宝珠　著
宋代地域经济　程民生　著
宋代监察制度　贾玉英　著
宋代官员选任和管理制度　苗书梅　著
宋代地域文化　程民生　著
宋代文学通论　王水照　主编
宋代司法制度　王云海　主编
宋代教育　苗春德　主编
清明上河图与清明上河学　周宝珠　著
宋代文化史　姚瀛艇　主编
黄庭坚与宋代文化　杨庆存　著
宋代交通管理制度研究　曹家齐　著
岳飞和南宋前期政治与军事研究　王曾瑜　著
成圣之道——北宋二程修养工夫论之研究　温伟耀　著
宋代绘画研究　邓乔彬　著

汉语史专书语法研究丛书

《三朝北盟会编》语法研究　刁晏斌　著
《荀子》虚词研究　黄珊　著
《晏子春秋》词类研究　姚振武　著

《聊斋俚曲》语法研究　冯春田　著
《孟子》词类研究　崔立斌　著
《朱子语类辑略》语法研究　吴福祥　著
敦煌变文12种语法研究　吴福祥　著
《吕氏春秋》句法研究　殷国光　著
《尚书》语法论稿　钱宗武　著
《左传》语法研究　何乐士　著
《元典章·刑部》语法研究　李崇兴　祖生利　著
汉语语法史断代专书比较研究　何乐士　著

图书在版编目（CIP）数据

尚书/姜建设注说.—开封：河南大学出版社，2008.3
（2015.1 重印）
（国学新读本）
ISBN 978-7-81091-756-8

Ⅰ.尚… Ⅱ.姜… Ⅲ.①中国－古代史－商周时代
②尚书－注释 Ⅳ.K221.04

中国版本图书馆 CIP 数据核字（2008）第 013435 号

| 责任编辑 | 靳宇峰 |
| 封面设计 | 马 龙 |

出版发行 河南大学出版社
地址：河南省开封市明伦街 85 号 邮编：475001
电话：0371－22825003（营销部） 网址：www.hupress.com
排　版 河南第一新华印刷厂
印　刷 开封智圣印务有限公司
版　次 2008 年 3 月第 1 版　　印　次 2015 年 1 月第 2 次印刷
开　本 650mm×960mm　1/16　印　张 25.75
字　数 323 千字　　　　　　印　数 2001—3000 册
定　价 46.00 元

（本书如有印装质量问题请与河南大学出版社营销部联系调换）